·通用经济系列教材·

Xinbian Caijing Yingyongwen Xiezuo

新编财经应用文写作

主　编　钟　新

副主编　何月霓　朱胜军　孙茶萍

中国人民大学出版社

·北京·

出版说明

随着经济全球化的不断深入，中国经济走上了高速发展的通道，获得了前所未有的发展。越来越多的人认识到，要想真正融入现代社会，无论是什么专业背景、从事何种工作，学习经济类课程对工作都非常有帮助。顺应这一形势，我国大部分高等院校也开始重视经济类课程的教学和普及。一方面，越来越多的经济类课程成为高校非经济专业选修的热门课程；另一方面，许多理工科学生把经济类专业当作第二学位来学习。但是，现有的经济类教材大部分在内容上都有一定的深度，适合非经济类专业或初涉经济学专业的学生学习的教材较少。鉴于这种情况，我们组织编写了这套“通用经济系列教材”。本套教材在组织编写上，遵循了以下原则：

第一，所列课程均为经济类的基础课程，能够适应不同专业学生的普及学习。

第二，教材在编写上力求简明、通俗，篇幅适中，重视基础知识和基本原理的讲解。

第三，在内容上尽量减少纯理论的阐述、证明等，增加实际案例、专栏、开篇案例导读等，使教材的可读性更强，内容更易于理解。

我们秉承中国人民大学出版社“出教材学术精品，育人文社科英才”的宗旨，紧跟时代脉搏，不断推出精品，提升教材的质量，为中国高等教育和实践水平的提升做出贡献。我们希望广大读者的建议和鞭策，能够促使我们不断对本套丛书进行改进和完善，以更好地服务读者。

中国人民大学出版社

前　言

财经应用文写作是高等院校财经管理类专业的核心基础课程。基于财经应用文写作课程的教学改革与实践活动，以及编者对多年财经应用文写作课程的教学研究，本书讨论了财经应用文写作课程的基础理论、基础知识和基本技能，并结合国民经济预算计划和财经项目实施进行系统探索和创新，从原来的各自封闭、不能有序地衔接和联系，到运用项目管理知识，建立了一种全新的、易于学生认知接受、教师能够按照逻辑关系系统推进、在实践中易于感悟到的财经应用文写作课程的具体应用。本书的创新特点如下：

(1) 本书运用各类文种和项目管理过程这个载体，将宏观经济和微观经济所需要做的财经工作有效地贯穿结合起来，具有理论性、方法性、技术性、逻辑性、可操作性、前瞻性。国民经济预算计划是各级政府每一个计划期都要做的宏观性部署，而财经项目是为创造独特的产品、服务或成果而进行的微观性财经工作。具体实施中需要财经的投入与管理，既有有组织、连续不断、周而复始的活动，也有临时性或者一次性的活动。为了达到财经项目目标，项目负责人和项目组织运用系统理论和方法，对项目进行全过程和全方位的策划（规划、计划）、组织、控制、协调。成功地完成这些财经项目，不仅需要科学把握时间进度，无论是哪一种财经项目，都需要大量的宏观导向性文件、政策措施，也需要各种经济的、具体的、完善的、系统的、管理的专用文书和带有权威性的财经决策文书。

(2) 本书较好地解决了学生们在学习财经应用文写作课程时所遇到的一些实际问题。如为什么给这些部门（单位）写、什么时间写等。新编教材及时回答了学生们的疑惑。“5W”之首是 who，是指这篇财经应用文写给什么人，什么人是受众，什么人是主体。其二是 where，是指在哪里完成，或在何地做，选择在哪里做会取得最佳效果。其三是 when，是指什么时机做最恰当，或何时项目能够启动起来。其四是 what，是指做什么，在财经工程项目什么阶段做，做的内容是什么，这个财经工程项目能够带来多大的收益。其五是 why，是指为何这样做，为何在这一阶段（时机）做，或做的理由是什么。有些知识在过去的教材中很难找到答案，而本书可以直接回答学生们的问题。

（3）本书将理论与实践相结合，紧紧围绕市场、财经工程项目、企业运营、财经案例、经济管理、上市公司选取例文，并加以点评，让学生有耳目一新的感觉。本书有突破性的创新，在内容上增加了目前出现率较高的公示等文种，还增加了目前关乎国计民生和生态平衡的国家和社会普遍关注问题的解决，如在阅读中，增加了安全评估报告和环境评估报告内容；在格式上，增加了阅读篇，主要启发和指导学生需要关注的一些文种案例，以开阔学生的视野。本书的作者全部来自教学一线，基本上都担任过财经应用文课程的教学工作。本书具有自己独到的创新性、知识性和应用价值，适合高等财经类院校本科教学使用，亦适合财经类职业院校教学使用。

本书共分六篇：第一篇，国民经济计划（财经项目）启动过程，由钟新副教授撰写；第二篇，国民经济计划（财经项目）预算过程，由何月霓讲师、莫小泉讲师撰写；第三篇，国民经济计划（财经项目）执行过程，由朱胜军教授、刘晓然撰写；第四篇，国民经济计划（财经项目）监控过程，由李爱媚讲师、王贵用助教撰写；第五篇，国民经济计划（财经项目）收尾过程，由熊义夫副教授、刘武强副教授撰写；第六篇，国民经济计划决算后（财经项目报竣）运营过程，由孙茶萍讲师、李佳昌讲师撰写。本书参阅了大量教材和网上资源文献，有关作者没能一一列出，在此一并表示衷心的感谢。

由于编写时间和编写者水平有限，不足之处在所难免，恳请专家学者指正，并请读者提出宝贵意见。

本书编写组

目　录

第一篇　国民经济计划（财经项目）启动过程

第二篇　国民经济计划（财经项目）预算过程

第三篇　国民经济计划（财经项目）执行过程

第四篇　国民经济计划（财经项目）监控过程

第五篇　国民经济计划（财经项目）收尾过程

第六篇 国民经济计划决算后（财经项目报竣）运营过程

第一篇

国民经济计划（财经项目）启动过程

财经应用文，是由应用文派生发展而来的，是国民经济预算计划或者财经项目实施过程中经常使用的文体。财经应用文写作是一门承载财经内容及研究其写作规律的学问。财经领域所开展的每一项活动，微观上，都要应用一种得体的文种来反映具体的财经工作和财经生活风貌，这个具有可操作性、能够如实反映财经问题，并解决财经问题的文书或文种就是财经应用文；宏观上，财经应用文是国民经济预算计划实施的重要工具，不但中央和国务院的相关部门要用，而且各级政府、相关媒体也要用。无论是社会发展的财经政策问题，还是区域经济发展操作中遇到的问题，抑或是准备上马一个新项目，它的全部生命周期，都需要财经应用文来帮助协调解决问题，否则项目就无法进行下去。尤其是在宏观上国民经济预算计划或微观上财经项目的启动阶段，甚至在国民经济预算计划或财经项目启动前，就需要有秩序地开展一系列的财经准备活动。而这些财经准备活动需要有各类财经文种的支撑，否则难以达到预期的目标。在国民经济预算计划或项目启动初期，经常是由政府的某个财经主管部门，作为国民经济预算计划或财经项目发端的发起人。在国民经济预算计划执行的过程中或者项目进行中出现某些问题，财经主管部门都要进行必要的调控，或发出有针对性的文件来解决当前存在的亟须解决的问题，这些文件往往成为政府依法行政或者说开展具体工作的有效工具。作为经济实体的企业，除了贯彻、执行财经主管部门的指示精神，还需要运用财经应用文这个有效的工具，来具体报告或请示有关财经政策落实中存在的问题。财经应用文写作，同样需要有财经主旨、财经材料、财经结构和财经语言。财经主旨，即财经应用文写作的核心思想、文章的灵魂与统帅；财经材料，即形成财经应用文的事实、理论基础和支撑的依据；财经结构，即按照财经应用文写作的逻辑思维、布局谋篇形成的框架；财经语言，即形成财经应用文写作的基本要素，财经术语、财经数据需要简明易懂、庄重而朴实、简洁而凝练。总之，财经应用文写作具有承上启下、上传下达的作用；它成为能够给财经工作带来效率、效益的工具，并直接给财经工作带来很多便利。财经应用文写作具体可分为财经公务文书、财经日常事务性文书、财经专用文书、财经新闻、财经仲裁与诉讼、财经论文等。

第一章

财经公务文书

本章要点

1. 了解财经应用文的文种及基本概况；
2. 明确财经公务文书的基本概念；
3. 掌握财经公文公告、公报、通知、通告的写作特点及应用；
4. 熟悉请示与报告的写作格式及其应用。

导入案例

港珠澳大桥建设概况

1. 项目背景

20 世纪 80 年代以来，香港、澳门地区与我国内地之间的运输通道，特别是香港与广东省珠江三角洲东岸地区的陆路运输通道建设取得了明显进展，有力地保障和推进了香港与珠江三角洲地区经济的互动发展，但是香港与珠江西岸的交通联系一直比较薄弱，这一被动局面已经影响了大珠江三角洲地区社会经济的发展。20 世纪 90 年代中期，为了改变香港与珠江西岸交通联系薄弱状况，珠海与香港曾讨论过修建连接珠海至香港的伶仃洋跨海大桥。1997 年 12 月，原国家计委批准了伶仃洋跨海大桥的项目建议书；进入 21 世纪，香港、澳门与内地有关方面提出修建连接香港、珠海与澳门跨海大桥的建议；港珠澳大桥建成后，从香港驱车到珠海、澳门只需 45 分钟，比现在绕道虎门大桥要少 3 个多小时。兴建港珠澳大桥，可使珠江西岸城市，包括肇庆、佛山、江门和珠海，缩短与香港的距离，使这些城市可与深圳、东莞等东岸城市看齐；香港四大支柱行业也可因此将市场扩展至珠江西岸。经济界人士论证，港珠澳大桥建成后，不仅将创造世界桥梁建设的奇迹，而且可使“大珠三角”区域经济，对内影响至广西、海南、云南、贵州、四川等地，对外辐射至东盟自由贸易区，从而成为整个东南亚区域的经济中心。

2. 港珠澳大桥兴建大事记

1983 年合和实业集团主席胡应湘提出兴建一条连接香港及珠海的“伶仃洋大桥”的建议；1989 年珠海市委书记梁广大正式提及“伶仃洋大桥”，并公布建设大桥计划，但当时的港英政府对此并不热心。港英政府特此聘请的顾问公司曾在报告中写道：“建议政府 20 年以后再考虑此事。”广东省 1996 年正式向国家计委申请立项，并于 1997 年得到批准。2002 年 9 月，特区政府与北京达成共识，加快展开港珠澳大桥前期研究；2002 年 11 月，当时的国务院总理朱镕基公开支持兴建港珠澳大桥；2003 年 1 月，当时的香港特首董建华在施政报告中表示有意兴建港珠澳大桥，广东省明确支持该计划；2003 年 8 月，粤港合作联席会议决定成立“港珠澳大桥前期工作协调小组”，就环保、走向等问题进行研究；2006 年 8 月，大桥建造方案取得重大突破，各方赞同采取“三地三检”模式，并同意尽快研究具体口岸设置、选址安排及融资方案；2007 年 1 月，港珠澳大桥专责小组在广州市召开第一次会议；2007 年 9 月，香港路政署完成港珠澳大桥香港口岸选址研究，并挑选出三个方案；2008 年 2 月，港珠澳大桥主体工程补充工程地质勘查在珠海开工；2009 年 3 月 13 日，三地政府以及中标的联营公司在珠海就大桥主体工程初步设计签约；2009 年 12 月 15 日，港珠澳大桥珠澳口岸人工岛开始动工，中央政治局常委、国务院副总理李克强主持动工仪式；2009 年 12 月 20 日，(澳门回归十周年当日) 动工兴建；2010 年 1 月 22 日，在香港，东涌一名老妇取得法律援助后向香港高等法院提出司法复核，挑战港珠澳大桥香港段的环境影响评估报告；2011 年 4 月 18 日，香港高等法院判决环境保护署署长败诉，指环评报告未有比较大桥兴建前后空气污染程度的变化，违反《环境影响评估条例》的要求及其立法宗旨，决定撤销对工程批出的环境许可证，港珠澳大桥香港段工程被迫延迟动工；2011 年 9 月 27 日，香港高等法院上诉庭判决环境保护署署长上诉得直[①]。香港政府表示由于司法复核及上诉期间的工程价格上升及要改变施工方法以赶上原定完工日期，预计香港段工程费用将增加约 65 亿港元。2011 年 11 月 18 日，香港立法会财务委员会以 35 票赞成、3 票反对，通过了建造港珠澳大桥的 485 亿港元拨款；2011 年 12 月 14 日，港珠澳大桥香港段工程正式动工，2012 年 7 月 31 日，港珠澳大桥珠海连接线项目正式开工，于 2017 年底与港珠澳大桥同步建成通车。

3. 港珠澳大桥基本情况

港珠澳大桥全长约 50 公里，跨海逾 35 公里，相当于 9 座深圳公路大桥，是世界最长的跨海大桥；大桥建有 6 公里多长的海底隧道，施工难度世界第一；大桥建成后，使用寿命达 120 年，可以抗击八级地震。国务院批复的港珠澳大桥可行性研究报告显示，口岸采用“三地三检”的布设方式。珠澳口岸人工岛投资高达 133.5 亿元人民币，所有的项目均采用公开招投标方式，经过专家委员会评估后，方可签订施工合同。

港珠澳大桥项目成为国民经济预算计划的重要组成部分，不仅国家财政做了预算，广东省、香港特别行政区也都做了项目预算计划。整个港珠澳大桥项目除主报告外，包括 37 个专题研究报告。从《港珠澳大桥兴建大事记》中的每一个时间段任务，可看到无论是国民经济预算计划还是项目实施，从宏观布局到微观操作，都需要财经应用文写作，更需要用财经公文以及财经专用文书、财经日常事务文书、法律仲裁文书、新闻报道等来上传下达，进行项目的沟通与部署。

① 香港法律诉讼程序中所使用的法律用语，意为上诉方胜诉。

第一节　财经公务文书概要

财经公务文书是指在财经活动或财经领域中，财经部门用以交流思想、处理业务、互通信息所形成的具有法定效力和规范体式的公务文书。财经公务文书与党政机关公文在特点、种类、作用、格式及写作要求等方面基本一致，在内容上有其特定性。公文的种类（简称文种），是公文的重要组成部分，用以概括表明公文的性质、用途、制发机关的权限、制发公文的目的和要求等。

财经公务文书的种类很多，按照性质和功能可以将财经文书大致分成三类：第一类是日常财经公务活动使用的文书，也可以统称为“财经通用文书”，如财经行政公文、财经事务文书、公关礼仪文书；第二类是财经业务活动中使用的文书，也可以统称为“财经专业文书”，如经济广告、经济合同、市场预测报告、经济活动分析报告、审计报告、企业诊断报告等；第三类是用于指导财经工作实践的理论研究文章，也可统称为“财经理论文章”，如财经工作研究、经济评论、财经论文等。随着财经领域的扩大及门类的增加，财经文书的种类还会逐渐增多。财经文书广泛地适用于经济领域。财经文书具有普通公务文书的特点：法定的权威性、内容的针对性、制发的规定性和文风的平实性；同时又具备其个性特点：

第一，鲜明的法规政策性。财经文书是宣传和贯彻党和国家的路线、方针和政策，发布经济法律、制度，指导财经活动的重要工具，其法规政策性无疑是很强的。第二，高度的财经专业性。财经公务文书广泛地使用于经济领域和财政管理部门，涉及财政、金融、工商、税务、贸易等许多领域；反映、分析、解决了财经活动中的一系列问题；恰当地运用管理科学、经济科学的概念，运用经济领域各个部门的专业知识，大量地使用专业术语。这些在其他文体中是不多见的。第三，突出的财经效益性。财经公务文书体现了企业生产与经营活动中的效益，体现了在管理、生产、经营中通过一定的经济效益来满足人们的物质和文化需求的根本目的，这也成为财经公务文书区别于其他应用文的显著特点。第四，数据的广泛应用性。经济工作越来越重视定性分析与定量分析的结合，因此，经济文章中往往少不了数据，在生产、交换、分配、消费各个环节中小至企业大至国家都要用数据来佐证，通过数据来制订计划，完成总结，客观反映经济工作的情况。

2012 年 4 月 16 日由中央办公厅、国务院办公厅联合颁布，从 2012 年 7 月 1 日起施行的《党政机关公文处理工作条例》中所规定的 15 种文种包括决议、决定、命令（令）、公报、公告、通告、意见、通知、通报、报告、请示、批复、议案、函、纪要等。财经公文由中央办公厅和国务院办公厅联合颁布的公文而来。基于财经应用文课程教学改革研究的需要，财经应用文课程讲授 15 种文种，在结合新编教学大纲教学内容的基础上，按照国民经济预算计划暨财经项目推进的时空特点和学生认知效果进行有效的编排。本教材将全面讲授财经通用公务文书。

第二节　通知、通告、公报、公告的概念及其应用

财经公务文书在财经领域的应用更为广泛，它往往是引发国民经济预算计划和项目策划的开端。如通知、通告、公报、公告是由政府财经主管部门和相关单位事先发布的，诸如常见于互联网或电视或报纸等其他媒体上，目的就是广而告之，让许多团体、机构、企业单位和相关个人尽早知道，并参与到这些财经活动中来。

一、通知

（一）通知的概念

通知是用于批转下级机关、转发上级机关和不相隶属机关的公文，传达要求下级机关办理和需要有关单位周知或者执行的事项、用于任免人员等，是最常见的一种公文。财经类通知，有大有小，适用范围相当广泛。一些项目的始发端，或一些财经活动的起始阶段，都需要发布通知。上级机关对下级机关可以用通知，平级机关之间也可以用，所以通知大多数属于下行文或平行文。

（二）通知的特点

通知是使用范围最广泛、使用频率最高的财经应用公文。许多财经类大项目的发端，都是由通知开始，如国务院下发的通知或者发改委下发建设新型经济贸易区的通知，各省、自治区和直辖市都要转发该通知，具体到一些基层单位的通知就需要具体细化等。因此，就有了大通知和小通知之分。通知主要具有四个特点。

1. 用途的广泛性

通知的使用十分广泛，不受发文机关级别的限制。内容方面可大可小，制发形式也灵活多样。作为财经公文的通知，其效力、格式与作为日常应用文书使用的通知是有所区别的。通知主要由上级对下级、组织对所属成员下发，平行机关之间、不相隶属机关之间有时也可使用通知知照有关事项。

2. 使用的高频率性

使用的高频率性，也称为行文的多向性。通知主要作为下行文使用，在需要有关单位周知时，也可用作平行文。行文方便灵活。

3. 功效的指导性

由上级机关向下级布置工作或对某项工作或某件事情作出具体规定，或财经管理部门内部做出通知，有正式发文的通知，也有非正式的通知，具有实用的功效性。在数量衡量、质量标准、时间期限、范围限定、方式方法等方面的要求，具有较强的指导性。当然，行文方向不同的通知，其告知性和指导性各有侧重，不能一概而论。即使是同一份通知，也往往既有告知性又有指导性。

4. 行文的时效性

通知都是在受文对象对某件事情应知而未知、应办而未办的情况下下达的，事项一般是要求立即办理、执行或知晓的，不容拖延，否则会失效或误事。有的通知如会议通知，只在指定的一段时间内有效，行文要及时，具有较强的时间性。

例文分析 关于2014年度外经贸发展专项资金申报工作的通知（摘要）

财企〔2014〕58号

中央有关部门（机构），各省、自治区、直辖市、计划单列市财政厅（局）、商务主管部门，新疆生产建设兵团财务局、商务局：

根据《财政部、商务部关于印发〈外经贸发展专项资金管理办法〉的通知》（财企〔2014〕36号，下称《资金办法》）规定，结合当前外经贸重点工作任务，现将2014年度外经贸发展专项资金申请有关事项通知如下：

一、支持重点

（一）支持外经贸协调发展和结构调整。

1. 支持区域外经贸协调发展。

2. 鼓励各地区对2013年进出口额低于4 500万美元的企业提升国际化经营能力提供支持。

3. 支持外贸转型升级，优化外贸结构。

4. 促进茧丝绸产业优化结构和国际化发展。

（二）鼓励扩大先进设备和技术、关键零部件、国内紧缺的资源性产品进口。支持我国境内企业以一般贸易方式进口列入国家发展改革委、财政部、商务部发布的《鼓励进口技术和产品目录（2014年版）》（以下简称《目录》）中的产品（不含旧品），或自非关联企业引进列入《目录》中的技术。

（三）鼓励承接国际服务外包业务和技术出口。具体包括：

1. 承接国际服务外包业务。

2. 技术出口。

……

（四）引导有序开展对外投资合作业务。具体包括：

1. 境外投资。

2. 对外承包工程。

3. 对外劳务合作。

4. 境外经济贸易合作区建设。

5. 其他纳入国家有关重点投资合作规划项目。

二、资金分配及申请

（一）资金分配方式。

围绕以上支持重点，分别采取因素法和项目法分配资金。其中：

1. 外经贸协调发展和结构调整事项采取因素法分配资金。

2. 对地方企业、单位开展的境外投资、对外承包工程及对外劳务合作，采取因素法分配资金；对境外经济贸易合作区建设采取项目法分配资金；对中央企业、单位开展的境外投资及对外承包工程，采取项目法分配资金。

3. 对承接国际服务外包业务和技术出口采取因素法和项目法相结合方式分配资金。

4. 对先进设备和技术、关键零部件、国内紧缺的资源性产品进口，采取项目法分配资金。

（二）资金申请。

1. 采取项目法分配的资金，由有关中央部门（机构）或省级商务部门和省级财政部门将所属企业、单位报送的申请材料于 2014 年 5 月 15 日前（以送达日为准，下同）汇总上报商务部、财政部（对外投资合作项目在 2014 年 5 月 31 日前送达），其中对鼓励进口项目，以及中央企业、单位开展的境外投资及对外承包工程项目组织两批资金申报工作，第二批于 2014 年 8 月 31 日前汇总上报商务部、财政部。

2. 采取因素法分配的资金，由商务部会同财政部确定资金分配方案，财政部根据财政国库管理制度将资金拨付至省级财政部门，省级财政部门、省级商务部门根据《资金办法》及本《通知》规定，结合本地实际组织开展所属企业、单位资金申报工作。

三、其他要求

（一）各有关中央部门（机构）以及省级财政部门和省级商务部门应当严格按照《资金办法》及本《通知》规定，认真组织好所属企业、单位 2014 年度外经贸发展专项资金的项目库建设、资金申报及审核等工作，并做好政策宣传及指导，确保符合条件的企业、单位及时了解相关政策规定。

（二）省级财政部门会同省级商务主管部门应当将依据《资金办法》并结合本地实际制订的实施细则，在 2014 年 8 月底前报财政部、商务部备案。

（三）对各地方举办展会、培训、国际市场考察等事项，应严格贯彻落实中央关于改进工作作风、厉行节约、反对浪费相关规定精神，切实加强管理、严格控制开支标准。

（四）尚未按规定要求上报上年度资金使用情况总结报告（内容包括资金到位情况、支持项目明细、资金使用效果、存在问题及政策建议等）的中央部门（机构）以及省级财政部门和省级商务部门，请务必在申请本年度资金前抓紧补报。逾期不报的，将取消今年资金申请资格。

本《通知》未尽事宜按《资金办法》规定执行。特殊事项另行通知。

附件 1：2014 年外经贸发展专项资金进口贴息事项申报指南

附件 2：2014 年外经贸发展专项资金承接国际服务外包和技术出口事项申报指南

财政部　商务部

2014 年 4 月 17 日

点评：此通知是一种部委联合性质的发文，是由财政部和商务部根据财经工作的具体业务来发布的。不仅具有知照的广泛性，而且具有功效的指导性，面向全国各个省市、自治区、直辖市和相关的行业主管部门。其中对发文的时效性也作了具体的时间限定，下级向上级申报时间，也都有了具体的要求。这种财经类通知具有很强的典型性，涉及具体工作，需要具体领会其中的内涵。各省主管部门根据两部的要求，肯定要向所管辖的市（区）进行转发，市（区）也肯定要按要求向基层单位进行转发。这是一种布置具体工作的通知。

（三）通知的分类

根据内容和作用区分，传统的通知有六种类型。另外，随着社会的快速发展，快捷通知也成为许多机关团体等办公的主要工具。如网络邮件通知，充分利用互联网的快捷便利发送通知；电话通知，很多人员都配有个人手机，可以随时随地地接听相关部门或个人的通知电话；短信通知，现代社会使用比较广泛，如银行取款余额通知、缴费提醒通知等。

1. 发布性通知

发布性通知于发布条例、规定、办法和实施细则等财经管理法规时使用。

例文分析 **关于颁布《××省中药材市场管理办法》的通知**

各市人民政府：

根据国家中医药管理局的要求，为了进一步加强中药材市场的管理，我省根据中药材市场的实际状况，特制定《××省中药材市场管理办法》，望各市接到管理办法后，立即认真进行市场检查，并积极落实所有管理办法。

特此通知

附：《××省中药材市场管理办法》

××省人民政府

20××年×月×日

点评：例文标题由某种办法＋文种组成，内容包括主送范围，发文（办法、条例、规定）根据或理由，提出希望，最后附上附件。

2. 批转、转发性通知

此类通知于批转上级机关的公文，转发上级、平级或不相隶属机关的公文时使用。批转性通知是指用通知的形式批转下级机关的公文，即对上级机关呈报的某些公文，上级审批同意后，加上批示性意见，再用通知转发给有关单位贯彻执行。往往有“印发、发布、批转、转发”等字眼。其基本格式是：发文机关＋印发（发布、批转、转发）＋文件名称＋文种。被批转的公文，可以是意见、请示、报告、纪要，也可以是方案、计划、纲要等。批转性通知需在标题中加“批转”两字。无论是哪一种公文，一旦经上级批转，就不再仅仅是下级机关的意图，而是升格为上级机关的意愿和要求，与上级机关的行文有同样的法律效力和现实约束力。

转发性通知是指用通知的形式转发上级机关或不相隶属机关的公文，或者说转发“非下级机关”的公文。既然被转发的是上级、平级或不相隶属机关的公文，就不能随意添加批语，只能以传达、推荐为主，但可以结合实际提出切实可行的实施意见。

3. 指示性通知

指示性通知传达的事项需要下级机关或有关单位办理、执行，包括部署重大行动、安排布置工作、贯彻落实文件、解决实际问题、制止非法或违规活动等。这类通知带有较强的约束性和指导性，某些还具有补充法规或规章的性质，也必须认真执行。

例文分析 **关于坚决打击利用直通港澳车辆进行走私活动的通知（摘要）**

各市、县、自治县人民政府、省府直属有关单位：

改革开放以来，我省直通香港、澳门的汽车运输业务有很大发展，对粤港澳经济发展起了积极的促进作用。但一些不法分子为了谋取非法收入，千方百计地利用直通车辆进行走私等非法活动。为了保持直通港澳汽车运输业健康发展，维护正常的经济秩序，各有关部门必须互相配合，采取各种措施，严厉打击走私活动，现就有关问题通知如下：

各有关部门要按各自的职责，切实加强对直通港澳运输公司的管理。保证直通港澳运输业有序、健康发展。直通港澳运输公司中外合作双方一定要教育所有员工守法经营，并要采取各种措施加强公司内部（包括入线车）的管理，海关要继续采取各种措施打击走私活动。

公安、海关等部门要加强配合，完善对粤港澳直通车走私情况的通报制度。

为了取得打击利用直通车走私犯罪活动的主动权，省公安厅要建立反走私信息网络，以便掌握信息情况，及时打击走私活动。具体方案由省公安厅会同有关部门制定。

通过有关渠道进一步加强与香港、澳门有关部门的联系协作，及时通报直通车的运营情况，共同加强对直通车的管理。

××省人民政府

20××年3月15日

4. 知照性通知

知照性通知用于告知各有关财经管理方面周知的事项等。这种通知发送对象广泛，对下级、平级均可发送。传达的事项侧重于使下级机关或有关单位有所知晓，便于对财经工作做出合理有效的安排。比较常见的有各类机构调整的通知、相关活动的通知和休假的通知等。要求具体，要注明时间、地点、活动内容等，以免影响工作的实施。

例文分析

××集团植树通知

各处室、下属单位：

集团定于4月2日早八点三十分在黄花岭义务植树。

参加人员：集团全体人员，无故缺席者，按旷工处理。

植树工具：水桶、锹镐、运水车、运树苗车，午餐等由后勤部统一安排。

人员交通：具体由集团办公室统一安排车辆接送。

植树质量检查：由黄花岭林场派专人负责，检查结果要在全集团通报。

××集团办公室

20××年3月25日

点评：这属于一个团体内部的通知，是一个小通知，标题由发文机构＋工作任务＋文种组成，然后是主送范围。需要明确以下内容：时间、地点、参加人员、使用工具、人员前往交通、工作任务落实检查等。最后是通知部门和时间。

5. 会议通知

会议通知是告知有关单位或个人参加会议的通知。

6. 任免通知

任免通知用于向特定范围公布本机关人员的任免事项，目的在于使有关单位及时了解有关人员职务变动，便于联系和协调工作。这类通知比较常见。

任免通知格式固定，按任免决定写明任免人员的单位名称、人员姓名、职务即可。

（四）通知的写作

1. 标题

通知的标题有完全式和省略式两种。

（1）完全式标题由发文机关＋事由＋文种构成。

（2）省略式标题是指省略多余的“关于”和“通知”的字样，发布性和批转性通知的标题由发文机关＋发布（批转、转发）＋被发布（批转、转发）文件标题＋通知构成。被发布（批转、转发）公文为法规、规章时，一般应加上书名号，被发布、批转、转发的公文标题中已有“关于”和“通知”字样时，通知的标题一般可保留末次发布（批转、转发）文件机关和始发文件机关，省略多余的“关于”和“通知”字样。否则就会出现一个标题中含多个“关于”和“通知”的现象，显得过长，读起来也很拗口。

例如：“××市人民政府关于转发《××省人民政府关于转发〈国务院关于防止工业生产重大事故的通知〉的通知》的通知”。这个标题有三个层次，用了三个“关于”和“的通知”，很不顺口。可把这个标题简化为《××市人民政府转发国务院关于防止工业生产重大事故的通知》。至于被省、地区等转发过的内容，可在转发意见中交代清楚。

2. 发文字号

通知的发文字号采用完全式。

3. 主送机关

所有通知都需要有主送机关。主送机关一般为直属下级机关或需要了解通知内容的不相隶属的单位或群体，一个或多个均可。

4. 正文

通知的正文主要包括缘由、事项、要求三部分。

（1）缘由写明制发通知的理由、目的、依据或情况。

（2）事项是通知的主体，是要求受文机关执行或应予知晓的事项。

（3）要求是针对如何贯彻通知的内容提出的，是有的放矢的。

不同类型的通知在这一部分写作要求有所不同。

发布性通知写明被发布公文的全称，提出执行要求。必要时可强调该法规的重要性，请受文单位予以重视。文字要简短，不要长篇大论。

批转、转发性通知写明被批转、转发公文的全称，可用“现转发给你们，请遵照执行”“请认真贯彻执行”“请研究执行”等词语对受文单位提出贯彻执行的具体要求，还可以根据具体情况作出补充性的规定。

指示性通知写明工作原则（或指示性意见）、具体工作办法、措施、要求等。指示性通知的事项，一般影响面较大、比较紧急或有一定的政策性。

知照性通知要写明受文单位应知晓的具体内容，要求文字简练、明白、准确，涉及的时间、地点、名称和活动内容应清楚无误。

会议通知依据其不同类型，有不同的写法。通过文件形式发布的会议通知，一般应写明召开会议的原因、目的、会议名称、议题、到会人员、会议及报到时间、地点、需要的材料等，通常采用条文式写法，要求内容周密、语言清楚、表述准确，不致产生歧义。而在总部楼内发布，供机关单位内部张贴或广播的周知性会议通知，应在通知事项中说明会议时间、地点、内容、准备材料及出席人员等。语言力求简洁。下面的例文是一个具有一定规模的会议通知。

例文分析

关于召开20××年秋季××白酒展销会的通知

各参展、销售公司：

定于10月6日召开白酒展销会。现将有关事宜通知如下：

会议议题：白酒销售××××。

参加人员：白酒酿造公司展销人员及销售订货公司采购人员。

会议时间：10月6日—10月16日（会期10天，10月3日起开始报到并布展）。

会议地点：××省××市工业展览馆。

主办单位与承办单位：全国×××协会

××省××市商业委员会
20××年×月×日

有关事宜如下：

（一）新产品发布研讨会。

（二）广告媒体宣传会。

（三）本次秋季酒类展销会筹备处：

联系人：×××，电话：8800××××，8800××××。

（四）本次展销会要求生产、销售公司证照齐全，杜绝假冒伪劣产品。

20××年秋季白酒展销会组委会
20××年×月×日

5. 通知结尾

通知的结尾有三种常用写法。

（1）事项结束，全文即自然结尾，意尽言止，不单独写结束语。

（2）用习惯用语“特此通知”收尾，但正文的前言和主体之间如用了“特作如下通知”作过渡语，则不宜在收尾处再用习惯用语。

（3）用简要的文字再次明确主题或作必要的说明，以引起收文单位对该通知的重视。

6. 落款

正文右下方写明发文机关名称，如在标题中已标明发文机关，则落款处可省略。

7. 成文时间

成文时间写在落款之下。

（五）通知写作的注意事项

1. 行文要注重实效

实用性强是通知的一大优势。需要注意的是，通知虽然好用、常用，但也可能滥用。无论是安排布置工作，还是批转（转发）文件，都要充分注意必要性和可行性。力争做到该发的一定要发，不该发的一律不发：该转的要尽快转，不该转的坚决不转。

2. 内容要具体明确

在众多的财经公文种类中，财经通知与实际工作的关系最密切，尤其是事项性通知。因此，通知的内容必须详尽具体，便于理解和执行。这就要求在撰写通知之前，必须作好调查研究工作，缜密思考，反复推敲，充分保证发文质量。

3. 制发要迅速及时

反应快捷、制发灵活是通知的优势之一。及时行文，不仅仅是部署重大行动、安排各项工作、制止非法或违规活动的需要，也是批转（转发）文件、告知有关事项的需要。有的通知的标题中会出现“紧急”“临时”“补充”等字样，这也正是通知制发灵便、反应快捷的体现。

4. 用语要准确得体

不同内容和类型的通知适用范围不同，行文方向也不一样，因此必须根据实际需要，区别使用不同的公文用语，总体要求是准确得体、条理清晰、简洁庄重。

二、通告

（一）通告的含义

通告适用于公布财经管理领域有关方面应当遵守或周知的事项。通告的使用者可以是各级各类财经管理机关和企事业单位，内容涉及社会的方方面面，无论其使用主体还是其内容都具有相当的广泛性。

（二）通告的特点

通告是范围较广、使用频率较高的具有知照性和一定约束力的普发性公文。通告必须依法发布，不能超越发文机关的权限。

财经通告主要有 4 个特点。

1. 周知性

财经通告的内容，要求在一定范围内的人或特定的人群普遍知晓，以使他们了解有关财经政策法令，遵守某些规定事项，共同维护财经领域的公共秩序。

2. 法规性

财经通告常用来颁布地方性财经法规，此类法规一经颁布，特定范围内的单位和个人都必须遵守、执行。

3. 务实性

财经通告往往涉及某项具体事务，务实性比较突出。其内容一般属于财经方面的问题，而且多为局部的、具体的问题，如交通管制、利率调整等。

4. 广泛性

财经通告涉及的内容非常广泛，可以用于财经通告公布的事项，可以是国家、地方或行业的有关财经政策、规定，还可以是社会和财经生活中的具体事务，如交通管制等。

财经通告常通过报纸、电视、广播等传播媒体公开发布，也可用张贴的形式发布。

（三）财经通告的分类

财经通告依照内容性质可大致分为两类。

1. 法规政策类通告

法规政策类通告用于公布一定范围内有关单位和人员应当遵守的事项、财经管理法规或行业规章，如《国务院关于打击盗掘和走私文物活动的通告》。

2. 知照性管理类通告

知照性管理类通告用于公布一定范围内应当周知或办理的事项，如张贴在街头或发布在报刊上的关于道路交通管制的通告。这类通告具有约束力，重在让人知晓，以便于管理。

例文分析

航行通告

××航通 2016006 号

各有关单位、船舶：

××省××电力建设有限公司受××电网公司××供电局的委托，在××市××区×

×镇××电站上游390米处进行电缆跨江施工作业，为保证施工顺利进行，现将有关事项通告如下：

一、水上交通管制范围：施工水域上下游各1 000米水域范围内。

二、水上交通管制时间：2016年9月5日至9月7日每天8:00至18:00。

三、注意事项：

（一）施工作业期间，施工水域设有警示标志，海事警戒船在施工作业区上、下游1 000米处实行交通管制，无关船舶不得进入施工现场。

（二）12:00至14:00视现场情况实施不定时通航，过往船舶应服从现场海事执法人员的指挥，停泊候命。

中华人民共和国××海事局

2016年8月31日

点评：这是一个知照性管理类通告，告知相关部门注意该航道要施工，往来船只应注意安全航行或转道航行，以免带来不便。此通告有时间、区域、交通管制时间、发布部门等，比较严谨。

（四）财经通告的写作

两类财经通告的结构相同，写法相近，只是措辞、语气稍有区别。

1. 标题

财经通告的标题有三种形式：

（1）完全式，即三要素（发布机关、事由、文种）齐全的规范标题，如《××省通信管理局关于进一步做好非经营性互联网信息服务备案的通告》。

（2）省略发文事由的简写标题，如《××市房地产经营管理通告》。

（3）只用“通告”二字作为标题。

一般说来，法规政策类通告应尽量采用三要素齐全的规范标题。

财经通告事项如有紧迫的时间要求，可以在文种名称前冠以“紧急”二字，以引起受众注意。

例文分析

××市电业局紧急通告

××市民及相关单位：

由于本市连续多雨，7号公路施工隧道塌方，造成二道岭泥石流滑坡，一道岭电站供电线路被损毁。目前市电业局正在抢修，同时向电网请求调剂电力供应，以满足市民和相关单位用电需求。预计三天之内恢复本市全面供电。对给市民家庭生活和相关单位带来的不便，我们表示诚挚的歉意。

特此通告。

××市电业局

20××年×月×日

点评：此例文是为了应对突发事件，相关责任单位发布的紧急通告。要求说明原因，让所有的受灾单位或个人了解实际情况，并做好预防的准备。

2. 发文字号

如果是政府发布的通告，要按正规的发文字号，如《××市人民政府关于整治市区人行道违规停放车辆的通告》。发文字号就是“市政告字〔2016〕16号”；如果是某一行业管理部门发布通告，可采用“第××号”方式，标题下居中排布某层企事业单位发布通告，可省去发文字号。

3. 主送机关

财经通告在一定范围内公开张贴或通过报纸、广播、电视等传播媒体发布，所以一般情况下都没有具体主送机关。

4. 正文

财经通告的正文依其内容的单纯与复杂分成两种写法。事项单一、内容单纯的通告，内容包括相关的法规政策、具体的业务事项，通常采用篇段合一的结构形式，运用直接陈述的手法在简短的篇幅内将通告的依据、目的、事项、要求逐一交代清楚；涉及事项较大、内容复杂的通告，正文一般由通告缘由、通告事项、结尾三个部分组成。

(1) 财经通告缘由部分的文字极为简练概括，阐明发布财经通告的目的、原因及其意义。发布或涉及法规规章的通告，还要写清法律依据，然后用“特发布通告如下”等习惯语过渡到下文通告事项。

(2) 财经通告事项是主体部分，多采用分条列项的办法，做到条理清晰、层次分明。

(3) 财经通告结尾一般是简要提出执行要求和希望，说明有关规定的有效期限和对违反规定行为的处罚办法，事项的办理期限、办理地点、联系人与联系电话等。有的财经通告已将这些内容列入条款，则以“此告”“特此通告”等结语收束全文，甚至可以不用最后一个条款作结束语。

5. 落款

正文右下方写明发文机关全称。若标题上已有发文机关，则此处可省略。

6. 成文时间

成文时间一般放在落款之后，也可放在标题之下。

(五) 通告写作的注意事项

1. 一文一事，中心明确

财经通告中，对“缘由”的介绍要紧扣中心，有理有据，尽快导入主题：“事项”陈述要具体、明确，能阐明中心，条款的划分与组合要体现出“事项”的内在关系，既不可出现条款间的相互包容与交叉，更不可偏离中心；结尾的希望、要求以及补充、说明要围绕中心，不可节外生枝。

2. 措辞精准，语气庄重

为便于公众认读、理解、记忆和遵循，财经通告的语言表达必须清楚、明确，在措辞上，既要注意结合专门事项的要求恰当地使用财经专业术语，表达准确、简洁，又要注意通俗易懂，便于理解、遵守、执行或办理。行文的语气要肯定、严肃、庄重，体现出财经通告的权威性和严肃性。

(六) 财经通知与通告的异同点

财经通知与通告的相同点：二者都是用来传达发文机关的意图和要求，并要求有关单位和人员遵守，了解和配合执行的文种。

二者的不同点有：

(1) 告知的范围不同。通告是普遍性的告知；通知是特定的告知，即告知那些与告知内容有关的单位和个人。需要普遍告知而告知对象又无法限定时，用通告；需要特定告知，也可限定告知对象时，用通知。

（2）格式要求不同。因通告对象无法限定，因此通告在格式上无法设计主送机关、抄送机关等内容；因通知是特定的告知，对象具体明确，所以通知在格式上有主送机关、抄送机关等内容。

（3）行文对象不同。告知下级机关或有关人员了解、办理某一事项时，用通知；向社会上公开通告人们应当知道或遵守某一事项时，用通告。

三、公报

（一）公报的含义

公报也称财经公报或新闻公报，不仅是政府财经主管部门公开发布重要的财经决定或者重大的财经政策、事项的报道性公文，也是财经领域经常使用的重要文种。

（二）财经公报的特点

1. 效力具有权威性

财经公报是权威的政府暨财经管理部门发出的，其内容涉及对财经领域重大事件的决策或某些重要经济政策的决定。这些决策或决定在效力上具有权威性，要求下级机关和其辖区内的所有人必须执行，不能违抗。

2. 内容具有指导性

有些公报是针对某些事项作出具体的规定，有些是就原则问题给予指导。无论哪方面的问题，都对其行文对象，包括下级机关和具体的工作人员行事具有指导作用。

3. 发布具有新闻性

公报往往由新闻机关在新闻媒介上公之于众，它的阅知范围没有限制，要求具有新闻的及时性和真实性，所以，有人认为它是一种新闻性公文。

（三）公报的分类

公报按其内容和用途，可分为四类。

1. 会议公报

财经工作会议公报是用以报道重要的财经工作会议或财经会谈的决定和事项的公报。这种公报一般用于党中央和中央政府召开的财经工作会议。

2. 事项公报

财经事项公报是党政高级领导机关或部门向人民群众公布重大决策、重要事项或重大措施时所用的公报。

3. 联合公报

联合公报是一种特殊用途的公报，用以发布国家之间、政党之间、团体之间就财经会谈、访问等事宜达成的某种协议。

4. 专题公报

专题公报包括外交部门发布的外事公报、国家统计机关发布的国民经济和社会发展的统计公报、气象部门的气象公报、水利防汛部门的汛情公报等。

例文分析

20××年××市国民经济和社会发展情况公报

根据年快报初步统计，现将20××年全市国民经济和社会发展情况公报如下：

20××年，全市人民在市委、市政府的正确领导下，积极贯彻中央十八大精神和省各项方针政策，落实市政府经济工作会议精神，以率先基本实现现代化为目标，努力推进经济跨越式发展和社会事业全面进步，圆满完成十二五计划确定的各项任务。

一、综合

经济总量：初步测算，全市完成国内生产总值1 406亿元，比上年增长14.1%。财政税收：地方财政一般预算收入98.7亿元，为预算的108%，比上年实际增长16.6%。

二、固定资产投资

完成全社会固定资产投资总额367.9亿元，比上年增长20.6%。其中，基本建设完成投资118.2亿元，增长24.3%；更新改造完成投资51.8亿元，增长21.9%。

三、外经外贸旅游会展利用外资

全市新批外商投资企业832家，比上年增长15.1%；合同外资金额30.17亿美元，增长20.6%。

四、农业乡镇企业

全市完成农林牧渔业现价总产值216.8亿元，比上年增长7.1%。其中，农业产值57.4亿元，林业产值1.7亿元，牧业产值46.9亿元，渔业产值110.8亿元。

××市统计局

20××年×月×日

点评：这是一个专题性的财经统计公报，主要是将一个城市统计部门对全市国民经济和社会发展状况公开发布。内容比较翔实全面，分题分专项统计核算，各项指标比较详细，让读者看了一目了然。发布机构、发布时间完整，便于查阅。

（四）财经公报的写法

财经公报包括首部、正文和尾部三部分。

1. 首部

首部包括标题和成文时间两项内容。

（1）标题。

公报的标题常见的有三种形式：第一种是只写文种，如《财经公报》；第二种是由会议名称+文种构成，如《中央城镇化工作会议公报》；第三种是由发布公报的国家或机关部门名称（常用简称）+文种构成，如《中英联合新闻公报》《中美联合公报》《国务院公报》。

（2）成文时间。

用括号在标题之下正中位置注明公报发布的年、月、日。

2. 正文

正文包括开头和主体两部分。

（1）开头。

开头即前言部分。事项性公报要求用鲜明、精练的语言概述事件的核心内容，即何时、何地、发生了什么重大事件；会议性公报要求概述会议的名称、时间、地点、参加人员等；联合公报要求概述公报的来由，即在何时、何地、谁与谁举行了什么会谈或谁对谁进行了什么性质的访问等。

（2）主体。

主体是公报的核心内容，要求把公报的内容完整、系统、有序地表达出来。

主体有三种写作方法：第一种是分段式，即每段说明一层意思或一项决定；第二种是序号式，多用于内容复杂、问题头绪较多的公报；第三种是条款式，多用于联合公报。

3. 尾部

事项性公报和会议性公报一般没有尾部；联合公报一般要求写明双方签署人的身份，姓名，签署日期，并写明签署地点。

四、公告

（一）财经公告的含义

财经公告属于发布范围广泛的晓谕性文种，是适用于向国内外宣布财经重要事项或者法定事项的公务文书。

财经公告使用范围非常广泛，它的用途主要体现在两个方面：

（1）向国内外宣布重要财经事项，包括公布法律、法令、法规，公布国家重大事务活动，如国家领导人出访、公布重大科技成果、财经方面的重要决定等。这类事项一般事关全局或在国内外能产生重大影响。

（2）向国内外宣布法定事项，主要指按法律程序批准确定的事项。例如，全国人民代表大会审议通过某项财经法规，需向社会发出公告予以公布。

公告不常用，但一旦发布就会引起各方的关注和重视。

（二）财经公告的特点

1. 发文权力的限制性

由于公告宣布的是重大事项和法定事项，发文的权力被限制在高层行政机关及其职能部门的范围之内。具体说，国家最高权力机关（全国人民代表大会及其常委会），国家最高行政机关（国务院）及其所属部门，各省、自治区、直辖市行政领导机关，某些法定机关，如税务局、海关、铁路局、中国人民银行、检察院、法院等，有制发公告的权力。其他地方一级行政机关，一般不能发布公告。党团组织、社会团体、企事业单位，不能发布公告。

例文分析

中华人民共和国财政部公告

2016年第44号

根据国家国债发行的有关规定，财政部决定发行2016年记账式附息（七期）国债（以下简称本期国债），已完成招标工作。现将有关事项公告如下：

一、本期国债计划发行330亿元，实际发行面值金额330亿元。

二、本期国债期限5年，经招标确定的票面年利率为2.58%，2016年4月14日开始计息，招标结束后至4月14日进行分销，4月18日起上市交易。

三、本期国债为固定利率附息债，利息按年支付，利息支付日为每年的4月14日（节假日顺延，下同），2021年4月14日偿还本金并支付最后一次利息。

其他事宜按《中华人民共和国财政部公告》（2016年第1号）规定执行。

特此公告。

中华人民共和国财政部

2016 年 4 月 13 日

点评：这是财政部发布的公告，具有很强的权威性。财政部决定发行 2016 年记账式附息国债。具体有三点要说明：一是数额和面值；二是期限和利率；三是偿还本金及附息。写作格式上，标题：发布部门＋文种；正文：发文缘由、说明；落款：发文部门和公告时间。短小精悍，内容完整。

2. 发布范围的广泛性

财经公告是向国内外发布重要事项和法定事项的公文，其信息传达范围有时是全国，有时是全世界。譬如，中国曾以公告的形式公布中国科学院院士名单，一方面确立他们在我国科学界学术带头人的地位，一方面尽力为他们争取在国际科学界的地位。这样的公告势必在世界科学界产生一定的影响。

3. 内容的重大性

财经公告的内容，必须是能在国际国内产生一定影响的重要事项，或者依法必须向社会公布的法定事项。公告的内容庄重严肃，体现着国家权力部门的威严，既要能够将有关信息和政策公之于众，又要考虑在国际国内可能产生的政治、经济影响。一般性的决定、指示、通知的内容，都不能用公告的形式发布，因为它们很难具有国际性和全国性的意义。

4. 传播方式的新闻性

财经公告的内容，都是新近的、群众应知而未知的事项，在一定程度上具有新闻的特点。公告的发布形式也有新闻性特征，一般不用红头文件的方式传播，而是在报刊上公开刊登。

（三）财经公告的种类

1. 行政性公告

凡是用来宣布有关国家的政治、经济、军事、科技、教育、人事、外交等方面需要告知全民的重要事项的，都属此类公告。常见的有国家重要领导岗位的人事变动、领导人的出访或其他重大活动、重要科技成果的公布、重要军事行动等。如全国人大常委会关于确认全国人大代表资格的公告，新华社受权宣布中国将进行向太平洋发射运载火箭试验的公告，都属此类公告。

例文分析

××市人民政府关于试鸣防空防灾警报的公告

为深入开展群众性爱国主义教育活动的部署，进一步弘扬以爱国主义为核心的民族精神，强化全市人民不忘国耻，增强国防观念和防空防灾应急准备意识，教育和动员全市人民共同维护国家安全稳定，确保国家长治久安，根据《中华人民共和国人民防空法》的有关规定，决定利用本年度全民国防教育日试鸣防空防灾警报。

一、警报试鸣时间：2018 年 9 月 18 日 9 时 30 分至 10 时。

二、警报试鸣范围：全市。

三、警报试鸣信号：

预先警报：鸣36秒，停24秒，反复3遍，时间为3分钟；

空袭和灾情警报：鸣6秒，停6秒，反复15遍，时间为3分钟；

解除警报：连续鸣放一长声，时间为3分钟。

请全市各单位、全体市民和过往我市人员在警报试鸣期间保持正常的工作和生活秩序。

特此公告。

××市人民政府

2018年9月8日

2. 法规性公告

依照有关法律和法规的规定，向国内外宣布具有法规性的重要事项，要求中国公民和中国境内的外国人士遵守。

例文分析

财政部关于进一步调整海南离岛旅客免税购物政策的公告

中华人民共和国财政部公告　2015年第8号

为适应商品贸易经营业态的快速发展变化，进一步发挥海南离岛旅客免税购物政策（以下简称离岛免税政策）的效应，支持海南加快国际旅游岛建设，财政部经商发展改革委、商务部、海关总署、税务总局、质检总局、食品药品监管总局，并报国务院批准，决定调整完善离岛免税政策部分内容。现就离岛免税政策调整的有关事项公告如下：

一、对离岛免税政策部分内容作如下调整：

（一）增加免税品种类，将零售包装的婴儿配方奶粉、咖啡、保健食品、家用空气净化器、家用医疗器械等17种消费品纳入离岛免税商品范围（详见附件1）。

（二）放宽香水、化妆品、手表、服装服饰、小皮件等10种热销商品的单次购物数量限制（详见附件2）。

二、除以上调整外，离岛免税政策其他内容继续执行《财政部关于调整海南离岛旅客免税购物政策的公告》（中华人民共和国财政部公告2012年第73号）和《财政部关于开展海南离岛旅客免税购物政策试点的公告》（中华人民共和国财政部公告2011年第14号）的有关规定。同时，离岛免税商品须符合检验检疫、中文标签、产品认证、卫生许可、质量安全等相关规定。

本公告自2015年3月20日起执行。

特此公告。

附件：1. 新增加的离岛免税商品清单

　　　2. 离岛免税商品每人每次购买数量调整清单

财政部

2015年2月16日

3. 专业性公告

专业性公告属于专业性的或向特定对象发布的公告，如经济活动中的招标公告，按专利法规定公布申请专利的公告，都属专业性公告；按国家民事诉讼法规定，法院递交诉讼文书无法送达本人或代收人时，可以发布公告间接送达，这是向特定对象发布的公告，这些都不属于行政机关公文。

（四）财经公告的写法

1. 标题

标题有三种写法：

（1）常规形式：由发文机关＋事由＋文种组成，如《国务院关于坚决制止冲击铁路确保铁路运输安全畅通的公告》《中国人民银行关于进一步改革外汇管理体制的公告》。

（2）省略主要内容：由发文机关＋文种组成，如《中华人民共和国国务院公告》《新华社公告》。这是公告比较常用的标题形式。

（3）只标出文种“公告”。

2. 发文字号

公告一般不用常规的发文字号，只在标题下居中标示“第×号”，有些可以没有发文字号。

3. 主送机关

公告为普发性公文，不需要写主送机关。

4. 正文

（1）开头。

开头主要写发布缘由，包括根据、目的、意义等，要写得简明扼要。公告内容非常简短时，也可省略发布缘由，开门见山，直接写出公告事项。

（2）主体。

主体主要写公告事项，即向大众公布的重要事项或法定事项。因公告每篇内容不同，主体写法因文而异。公告事项要根据内容多寡来确定表达方式，有时用贯通式写法；如果内容较多，要分列条款。总之，这部分要写得条理清楚、用语准确、简明庄重。

（3）结语。

一般用“特此公告”等习惯用语作结语。有些公告的结尾专用一个自然段来写执行要求，也有的公告既不写执行要求，也不用“特此公告”的结语，而是事完文止，自然收尾。

5. 署名与成文日期

公告在正文的右下方署发文机关的名称和日期。如标题已写发文机关的名称，常省略落款。也有的公告成文日期写在标题和编号之下。

（五）财经公告写作的注意事项

1. 行文庄重，内涵清晰

公告选用必须慎重，要防止滥用公告。一些单位不够发公告的级别，也未经有关部门授权，擅自发公告；也有一些单位本应该用启事、通告或通知行文，却错用公告。这些都是不符合公告行文规定的做法。

2. 语言表达要简洁凝练、庄重平和

财经公告以告知为主，一般不带强制执行的意思，所以不需要详叙事项的细节，更不必抒情，也不能使用命令（令）、通告那样的严峻语气，措辞应以严肃而又亲切、庄重又平和为宜。

（六）财经通告与财经公告的区别

财经通告与财经公告性质相同，都是告知性公文：作用相同，都可以用来告知事项。

其不同之点在于：

1. 发文机关权限不同

公告主要由较高级别的国家机关制发，通告则由各机关、团体、企事业单位制发。

2. 发文范围及告知对象不同

公告告知的对象是国内外一切须知机构和人士，接受的人越多越好；通告尽管也是向全社会发布，但告知对象一般限定在一定范围内，是对特定区域人群的告知。

3. 内容重要程度不同

公告宣布的是重大事项或法定事项，而通告宣布的是一定范围内要遵守或周知的具体事务性事项。

4. 写作要求不同

公告要求严肃庄重，通告则要求通俗易懂。

5. 发布方式不同

公告大多借助于新闻媒体发布，也可以张贴，一般不用红头文件的形式下发；通告则灵活多样，可以借助于新闻媒体，也可以用红头文件的形式下发，还可以张贴。

第三节　请示、批复的写作及应用

一、请示

（一）请示的含义

请示是下级机关向上级机关请求指示、批准时使用的法定公文。财经工作或领域所使用的请示，作为上行文，应用十分广泛，但使用请示也是有限制的，大致可以归纳为以下几个方面：

（1）遇到新情况、新问题，因无章可循而没有对策或没有把握，需要上级机关给出明确的指示时，要用请示；

（2）处理较为重大的事件和问题，因涉及有关方针政策必须慎重对待，或为防止工作失误，需要报请上级机关时，要用请示；

（3）在工作中遇到问题，虽然有解决办法，但由于职权、条件的限制，没有权力或没有能力实施这些办法，需要上级帮助解决时，要用请示；

（4）对有关方针、政策和上级机关发布的规定、指示有疑问，需要上级机关予以解释，同意才能办理时，需要请示；

（5）在较为重要的问题上出现意见分歧，无法统一，需要上级机关裁决才能办理时，需要请示上级；

（6）遇到某些因特殊情况，难以执行现行规定，有待上级重新指示才能办理的事项时，要用请示；

（7）遇到上级领导、主管部门明确规定必须请示、批准才能办理的事项，或上级明文规定完成一项工作任务后，需要上级审核认定的事项时，需要请示。

（二）请示的特点

1. 祈请性

请示的目的是解决财经方面的某个具体问题，请求上级批准或作出明确答复。请示是为数不多的双向对应的文体。上级机关收到下级请示后，无论同意与否，都有责任和义务尽快予以办理和答复，避免贻误下级机关的工作。有请必复是上级机关处理请示与报告两种文件的重要区别。

2. 单一性

一篇请示只能涉及一个请求事项或一个问题，即所谓的“一文一事”“一事一请”。这样做是由行政管理权限及行文效果决定的。

3. 针对性

请示的行文不能超越法定的隶属关系，而且一般是逐级行文。另外，请示针对超出了本机关职权、能力或认识范围的事情使用，不得动辄请示，把问题上交。

4. 超前性

请示行文具有超前性，必须在事前行文，等上级机关作出答复之后才能付诸实施，不能“先斩后奏”。这是请示行文的重要原则。事前行文有助于提请上级机关帮助把关，增加保险系数，避免出现重大失误。

5. 可行性

请示中提出的请上级机关予以批准的要求，应该是切实可行的，应考虑到上级机关的审批权限和解决能力，不应提出上级机关根本办不到的不合理要求。

（三）请示的分类

根据请示的用途以及行文目的的区别，请示可以分为三类。

1. 请求指示的请示

此类请示的核心是要解决“应当怎样做”的问题。行文中要写明本机关的意见或建议，以便上级机关批复时参考。遇到以下三种情况时，用请求指示的请示。

（1）下级机关遇到新情况、新问题、无章可循，需要请示上级机关；

（2）对有关方针、政策和上级机关发布的规定、指示在理解上有疑问及分歧，在执行上把握不准，或在执行中需要变通时，需要请示上级机关；

（3）事关重大，需要请示上级机关给予原则上的指导。

2. 请求批准的请示

此类请示的核心是要解决“能否这样做”的问题。依据管理权限和有关规章，下级机关就某些工作、某些问题请求上级机关给予审定、认可时使用，如管理区域的变更、机构设置、人员编制、领导班子调整、财务预算、重要事件或重要人物的处理等问题，本单位无权解决，请上级机关审核批准。

3. 请求批转的请示

此类请示的核心是要解决“让相关机关或部门这样做”的问题。某职能部门在自己的职权范围内制定了相关的办法和措施，却不能直接要求平级机关和不相隶属机关照办时，可用请示的方式要求上级机关批转给有关部门执行。

（四）请示的写法

1. 标题

请示的标题为完全式，即发文机关＋事由＋文种，如《××省农业厅关于急拨救灾款的请示》《北京市人民政府关于采取果断措施控制北京大气污染的紧急请示》。

拟写标题时不应出现“请示报告”这样的文种混用现象。另外，“请示”这个文种本身已带有“请求”的意思，因此标题中不应再出现“申请”或“请求”这类表意重复的词语。

2. 发文字号

请示的发文字号为完全式。

3. 主送机关

请示的主送机关即直接的上级机关，只报送一个主管领导机关，需送其他领导机关时可抄送。

4. 正文

请示的正文包括请示缘由、请示事项和请示结语三部分。

(1) 开头表述请示缘由。请示的缘由是请示事项和要求的理由及依据。一般来说，要写明所遇到的新情况、新问题，或自身没有能力解决的困难，要写得充分、言之有据。交代完请示缘由之后，一般用“特请示如下”过渡到请示事项。请示缘由是请示成败的关键所在，关系到请示事项是否成立、是否可行，也关系到上级机关审批请示的态度。

(2) 主体写请示事项。请示事项即要求上级解决的问题，包括具体办法、措施、主张、看法等请示的事项，要符合法规，符合实际，具有可行性和可操作性。因此，事项要写得具体、明白，要把情况交代清楚；需要批准、答复什么，或者给予怎样的帮助，都要说得明明白白，以便上级及时批准。

(3) 结尾写请示结语。请示的结语比较简单，主体结束后，另起一段，以惯用的“以上请示，请批复”“以上请示如无不妥，请批准”“妥否，请批复”“以上请示如无不妥，请批转有关部门执行”等结束语结束即可。结语是请示必不可少的一项内容，不能遗漏，更不能含糊其词。“请示”这一文种有请求性，所以，文辞要谦和有礼，大方得体，切不可用“请速答复”这样的命令口吻。

5. 落款

落款是指在正文右下方标注发文机关。

6. 成文时间

请示的成文时间一般为发文日期，在发文机关下方标明。

例文分析　**关于××市政公用工程建设资金短缺请求紧急拨款的请示**

×发改投资〔2015〕×××号

××市建设局：

我公司于2015年8月中标××市政公用工程三期工程，目前除人行道因方案不确定未能全部完成外，其余主体工程已全部完成，完成相应工程产值约3 000万元，2014年初贵局向我公司共拨付三期市政工程工程款约500万元，付款比例不足20%，受工程原材料涨价的影响，目前我公司除发挥自身最大的垫资能力外，通过担保贷款及银行贷款等多渠道融资后，仍未能足额付清三期工程的人工、机械、材料款等。

2015年10月我公司又中标××市政公用工程四期工程第二标段，中标价3 000多万元，目前四期工程路基土方工程已基本完成，按照工期安排，管网工程也应在近日相继开始，路面工程相应的备料工作也应开展，但面临资金短缺问题。为了确保四期工程的顺利开展及按期完成，我公司将继续扩展融资渠道，加大融资力度，但受原材料涨价的影响及我公司融资能力的限制，根据实际情况至少需贵局2 000万元拨款支持。为此，特恳切请求××市建设局和上级主管部门在资金上予以大力扶持，给予及时拨款为盼！

特此请示。当否，请予以批准为盼！

××市××路桥集团股份有限公司

2015 年 12 月 15 日

点评：这是一个施工单位向主管部门请求拨款的请示，题目由事由＋文种组成，然后是发文字号、主送机关。正文说明请求拨工程款的理由，以“当否，请予以批准为盼”作为结尾。最后是落款单位和时间。该文字数不多，但很完整，符合请示的写作要求。

（五）请示写作的注意事项

1. 一文一事

一份请示只能写一件事，只讲一个问题，切忌数事混杂。如果一文多事，可能导致发文机关无法批复。

2. 单头请示

请示必须严格按照隶属关系主送一个上级领导机关或者主管部门，不能多头主送，也不能主送领导者个人（领导人明确要求的除外）。如果需要，可以抄送有关机关。这样做是为了避免出现推脱扯皮现象。

3. 不越级请示

请示与其他党政公文一样，一般不越级上行。如果因特殊情况或紧急事项必须越级请示，可采取转呈，或在越级请示的同时，抄送越过的上级单位。

4. 不抄送下级

请示是上行公文，行文时不得同时抄送下级，以免造成工作混乱，更不能要求下级机关执行上级机关未批准或批复的事项。

5. 可提前沟通

行文之前要主动与主管领导取得联系，做好沟通工作，最好能够当面陈述有关请示意见，求得领导的同情、理解和支持。大量经验证明，提前沟通是请示事项容易获批的重要因素。

（六）财经请示与财经报告的异同点

1. 二者的相同之处

财经请示与财经报告是上行文中两个很接近的文种。其共同点是：在内容方面，都要反映财经领域和财经工作情况，陈述意见；在格式方面，都由标题、主送机关、正文、署名及时间等部分组成，都应注明签发人、会签人姓名。

2. 二者的不同之处

（1）行文的目的不同。“报告”的行文目的只是为了向上级机关汇报工作，反映情况，或是提出某项建议，以便领导机关了解下情，利于决策和指导工作；而请示则是为了某一问题的解决，求得上级机关给予明确的指示和果断的答复，要求上级明确表态、批复。

（2）文种性质不同。“报告”重在陈述情况，不需要上级机关给予答复，属陈述性的上行文；而“请示”属请求性的上行公文，是向上级机关请求指示的请批性公文，一定要求上级机关给予审批和答复。

（3）行文时间不同。“报告”大多在事后，也可以在事中行文；而“请示”则必须在事前行文，不能“先斩后奏”。而且对请示的问题，必须在领导的批示下达后，才能采取相应的行动去处理。

（4）结尾用语不同。“报告”的结尾一般用“专此报告”“特此报告”等词语，有的干脆不用，报告事项完了全文即结束，也就是说，对上级并无明确的回复性要求。“请示”的结束语往往有“请给予指示”“妥否请批示”等用语，要求上级机关给予批复。

（5）内容含量不同。“请示”必须一文一事，以避免因需要批复的事项不能及时批复而失时误事。“报告”既可以一文一事，又可以一文多事。

（6）主送机关不同。“请示”是为了某一问题的解决，求得上级机关给予明确的指示和果断的答复，因此，只能主送一个上级机关，不能搞多头请示，以免造成责任不明，互相推诿，或领导机关批复的意见不一致而致下级机关难以处理执行的现象。“报告”则可以有多个主送机关。

二、批复

（一）批复的含义

批复是答复下级机关的请示事项时使用的文种，是财经主管机关工作中的一种常用公务文书。

（二）批复的特点

1. 行文被动性

批复的写作以下级的请示为前提，专门用于答复下级机关的请示事项。先有上报的请示，后有下发的批复，一来一往，被动行文，这一点与其他公文有所不同。批复是唯一的被动性文种。

2. 内容针对性

批复要针对请示事项表明是否同意或是否可行的态度，批复事项必须针对请示内容来答复，而不能另找与请示内容不相关的话题。因此，批复的内容必须明确、简洁，以利于下级机关贯彻执行。

3. 效用权威性

批复表示的是上级机关的结论性意见，下级机关对上级机关的批复意见必须认真贯彻执行，不得违背，批复的效用在这方面类似命令、决定，带有很强的权威性。

4. 态度明确性

批复的内容具体明确，态度坚决，给请示单位以清晰可循的工作方向或方法。

5. 表述简明性

批复针对请示中的事项只做原则性、结论性的表态，不必做具体的分析解释，表述上简明扼要。

（三）批复的分类

1. 指导性批复

这类批复在答复下级机关的请示事项的同时，就某项请示事宜提出指导性的建议和要求，以利于下级机关开展工作。

2. 表态性批复

这类批复只对请示事项作出明确答复，同意或不同意，批准或不批准，不提出其他工作意见和要求。

此外，批复还可以分为肯定性批复、否定性批复和解答性批复。

（四）批复的写法

1. 标题

批复的标题最常见的是完全式的标题，即由发文机关＋事由＋文种构成。其中事由部分一般将下级机关请示的事由和问题写进去，常见的有三种方法：

(1)“关于”或“关于同意”＋请示名称，如《××省人民政府关于同意××市人民政府请求急拨救灾款项的请示的批复》。

(2)“关于”或“关于同意”＋请示内容，如《国务院关于加强产品质量工作若干问题的批复》。

(3)“关于”或“关于同意”＋请示内容＋“给”＋请示机关名称，如《国务院关于同意成立廊坊市给河北省人民政府的批复》。

2. 发文字号

批复的发文字号为完全式。

3. 主送机关

主送机关一般只有一个，即报送请示的下级机关。批复不能越级行文，当被请示的机关不能答复下级机关的问题而需要向更上一级机关转报“请示”时，更上一级机关所作批复的主送机关不应是原请示机关，而是“转报机关”。如果批复的内容同时涉及其他机关和单位，则要采用抄送的形式送达。

4. 正文

正文包括批复引语、批复意见和批复要求三部分。

(1) 批复引语要点出批复对象，一般称收到某文，或某文收悉。要写明是对于何时、何号、关于何事的请示的答复。另外可写明与批复有关的方针政策和上级规定。

(2) 批复意见是针对请示中提出的问题所作的答复和指示，意思要明确，语气要适当，同意什么、不同意什么、为什么不同意以及注意事项等都要写清楚。

(3) 批复要求是批复的结尾，可从上级机关的角度提出一些补充性意见，或是表明希望，提出号召。如果同意，可写要求；如果不同意，亦可提供其他解决办法。此外，批复还可以用“此复”“特此批复”等习惯语作结语。

5. 落款

批复的落款是在批复正文右下方标注发文机关名称。

6. 成文日期

批复的成文日期一般为领导签发日期。

例文分析 **关于贵港市高铁站前广场建设项目可行性研究报告的批复**

贵发改投资〔2013〕177号

贵港市市政管理局：

你单位报来《关于请求批复贵港市高铁站前广场建设项目可行性研究报告的函》收悉。经研究，现批复如下：

一、为完善我市公共服务设施，同意该项目建设。

二、项目业主：贵港市市政管理局。

三、项目建设地址：贵港市城区，东至和平北路、北侧为新华路（规划道路）及规划建设的市民广场、西至规划道路（广场西路）、南至贵港新站房及南方高铁路基。

四、项目建设规模及主要建设内容：建设广场架空层38 810平方米、广场地下27 510平方米、公交综合楼及维修车间5 560平方米，总建筑面积71 880平方米。

五、项目总投资估算为86 942万元，资金来源为市场运作方式解决。

六、工程招标：项目的勘察、设计、施工、监理、重要设备及材料等须实行公开招标。

请据此文件开展下一阶段工作，初步设计及概算编制完成后报我委审批。

附件：招标事项核准意见表

贵港市发展和改革委员会
2013年4月27日

抄送：住建委、财政局

贵港市发展和改革委员会办公室

2013年4月27日印发

点评：题目由事由+文种构成。然后是发文字号、主送机关。正文部分根据请示单位的函进行批复，理由比较充分，项目主管部门、项目地址、项目规模与建设内容、投资预算、招标方式等非常清晰。后面附有事项核准意见表，非常严谨。最后是批复日期，并有抄送单位。

（五）批复写作的注意事项

1. 态度明确，措辞严谨

批复既是上级机关发出的指示性、政策性较强的公文，又是对下级单位请求指示、批准的答复性公文。因此，撰写批复要慎重，根据现行政策法令及办事准则给予答复。撰写时，不管同意与否，批复意见必须十分清楚明白，态度明朗，不能含糊其词，模棱两可，以免下级无所适从。

2. 制发要及时

批复是被动行文，是在下级机关遇到难以解决的问题而发出请示时做出的。如果不及时，下级机关的问题就解决不了，工作就难以继续开展，因此批复应尽可能做到迅速及时。

本章小结

财经应用文，是由应用文派生发展而来的，是国民经济预算计划或者财经项目实施中经常使用的文体。财经应用文写作是一门承载财经内容及研究其写作规律的学问。

2012年7月起施行的《党政机关公文处理工作条例》中规定的15种文种，包括决议、决定、命令（令）、公报、公告、通告、意见、通知、通报、报告、请示、批复、议案、函、纪要等。作为财经公务文书，本章主要介绍通知、通告、公报、公告、请示和批复的概念、特点，需要结合例文分析，重点熟悉这6个文种的写作格式和写作注意事项，严格区分各文种间的相同点及不同点，把握财经公务文书的写作技巧及规律。

关键术语

财经应用文　通知　公报　请示
财经应用文写作　通告　公告　批复

习　题

一、选择题

1.（　　）写作是一门承载财经内容、研究其写作规律的学问。

A. 财经应用文　B. 应用文　C. 财经公文写作　D. 财经专用文书

2.（　　）是指在财经活动或财经领域中，财经部门用以交流思想、处理业务、互通信息所形成的具有法定效力和规范体式的公务文书。

A. 财经专用文书　B. 财经论文　C. 财经公务文书　D. 财经日常文书

3.（　　）适用于公布社会各有关方面应当遵守或周知的事项。

A. 通知　B. 通告　C. 通报　D. 公告

4.（　　）不仅是党政机关公开发布重要决定或者重大事项的报道性公文，也是财经领域经常使用的重要文种。

A. 公报　B. 公告　C. 通报　D. 通告

5. 公告属于发布范围广泛的晓谕性文种，是适用于向国内外宣布财经重要事项或者法定事项的（　　）。

A. 专用文书　B. 公务文书　C. 日常事务文书　D. 通用文书

6.（　　）是下级机关向上级机关请求指示、批准时使用的法定公文。

A. 请示　B. 报告　C. 申请　D. 批复

二、判断题

1. 财经应用文写作，不需要有财经主旨、财经材料、财经结构和财经语言。

2. 发布性通知于发布条例、规定、办法和实施细则等财经管理法规时使用。

3. 法规政策类通告用以公布一定范围内有关单位和人员应当遵守的事项、财经管理法规或行业规章。

4. 公报包括首部、正文和结尾三部分。首部只包括成文时间。

5. 公告属于发布范围广泛的晓谕性文种，是适用于向国内外宣布财经重要事项或者法定事项的公务文书。

6. 批复的写作以下级的请示为前提，专门用于答复下级机关请示事项。

三、简答题

1. 通知的特点有哪些？

2. 通告的特点有哪些？

3. 财经通告与财经公告的异同点是什么？

4. 公报的特点有哪些？

5. 财经请示与报告的异同点有哪些？

6. 批复的特点有哪些？

四、论述题

结合所学财经公务文书的写作特点和要求，论述财经公文写作的规范性、权威性和必要性。

五、写作题

请自拟题目，写一份召开全体会员单位年会的通知。

部分习题答案：

一、答案：1. A；2. C；3. A；4. A；5. B；6. A。

二、答案：1. ×；2. √；3. √；4. ×；5. √；6. √。

第二章 招投类专用文书

本章要点

1. 了解财经专用文书的含义、特点及范围；
2. 准确把握招投标书的概念、特点及写作格式；
3. 熟悉可行性研究报告、项目建议书的写作要领；
4. 掌握公示、项目意向书和经济合同的写作及写作注意事项。

导入案例

财经应用文写作在我国高铁走出国门中的应用

中国高速铁路发展规划，早已经列入国民经济预算计划。四纵四横铁路网引起世人瞩目，而且成为美国斯坦福大学教科书中的经典案例。2004 年 6 月 17 日，铁道部委托中技国际招标公司为铁路第六次大提速进行时速 200 公里动车组招标，并在《人民铁道》以及中国采购与招标网同时发布了名为《时速 200 公里铁路动车组项目投标邀请书》的公告。这次招标对投标企业条件的限定，让铁道部处于绝对主动的位置。公告明确投标企业必须是"在中华人民共和国境内合法注册的，具备铁路动车组制造能力，并获得拥有成熟的时速 200 公里铁路动车组设计和制造技术的国外合作方技术支持的中国制造企业（含中外合资企业）"。目前中国高铁时速为 350 公里。从那时起，中国高铁已开始冲刺。有报告说，十年间，中国高铁总运营里程已经跃居世界第一，达到 2.2 万公里以上，最快的高铁运行时速达到 486.1 公里。世界高铁不仅有了中国高铁标准，而且很多专业部门都在进行高铁项目可行性研究，名不见经传的中国公司在与德国、日本、韩国等国的世界知名企业高铁项目竞标中，都制作了切实可行的可行性研究报告和投标书，并签订了建设协议和建设合同书。这些文字材料，除了技术性的研究报告，其余都是财经应用文写作，可见财经应用文写作在项目实施中所起的重要作用。

第一节　财经专用文书概述

一、财经专用文书的概念

财经专用文书是指在国民经济预算计划开始阶段，那些用于管理项目实施、生产经营、商贸往来等财经活动，为处理财经事务、协调财经活动、传递财经信息而进行的分析研究诸如财经情况、动态、趋势等经常使用的具有较为固定格式的专用文书。如财经活动中经常出现的招投标书、可行性研究报告，项目建议书、公示、意向书、经济合同等财经主管部门经营决策经常使用的各类专项研究、文书、报告等。

二、财经专用文书的特点

1. 前瞻性

财经专用文书大多是为财经项目决策所进行的超前性工作。

2. 专业性

财经专用文书都是为办理财经业务而产生并使用的，因而具有很强的财经业务性质。

3. 市场性

财经专用文书是专属于财经领域的，是财经工作、财经活动的工具，那么它也就具备市场性，体现市场经济的特征。

4. 可操作性

财经专用文书虽然内容复杂、涉猎的数据较多，但大多是要解决实际问题的文书，需要有较强的可操作性。

5. 自足性

财经专用文书的内容和格式是自成体系的，具有一定的封闭性，但多数离不开财经这个圈子。

三、财经专用文书的类别

财经专用文书的内容多数是需要用数据说话的文书，主要与财经主管部门和上级领导机关财经决策相关联，因此需要有细致的分析内容和详尽的分析方法。具体可以分成财经活动中的专用文书、财经活动管理报告类财经专用文书和财经沟通信息类财经专用文书三类。

（1）财经活动中的专用文书通常包括招投标书、项目建议书、公示、意向书、经济合同等财经管理部门经常使用的专用文书。

（2）财经活动管理报告类财经专用文书，是为分析研究诸如财经情况、动态、趋势等问题而写成的书面报告。主要有市场调查报告、审计报告、市场预测报告、经济活动分析报告等。

（3）财经沟通信息类财经专用文书，包括招股说明书、商品（产品）说明书、商业广告等。

四、财经专用文书的作用

1. 规范作用

市场经济是法制经济。这就要求对财经工作、业务活动、业务行为等，依法进行规范。规范的方式、方法有多种。(1) 财经专用文书必须依法制定。(2) 财经专用文书必须依法实施。(3) 因财经专用文书发生的纠纷也必须依法加以解决。

2. 沟通作用

财经工作协调一致，不出漏洞最为关键。财经工作、财经领域中的财经活动过程，都是信息交流、信息沟通、信息协调的过程。(1) 表现在业务主体与市场之间，通过市场调查报告、市场预测报告、经济活动分析报告，对相关信息进行提炼整理，将其及时反馈给业务主体，便于调整决策，以把握并适应消费者的需求。(2) 表现业务主体之间，通过协调诸如供求之类的关系，可以寻找合作伙伴与其建立某种合作关系，以实现各自的经济利益。

3. 管理作用

发挥其有效的职能作用，如组织、计划、控制、领导等。在招投标活动中，需要有计划地组织和安排，使招投标过程井然有序；在资源的整合上，需要有效地管控，实施目标管理；对于市场问题的解决，需要采用市场调查、预测、经济分析等文书作为管理依据，为财经主管部门管理决策提供参考。

4. 监督作用

由于财经专用文书的使用直接涉及方方面面的经济利益，与相关法律、法规密切相关，就必然离不开监督，如招投标需要群众监督、舆论监督、部门监督、上级监督。市场调查报告、市场预测报告、经济活动分析报告等文书的使用，不仅能为决策提供依据，也意味着决策过程、决策结果需要监督。尤其是审计活动，过程与结果都需要监督。

第二节 招标书和投标书

一、招标和投标概述

招标和投标是一种贸易方式的两个方面。这种贸易方式既适用于采购物资设备，也适用于发包工程项目。招标是由招标人（采购方或工程业主）发出招标通告，说明需要采购的商品或发包工程项目的具体内容，邀请投标人（卖方或工程承包商）在规定的时间和地点投标，并与所提条件对招标人最为有利的投标人订约的一种行为。

投标是投标人（卖方或工程承包商）应招标人的邀请，根据招标人规定的条件，在规定的时间和地点向招标人递盘以争取成交的行为。招标机构是指按国家法律规定成立、具有法人资格和招标资格，从事国内、国际业务的专职机构；业主是指工程项目建设单位、采购或定做商品的法人或其他组织；中标人是指通过招标、投标活动最终被招标人、业主选定为合作对象的工程承包人、供应商、制造商及其他组织。

招标、投标是一种国际通用的经济活动方式。随着我国市场经济体制的建立和完善，特别是在我国加入 WTO 之后，国内外招标、投标活动越来越多，招标、投标文书的使用也越来越广泛，作用越来越大。从本章导入案例来看，这方面的招投标活动越来越多，而且非常有利于项目的实施。

二、招标和投标的基本程序

1. 招标

招标单位编制和报审招标文件，发出招标公告或招标通知书、邀请书，招标单位对投标企业或个人进行资格审查，投标单位购买招标文件、编制投标书并投标，在预定时间内开标、评标决标，发出中标通知书或公告，招标、中标双方签订书面合同。

2. 投标

响应招标，成立投标组织，选择投标项目，向招标单位报送投标申请书，接受招标单位的资格审查，审查通过后，购买或领取招标文书，按要求编制投标书，在规定的时间内投标，参加开标会议。

3. 开标与评标

开标有公开开标与秘密开标两种方式。公开开标是按照招标人规定的时间、地点，在投标人或其代理出席的情况下，当众拆开密封的投标文件，宣读文件内容。秘密开标是没有投标人参加，由招标人自行开标选定中标人。评标是指招标人开标后，进行评审、比较，选择最佳投标人的过程。如果招标人认为所有投标均不理想，可以宣布招标失败，并拒绝全部投标。

4. 签订协议

招标人选定中标人之后，发出中标通知书，中标人依约与招标人签订协议。

三、招标书与投标书的概念

1. 招标书的概念

招标书是招标单位兴建工程或进行大宗商品买卖时，公布标准和条件，提出价格，招人承包或承买时使用的一种文书。

2. 投标书的概念

投标书是对招标书的回答，是投标人在承包建筑工程或承买大宗商品时愿意接受招标人在招标书中提出的条件和要求，向招标人申请承买或承包并报出价目时使用的一种文书。

四、招标书与投标书的特点

1. 公开性

这是由招标、投标活动的性质决定的。招标本身就与财经活动紧密相连，凡是投标者需要知道的内容，如招标条件、招标要求、注意事项，都应在招标文书中予以公开说明。公开是公平竞争的前提和基础。在招标的过程中，从刊登招标公告、编制招标文件、确定投标文件格式、递交、公开开标、评标、授标、签中标合同等各个步骤，都要严格地按照公开、公平、公正的原则进行。

2. 简明性

招标是为了完成招标单位或招标者所遇到的难以解决的财经项目或任务，所以招标项目要求财经、技术质量指标等内容要简明具体。

3. 规范性

招标、投标的一切活动，都要依据《中华人民共和国招标投标法》和国际有关规定按程序行事，招标、投标文书中的内容必须符合国家法律和行业的明确规定，且要有严格的监控程序。招标、投标书一经正式发出，就不能随意更改，而且，招标者的标底和投标者的投标书都要在投标前保密，如果泄密，有关责任者要受到严肃处理，甚至被追究法律责任。

4. 竞争性

投标、招标是按照一定的法律程序进行的竞争性经济活动，从投标者中选优的做法本身决定了招标书具有竞争性。招标书实质上是对投标者所发出的要约，投标书实质上是对投标要约的一种承诺。各个投标者按照招标要求向招标者提供的投标书，既表明了合作意愿，又是一个比实力、比信誉、比策略的备选方案，本身就具有竞争性。

5. 保密性

保密性一是指标的在公布之前不得泄密，否则对责任者要严肃处理，直至追究法律责任；二是指投标书在开标之前也要保密，在规定的开标时间之前不得启封。未密封、未盖印及过期的投标书无效。

五、招标书、投标书的作用与分类

（一）招标书与投标书的作用

招标在国际上广泛运用于采购货物、工程项目、各类服务等领域，在经济活动竞争中有很大的作用，有助于实现社会资源优化配置，其公平的、透明的操作程序有助于防止腐败，提高效率与效益，有利于经济繁荣和社会的文明与进步。招标工作的结果是要优选并与各合作对象建立合同关系，招标书的内容是招标单位发出的要约。招标是一个比实力、比技术、比信誉、比价格、比能力、比策略的竞争过程。投标是否成功，因素有很多，但与投标书撰写得好坏有着直接的关系。具体来说，招标书、投标书具有以下作用：

1. 依据作用

招标书能够明确指引目标和方向，是投资者编写投标书和参与投标活动的重要依据，也是参与项目实施计划的参照模板。

2. 鼓励作用

招标、投标有利于打破垄断，打破条块封闭，引入公平竞争机制，调动承办人挖掘潜力、降低成本、改善经营管理、提高经济效益的积极性。

3. 发展作用

招标能为招标人发展贸易、完成工程建设、置办设备等提供多种实施方案，从而降低成本，提高工程或商品项目的质量，缩短工期或交货期，获得较好的服务条件，有利于提高经济效益，促进经济发展。

（二）招标书与投标书的种类

招标、投标是一个系统过程，产生的文书种类较多，根据不同的标准划分，有各种不同的种类。招标、投标是相互对应的，围绕不同主体的活动，通常可按文书作用把它们分为招标文书和投标文书两大部分。招标文书，包括招标公告、招标通知书、招标邀请函、招标章程（须知）、评标结果报告、中标通知书、招标书、委托代理书、合同或协议书、图纸等。投标文书包括投标申请书、投标书、工程承诺书、资质证明材料、投标报价说明及造价表、图纸等。

1. 招标书的种类

（1）按性质和内容划分。招标书可分为工程建设招标书、大宗商品交易招标书、选聘经营者招标书、企业承包招标书、企业租赁招标书、劳务招标书、科研课题招标书、技术引进或转让招标书等。

（2）按招标范围划分。招标书可分为企业内部招标书、面向社会的外部招标书。

（3）按招标方式划分。招标书可分为公开招标书、邀请招标书、协商招标书、网上招标书。

（4）按招标项目的要求划分。招标书可分为法人代表招标书、合作伙伴招标书等。

2. 投标书的种类

（1）按性质和内容划分。投标书可分为工程建设投标书、企业租赁投标书、劳务投标书、科研课题投标书、技术引进或转让投标书等。

（2）按投标方人员组成情况划分。投标书可分为个人投标书、合伙投标书、集体投标书、全员投标书、企业或企业联合投标书等。

（3）按范围划分。投标书可分为企业内部投标书、面向社会的外部投标书等。

（4）按作业划分。投标书可分为投标申请书、投标书和履约保证书等。

六、招投标书的写作格式

财经项目招投标书目前在国内项目工程招标中已经广泛采用，很多时候采用完全制式的表格状或者指定的招投标书，这样做的目的是让所有的投标机构都能在公平、公正、公开的条件下参与招标项目。本教材中所介绍的招投标文书写作格式是文种的基本格式。

（一）招标书的写作格式

招标书一般由标题、正文、结尾三部分组成：

1. 标题

常见的写法有四种。

（1）由招标单位名称、招标项目内容和文种组成。

（2）由招标项目内容和文种组成。

（3）只写文种名称“招标书”。

（4）文学性标题的写法。

2. 正文

正文由引言、主体两部分组成。

（1）引言：主要写明招标单位的基本情况和招标目的。

（2）主体：该部分为招标书的主要内容，要逐条写清文件编号、招标项目名称、招标范围、招标方式（公开招标、内部招标、邀请招标）、招标时限、招标地点、应知事项等内容，还要特别说明近几年的业绩及有无重大事故。

3. 结尾

应写明招标单位的名称、地址、网址、电话、联系人、邮政编码、发文日期等，以便投标者联系。

例文分析

招标公告

市信息工程招投标中心受××市政府采购中心委托，就××市水务局办公信息系统项目进行公开招标，请有关具有同类软件及GIS系统开发经验的系统集成商到××市信息工程招投标中心购买标书并参加投标，具体内容如下：

1. 招标文件编号。

2. 招标内容：××市水务局办公自动化软件开发，业务管理系统开发，系统移植、数据入库、托管服务器系统更新。

3. 标书售价：人民币500元。

4. 购买标书时间：2016年4月20日起上午8:00至12:00；下午2:30至5:30（公休节假日除外）。

5. 购买标书地点：××市连海路5号××市信息工程招投标中心财务室。

6. 招标文件答疑及需求调查时间和地点：

第一次：2016年4月29日上午8:30，××市桃花巷17号××市水务局三楼会议室。

第二次：2016年5月11日上午8:30，××市桃花巷17号××市水务局三楼会议室。

其他时间恕不接待。

联系人：×××、××

电话：××××××

7. 投标截止时间和地点：2016年5月21日上午10:00；××市山海路2号大山园三层××市政府采购中心会议室。

8. 开标时间和地点：2016年5月21日上午10:00；××市山海路2号大山园三层××市政府采购中心会议室。

联系人：××

联系电话：××××××

传真：××××××

Email：

网址：

××市信息工程招投标中心

2016年4月19日

点评：这是一个具有招标书性质的招标公告。该公告发布的目的是想让更多有投标意愿的公司参与这项招标活动，招标内容及格式与招标书基本相同，只是范围扩大。

例文分析

××公司产品运输招标书

一、招标项目：国内货运

二、招标范围：H地→G地货运

三、投标方须知

1. 具有法人资格，在中华人民共和国境内注册，能开具运输发票，具有国内物流公司资质的企业才可以参加投标。

2. 无论投标过程中的做法和结果如何，投标方自行承担与投标有关的全部费用。近两年物流运输出现质量事故或给客户造成经济损失的或正在诉讼之中的物流公司，谢绝参与本公司的招标申请。

3. 投标方应详细阅读招标文件的全部内容，未按招标文件的要求提供的投标文件和资料，可能导致投标被拒收。

4. 投标方对招标文件如有疑点要求澄清，应在获取招标文件后用书面、电子邮件通知招标机构。招标方认为有必要答复时，应用书面形式作出答复，并将答复内容作为招标文件的补充部分。

四、投标文件的构成

1. 营业执照复印件，如投标单位代表不是企业法人代表，需持有法人代表授权书。

2. 按运输路线报价单（开票价）。

3. 投标方应提供公司介绍、优势、服务承诺、保险及赔偿、经营业绩、已有客户等材料。

4. 投标文件由法人代表或其授权代表签署。

5. 投标单位自制投标书，正、副本两份，符合招投标要求，封存完好加盖印章提交。

6. 结算方式。

五、有投标意向的公司，请及时与我方电话联系（见所附电话号码），并告知你方的电子邮箱地址，我方将“报价清单”发给你方

六、招投标议程

1. 当场揭标，检查必备资料，公开唱标。分别进行竞争性谈判。

2. 当场公布中标单位。

3. 1～2日后书面下达《中标通知书》，同时告知其他未中标者，对未中标的原因不做解释。投标书概不退还。

4. 签订合同书。

七、其他事项说明

1. 合理报价，最低报价不能作为中标的唯一标准。

2. 确定中标单位后，将试用，若发现中标单位存在不符合要求的现象，招标单位有权取消中标单位资格并保留追赔损失的权利。

3. 投标报名时间截至开标前两天。

八、开标时间、地点及联系方式

1. 时间：××××年×月×日。

2. 地点：××。

3. 联系电话：×××××××××。

××公司

20××年×月×日

点评： 这是一家公司的产品运输招标书，其要求比一般的招标书多一些，有些条款有所限制，这是为了提升本企业产品运输招标的质量。该限制性条款在招标书中明确说明，并且进行筛选。这份招标书比较完整，格式上有标题、正文，结尾有时间、地点、联系电话等，比较具体，符合招标书的规范性要求。

（二）投标书的写作格式

投标书一般由标题、称谓、正文、落款四部分组成。

1. 标题的写作

标题一般有四种写法。

（1）由投标方和文种组成。

（2）由投标公司（单位）、项目名称和文种三部分组成。

（3）标题只列明文种，即只写明“投标申请书”。

（4）新闻式标题，即由主标题和副标题两个部分组成。

2. 称谓

即招标单位全称。

3. 正文

投标书的正文内容一般包括前言、主体两个部分。

(1) 前言。主要交代投标的依据和目的，介绍投标单位的基本情况以及对该投标项目的态度。

(2) 主体。主体部分要将财经指标和技术指标写清楚，尤其是要写清楚投标报价。投标报价是招标单位最看重的因素，要认真核算。要写明工程项目开工、竣工日期，具体提出完成该项目所要采取的措施，如专业技术、组织管理以及安全生产措施等。有的还要附上对本单位优势的分析，阐明投标单位的指导思想、经营方针、近些年的业绩、有无重大事故等。

4. 落款

要写出投标单位名称及法人代表姓名，并加盖印章，同时写明投标日期。

例文分析

第三期海洋工程平台投标书

建设单位：上海×××技术有限公司

1. 根据已收到的上海×××技术有限公司第三期海洋工程平台（一）项目工程的招标文件，遵照《上海市建设工程招标投标管理暂行办法》的规定，经考察现场和研究上述工程招标文件的投标须知、技术规范、图纸、工程量清单和其他有关文件后，我方愿以人民币（大写）××××万元总价，按上述技术规范、图纸等条件承包上述工程的施工、竣工和保修。

2. 一旦我方中标，我方保证在2016年10月5日开工，并于2017年3月5日竣工，即5个月内竣工并移交整个工程。

3. 除非另外达成协议并生效，你方的中标通知书及本投标文件将构成约束我们双方的合同。

4. 我们明白发包方不一定要接纳投标价最低的投标或收到的任何投标，也不会解释否决任何投标的原因与理由。

5. 我方金额为人民币××万元的投标保证金在接受招标文件时已同时递交。

6. 我们确定本投标已考虑发包方或其招标代理单位已向我方发出的关于招标文件的修改通知。

投标单位：（盖章）

邮政编码：××××××

单位地址：×××××××××

法定代表人：×××（签字、盖章）

电话：×××××××××

开户银行名称：×××××××××

银行账号：×××××××××

20××年×月×日

点评：这是一份简约的工程项目投标书，内容完全是按照招标书的要求和格式来写作的，各项经济条款、技术条款、时间与质量都能严格规范，并且有自己的报价并按要求提交投标保证金，说明该公司具有参与竞标的能力。这份投标书符合投标书的具体要求，由标题、主送单位、导言、主体、结尾组成。

七、招标邀请书和中标通知书的写作内容与格式

（一）招标邀请书

为保证项目的质量，提高工作效率，招标单位经常采用邀请投标的方式进行招标，依据规定应当向熟悉的、合作过的三个以上具备承担招标项目能力、资信良好的特定法人或者其他组织发出投标邀请书。邀请投标，是公开招标的补充形式。在这种情况下，在发出投标邀请书的同时，还要随函寄上招标公告。

招标邀请书的结构一般包括标题、主送单位、导言、主体和结尾五个部分。

1. 标题

一般由招标单位名称、招标项目名称和文种构成，或由招标单位名称和文种构成，也可直接命名为“投标邀请书”“投标邀请函”。

2. 主送单位

写明受邀请单位的名称。

3. 导言

先简要阐明发函的目的、根据、招标的项目名称等，并对被邀请单位表示赞赏和肯定，再用过渡语“现将有关事宜函告如下”引至主体。

4. 主体

多用条文式，也有用表格式写明内容，主要包括项目名称、实施招标项目地点、招标条件、要求、开标日期等。商品招标书要写明招标商品的名称、数量、规格、价格等要求。内容与招标公告基本相同。

5. 结尾

包括招标单位名称、地址、法人代表、成文日期并加盖印章、联系人姓名、电话号码等，必要时还可以有开户银行及账号。

例文分析

××××桥梁段招标邀请书

××××有限责任公司：

××公司承建××××合同段，特邀请贵公司于2016年10月7日到我公司会议室就框架桥涵工程进行招标，相关事宜告知如下：

一、工程承包范围及内容：本工程位于××××公司项目经理部第五工区里程范围内，招标范围：

1. 包件DK××××里程范围内，混凝土×××，钢筋×××。
2. 包件DK××××里程范围内，混凝土×××，钢筋×××。
3. 包件DK××××里程范围内，混凝土××××，钢筋××××。

二、招标详细地址：××公司第五工区一楼会议室。

三、投标需携带资料：

1. 由法人亲笔签字并加盖劳务企业公章的《法人委托书》；
2. 营业执照、法人身份证原件及加盖劳务企业公章的复印件；
3. 资质证书原件及加盖劳务企业公章的复印件；
4. 安全生产许可证原件及加盖企业公章的复印件；
5. 税务登记证原件及加盖企业公章的复印件；

6. 组织机构代码证原件及加盖企业公章的复印件。

四、项目联系人：×××；联系电话：×××××××××。

五、请贵公司收到此邀请书后，于 2016 年 10 月 3 日 18：00 前联系×××，确认是否参加投标，并购买招标文件，资料费 500 元/包件，售出不退。

六、开标前 1 天将投标保证金小写 10 万元整，大写壹拾万元整电汇至××××××××，开户行：中国银行股份有限公司，账号：×××××××××；如被招标人确定为中标人后，投标人拒绝签订、履行合同，则投标保证金被没收，不予返还，未确定为中标人的，招标后二十个工作日内投标保证金被无息退还给投标人。

××××公司

20××年×月×日

点评：招标邀请书基本上同招标公告和招标书的内容一致，只是招标单位找到一些合作过或者认为能够承担项目任务的单位来参与工程项目的招标。因为双方在某些项目工程中合作过，比较有默契，因此，在信赖程度上、工程质量上是比较放心的，相对条款内容也比较宽松。

（二）中标通知书

中标通知书是招标单位向中标单位发出的通知文书，以招标公告的形式在媒体上发出。投标应当符合下列条件之一才可中标：能够最大限度地符合招标文件中规定的各项综合评价标准；能够满足招标文件的实质性要求。中标通知书的结构一般包括标题、发文字号、主送单位、正文和落款几个部分，与一般公文相近，公文汇总通知的写法可作参考。

1. 标题

标题一般包括两种写法：一是仅写文种，如《中标通知书》；二是项目名称＋文种，如《上海至昆明高铁××段站前工程施工投标中标的通知》。

2. 发文字号

与公文相同，由发文单位代字、年号和序号组成，如“贵发〔2015〕35 号”。

3. 主送单位

写清中标单位名称。

4. 正文

正文包括前言、主体和结尾。前言主要说明依据和评标结果，明确通知事项。主体部分具体说明中标内容和要求，交代下一步的有关事宜，如签订合同或协议。结尾部分常以习惯用语“特此通知”为结束语。

5. 落款

写明招标公司及时间即可。

例文分析

中标通知书

××××有限公司：

我院的××项目（项目招标名称）于××××年×月×日公开开标，经评标组评定，确定贵司为中标单位。

中标标的：IT服务器设计、安装维护等。

请贵司持本中标通知书于发出日10天内与我院洽谈合同具体条款，并于收到该通知书后立即按投标文件的承诺组织力量全面开展工作。因贵司原因逾期，视为自动放弃中标资格。

特此通知。

联系人：××

联系电话：×××××××××

××××化工研究院

20××年×月××日

点评：这是一份完整的中标通知书，中标单位全称、项目招标名称、中标标的、中标单位与发标单位的项目接洽等，都及时地告知中标单位。及时发放中标通知，可为双方共同合作打下一个良好的基础。

第三节　可行性研究报告与项目建议书

一、可行性研究报告的概念

（一）可行性研究概述

所谓可行性研究，是指在某一经济活动实施之前，通过全面的调查研究和有关信息的分析以及必要的财务预算等工作，对项目的实施进行全面、深入、细致的技术论证和经济评价，以求确定一个“技术上先进、经济上合理、现实中可行”的最优方案，为决策提供依据的一种活动。可行性研究分为初步可行性研究（也称为预可行性研究）和详细可行性研究（或正式的可行性研究）。

初步可行性研究是在项目建议书的基础上，对内容和方案进行粗略的估算、初步审查，以确定该项目是否可行的一种研究过程。初步可行性研究对投资额和成本的估算的精确度要求在±20%范围内。它的结论一般分为以下几种：否定项目，停止继续研究；可以投资，或决定合资；还需经过详细可行性研究，经过慎重严谨的分析后再做决定。因此，初步可行性研究的作用主要是对于一些大型的、复杂的项目来说，可以及早得出大致的结论，避免人力、物力、财力的浪费。

详细可行性研究是进行科学的数据分析和严格的技术经济论证后，提出最终决策方案的一种研究程序。详细可行性研究是对内容和方案进行周详的分析、探讨、论证后得出的结论，其投资额和成本估算的精确度要求在±10%范围以内。所以，详细可行性研究报告是投资方做出决策的书面文件，也是主管部门、计划审批部门、银行和其他金融机构决策的依据。可行性研究报告一经呈报批准，投资各方就可依其所确定的方案进入章程的起草、签署以及合资企业的筹备、兴建等实质性阶段。

（二）可行性研究报告形成的步骤

有的教科书将可行性研究报告形成的步骤归纳为五步或六步，但大致步骤是相同的。本教材选用的是联合国工业发展组织编写的《工业可行性研究手册》中关于可行性研究的步骤分析，包括四个阶段：

一是机会分析阶段，即初步调查研究投资的环境条件，分析投资的方向是否具有可能性，也就是能否发展成为投资项目。

二是初步分析阶段，即在投资方向具有可能性的情况下，再组织各学科门类的专业机构和有关人员做进一步调研，对项目的各个问题做初步论证，判断可行程度，做出初步的决定。

三是详细分析阶段，即在详细分析的基础上进行更深入周密的调查研究，设计若干个方案，从技术上、经济上仔细分析不同方案中各个问题的优劣利弊，选择一个最佳方案。

四是形成报告阶段，即对方案做出整体评估和决策，从而形成可行性研究报告。

（三）可行性研究报告释义

所谓可行性研究报告，又称论证报告，是反映可行性研究的内容和结果的书面文件。具体地说，它是对拟开发或拟实施的项目进行周密的调查分析，进而论证该项目的可行性、效益性和必要性的书面报告。

可行性研究报告不仅为实施该项经济活动的单位做出决策提供依据，也为合作者、投资者及金融机构、评审专家评价该项经济活动提供依据，还可以为财经项目主管部门的审批提供依据。一旦可行性研究报告被批准，又成为申请贷款、筹措资金、招标采购、签订合同、供应资源、组建机构、招募人员等工作的重要依据。

二、可行性研究报告的特点

1. 科学性

可行性研究报告的形成建立在科学调查、实证研究、多方分析、经济预测的基础上，必须坚持科学理论的指导，实施广泛深入的市场调查，以得到大量真实有效的信息，还要运用多种科学方法、推理，以获取明确的结论。可行性研究报告的结论是以经济学原理为指导、基于定量定性分析而提出的，数据是依据科学方法、基于调查研究而得出的，有充分的科学根据，经得住时间的检验。由此可见，可行性研究报告具有鲜明的科学性。

2. 论证性

可行性研究报告是集思广益进行论证的结果，是以技术参数、财务分析为佐证，进行宏观的和微观的、现实的和长远的、政治的和经济的、表面的和深入的、静态的和动态的、持续论证的结果。它依靠充分的客观论证，依靠深入的分析来得出正确的结论。可行性研究报告的最终完成，是广泛论证的集中体现，没有反复论证就无法形成专业的可行性研究报告。

3. 综合性

可行性研究报告的综合性，也被称为多学科性。因其涉及不同领域、不同学科，因此，需要运用多门学科的知识才能完成。大型项目的论证尤其复杂，不仅涉及建筑学、金融学、地质学、财务管理学等学科，还涉及公用事业等部门或机构。此外，在论证可行性时要涉及诸多方面，一般包括基础建设、市场预测、环境保护、人员培训等，需要有各方面的专业人员进行深入的研究，并进行科学的分析。可行性研究报告的撰写需要多方面的人员通力合作，在内容上具有综合性的特点。

4. 预测性

预测性是可行性研究报告的必备要素。可行性研究报告的预测性不同于经济预测报告的预测性，主要表现在：可行性研究报告的预测依据是实在的项目，预测更为准确具体，实现预测的条件更充分；其预测的可变因素和不可控因素少，容易从预测中推导出具体的结果。这种预测往往给项目带来预期发展的前瞻性。

5. 实践性

可行性研究报告是投资者和执行者决策和实施的依据，有较强的实践性。可行性研究报告的内容通常是以经济效益为核心，运用系统、全面的分析方法，针对与项目相关的种种因素，利用大量数据信息研究项目的可行性。决策者会在认真研究之后给出综合的分析评价，指出其优缺点并提出建议。为此，执行者通常需要进行一些检验来提升可行性研究报告的说服力，使之具有一定的实践性。

6. 可行性

可行性研究报告主要以调查结果及市场预测为依据，结合相关产业方针政策等条件，讨论拟建项目可否投资建设，因而在技术、财务、组织、经济和社会作用等方面都必须具有可行性。所谓技术可行性，主要是从该项目涉及的技术角度制订合理的技术方案，经得起对比评价和实践检验。所谓财务可行性，就是指以投资者和项目为出发点，制订合理的财务方案，评估项目的盈利能力；以企业理财为出发点进行资本预算、决策投资，并从融资主体的地位评估现金流量计划、股东的投资收益以及债务的清偿能力。所谓组织可行性，即设立合理的项目进度、组织机构，安排经验丰富的管理人员，构建和谐的协作关系，制定合理的培训方法等，以保证项目的顺利实施。所谓经济可行性，主要是指以资源配置为出发点来评估项目的价值，包括在实现区域经济发展目标、资源合理配置、增加供应、增加就业、改善环境、提高人民生活质量等方面的效益。所谓社会可行性，就是要客观分析项目对社会的作用，包括方针政策、政治体制、经济结构、法律道德及社会的稳定性等，都应考虑在内。

三、可行性研究报告的作用与分类

（一）可行性研究报告的作用

可行性研究报告是在确立某一科研或建设项目前，对该项目实现的有效性、可能性、技术方案及政策进行深入、具体、细致的经济评估和技术论证，以选定在技术和经济上合理、合算的最佳方案和时机的书面报告。它对科研，尤其是对建设项目具有决定性的意义。具体而言，其作用包括如下方面：

1. 为经济部门和企业决策层提供建设项目的决策依据

因可行性研究报告是在调查研究了与拟建项目相关的社会、技术、经济、自然等因素，并通过分析对比而评估了项目完成后的社会效益基础上完成的，尤其是综合论证了项目建设的必要性，技术上的先进性和适应性，经济上的合理性、营利性以及实现预期结果的可能性，故可作为投资决策等的科学依据。

2. 为回答上级主管部门和有关部门的质疑提供重要依据

可行性研究报告的内容主要是以作用于项目的种种因素为出发点，利用大量数据信息论证拟建项目的效益及其可行性，并对所做的可行性研究给出综合性分析评价。为使结论具有较强的说服力，可行性研究报告通常还要有一些附件，如论证材料、计算图表、试验数据、附图等，从而为回答上级主管部门和有关部门的质疑提供了重要依据。

3. 为编制国民经济预算计划、项目实施提供可靠依据

一般来说，可行性研究的立足点是市场供需，约束条件是资源状况和资金投入，手段是科学方法，结果是一系列评价指标。凡此种种，都可为编制国民经济预算计划、实施具体项目、落实各项指标提供可靠依据。

4. 为落实项目投资、向银行贷款或向国家有关部门申请拨款提供依据

可行性研究报告是在投资决策前用科学方法对拟建项目实施全面的技术、经济分析和论证，对与拟建项目相关的社会、经济、自然、技术等方面情况进行调研并预测建成后可产生的社会经济效益，因此可作为落实经费、向银行贷款或向国家有关部门申请拨款的依据。

5. 为与拟建项目相关的部门和单位签订协议提供依据

可行性研究报告是在工业投资、新产品开发、技术改造、联合经营等经济项目有了初步意向之后，运用科学方法对项目的可行性和有效性进行全面分析论证并给出初步的评估，对于融资主体而言，可以为与拟建项目相关的部门和单位签订协议提供依据。

6. 为投资项目的设计、评估提供依据

按照国家投资体制改革的要求，我国企业投资类项目大部分选择项目核准制（编制项目申请报告）和项目备案制。高质量的可行性研究报告为投资项目的设计提供了可供选择的预案，同时为投资项目的评估提供了重要的参考资料，具有较高的借鉴价值，可作为项目设计、评估的依据。

7. 为向当地土地、环保、消防等主管部门申请开工建设执照提供依据

可行性研究报告的科学性、论证性、可行性等特点，决定了它所选用的资料、数据，所做的分析研究和论证，乃至所预期的社会效益和经济效益都是真实可靠的，可作为向当地土地、环保、消防等主管部门申请开工建设执照的重要依据。

（二）可行性研究报告的种类

1. 按性质划分

根据其性质，可行性研究报告可分为肯定性、否定性、选择性可行性研究报告三种。

（1）肯定性可行性研究报告。依照预测和市场调查的结果，以及相关产业方针政策等条件，论证投资项目建设的必要性，便是肯定性可行性研究报告。

（2）否定性可行性研究报告。在对拟建项目的客观条件和相关因素进行调研和分析之后，确定种种不利因素，经评估确认其成功率不高，或社会效益、经济效益不够好，便形成否定性可行性研究报告。

（3）选择性可行性研究报告。通过调查研究并从经济、技术、工程等诸多方面进行分析比较，对项目完成后可产生的经济效益及社会效益做出评估，进而得出此项目的投资价值。之后，就项目的实施提出若干意见或两种以上的方案，从而形成选择性可行性研究报告。

2. 按内容划分

根据其内容，可行性研究报告可分为三种。

（1）政策改革方案可行性研究报告。按照《中华人民共和国行政许可法》以及《国务院对确需保留的行政审批项目设定行政许可的决定》的相关规定，形成用于国家发改委进行立项的可行性研究报告，即为政策改革方案可行性研究报告。

（2）建设项目可行性研究报告。在投资决策前，通过科学方法进行全面的分析论证，对与拟建项目相关的社会、经济、自然、技术等问题进行调查研究、分析比较并预估完成后的社会经济效益，形成可作为申请开工建设手续依据的可行性研究报告，即为建设项目可行性研究报告。

（3）引进或开发性项目可行性研究报告。此类可行性研究报告主要是对项目的内容以及配套条件，从经济、技术、工程等方面实施调查研究、分析比较，以此为项目决策提供

依据。

3. 按作用划分

根据其作用，可行性研究报告可分为五种。

（1）用于企业招商引资的可行性研究报告。此类可行性研究报告一般要求准确分析市场需求、合理拟定投资计划，给出竞争分析、技术研发、管理办法以及营销计划等运作层面的现实方案。

（2）用于申请立项的可行性研究报告。此类可行性研究报告须按照《中华人民共和国行政许可法》以及《国务院对确需保留的行政审批项目设定行政许可的决定》来编写，这两个文件是设立大型基础设施项目的基础性文件，发改委按照可行性研究报告来实施备案、核准或批复，确定某个项目实施与否。此外，医药企业在申报有关证书时也应编写可行性研究报告。

（3）用于银行贷款的可行性研究报告。商业银行在贷款前需要项目方出具详细的可行性研究报告以进行风险评估，而如国家开发银行等国内银行，则由甲级资格单位出具该报告，一般不再组织专家进行评审。部分银行发放贷款时只要求可行性研究报告中的融资方案合理，信息全面，分析正确。此外，与用于银行贷款的可行性研究报告类似，在申请国家有关政策性支持资金以及工商注册时，通常也需要编写可行性研究报告。

（4）用于申请进口设备免税的可行性研究报告。用于申请进口设备免税的可行性研究报告，是申办内资企业、中外合资企业项目确认书时，需要提供的项目可行性研究报告。

（5）用于境外投资项目核准的可行性研究报告。企业在对国外的矿产资源进行投资，以及申报中国进出口银行境外重点投资项目的信贷支持时，都需要编写可行性研究报告提交省发改委或国家发改委。

在以上五种可行性研究报告中，第（2）、（4）、（5）种可行性研究报告的准入门槛较高，需要编写单位拥有国家发改委颁发的工程咨询资格。

四、可行性研究报告的写作格式

（一）可行性研究报告的主要内容

1. 初步分析项目建设的必要性和依据

（1）项目概况。对初步可行性研究的各章主要研究成果的概括、简述。

（2）项目背景。说明项目兴建的缘由及项目发起人和发起单位的资信情况。

（3）初步可行性研究工作的依据和工作范围、工作的调查或研究工作的费用。

2. 市场和生产能力的初步分析

（1）国内外市场需求、供应情况和发展趋势的初步分析和预测，初步选定产品目标市场。

（2）初步分析产品的销售渠道和推销方式。

（3）初步估测产品的销售量、销售价格走势、销售成本和收益，初步识别市场风险。

（4）依据市场容量作出初步生产规划。

3. 资源开发项目的研究

对资源开发项目，要初步研究资源的可利用量、自然品质、赋存条件及开发价值等。

4. 产品方案、建设规模、建设地区和厂址选择的初步设想

（1）说明产品方案是否符合行业发展规划、技术和产业政策、市场需求预测的要求。

（2）初步确定项目产品的年产量、一次建成规模的分期建设的设想，并对建设规模的

经济合理性进行初步分析和评价。

（3）建设地点初步分析论证。分析建设地点和厂址选择是否符合地区布局要求和对环境影响的初步评价。

5．物料投入、资源供给、建设条件和协作关系的初步分析

（1）估计大致的投入物料的品种、质量、价格和年需要量、年成本与供应情况；

（2）资源供给的可靠性和可能性；

（3）主要建设条件和外部协作条件情况（包括原材料、燃料、动力、运输条件、水、电、气和公用设施条件），以及建设地点、厂址预选方案和土地费用估算。

6．主要工艺技术方案设想与项目设计

初步确定项目范围、主要单项工程和总体部署设想，主要工艺技术方案和设备选型，以及土建工程规划的初步设想，研究节能节约资源的措施，分析能耗指标。

7．项目进度安排

初步确定项目建设和生产实践进度表，以及建设规划中规定的建设费用估算。

8．对环境保护、劳动保护和安全卫生提出初步方案

进行现状环境调查，提出劳动保护、安全卫生措施、消防设施和环境保护措施的初步方案及费用，分析环境是否影响项目立项。

9．项目人力资源和组织机构与管理费用的初估

（1）人工需要量及其来源、劳动定员分类。

（2）人工费用与人员培训计划。

（3）组织机构的粗略布置及管理费用初步估算。

10．投资估算与资金融资方案设想

包括：项目投入总资金（含固定资产和流动资产等投资）的粗略估算，说明项目资金来源、融资方式和初步融资方案分析。

11．经济效益和社会效益（含环境影响）初步评估

包括：企业财务评估、国民经济和社会效益评估的初步分析及风险分析、对初步估算项目投资内部收益率和借款偿还能力指标的初步社会评估。

12．初步结论和建议

综合分析上述各项目内容的初步预测、分析和评估结果，得出项目投资方案是否可行的初步结论与理由，提出进一步改进和完善项目的建议，并编制项目初步可行性研究报告和项目建议书。在初步可行性研究阶段对项目投资和生产成本的估算精度要求控制在±20%。

（二）可行性研究报告的结构要素与一般写法

1．可行性研究报告的结构要素

因研究内容、对象、方法的不同，可行性研究报告的写法并不是一成不变的，但其结构要素基本相同，通常包括封面、摘要、目录、图表目录、术语表、前言、正文、结论和建议、参考文献、落款、附件。

2．可行性研究报告的一般写法

（1）标题。可行性研究报告的标题应简明、准确，常用的有完整式、省略式两种形式。完整式，通常由拟建项目的项目名称、单位名称、文种三个要素构成，如《××省计算机组装公司关于引进自动化生产线的可行性研究报告》。省略式可分为两种形式：省略完整式中的拟建项目的单位名称，如《××建设大型水电站的可行性研究报告》；省略完整式中的拟建项目名称和单位名称，只写文种，如《可行性研究报告》。

(2) 说明。标题之下应分行写明以下内容：项目名称，项目主办单位名称，项目负责人职务、姓名，项目技术负责人职务、姓名，项目经济负责人职务、姓名，进行可行性研究的人员，编制时间等。这部分也可以放在正文的前言部分完成。复杂的可行性研究报告还可以在说明之后编制目录。

(3) 前言。前言部分主要概括地介绍提出项目的原因、目的、依据、内容范围、实施单位、承担者及报告人的简况、可行性研究结论的要点等。

(4) 正文。正文是可行性研究报告的主体，是报告的分析论证部分。要使用系统分析的方法，以经济效益为核心，围绕影响项目的各种因素，用大量数据资料全面论证所提出的项目是否可行。重点分析研究对象的现状、技术论证和经济评价的内容、数据，测算的方法，各种方案的比较，研究者的意见等；要明确回答项目为什么要实施、实施的主客观条件、何时实施、实施中遇到的难题如何解决、实施后的经济和社会效益等。

可行性研究报告的正文由以下几个部分组成：

①概论。这部分主要是概述可行性研究项目的目的、依据及结论。

②市场调查及预测。这部分是对国内外市场的供求状况及发展趋势所做的分析，要以市场调查为前提，用翔实的资料和确凿的数据体现预测的准确性。

③拟建项目的规模和发展规划分析。这部分包括产品名称、规格、技术性能、用途和价格分析，国内外需求分析，产品在国内、国际市场上的地位和竞争能力的分析，发展前景分析。

④技术论证。这部分是可行性研究的基本内容，需要利用数据、资料对以下方面进行论证：设计方案及人员培训，能源、原材料的供应，技术、设备与环境保护，公用设施、厂址选择及交通状况，拟建项目的实施计划以及可行与否的结论。

⑤资金来源分析。这部分要对资金来源、资金筹措方式、资金到位的时间与数量、资金偿还、流动资金的利用等进行分析。拟建项目的资金来源一般有四种，即政府拨款、银行贷款、单位自筹、各种方式的集资。

⑥经济效益分析。这部分是对拟建项目投资收支、盈亏情况的分析。其内容包括销售计划、管理计划、总投资额、年终损益、现金收支、资产负债情况、盈亏分析、风险分析等。常用的分析方法主要有收益估算、投资估算、投资回收估算。收益估算，就是对成本、销量、售价、利润等进行估算；投资估算就是对项目所需要的包含固定和流动资金在内的全部资金进行估算；投资回收估算，就是对项目所需要的包含固定和流动资金在内的全部资金进行估算；投资回收估算，则是分析回报年限的长短、投资回报率的高低等。在经济效益分析过程中，要详细列出项目的总资金、项目各个部分以及不同时期所需的资金比。

⑦社会效益分析。这部分主要是分析拟建项目将会对社会产生何种影响，这也是评审的一项硬指标。

(5) 结论和建议。这部分是对拟建项目所做的综合评价，是可行性研究报告的关键所在，不可模棱两可、含糊不清。一般采用条款式，对项目建设的必要性、所选方案和技术的可行性、经济效益的合理性等做出明确的说明，为经济部门或企业领导投资决策提供依据，并在此基础上针对目前存在的问题给出切实可行的建议。

(6) 附件。附件是正文结束后附带的材料，主要是无法在正文中写明的各种论证材料，如有关文件、调查数据、试验数据、表格、图表资料等。其中的有关文件包括：证明项目合法性的材料（如审批文件、上级批示性材料）、证明项目科学性的材料（如技术论证材料、财务测算、设备清单）、证明项目现实性的材料（如有关协议、意向书、地址选择报告、环境影响评价报告等)。

(7)落款。可行性研究报告的落款是报告的完成者(单位或个人)及日期,写在标题之下或正文的右下方。

(三)可行性研究报告的格式模板

为使学生更容易地掌握可行性研究报告的基本写作格式,特此归纳出可行性研究报告的常用模板:

例文分析

××××可行性研究报告

一、项目基本情况

1. 项目名称。

2. 项目类型。

3. 项目申报单位基本情况。

4. 合作单位基本情况。

5. 项目负责人基本情况,包括姓名、职务、职称、专业、联系电话、与项目相关的主要业绩。

6. 可行性研究报告编制单位基本情况,包括单位名称、地址及邮编、联系电话、法人代表姓名等。

二、项目背景和发展概况及依据

1. 项目背景要清楚阐明拟建项目与国家、行业主管部门、当地社会以及本单位事业发展总体规划的适应和衔接。

2. 项目发起的缘由和项目建设的意义、作用与需求的紧迫性。

3. 项目的发展概况要叙述与拟建项目有关的前期研究工作,包括已进行的调查研究课题及其成果、建设地的初勘或初步测量情况、项目建议书的编制及审批过程等。

4. 项目申报依据。

三、项目实施条件

四、项目的技术方案

五、项目的建设内容、规模

六、项目实施的地点

七、项目的组织机构和人力资源

八、项目执行的时间安排

九、项目的经费估算和资金筹措

十、项目的绩效目标和效益评价

十一、结论和建议

报告单位或报告人姓名(签字、盖章)

20××年×月×日

五、可行性研究报告的写作特点

(一)可行性研究报告写作前的准备

可行性研究报告反映的是可行性研究的结果,在写作之前必须完成可行性研究,并做好五项准备。

1. 整理可行性研究资料

收集可行性研究任务书、工作计划、可行性研究文档底稿等相关资料，将主要的实用材料精选出来，确定材料取舍的主要标准并进行归类整理，标明资料的名称、内容、性质及发现的问题等。

2. 核实责任问题

对于可行性研究中发现的问题，例如有关经济或法律责任，要经多方查证核实。如果没有足够的证据和绝对的把握，不可将归咎责任性质的结论写入报告。

3. 可行性研究的评估

可行性研究的评估要突出主要问题，对于项目较复杂的可行性研究并非全部内容都要做出评价，可以结合分类或分项评估的结果进行概括性总评。

4. 可行性研究内容的调整

如果可行性研究由于短缺材料而造成根据不足或有虚假信息等问题，就会影响到可行性研究报告的合法性、正确性，这时需要围绕可行性研究中所发现的问题调整工作记录。可行性研究内容的调整，必须在报告的科学性会受到影响的前提下进行。调整时，可行性研究的工作人员应与相关人员一同商议，达到意见一致，再由决策者做出调整记录，重编调整后的资料，作为可行性研究报告的附件。

5. 编写可行性研究报告提纲

内容相对复杂的建设项目的可行性研究报告，可将问题进行归纳和分类，作为正文主体部分的提纲，在每一类问题之后列出具体资料，大纲之下也就有了目。假如要撰写的可行性研究报告内容并不复杂，也可以不列提纲。

（二）可行性研究报告的写作特点

1. 讲求客观真实性

可行性研究报告对拟建项目的建设过程有着极其重要的影响，为确保可行性研究工作的公正性、客观性、真实性和科学性，首先，必须客观公正地实施调研，做好基础资料的收集工作。收集的基础资料，要按照实际情况实施论证评估，使其真实地体现经济发展的客观规律。其次，要把握真实资料和不打折扣的数据，通过科学的分析论证，得出项目可行与否的结论，而不能从主观愿望出发，凭借无中生有的材料去支撑先入为主的“结论”。最后，撰写可行性研究报告时一定要恪守实事求是的原则，并要注意研究内容的全面性、完整性和准确性。

此外，对项目的范围和目标以及投资者、委托者的意图也应了解清楚，做到既尊重客观事实又能主动面对实际问题。

2. 用论据佐证结论

撰写可行性研究报告要坚持用数据说话，可行性研究报告的结论不是杜撰出来的，而是依靠一手资料进行大量的数据核算，以求得论据充分；要按照系统性原则把项目分解为若干个部分，按步骤进行分析论证，以求论证有力；对众多方案进行比较，从中选取最佳方案，求得正确结论。企业拟建项目的论证，一般从 11 个方面展开：

（1）供需预测、拟建的工程规模和产品方案；

（2）资源、原材料、燃料及公用设施情况；

（3）建厂条件和厂址方案；

（4）设计方案；

（5）环境保护、劳动保护与安全防护；
（6）企业组织、人力资源配置和人员培训；
（7）项目实施计划和工程实施进度安排；
（8）投资估算和资金筹措；
（9）经济效益与社会效益；
（10）项目技术方案、设备方案、工程方案；
（11）评价结论与建议。

以上内容可根据项目的具体情况有所侧重或增减。对于涉外项目，可行性研究报告的内容及深度应尽量与国际接轨。

3. 语言精准且格式规范

可行性研究报告对项目的命运有直接影响，所以要求撰写者不仅应具有一定的政策水平、丰富的实践经验以及较强的专业素养，还要懂得运用准确的语言表达、写作技巧和规范化的行文格式，以保证可行性研究报告的质量。

例文分析 ××市××区农业生态旅游园区项目可行性研究报告（摘要）

一、项目概要

该项目由××市××区财政局申报，××区××镇××村组织实施，农业生态旅游园区坐落在××镇××村，新扩建2 460亩，建设时间从2014年5月开始，于2017年4月结束，时限3年。

主要建设内容：

（1）鲜果采摘区扩建1 500亩；（2）鲜花温室基地建设花卉日光温室70栋，到2008年末达到180栋，占地500亩。

二、背景分析

该园区位于××市东北部，距市中心12公里，邻近机场、港口、火车站及高速公路起点，三维交通十分便利。

三、需求分析

1. 市场需求

无公害蔬菜10 000亩，商品量30 000吨。

2. 社会需求

“以城带乡，城中有乡，乡中有城，城郊一体化”。

3. 生态改善

该园区扩建完成后，植被状况良好，具有水资源涵养保护、调节气候、生物多样性等重要生态功能，达到山清水秀、环境优美的生态效果。

4. 经济发展

园区可吸纳农村剩余劳动力5 000人，带动果农增加收入1 400万元，花农增加收入5 600万元。

四、条件分析

1. 资源条件
2. 原材料条件
3. 交通运输

4. 经营管理能力及技术情况

五、方案设计

1. 目标
2. 实施地点和范围
3. 实施内容
4. 实施计划
5. 支持环节
6. 组织落实

六、效益分析

1. 成本效益分析
2. 财务效益分析
3. 国民经济效益分析
4. 风险分析

七、项目资金筹措

预算筹措渠道及金额：

1. 财政投入

（1）申请中央财政补助；（2）省级财政投入；（3）市地财政投入；（4）县级财政投入。

2. 项目单位投入
3. 银行贷款
4. 其他资金投入

5～7（略）

8. 项目投资估算（单位：万元）
9. 结论

根据以上研究成果，项目投产后，年增加收入××××万元，并通过示范基地的示范辐射作用，引导和带动周边农民发展花卉、果树、水产养殖和无公害蔬菜生产，可有力地推动我市农业产业结构的进一步调整，促进农村经济的发展。

项目总投资××××万元，根据财务评价结果，项目静态投资回收期4年，动态投资回收期6年，表明项目具有较好的资金回收能力。因为项目具有较好的盈利能力和较强的抗风险能力，因此项目具有经济上的可行性。

点评：这是一个完整的可行性研究报告，项目完全依靠数据说话，其中不少是财务数据分析，而且每一个环节、细小的投资，都做了财务投入计划和可行性分析；按照文种的要求，需要论证的地方都能够加以论证。

六、项目建议书

（一）项目建议书概念

项目建议书（又称立项申请）是拟增上项目单位向项目管理部门申报的项目申请。项目建议书是项目建设筹建单位或项目法人，根据国民经济预算计划、国家和地方中长期规划、产业政策、生产力布局、国内外市场、所在地的内外部条件，提出的某一具体项目的建议文件，是对拟建项目提出的框架性的总体设想。对于大中型项目，有的工艺技术复杂、涉及面广、协调量大的项目，还要编制可行性研究报告，作为项目建议书的主要附件之一。项目建议书是项目发展周期的初始阶段，是国家选择项目的依据，也是可行性研究的依据。涉及利用外资的项目，在项目建议书批准后，方可开展对外工作。

（二）项目建议书的作用

项目建议书的作用概括为以下几方面：

（1）项目建议书是国家挑选项目的依据，国家对项目，尤其是大中型项目的比选和初步确定是通过审批项目建议书进行的。项目建议书的审批过程实际就是国家对新提议的众多项目进行比较筛选，综合平衡的过程。项目建议书经批准后，项目才能列入国家长远计划。

（2）经批准的项目建议书是编制可行性研究报告和作为拟建项目立项的依据。

（3）涉及利用外资的项目，在项目建议书批准后，方可对外开展工作。

因此编制项目建议书既要全面论述，更要突出重点，一般侧重于项目建设的必要性、建设条件的可能性、获利的可能性三方面。结论要明确客观，做到重点突出，层次分明，切忌繁杂。

（三）项目建议书的编报要求

根据现行规定，建设项目是指在一个总体设计或初步设计范围内，由一个或几个单位工程组成，经济上统一核算，行政上实行统一管理的建设单位。因此，凡在一个总体设计或初步设计范围内，经济上统一核算的主体工程、配套工程及附属设施，应编制统一的项目建议书；在一个总体设计范围内，经济上独立核算的各工程项目，应分别编制项目建议书；在一个总体设计范围内的分期建设工程项目，也应分别编制项目建议书。

（四）项目建议书的内容

（1）项目的必要性。

（2）项目的市场预测。

（3）产品方案或服务的市场预测。

（4）项目建设必需的条件。

在一些管理咨询项目中，甚至一些猎聘公司在猎头服务过程中，也经常使用项目建议书。项目建议书的类型有工业项目、房地产项目、商业经营项目、农业项目、旅游项目等。

（五）工业项目建议书格式

一、总论

1. 项目名称。

2. 承办单位概况（新建项目指筹建单位情况，技术改造项目指原企业情况）。

3. 拟建地点。

4. 建设内容与规模。

5. 建设年限。

6. 概算投资。

7. 效益分析。

二、项目建设的必要性和条件

1. 建设的必要性分析。

2. 建设条件分析：包括场址建设条件（地质、气候、交通、公用设施、征地拆迁工作、施工等）、其他条件分析（政策、资源、法律法规等）。

3. 资源条件评价（指资源开发项目）：包括资源可利用量（矿产地质储量、可采储量等）、资源品质情况（矿产品位、物理性能等）、资源赋存条件（矿体结构、埋藏深度、岩体性质等）。

三、建设规模与产品方案

1. 建设规模（达产达标后的规模）。

2. 产品方案（拟开发产品方案）。

四、技术方案、设备方案和工程方案

（一）技术方案

1. 生产方法（包括原料路线）。

2. 工艺流程。

（二）主要设备方案

1. 主要设备选型（列出清单表）。

2. 主要设备来源。

（三）工程方案

1. 建、构筑物的建筑特征、结构及面积方案（附平面图、规划图）。

2. 建筑安装工程量及“三材”用量估算。

3. 主要建、构筑物工程一览表。

五、投资估算及资金筹措

（一）投资估算

1. 建设投资估算（先总述总投资，后分述建筑工程费、设备购置安装费等）。

2. 流动资金估算。

3. 投资估算表（总资金估算表、单项工程投资估算表）。

（二）资金筹措

1. 自筹资金。

2. 其他来源。

六、效益分析

（一）经济效益

1. 销售收入估算（编制销售收入估算表）。

2. 成本费用估算（编制总成本费用表和分项成本估算表）。

3. 利润与税收分析。

4. 投资回收期。

5. 投资利润率。

（二）社会效益

七、结论

例文分析

农业项目建议书（摘要）

一、项目基本情况

1. 项目区所在位置

项目区位于××镇15个行政村，总人口3.01万人，其中农业人口21209人，耕地总面积 28 427.82 亩，2015 年总产值 12 774.91 万元。

2. 项目区农业资源情况

农业调查报告指出：项目拟建区属亚热带气候，四季分明，气候温和，全年雨量充沛，总降雨量 1 000 毫升左右。

3. 项目区农业生产状况

项目区涉及 5 个防洪联圩，现有联圩基础较好，骨干水利工程完好率 40%，联圩内有圩口闸 42 座。

4. 项目区建设条件

区位优势十分明显。交通条件非常优越，××镇是发展优质种植业和无公害农业的有利区域。基础设施初具规模。

二、项目背景及必要性

项目地理位置十分优越，且百草丰茂，绿树成荫。该镇有退耕还林 34 409 亩、公益林 4 980 亩、用材林 1 450 亩、经济林 2 889 亩、风沙源工程 20 000 亩，森林覆盖面积达到 45%。全镇几乎被林木环抱，地形地貌独特，物产多样丰富。每到春天，香花四溢，犹如晶莹剔透的翡翠宝石。北望张宣、近走京津、远看太行晋蒙。不仅可以让远途跋涉的客人驻足歇脚，也可让客人休闲观光。在发展本镇水生态农业的基础上，立足高品质的种植业等优势产业，以现代农业为发展方向，创建农业休闲观光园，推进项目区现代生态田园城镇建设很有必要。很多国际开发商已经有投资的意向，但我们还是坚持自己开发，青山绿水，以农业项目为主导。

三、项目规划设计

1. 设计标准：连片开发，实现园田化。

2. 水利措施：灌溉工程。

3. 养殖措施。

4. 林业措施：适时适树进行植树造林，造林当年成活率和三年后保存率要达到 85% 以上。

5. 科技措施：农技服务体系。

四、建设内容

1. 水利措施：新建机耕桥 15 座；新建小电灌站 30 座。

2. 农业措施：全面条田方整化实现农田标准化 20 000 亩。

3. 林业措施：栽植防护林意杨 10 万株。

4. 培训措施：项目区根据季节特点，农事需要及时组织相关培训。

五、投资概算及筹资措施

1. 投资概算：本项目计划总投资 1 000 万元。

2. 资金筹措。

六、预期效益

1. 经济效益。

2. 生态效益。

七、保障措施

1. 组织机构。

2. 监督机制。

点评：这是一个农业方面的项目建议书，前面说明了一个农业镇的发展概况，然后提供一些未来扩大发展具有优势地位的具体数据，对每一项资源都进行数据分析，对所投入的项目也都做了客观的估算，有些内容很翔实。在措施表述上，也都能用数据说话，体现了项目建议书的特色。最后在保障措施上，不仅写了组织机构保障，还具体写了监督机制，这不仅能够增强投资者的信心，也表明镇领导干项目的决心。

第四节　公示、项目意向书和经济合同

一、公示

（一）公示的概念

公示是政府机关、财经主管部门、企事业单位、社区等事先预告群众周知，用以征询意见，接受相关部门、群众监督，改善工作的一种实用性文体。随着市场经济的不断深入，在财经领域、财经工作、财经生活中，公示的使用频率越来越高。无论是政府干部的人事任免，还是新办企业、企业管理、涉及国计民生的一些大事中，只要涉及公共利益、影响周边生态环境、属于关注度较高的财经问题，都需要用公示的办法让人民群众知晓，以便在日常工作中便于联系沟通或监督。公示的形式，主要是借助电视、网络、报纸以及小区的看板。

（二）公示的作用

公示是各种社会组织与人民群众及社会各有关方面之间密切联系的桥梁和纽带，各级组织的决策层可以通过公示向广大群众发布有关公共事务的情况和信息，以征求群众的意见和建议；广大群众则通过公示了解有关情况，从而参与管理和实行民主监督；相关部门负责收集相关人员反馈回来的意见，以便取得更好的工作成效。

（三）公示的特点与种类

1. 公示的特点

（1）政治性公示是社会主义政治文明建设发展的产物，是公民、政府、企事业单位和社会团体实现政治参与的手段，是广大人民群众享有的知情权、参与权和监督权的有效实现形式。因此，公示的形式和内容具有鲜明的政治性特征。

（2）公开性公示是将除国家机密之外的、与公众权益直接相关的各种事项和信息，向广大群众宣示、告知，从而促进各项事务公平、公正、合理地得到解决与办理。公开性是公示制度的基本原则，也是公示这一文种的基本特征。

（3）诉求性公示是在公布事项和信息的同时，具有明确的意图，直接向受众发出反馈诉求，所以要在文中写明反馈意见的渠道和方式。这种诉求性是它区别于其他文告的一个特征。

（4）单纯性公示指一份公示只涉及某一事务或某一信息，不宜涉及多种事务或多方面信息。在表达形式上，相应亦单纯简略。除公布的具体事项与信息外，不作过细的说明，更无须分析评价，文字力求精练。

（5）广泛性公示的适用面较广，凡与公众权益直接相关、需要听取反馈信息的事项，都可用公示行文发布。诸如拟提升干部情况和准备提升的职位；机构设置，职责分工；法规制度，人事程序；机构处理各种事务的依据、内容、时限、结果；各机构服务的收费标准；拟进行的工程、采购等事务情况；各种评选活动的候选者名单或结果；商品质量价格

检查结果；行政执法信息；拟实施的措施等。

2. 公示的种类

（1）按内容性质分类。根据内容性质，可将公示分为领导干部任前公示、机构设置与有关事项公示、行政执法信息公示、机构服务与价格公示、工程项目与采购事项公示、评比检查活动结果公示等。

（2）按发布载体分类。根据发布载体的不同，可将公示分为公告栏公示、大众传媒公示等。

（四）公示的写作格式

公示的写作结构，一般由标题、正文、发布机构及成文日期组成。

1. 标题

公示的标题，由发布单位名称、公示内容、文种名称组成，如《××区2017年人大代表选举候选人名单的公示》；也可由公示事项和文种名称构成，如《××局副局长任前公示》；公开小区物业管理收费使用状况、小区物业管委会发布的公示，由发布机构、事由和文种组成，如《××小区物业收费使用情况公示》；还有居民区内新开办酒楼、娱乐场所，相关部门在开办区内发布公示，让居民提出意见，如《××街5号一楼将要开办幼儿园的公示》。标题构成相对细致一些，需要让周围的住户、居民知晓，以免开办后产生扰民纠纷。因此，相关部门在装修前，也需要做好这样的公示工作。

2. 正文

公示正文大体可分为公示缘由、公示事项、公示结语三部分。

（1）公示缘由。开门见山地写明发布公示的原因、目的、根据、相关背景等，并提示公示事项或内容，然后用“现将××公示如下”等句式过渡到下文。缘由部分应力求简明扼要。有时也可省略此部分，直接交代公示事项。

（2）公示事项。这是公示的实体部分，应以准确、明晰、简洁的文字，将需公开宣示的事务、信息逐一陈述。

（3）公示结语。结语是公示正文的重要组成部分。结语内容一般包括：公示事宜的期限（起止日期），表明征求群众意见与建议的意图、意见或建议反馈的渠道与方式，包括受理单位或机构、部门名称、联系电话、受理方式与要求等。

3. 发布机构及成文日期

公示应于文末写明发布公示的机关、部门全称（或规范化简称）及发布日期；若标题已含发文单位名称，也可省略署名。公开张贴的公示，应加盖发文单位印章。

（五）写作公示的注意事项

（1）文旨单一，突出公示的主旨（事由），不能芜杂，应一文一事，以便于群众有针对性地反馈意见，也便于发布公示的单位收集意见和解答处理。公示写作的重点部分是公示事项，其他部分则尽可能简略。

（2）客观陈述，用语平实，公示旨在公布事项及征询，用语平实简明，不发表议论，不带感情倾向。

（3）公示不是公告，不能以发布的口气进行公示，尤其在人事任免上。

例文分析

××市工信局关于××同志拟任副局长的公示

根据上级组织部门文件精神和要求，现将拟任命××同志担任××市工信局副局长的情况公示如下：××同志，男，38岁；文化程度：大学；现任我局办公室主任。××同志，自2003年任职以来，先后担任经济运行科科长、中小企业办公室副主任等职，工作成绩显著；现经上级主管部门测评考察，拟任命该同志担任本局副局长，主要负责中小企业运行管理工作。特此公示。本公示自发布之日起，期限为两周（2016年2月15日至2016年2月29日），我局全体干部员工对此有何意见、建议或异议，请通过电话、书面形式向局党委、局党群工作部表达。

工信局党委电话：×××××××××

局党群工作部电话：×××××××××

××市工信局党委（公章）

2016年2月15日

点评：这是一个人事任职的公示，题目中包含任职人员的名称和拟任职务，拟任缘由则简单介绍该同志的简历情况和个人成长经历，目的就是让相关人员周知和监督，避免带“病”提拔，脱离人民群众视野。公示有反应问题的时间期限，最后是反应和接受相关人员反馈意见的部门，以及单位组织部门的印章和发布时间。

例文分析

人民路3号开办春来茶馆的公示

人民路3号房主拟准备用一二两层房屋400平方米开办春来茶馆，每日营业时间为上午9：00至凌晨2点，根据本市营业场所开办管理条例第二款第三条营业时间噪声影响测评要求，需要就周围居民夜间生活、住户车辆出入、治安管理、消防安全等问题，特别征询周围居民意见，特作此公示。本公示自发布之日起，期限半个月（2016年10月15日至2016年10月30日），周边居民对开办春来茶馆有何意见、建议或异议，请通过电话或书面形式向本区商业局网点办反馈情况和意见，以便考虑审批事宜。

网点办审批电话：×××××××××

网点办营业电话：×××××××××

联系人：×××、×××

2016年10月15日

点评：这是改革开放后政府部门审批经营项目公示透明化的一个重要举措。有地点、具体房号、经营面积和经营时间，说明可能影响居民生活的情况，请居民提出意见。格式比较固定，写有办公人员的联系方式。

二、项目意向书

（一）项目意向书的概念

项目意向书是各国政府及相关部门之间、公司企业等单位机构之间，就某个合作项目进行初步接触和商洽后，双方共同签订的表示合作意向的文书。或者说，项目意向书是双方或多方就合作项目在进入实质性谈判之前，根据初步接触所形成的带有原则性、意愿性和趋向性意见的文书。在对对方的资信能力、技术、经营作风未充分了解前，对合作项目先签订一个意向书是较为合适的。应注意的是，意向书不具有强制性的法律效力。

（二）项目意向书的特点

由于项目意向书只是初步的商洽结果，因而其内容具有以下几个特点。

1. 目标的导向性

项目意向书是双方为了表明某项合作意愿而签订的文书，可为下一步磋商奠定良好的基础。因此，它只是一种导向性文书，合作目标只要求总体轮廓清楚，意向的大体方向一致，不求具体进程和明确步骤。

2. 内容（条款）的原则性

项目意向书的各项条款一般是就一些重大问题作出原则性的规定，其内容的表述以定性为主，以原则为主；不求将具体问题分项列款，更不求将具体细则详细表述。这样才能求同存异，取得较为满意的结果，为下一步研讨留有余地。

3. 行文的灵活性

项目意向书的行文措辞一般比较灵活，在文字条款中洋溢着一种友好的气氛，不必太拘泥死板。

项目意向书涉及内容广泛，涵盖政府、企事业单位，以及政治、经济、文化、教育、科技、军事诸方面，具有一定的约束效力。

（三）项目意向书的类型

1. 按项目类别划分

项目意向书可分为合资企业意向书、合作企业意向书、投资企业意向书等。

2. 按合资、合作主体划分

项目意向书可分为政府类的合作意向书、企业类的合作意向书等。

3. 按国别划分

项目意向书可以分为中外企业机构合作、合资意向书，国内机构与企业的合作、合资意向书。

4. 按合作领域划分

项目意向书可以分为教育、科研、经济、军事等领域的合作意向书。在本教材中将意向书分为两种基本类型：一是具有“双方契约”和“有偿合同”性质的意向书，这种意向书使签约双方或各方既享有一定的权利，也承担一定的义务；二是具有“单方契约”和“无偿合同”性质的意向书，这种意向书只有一方单独承担某种义务。

（四）项目意向书的写作内容

项目意向书的内容着重说明双方的合作意向，初步规定双方的权利与义务，以便充分体现双方的合作意图。例如，《中华人民共和国商务部与××国商业部进行商贸人员培训合作意向书》，这份意向书是政府部门间的合作意向书，具有鲜明的政府色彩，清楚地表明了政府的合作原则和态度。意向书内容简明，立意在于为双边合作的具体项目提供一个法律允许的空间，因而文字内容清晰，条件规定明确。

（五）项目意向书的格式

一般分为标题、导语、正文和尾部四大部分。

1. 标题

常用标题有三种形式：

（1）文种式标题，即写明“意向书”三字，这种写法较少采用。

（2）简明式标题，由事由＋文种组成，例如《关于合作办学的意向书》。

（3）完全式标题，一般由合作双方名称、合作项目和文种三项组成，如《×××和×

××合作经营关于××度假村的意向书》。

2. 导语

导语通常要说明以下几层意思：

(1) 签订意向书的单位；

(2) 本意向书的指导思想和政策依据；

(3) 本意向书需要实现的总体目标。

3. 正文

正文是意向书所要实现的总体目标的具体化，一般都以分项排列条款的形式来表述，各项条款之间的界限要清楚，内容要相对完整。

正文末尾一般以“未尽事宜，在正式签订合同或协议书时予以补充”作结语，以便留有余地。

4. 尾部

尾部由各方谈判代表签字，并写上签订时间和抄印份数、报送单位等。

(六) 意向书写作的注意事项

(1) 不要将可能影响合作意图的敏感性问题写入意向书。

(2) 凡己方要经过上级或其他部门同意认可才能解决的问题，不宜写入意向书。在拟定项目意向书时必须谨慎从事，不可将不适当的承诺写入意向书。

(3) 不要写入超越己方工作范围的意向条款，也不要写入与我国现行政策和法规抵触的内容。

(4) 考虑要周密，用词要准确，要讲究分寸。

例文分析

项目意向书

××国××有限公司
××省××公园管理公司
合作开发××省××公园意向书

××国××有限公司（以下简称甲方）和××省××公园管理公司（以下简称乙方），为发展××省××公园旅游事业，双方经过多次协商，愿意携手合作，并表明下列共同意向：甲方愿意以经营旅游业的经验和财力，协助乙方进一步开发××风景区，以促进该地区旅游业的发展。乙方亦愿意真诚合作，从各方面协助甲方开展工作。双方达成正式协议，并经签字后，合作即可展开。本意向书一式三份，双方签署后，各执一份为据，一份由乙方呈报中国有关主管部门。

××国××有限公司　　　　××省××公园管理公司
代表人：××（签字、公司印章）　　　　代表人：×××（签字、公司印章）

20××年×月×日

点评：这份项目意向书，是一份中外合资合作项目性质的意向书，虽然是初步的合资合作项目意向书，但是较为严谨，双方达成的意向内容、各自的义务叙述清晰。项目意向书一式三份，双方代表签字才有效，并且需要呈报上级主管部门。最后是落款单位和时间，字数不多，但整体说明问题，非常完整。

三、经济合同

（一）经济合同的概念

我国在 20 世纪 80 年代先后制定的《中华人民共和国经济合同法》《中华人民共和国技术合同法》《中华人民共和国涉外经济合同法》，对培育和促进市场经济的发展起到了巨大的作用。随着社会主义市场经济的日益发展，这三部合同法所采用的分类治之的理念和方法，已经不适应经济交往的要求，出现了标准不一、内容不足等问题。1999 年 3 月 15 日，第九届全国人民代表大会第二次会议通过了《中华人民共和国合同法》（以下简称《合同法》），并于当日发布第十五号主席令，宣布《中华人民共和国合同法》自 1999 年 3 月 15 日起施行。《合同法》的颁布，进一步规范了市场交易行为，规范和强化了人们的合同观念，形成利用合同、遵守合同来规范行为的公众群体，促进了现代化建设。

《合同法》第二条规定：本法所称合同是平等主体的自然人、法人、其他组织之间设立、变更、终止民事权利义务关系的协议。经济合同是平等主体之间，为了一定的经济目的，明确权利义务而订立的协议。经济生活的现实表明，经济合同的平等主体包括法人、个体生产者、个体经营者、农户和其他经济组织和个人等。法人是与自然人相对而言的，指具有独立民事权利和主体资格的社会组织，它是社会组织在法律上的人格化。民事权利义务关系按照《中华人民共和国民法总则》的规定，大致可以分为两类：一是财产关系类；二是人身关系类。

（二）经济合同的特点及原则

1. 特点

（1）经济合同是双方或多方当事人的法律行为。

其主要特征有两个方面：其一，合同不是单方面的法律行为，而是双方或多方当事人在平等协商的基础上确立、变更和终止民事权利义务关系的法律行为。当事人之间的权利义务往往是互补的，此方义务的履行，关系到彼方权利的实现，反之亦然。其二，合同必须依法订立，一经成立，就具有法律约束力。合法合同受法律保护，国家以强制力来监督、保证合法合同的实现。任何一方若不履行合同，都要承担由此引起的法律后果。

（2）不具备法人资格的个人与组织不能成为经济合同的主体。

个体经济的主体和其他经济组织，包括外资、合资经济主体，也都必须是能够独立享有民事权利，独立承担民事义务、责任的组织和个人。因此，不具备法人资格的社会组织，例如工厂中的分厂、车间、科室、厂校，机关中的处、科室，学校中的系、处、科等，都不能作为经济合同的主体。

（3）经济合同的内容体现了一定的经济目的。

经济合同是为了一定的经济目的而制定的，其内容反映的是当事人在商品生产和流通中的经济关系，即商品货币关系。这种经济关系具体表现为一定财产的转移、一定劳务的付出或一定工作的完成等。

（4）经济合同必须坚持平等协商、等价有偿等基本原则。

平等协商，指合同当事人双方在法律上具有平等的地位。签订合同时应本着平等自愿的精神反复协商，任何一方都不得把自己的意志强加给对方，损害对方利益。等价有偿，指合同当事人的权利义务是对等的，一方从对方得到利益，就要付出相应的代价。

2. 原则

订立、履行经济合同应当遵循以下基本原则：

（1）合法原则。

合同的本质是一种协议，是合意的结果。因此，合同的构成必须具备三个条件：①合同必须是两个或两个以上的当事人所达成的；②当事人做出设立、变更、终止其民事权利义务的意思表示；③当事人的意思表示达成一致。只有三者都具备，合同才能成立。

（2）自愿原则。

《合同法》第四条规定："当事人依法享有自愿订立合同的权利，任何单位和个人不得非法干预。"自愿的原则就是合同自由的原则，主要包括以下内容：缔结合同的自由；选择合同相对人的自由；决定合同内容的自由；变更和解除合同的自由；决定合同方式的自由。

合同的自由不是绝对的自由，而是在法律、法规、社会公德约束下的自由。

（3）公平原则。

《合同法》第五条规定："当事人应当遵循公平原则确定各方的权利和义务。"公平原则是道德规范的法律化，以此实现对当事人行为进行道德和法律的双重规范。

（4）诚实信用原则。

《合同法》第六条规定："当事人行使权利、履行义务应当遵循诚实信用原则。"该原则将道德规范和法律规范合为一体，兼有法律调整和道德调节的双重职能。诚实信用是强制性原则，不允许当事人以约定加以排除。在市场活动中，人们要讲信用、诚实不欺，在不损害他人利益和社会利益的前提下追求和实现自己的利益。

（5）遵守法律、尊重社会公德和公共利益的原则。

这个原则也称"合法原则"。《合同法》第七条规定："当事人订立、履行合同，应当遵守法律、行政法规，尊重社会公德，不得扰乱社会经济秩序，损害社会公共利益。"

（6）强制力原则。

《合同法》第八条规定："依法成立的合同，对当事人具有法律约束力。当事人应当按照约定履行自己的义务，不得擅自变更或者解除合同。依法成立的合同，受法律保护。"合同一旦达成，合同的约束力于合同生效时起发生，当事人应当依法遵守合同，违反这一原则，将要承担因此而导致的赔偿、处罚等法律后果。

（三）经济合同的分类

合同的种类较多，根据不同的分类标准可分成不同的种类。

1. 按业务性质和内容划分

这是目前最常用的分类方法。《合同法》的分则部分把常用合同按业务性质和内容分为15类，并对其条款作了具体规定。

（1）买卖合同，又称购销合同，是出卖人转移标的物的所有权于买受人，买受人支付价款的合同。

（2）供应电、水、气、热力合同，是供电（水、气、热力）人向用电（水、气、热力）人供电（水、气、热力），用电（水、气、热力）人支付费用的合同。

（3）赠与合同，是赠与人将自己的财产无偿给予受赠人，受赠人表示接受赠与的合同。

（4）借款合同，是借款人向贷款人借款，到期返还借款并支付利息的合同。

（5）租赁合同，是出租人将租赁物交付承租人使用、收益，承租人支付租金的合同。

（6）融资租赁合同，是出租人根据承租人对出卖人、租赁物的选择，向出卖人购买租赁物，提供给承租人使用，承租人支付租金的合同。

(7) 承揽合同，是承揽人按照定做人的要求完成工作，交付工作成果，定做人给付报酬的合同。

(8) 建筑工程合同，是承包人进行工程建设，发包人支付价款的合同。建设工程合同包括工程勘察、设计、施工合同。

(9) 运输合同，是承运人将旅客或者货物从起运地点运输到约定地点，旅客、托运人或者收货人支付票款或者运输费用的合同。

(10) 技术合同，是当事人就技术开发、转让、咨询或者服务订立的确立相互之间权利和义务的合同。

(11) 保管合同，是保管人保管寄存人交付的保管物，并返还该物，寄存人支付保管费的合同。

(12) 仓储合同，是保管人储存存货人交付的仓储物，存货人支付仓储费的合同。

(13) 委托合同，是委托人和受托人约定，由受托人处理委托人事务的合同。

(14) 行纪合同，是行纪人以自己的名义为委托人从事贸易活动，委托人支付报酬的合同。

(15) 居间合同，是居间人向委托人报告订立合同的机会或者提供订立合同的媒介服务，委托人支付报酬的合同。

2. 按合同的形式划分

按合同的形式划分，合同可分为书面形式和口头形式。

3. 按合同的有效期限划分

按合同的有效期限划分，合同可分为长期合同、短期合同、年度合同、季度合同等。

4. 按合同成立的程序划分

按合同成立的程序划分，合同可分为承诺合同和实践合同。凡双方意思表示一致，合同即告成立的，叫承诺合同，例如购销合同、建筑工程承包合同等。凡双方达成协议后，还须交付标的才能成立的合同，叫实践合同。

5. 按合同是否具有法定名称划分

按合同是否具有法定名称划分，合同可分为无名合同和有名合同。无名合同是指法律上尚未确定一定的名称和规则的合同，但依然受法律的调整。有名合同是指法律赋予了专门名称并设定了专门规范的合同。

(四) 经济合同的主要内容

经济合同的内容即合同条款，是当事人双方权利义务关系的具体化，是执行的依据和发生纠纷时调节和仲裁的依据。合同条款有三类：一是一般合同要求共同具备的主要条款；二是根据法律规定或某类合同性质要求必备的条款；三是当事人一方要求规定，而另一方同意的条款。主要条款是经济合同的核心内容，它反映了合同当事人的主要经济目的和要求，在经济合同的成立和执行中起着决定性的作用。《合同法》第十二条规定：合同的内容由当事人约定，一般包括以下条款：当事人的名称或者姓名和住所；标的；数量；质量；价款或者报酬；履行期限、地点和方式；违约责任；解决争议的方法。

现将主要条款的内容分述如下：

(1) 当事人的名称或者姓名和住所。

(2) 标的。标的是指合同双方当事人权利和义务共同指向的对象。标的随合同种类的不同而不同，可以是货币、工程项目、劳务等。标的是合同成立的必要条件，没有标的的合同是不能成立的。

（3）数量和质量。数量和质量是确定标的的重要条件。

数量是标的的计量，是衡量标的的大小、多少、轻重的制度。标的的数量必须以法定计量单位和计量方法确定，无法按照法定计量单位和计量方法确定的，则由双方商定。绝不能用一对、一筐等不确定的方法计量。

标的的质量是指标的的内在素质和外观形象的优劣状况。合同必须详细列明标的的名称、品种、规格、型号、等级、质地等具体内容。标的的质量有国际、国家及行业标准的，按以上标准执行；无标准的，则由双方商定。

（4）价款或报酬。这是指当事人一方向交付标的的另一方支付的以货币为表现形式的代价。在以物为标的的合同中，这种代价称为价款；在以智力成果、劳务为标的的合同中，这种代价称为报酬或酬金。

（5）履行期限、地点和方式。合同期限，包括合同的有效期限和履行期限。有限期限是指合同具有法律效力的起止期间，超过此期间，则合同失效。履行期限是指享有权利的一方要求对方履行合同的义务（如交货或完成工作任务）的时间规定，是确定经济合同是否按期履行的依据。撰写合同时，应根据双方协商的结果，明确写出合同的履行期限（包括具体的年月日）和合同的有效期限。

（6）违约责任。违约责任是违反合同义务的当事人应承担的法律责任。违约责任由当事人在法律规定的范围内约定，如违约致损的计算方法、赔偿范围等。约定违约责任，有利于双方认真履行合同。

（7）解决争议的方法。具体是指双方因合同的订立、履行等发生争议的解决方法。《合同法》第一百二十八条规定了“解决争议的方法”，即“当事人可以通过和解或者调解解决合同争议。当事人不愿和解、调解或者和解、调解不成的，可以根据仲裁协议向仲裁机构申请仲裁。涉外合同的当事人可以根据仲裁协议向中国仲裁机构或者其他仲裁机构申请仲裁。当事人没有订立仲裁协议或者仲裁协议无效的，可以向人民法院起诉。当事人应当履行发生法律效力的判决、仲裁裁决、调解书；拒不履行的，对方可以请求人民法院执行”。具有法律效力的解决争议的方法有两种：一是仲裁，即当事人之间的争议由仲裁机构审理并裁决；二是诉讼，即当事人之间的争议由法院居中审理。

（五）经济合同的写作格式

国家工商部门按照合同类别，制定了统一的合同参照范本。一般来说，经济合同主要有两种形式：一是表格式；二是条款式。

经济合同结构有标题、约首、正文、结尾四个部分。

1. 标题

标题写在合同的首行正中位置，通常的写法有：

（1）以合同性质、种类为标题。表明性质、种类是为了总体上与其他合同有所区别，例如《购销合同》《供应合同》等。

（2）以合同标的的类别为标题，其模式为标的种类＋合同种类，如《物业管理委托合同》。

（3）以合同的有效期、合同种类为标题，其模式为合同期限＋合同种类，如《2010年约束合同》。

（4）以单位名称、合同种类为标题，如《××市中药公司、××县药材公司中药材买卖合同》《××钢铁集团、××港务局2016年钢材海运合同》。

(5) 多种因素混用，如《××水泥集团、××港务局2015年钢材水路运输合同》。合同不能笼统写成“经济合同”或“合同”。

2. 约首

约首也叫开头。约首部分要写明立合同人、合同编号、签订地点、签订时间等项。

(1) 立合同人。必须用全称标示双方的法定名称。

不同的合同类别，双方身份的称谓不同，买卖合同的双方身份为出卖人（简称卖方）和买受人（买方）；建筑合同多用发包方（甲方）和承包方（乙方）来表示；借贷合同不仅有贷款方（甲方）、借款方（乙方），还可以有保证方（丙方）。

(2) 合同编号通常是发出要约的一方按管理需求所编制的序列号。

(3) 签订地点是合同成立的地点，是双方共同签字盖章的地点，如双方签字盖章不在同一地点，则以最后一方签字盖章的地点为合同成立的地点。

(4) 签订时间是双方签字盖章的时间，应当与签订地点保持时空一致，不能提前或者推后。

有的合同包含前言。前言通常说明立合同的依据、目的、过程和结果。例如：“按照《中华人民共和国合同法》的有关规定，结合本工程的具体情况，双方达成以下协议”；“本合同由买方和卖方商定，双方同意按下列条款买卖下述商品”。若合同条款为章条式排列，则一般不用前言，而是在第一章总则中说明。

3. 正文

正文是合同的主体，要按照合同法的基本规定，根据双方的权利和义务，结合实际情况，准确、具体地列明各项条款。正文内容一般包括三个部分：

(1) 签订合同的依据和目的。

(2) 双方协议的内容。这一部分包括主要条款、法律及合同性质要求必备的条款及双方协商认为有必要写入的其他条款。

(3) 合同份数与保存。

如有表格、图纸、计划、实样、资料等附件，应在正文的文末注明，并把附件附在合同之后（实样除外）。

4. 结尾

结尾即落款部分。结尾主要署明合同当事人的全称及各方代表人的姓名，并加盖公章和私章。最后写明签订合同的日期，日期在署名右下方。

(六) 经济合同的写作要求

1. 订立经济合同不得违反国家法律、法令、政策

《合同法》第七条明确规定：“当事人订立、履行合同，应当遵守法律、行政法规，尊重社会公德，不得扰乱社会经济秩序，损害社会公共利益。”

2. 经济合同的内容不得违反社会公共利益和道德准则

尽管订立经济合同的初衷是为了一定的经济目的，但也不得违反社会公共利益和道德准则。

3. 条款完备齐全，内容表达精准，格式规范

要逐条逐项认真推敲合同内容，合同条款应齐全完备，内容表达要明确、具体、清晰、周严。只有如此，才能为合同的顺利履行创造条件。合同要求格式规范，文面整洁，字迹工整清楚，用语准确，标点正确，不会在理解上造成歧义。有国家统一要求的制式合同的，要使用制式合同。成文后的合同不可随意涂改。

4. 摒弃无效合同，杜绝违法行为

《合同法》第五十二条对无效合同作了界定，有下列情形之一的，合同无效：

（1）一方以欺诈、胁迫的手段订立合同，损害国家利益；

（2）恶意串通，损害国家、集体或者第三人利益；

（3）以合法形式掩盖非法目的；

（4）损害社会公共利益；

（5）违反法律、行政法规的强制性规定。

（七）经济合同写作的注意事项

合同撰写是一项细致深入的工作，只有经过双方当事人反复推敲、商定，才能使合同成立，实现依法履行合同，维护双方权益，促进经济发展的目的。为此，应注意以下要求：

（1）做好资信调查。要特别注意了解对方的资信状况，不要同那些缺乏资信的企业、团体、单位签订合同，以免给自身造成不必要的损失。

（2）依法商定、审核。要注意依法和对方协商，审核对方的资质及有关证件。

（3）内容明确、具体，文字严谨、准确。要做到条款完整，如有需要可另加特殊条款。附件是合同的有机组成部分，与正本具有同样的法律效力，合同的结尾必须写明附件的名称并附上附件，以保证合同的完整性。

（4）要保证合同文本的整洁。签订好的合同，任何一方不得随意修改。如发现合同文本内容、文字有错漏，或发生了特殊情况必须修改、补充，一定要经过双方同意，在原合同上进行修改，并在修改处加盖双方印章，以证明双方同意修改。有些说明或者补充，如不能在原合同上修改，双方可以互换函件，函件可以作为合同的附件，同样达到修改、补充的目的。

（5）涉外合同，除了合作双方用本国语言表述外，还可签订英文合同，一旦发生纠纷，可采用英文合同进行仲裁或法律诉讼。

例文分析

房屋租赁合同

甲方（出租方）：________________

本人（法定代表人）姓名：____________

性别：______ 地址：______________

邮政编码：______ 电话：____________

乙方（承租方）：________________

本人（法定代表人）姓名：____________

性别：______ 地址：______________

邮码：______ 电话：______________

根据《中华人民共和国合同法》《中华人民共和国城市房地产管理法》及其他有关法律、法规之规定，在平等、自愿、协商一致的基础上，甲乙双方就下列房屋的租赁达成如下合同：

第一条　房屋基本情况。

甲方房屋（以下简称该房屋）在春天大厦第______层，共______套、______间，房屋结构为______，建筑面积______平方米（其中实际建筑面积______平方米，公共部位与公用房屋分摊建筑面积______平方米）；房地产权证号为__________________。

第二条 房屋用途。

该房屋用途为________。除双方另有约定外，乙方不得任意改变房屋用途。

第三条 租赁期限。租赁期限自______年______月______日至______年______月______日止。

第四条 租金。

第五条 付款方式。

第六条 交付房屋期限。

第七条 甲方对房屋产权的承诺。

第八条 维修养护责任。

第九条 关于装修和改变房屋结构的约定。

第十条 关于房屋租赁期间的有关费用。

第十一条 租赁期满。

第十二条 因乙方责任终止合同的约定。

第十三条 提前终止合同。

第十四条 登记备案的约定。

第十五条 违约责任。

第十六条 因不可抗力原因导致房屋毁损和造成损失的，双方互不承担责任。

第十七条 本合同未尽事项，由甲、乙双方另行议定，并签订补充合同。

第十八条 本合同之附件均为本合同不可分割之一部分。

第十九条 甲、乙一方或双方为境外组织或个人的，本合同应经该房屋所在地公证机关公证。

第二十条 本合同在履行中发生争议，由甲、乙双方协商解决。协商不成时，甲、乙双方同意按______项解决。(1) 由______仲裁委员会仲裁。(2) 向______人民法院起诉。

第二十一条 本合同连同附表共______页，一式______份，甲、乙双方各执一份，均具有同等效力。

附件一：房屋平面图（略）

附件二：房屋附着设施（略）

甲方：____________________ 乙方：____________________

甲方代理人：______________ 乙方代理人：______________

______年______月______日 ______年______月______日

本章小结

本章介绍了财经专用文书的部分文种，如国民经济计划（财经项目）启动阶段的招投标书、可行性研究报告、项目建议书、经济合同等的基本概念、特点、分类和作用，重点对本章各类专用文书的写作格式加以举证并详细分析；对各文种构成的标题、正文、结语、附件等进行规范说明；正文中，所要求书写的内容等难点问题都有例文分析；像“公示”这种较小的财经应用文种，还是首次被选入本科教材之中。

关键术语

财经专用文书　　项目建议书　　意向书　　中标通知书
招标书　　可行性研究　　可行性研究报告　　公示
投标书

习　题

一、选择题

1. (　　) 是招标单位兴建工程或进行大宗商品买卖时，公布标准和条件，提出价格，招人承包或承买时使用的一种文书。

A. 招标书　　B. 投标书　　C. 建议书　　D. 合同书

2. (　　) 是指按国家法律规定成立、具有法人资格和招标资格，从事国内、国际业务的专职机构。

A. 中标单位　　B. 招标机构　　C. 投标单位　　D. 承办机构

3. 招标邀请书的结构一般包括标题、(　　)、导言、主体和结尾五个部分。

A. 副标题　　B. 编者按　　C. 主送单位　　D. 领导签字

4. (　　) 是招标单位向中标单位发出的通知文书，通常以“招标公告”的形式在媒体上发出。

A. 中标通知书　　B. 施工联络签　　C. 投标邀请函　　D. 议标邀请书

5. 可行性研究分为初步可行性研究（也称为预可行性研究）和（　　）可行性研究（或正式的可行性研究）。

A. 简单　　B. 详细　　C. 最终　　D. 后期

6. 所谓可行性研究报告，又称（　　），是反映可行性研究的内容和结果的书面文件。

A. 项目建议书　　B. 意向书　　C. 论证报告　　D. 预测报告

二、判断题

1. 项目意向书是各国政府及相关部门之间、公司企业等单位机构之间，就某个合作项目进行初步接触和商洽后，双方共同签订的表示合作意向的文书。

2. 有些合同的订立可以不考虑国家的法律、法令、政策。

3. 公示正文大体可分为公示缘由、公示事项、公示结语三部分。

4. 项目建议书是国家选择项目的依据，也是可行性研究的依据，涉及利用外资的项目，在项目建议书批准后，方可开展对外工作。

5. 可行性研究报告可以不进行投资风险和收益分析。

6. 在初步可行性研究阶段对项目投资和生产成本的估算精度要求控制在±20%。

三、简答题

1. 简述招标书与投标书的特点。

2. 简述招标书与投标书的作用。

3. 简述可行性研究报告的特点。

4. 公示的特点有哪些？

5. 经济合同的特点有哪些？

6. 意向书有哪些特点?

四、论述题

1. 论述可行性研究报告的作用。
2. 论述可行性研究报告的主要内容。
3. 论述经济合同的注意事项。

五、写作题

1. 请自拟题目写一篇可行性研究报告。
2. 请自拟题目写一份开设网吧的公示。

部分习题答案

一、答案：1. A；2. B；3. C；4. A；5. B；6. C。

二、答案：1. √；2. ×；3. √；4. ×；5. ×；6. √。

第三章

环境影响评价报告和安全评价报告

本章要点

1. 了解环境影响评价报告、安全评价报告的含义及分类；
2. 准确把握环境影响评价报告的写作原则、写作格式；
3. 准确把握安全评价报告的写作原则、写作格式；
4. 熟悉环境影响评价报告、安全评价报告的写作注意事项。

导入案例

贵州省瓮安县青坑工业园区废旧塑料加工作坊违法排污，被责令停止排污拒不执行案件

瓮安县青坑工业园区废旧塑料编织袋加工厂和傅连生（个体）塑料颗粒加工作坊在未办理环评审批手续的情况下，擅自建成投产，生产过程中产生的废渣、废水未经任何处理直接外排和随意丢弃，瓮安县环保局要求两家塑料加工作坊立即停止生产和停止违法排污，经复查发现两家塑料加工作坊拒不执行环保部门做出的停止生产行政命令，仍然继续违法生产和排污，瓮安县环保局依法对两家塑料加工作坊的主要生产设备设施进行了现场查封，并立案查处。为什么会出现这样的问题？县环保部门是在依据新《环境影响评价法》依法行政。没有向环保部门提交环评报告，就是一种违法行为。环境影响评价是针对该项目生产过程中污染发生情况、治理措施是否可行，生产过程和产品是否符合清洁生产要求，以及最终排放的污染物对周围环境的影响进行的评价。环保部门的环评报告是要了解公司环保治理、产品环保性能等情况，是否符合现行国内或国外环保要求，如果没有环境影响评价报告，一般认为生产企业从环保角度讲是有问题的。

环境影响评价报告对企业来说十分重要，环评通过环保局评审、批复后，后续日常生产、环保管理中还要用到。没有环境影响评价报告也没法进行环保竣工验收。这是一系列连锁问题。

我国立法规定，《环境影响评价报告》和《安全评价报告》是在项目立项前，即国民经济计划和项目开建前最重要的两份报告，具有一票否决作用。这两份报告不仅影响环境，对经济建设也有非常重要的作用，因此需要在财经应用文体写作中重点掌握。为避免不必要的财经投资决策失误，进行这两种评价报告的写作研究具有重要的前瞻性意义。

第一节 环境影响评价报告的概念及分类

一、环境影响评价报告概述

环境影响评价报告是指由开发建设单位依法向环境保护行政主管部门提交的关于开发建设项目环境影响预断评价的书面文件。环境影响评价报告内容上具有法律法规的强制性、相关行业的专业性、编制报告数据论证的严谨性、整改意见的权威性等特点。

二、环境影响评价报告的分类

根据我国环境保护法律和有关行政法规规定，建设项目对环境可能造成重大影响的，应当编制环境影响评价报告书，对建设项目产生的污染和对环境的影响进行全面、详细的评价；建设项目对环境可能造成轻度影响的，应当编制环境影响评价报告表，对建设项目产生的污染和对环境的影响进行分析或者专项评价；建设项目对环境影响很小的，需要填报环境影响登记表。

对环境可能造成重大影响的建设项目大体上包括：对自然环境产生影响或排放污染物对周围环境产生影响的大中型工业建设项目；对自然环境和生态平衡产生影响的大中型水利枢纽、矿山、港口、铁路、公路建设项目；大面积开垦荒地和采伐森林的基本建设项目；对珍稀野生动植物资源生存和发展产生严重影响，甚至造成灭绝的大中型建设项目；对各种生态类型自然保护区和有重要科学价值的特殊地质、地貌地区产生严重影响的建设项目等。

三、环境影响评价报告书的作用

（1）凡从事对环境有影响的财经建设项目，都必须执行环境影响评价报告书的审批制度。

（2）《国务院关于环境保护若干问题的决定》强调，在建设项目审批和竣工验收过程中，对不符合环境保护标准和要求的建设项目，环境保护行政主管部门不得批准建设项目环境影响评价报告书或环境保护设施竣工验收报告，其他各有关审批机关一律不得批准建设或投产使用；有关银行不予贷款。各级计划、经贸、建设、工商、土地管理和其他有关部门要按照各自职责严把项目审批、登记、规划、用地、设计、竣工验收关。

（3）环境保护主管部门批准的环境影响评价报告书，是建设单位向土地管理部门申请用地时必须提交的文件之一；没有这一批件，土地管理部门不得批准建设单位用地申请。环境影响评价报告书是对所上项目的一次科学论证，若忽略了这个必要的报告，就会对人文居住环境、地理大气环境等产生不可逆转的影响。

（4）建设项目环境影响评价报告是防治环境污染与破坏的根本措施，体现了预防为主的原则，为优化选址布局、工程设计、防治措施、生产管理与环境管理等提供了有针对性的指导和决策依据。因此，在财经建设项目中加强环境保护，有利于节约资源，达到美化环境的作用。有些地方环保意识淡薄，为了上马建设项目，边申报边建设，坑挖好了，可环评没通过，结果被要求恢复原貌。这样匆忙上马的项目经济损失是巨大的。

第二节　环境影响评价报告书的编制

环境影响评价报告书应该全面、客观、公正、概括地反映环境影响评价的全部工作；环境影响评价报告书应根据环境和工程特点及评价工作等级进行编制；复杂项目应有主报告和分报告；主报告应简明扼要，分报告把专题报告、计算依据列入；报告书文字应简洁、准确，图表要清晰，论点要明确。

一、环境影响评价报告书编写的基本要求

（1）环境影响评价报告书总体编排结构应符合《建设项目环境保护管理条例》的要求，内容全面，重点突出，实用性强。

（2）基础数据可靠。基础数据是评价的基础，基础数据若有错误，特别是污染源排放量有错误，即使选用正确的计算模式和精确的计算，其计算结果也是错误的。因此，基础数据必须可靠。不同来源的同一参数数据不同的应进行核实。

（3）预测模式及参数选择合理。环境影响评价预测模式有一定的适用条件。参数也因污染物和环境条件的不同而不同。因此，预测模式和参数选择应“因地制宜”。应选择模式的推导条件和评价环境条件相近的模式。选择总结参数时的环境条件和评价环境条件相近的参数。

（4）结论观点明确，客观可信。结论中必须对建设项目的可行性、选址的合理性做出明确回答，不能模棱两可。结论必须以报告书中的客观论据为依据，不能带感情色彩。

（5）语句通顺、条理清楚、文字简练，篇幅不宜过长。凡带有综合性、结论性的图表应放到报告书的正文中，对有参考价值的图表应放到报告书的附件中。报告书中使用的专业术语要准确。

（6）环境影响评价报告书中应有资格评价证书；报告书编制人员按行政总负责人、技术总负责人、技术审核人、项目总负责人，依次署名签章。

二、环境影响评价报告书编制内容与格式

现行总纲要求，环境影响评价报告书应根据环境和工程的特点及评价工作等级编写。环境影响评价报告书主要由封面、内封面、公司资质、编写人员责任表、项目负责人环评工程师证、目录（包括正文目录和附件、附图目录）、正文、附件、附图、建设项目环境保护审批登记表构成。环境影响评价报告书有正式的题目，由单位＋项目名称＋文种组成，如《××省××煤业有限公司合并重组项目环境影响评价报告》；而《佛山市城市轨道交通三号线工程环境影响评价报告》，则是直接以项目名称＋文种作为环境影响评价报告书题目。环境影响评价报告书题目比较固定，若随意改动，主管部门不会受理。环境影响评价报告书一般分为完整本和简本，大项目为了避免出现投资决策失误都要进行非常审慎的环境预评价。一般会选择下列内容进行编制。

（1）总则。结合评价项目的特点阐述编制环境影响评价报告书的目的、编制依据，明

确评价采用标准、控制污染和保护环境的目标。

（2）建设项目概况。包括建设项目的名称、地点及建设性质，建设规模、占地面积及厂区平面布置图，土地利用情况和发展规划，产品方案和主要工艺方法，职工人数和生活区布局等。

（3）工程分析。包括主要原料、燃料及其来源和储运，物料平衡，水的用量与平衡，水的回用情况，工艺过程，废水、废渣、放射性废物等的种类、排放量和排放方式，以及其中所含污染物种类、性质、排放浓度，产生的噪声、振动的特性及数值等，废弃物的回收利用、综合利用和处理、处置方案，交通运输情况及场地的开发利用等。

（4）建设项目周围地区的环境现状。包括地理位置，地质、地形、地貌和土壤情况，河流、湖泊、水库、海湾的水文情况，气候和气象情况，大气、地面水、地下水和土壤的环境质量状况，矿藏、森林、草原、水产和野生动物、原野植物、农作物等情况，自然保护区、风景游览区、名胜古迹、温泉、疗养区及重要的政治文化设施情况。社会经济情况包括：现有工矿企业和生活居民区的分布情况，人口密度，农业概况，土地利用情况，交通运输情况及其他社会经济活动情况，人群健康状况和地方病情况，其他环境污染、环境破坏的现状资料等。

（5）环境影响预测。包括预测环境影响的时段、预测范围、预测内容及预测方法、预测结果及其分析和说明。

（6）评价建设项目的环境影响。包括建设项目环境影响的特征，以及建设项目环境影响的范围、程度和性质。如要进行多个厂址的优选时，应综合评价每个厂址的环境影响并进行比较和分析。

（7）环境保护措施的述评及技术评价论证，提出各项措施的投资估算。技术评价也称技术评估，是对某种技术可能带来的社会影响进行定性定量的全面研究，从而对其利弊得失作出综合评价的技术。

（8）环境影响经济损益分析，进行必要的项目经济评价。项目经济评价是对工程项目的经济合理性进行计算、分析、论证，并提出结论性意见的全过程，是工程项目可行性研究工作的一项重要内容，也是最终可行性研究报告的一个重要组成部分。经济评价目的是根据国民经济长远规划和地区、部门（或行业）规划的要求，结合产品需求预测和工程技术研究，通过计算、分析、论证和多方案比较，提出全面的评价报告，为方案决策和编制设计任务书提供可靠的依据。

（9）环境监测制度及环境管理、环境规划建议。

（10）环境影响评价结论。

三、环境影响评价报告书结论

（1）结论的编写原则和要求。环境影响评价报告书的结论就是全部评价工作的结论，应在概括和总结全部评价工作的基础上，简洁、准确、客观地总结建设项目实施过程各阶段的生产和生活活动与当地环境的关系，明确一般情况下和特定情况下的环境影响，规定采取的环境保护措施，从环境保护角度分析，得出建设项目是否可行的结论。编写结论与编写报告书其他部分一样，最好分条叙述，以便阅读。

（2）结论的编写内容。①概括地描述环境现状，同时说明环境中现已存在的主要环境质量问题，例如某些污染物浓度超标、某些典型的生态遭到了破坏等。②简要说明建设项目的影响源及污染源状况。③概括总结环境影响的预测和评价结果。④给出对环境保护措施的改进建议。⑤得出对项目建设环境可行性的结论，这也是最重要的。

例文分析

××化工股份有限公司合成氨、联碱生产装置异地搬迁节能减排技术改造项目环境影响评价报告书（摘要）

建设单位：××化工股份有限公司

评价单位：××市环境保护科学研究院

二〇一七年三月

目录

1. 建设项目概况

1.1　建设项目相关背景

2007年，××化工股份有限公司由于其技改装置重质纯碱装置的投产，已经使轻质纯碱供货严重不足，为此，××化工股份有限公司决定投资18 623万元对现有合成氨、联碱生产装置进行节能技术改造（本报告简称为“原址技改”），淘汰现有7万吨/年氨合成塔，新建15万吨/年氨合成塔1台。项目经××市经济委员会以××市技改备案〔2007〕65号《××市经济委员会关于××化工股份有限公司〈合成氨、联碱生产装置节能技术改造项目〉备案通知书》审核备案。××市环境保护科学研究院接受××化工股份有限公司委托，编制了《××化工股份有限公司合成氨、联碱生产装置异地搬迁节能减排技术改造项目环境影响评价报告书》；本次异地技改项目实施后，××化工股份有限公司生产工艺及装备水平、产品规模及结构总体与上轮就地技改项目一致。

1.2　建设项目主要建设内容、生产规模、生产工艺、建设投资

1.2.1　主要建设内容

项目通过异地搬迁实现××化工“退城入园”，从根本上消除老厂区处于××市中心城区存在的安全隐患；本次异地搬迁技改实施后，较××化工股份有限公司老厂区原合成氨及联碱装置，提升其生产装备技术水平、实现节能减排。

1.2.2　生产规模

纯碱35万吨/年（其中重质纯碱20万吨/年、轻质纯碱15万吨/年），氯化铵36万吨/年，与之配套15万吨/年合成氨装置，富余液氨用于生产碳酸氢铵实现厂内平衡，液氨不出厂外售。

1.2.3　生产工艺

配套的合成氨装置为本项目提供氨源和大部分二氧化碳原料，不进行商品液氨及尿素商品生产，设计装置能力15万吨/年。

1.2.4　项目投资

工程总投资99 832万元。本项目环保设施主要依托××现有环保设施，本次新增的环保投资额为210万元人民币，占本项目总投资的0.2%。

1.3 建设项目选址方案比选，与法律法规、政策、规划和规划环评的相符性

1.3.1 项目选址与平面布置合理性

××化工股份有限公司拟异地搬迁至××市××工业集中发展区内，位于××市东北部，距××市城市总体规划区约9公里。项目选址与××市总体规划相容，符合××市××镇城镇总体规划。

1.3.2 与产业政策符合性

项目产品纯碱35万吨、干氯化铵36万吨，与之配套合成氨装置能力15万吨，富余液氨用于生产碳酸氢铵厂内平衡，实现液氨不出厂。项目属国家发展和改革委员会令第9号《产业结构调整指导目录（2011年本）》中第一类鼓励类，符合国家现行产业政策。

1.3.3 与规划及规划环评的符合性

××工业集中发展区产业定位为：主要发展机械制造、金属延压产业，同时接纳××市退城入园的其他企业。

2. 建设项目周围环境现状

2.1 建设项目所在地的环境现状

2.1.1 地表水环境质量现状

评价河段，各监测断面的各检测值均满足《地表水环境质量标准》（G33838—2002）Ⅲ类水域标准，该河段有一定的环境容量。

2.1.2 地下水环境质量现状

地下水各监测点的各项监测指标中，各监测点监测因子均能满足《地下水环境质量标准》（GB/T14848—93）Ⅲ类标准要求。

2.1.3 环境空气质量现状

评价范围内各大气监测点的各项指标均满足《环境空气质量标准》（GB3096—1996）二级标准。

2.1.4 声环境质量现状

厂界周围各噪声监测点昼、夜间声学环境现状监测值满足《声环境质量标准》（GB3096—2008）中3类声环境功能区标准。

2.2 建设项目环境影响评价范围

2.2.1 环境空气

根据建设项目评价区域地形条件，按照《环境影响评价技术导则大气环境》（HJ/2.2—2008）要求，确定评价范围为厂界9×9平方公里范围内。

2.2.2 地表水

地表水体，生产废水经处理后达标排放，评价范围为项目所在地地表水体上游500米至园区污水处理厂下游5公里河段。

2.2.3 噪声

厂区项目周边200米范围声学环境质量。

2.2.4 环境风险

根据风险评价导则，本次评价为以生产装置区、储罐区为中心5公里的范围。

3. 建设项目环境影响预测及拟采取的主要措施与效果

3.1 建设项目的主要污染物类型、排放浓度、排放量、处理方式、排放方式和途径及其达标排放情况，对生态影响的途径、方式和范围

产污分析：

(1) 废气;

(2) 废水;

(3) 固废(液)。

3.2 建设项目评价范围内的环境保护目标分布情况

××化工股份有限公司拟建厂址位于××市××工业集中发展区内南侧，占地面积720.48亩。评价范围内不涉及各级珍稀保护动植物，生态敏感程度一般。

3.3 建设项目的主要环境影响及其预测评价结果

3.3.1 大气环境影响

3.3.2 地表水及地下水的环境影响

3.3.3 声环境影响

3.3.4 工业固废对环境的影响

3.3.5 环境风险项目风险评价等级为一级

3.4 污染防治措施、执行标准、达标情况及效果

3.4.1 废气污染源环保措施及达标排放

3.4.2 废水污染源环保措施及达标排放

3.4.3 噪声污染源环保措施及达标排放

3.4.4 固体废物环保措施

3.5 环境风险分析预测结果、风险防范措施及应急预案

3.5.1 最大可信事故

3.5.2 后果计算、预测结果表

3.5.3 风险防范措施

3.5.4 应急预案

3.6 建设项目环境保护措施的技术、经济论证结果

××化工股份有限公司拟采取的废气治理措施，针对性强，技术成熟，运行可靠，投资适中，实现了废气综合利用。

3.7 建设项目对环境影响的经济损益分析结果

环境经济损益分析结果表明：公司通过采取的环保措施能够取得良好的治理效果，很好地保护周围环境，做到了以较少的环保投资取得一定的环境效益，其环境效益、环境经济收益和社会效益显著。

3.8 建设项目防护距离内的搬迁所涉及的单位、居民情况及相关措施

本评价要求环评划定大气防护距离和卫生防护距离范围内，今后禁止新建居住区、学校、医院等敏感体以及食品、医药等对大气环境质量要求较高的企业。

4. 公众参与

4.1 公开环境信息的次数、内容、方式等(在××市政府信息公开网站进行了两次公示)

环境影响评价报告书以简本公示，旨在告知公众环境影响评价的主要内容及结论，并收集公众对本项目的意见和建议。

4.2 征求公众意见的范围、次数、形式等

4.3 公众参与的组织形式

网站公示、发放调查表。

4.4 公众意见归纳分析，对公众意见尤其是反对意见处理情况的说明

在调查并收回调查表的94人中，94%的受调查人群表示支持项目建设，6%的人表示

无所谓，无人表示反对。

4.5　从合法性、有效性、代表性、真实性等方面对公众参与进行总结

5. 环境影响评价结论

××化工股份有限公司合成氨、联碱生产装置异地搬迁节能减排技术改造项目，符合国家产业政策，选址符合当地规划，项目采用的工艺及生产设备具先进性，符合清洁生产要求。项目选址地周围无明显环境制约因素，环评提出的环保措施及风险防范措施可行；落实环评提出的各项环保措施、项目建设方案调整从环保角度可行。

6. 联系方式及建设业主

××化工股份有限公司

地址：××市××大街西三段×××号

邮编：××

联系人：×××

电话：×××××××

邮件：××××@163.com

环评报告书编制单位：××市环境保护科学研究院

地址：××市××××路三段×××号

邮编：××

联系人：×××

电话：××××××××

邮件：××××××@qq.com

点评：这是一个比较完整的环境影响评价报告书，虽然是摘要，也是依据新的环境保护法和相关规定编制的。一看题目，就让审阅者知道这个化工项目异地搬迁改造的重要价值。报告书所编制的主要内容包括：建设项目概况、建设项目周围环境现状、建设项目环境影响预测及拟采取的主要措施与效果、公众参与、环境影响评价结论、联系方式，一应俱全，而且对于应该加以评价的数据、项目、范围都做了比较科学的说明。最后是论证评价的结果，即结论。报告通俗易懂，达到环境影响评价报告书的基本要求。

第三节　安全评价报告的编制

一、安全评价报告概述

安全评价报告是具有安全评价资质人员从系统安全的角度出发，分析、论证和评估可能产生的损失和伤害及其影响、严重程度，按照固定格式和要求所撰写的具有应对策略措施的书面报告。安全评价报告一般由封面、安全评价资质证书复印件、著录项、前言、目录、正文、附件、附录构成。

二、安全评价报告的分类

安全评价报告按照实施阶段的不同分为三类：安全预评价报告、安全验收评价报告、安全现状评价报告。专项安全评价可以看成安全现状评价的一种，属于政府在特定的时期

内进行专项整治时开展的评价。安全评价报告应全面、概括地反映安全评价过程的全部工作，文字应简洁、准确，提出的资料应清楚可靠，论点明确，利于阅读和审查。

三、安全评价报告的内容与格式

(一) 前言要点

(1) 对受评项目作简要介绍；

(2) 阐明编制单位与业主之间的（委托）关系。

(二) 评价目的、评价依据和引用标准

(1) 编写评价目的时一定要突出我国的安全方针、思想，即“安全第一，预防为主”以及“以人为本，安全第一”的理念。

(2) 评价依据。相关的各种法律法规、项目合法性的证明文件：如立项批复文件、项目备案申请及其批复文件。

(3) 评价过程中引用的标准：要求所引用的标准具有即时性、有效性；要求所引用的标准要保证其符合性，如水电安全评价依据《水电建设工程安全预评价报告编制规定》（水电规安办〔2007〕0004 号)，国家法律、国家行政法规、地方法规、政府部门规章、政府部门规范性文件、国家标准、安全生产行业技术标准、水电水利行业技术标准、行业管理有关规定以及其他技术资料。

(三) 评价单位概况编写要点

(1) 通过收集到的资料（如可行性研究报告、初步设计、环评报告、地质灾害评估报告等）有取舍地进行摘录，其中应完整地体现企业概貌（包括地理位置、气象条件、交通状况以及需要在该章节中作必要介绍的其他内容)。

(2) 项目涉及的产品及其规模。

(3) 对项目的工艺过程应作详细叙述。

(4) 对设备应作详细介绍。

(四) 危险、有害因素分析

1. 此项工作进行之前应进行前期准备工作

(1) 对受评项目的详细资料要进行充分的了解；(2) 了解的途径有：资料收集、现场考察、科技书刊查询、网上调查等；(3) 对项目产品、工艺过程及其设备、使用的原辅燃材料要充分熟悉。

2. 在以上工作的基础上进行危险、有害因素分析

(1) 按导致事故和危害的直接因素进行分类（《生产过程危险和有害因素分类与代码》，GB/T13816—2009)；(2) 参照事故类别和职业病类别进行分类（《企业伤亡事故分类》，BG6441—86)；(3) 参照原卫生部、原劳动部、总工会等颁发的《职业病范围和职业病患者处理办法的规定》进行分类。

(五) 评价单元划分、评价方法的正确选用与介绍

(1) 在熟悉评价项目工艺的基础上合理划分评价单元。

(2) 在熟悉评价项目工艺的基础上合理选用评价方法。

(3) 评价方法介绍。目的在于让业主、有关监管部门和专家在阅读安全评价报告时对所选用的评价方法有所了解，对评价过程中所得到的结果及其符合性、科学性给予认定。

(六) 安全评价过程

(1) 根据评价单元的划分以及所选用的评价方法对各受评单元内存在的各种危险有害

因素演变为事故可能性（历程）进行分析评价。

(2) 根据定性、定量评价分析过程得出各评价单元内发生事故的危险度。

(3) 对评价过程中存在于各评价单元的不同危险因素演变为事故的过程、评价结果进行总结。

(4) 安全评价应掌握的原则——动态控制原则。动态控制原则在安全评价过程中具有重要的意义，安全评价要遵循动态评价的原则，特别是对在役装置进行评价时在役装置的实际状况。故应留取充分的证据材料，以示安全评价时所具有的针对性，避免相应的风险。证明材料包括受评对象的影像记录、文本材料、法律文书等。

(七) 安全对策措施

1. 安全对策措施的提出

(1) 评价业主为防止16种危险、7种类型的有害因素转化为事故已采用的安全对策措施及其有效性、符合性（以法律法规、技术标准及规范的要求为依据进行对照评价）。(2) 根据对照评价的结果，对评价过程中发现的不满足安全生产要求的部分（即生产工艺、装置及设备安全化程度低下或不符合技术标准及规范要求的地方，以及生产管理过程中存在的不足）提出相应的整改意见、建议或要求。

2. 安全预评价中，安全对策措施及建议提出的依据

(1) 以项目可行性研究报告中劳动安全卫生专章中存在的不足为依据；(2) 以项目有关的环境影响评估报告、工程地质勘查报告、地质灾害评估报告为依据。

3. 安全现状评价或安全验收评价中安全对策措施及建议提出的依据

(1) 以现场考察中发现的不足为依据；(2) 对于设计中已经提出的而实际上在工程中未实施的部分为依据；(3) 以评价过程中，依据相应的法律法规对收集到的资料进行复核时发现的不足为依据；(4) 以项目安全生产管理评价中发现的不足为依据。

4. 根据危险、有害因素分析的结果提出的有针对性的安全对策措施

(1) 总图布置方面的安全对策措施；(2) 防止危险因素转化为事故方面的对策措施；(3) 防止有害因素转化为职业病方面的对策措施。

(八) 安全评价结论

(1) 安全预评价：对项目实施过程中存在的主要危险有害因素及安全评价结果进行总结。

(2) 对安全预评价的全过程以及安全评价报告所提出的安全对策措施进行综合评述。

(3) 在上述基础上作出安全预评价结论。

(4) 对于安全现状评价和安全验收评价的评价结论，应根据评价结果（包括对隐患进行整改后的评价）和项目采取安全对策措施后风险降低的程度以及该风险是否在业主可以承受的范围内作出最终的符合性结论。

(5) 对于安全预评价报告的评价结论则应对项目的合法性作出评价结论；对项目可行性研究报告拟采用的安全对策措施的符合性评价作出结论。

例文分析

××化工有限责任公司安全评价报告

概述

一、安全评价的目的

本次对××化工有限责任公司生产现状所进行的安全评价，是通过对现有生产单元存

在的危险有害因素进行辨识分析，经专家检查评价，按照评价办法的要求，对照有关标准编制××化工有限责任公司安全现状综合评价报告。综合分析指出××化工有限责任公司存在的主要安全生产隐患和问题，提出相应的解决对策和技术措施。促进安全化生产，指导危险源监控和事故预防，为企业决策者建立系统安全最优方案提供依据，为实现安全技术、安全管理的标准化和科学化创造条件，确保企业健康发展和经济效益的提高。

二、安全评价的原则

安全评价是落实“安全第一，预防为主”方针的重要技术保障，是安全生产监督管理的重要手段，是关系到被评价项目能否符合国家规定的安全标准、能否保障劳动者安全与健康的关键性工作。对于有效预防事故发生、减少财产损失和人员伤亡、伤害，不断提高安全管理水平有着重要意义。这是一项技术性和政策性很强的工作，我公司评价人员根据被评价项目的实际情况，按照委托协议所约定的事项，以国家安全法规及有关技术标准为依据，遵循科学性、公正性、合法性和针对性的原则，以严肃的科学态度，认真负责的精神，强烈的责任感和事业心，全面、仔细、深入地开展安全评价工作，为被评价单位减少事故发生的风险，为政府主管部门进行安全生产监督管理提供科学依据。

三、安全评价的主要依据

（一）国家法律法规

1.《中华人民共和国劳动法》；2.《中华人民共和国安全生产法》；3.《危险化学品安全管理条例》；4.《关于进一步加强危险化学品建设项目安全设计管理的通知》（安监总管三〔2013〕76号）。

（二）国家标准

1.《建筑设计防火规范》（GB50016—2014）；2.《危险货物分类和品名编号》（GB6944—2012）；3.《危险化学品经营企业开业条件和技术要求》（GB18265—2000）；4.《危险化学品重大危险源辨识》（GB18218—2009）。

（三）相关文件

××县环保局的证明文件、消防意见书、避雷设施的测试证明、安全评价业务协议书。

四、委托方的有关证照

1. 营业执照注册号；注册地址；注册资金；法定代表人。2. 相关资格证书：特种作业操作证。

第一章　生产企业概况

一、企业概况

××化工有限责任公司成立于2003年5月。该化工有限责任公司位于××区化工园区内，厂区东面是公司的库房，西面是闲置厂房，南面距10米为溶剂车间，北面是闲置厂房。年产5 600吨氯乙酸，5 000吨精盐酸。生产工房建筑面积620平方米；氯气库房500平方米；成品库300平方米；办公及休息室175平方米。企业性质为有限责任公司。公司现有职工50人，其中技术管理人员10人，安全管理人员5人。

二、企业生产系统概况

××化工有限责任公司主要产品为氯乙酸和精盐酸，主要原材料有冰醋酸、氯气、硫黄。氯乙酸生产工艺流程为由原料库领取乙酸、氯气及所需要的硫黄，先向氯化锅中加入乙酸，在搅拌下通入氯气进行氯化反应到一定时间再加入少量硫黄，控制混合液比重合格；将氯化混合液用泵打入结晶锅进行结晶；再进行抽滤，滤饼即为成品氯乙酸，母液循环利用。

第二章 安全现状综合评价

一、评价对象及范围

××化工有限责任公司（以下简称公司）接受××工业有限责任公司的委托，对公司安全生产现状进行评价。根据国家安全生产监督管理局《危险化学品生产企业安全生产许可证实施办法》及《危险化学品生产企业安全评价导则（试行）》等有关规定，结合公司的实际情况，其评价范围是：1. 安全管理评价：包括企业安全管理机构、职责、安全管理制度、岗位操作规程、从业人员教育、培训和考核、事故应急救援预案及演练、产品质量检验检测等制度的建立和实施。2. 总体布局评价：包括公司与外部建筑物的距离、危险厂房之间及其与周围建筑物的距离是否符合安全要求，行政区、生产区、仓库等布局是否合理。3. 建筑物结构、使用及生产设备、工具评价。4. 电气设备、防雷设施及导除静电装置评价。5. 消防器材的配备、使用及完好状况评价。6. 工艺流程（包括储存运输、安全附件）及岗位操作安全现状评价。

二、安全评价程序

安全现状评价的程序主要包括：准备阶段，危险、有害因素辨识与分析，定性、定量评价，提出安全对策措施，形成安全评价结论及建议，编制安全评价报告。

三、评价单元划分及评价方法选择

依照《危险化学品生产企业安全评价导则（试行）》，本评价报告根据评价单元划分原则，结合公司的实际，将公司氯乙酸生产线划分为安全管理、总体布局、原料及成品库、生产工序四个单元进行评价。评价方法均选用安全检查表法。防雷、防静电、消防以法定部门检验报告为依据；压力容器、安全附件、特种设备以专业部门检测报告为依据。

四、安全检查表评价

安全检查表（SCL）是系统安全工程的一种最基础、最简便、广泛应用的系统危险性评级方法，是对分析对象进行详尽分析，按照相关的标准、规范等对已知的潜在、有害因素进行判别，列出单元检查表，从而全面地、综合地反映被评价对象安全生产现状。

（一）安全管理单元安全检查表、序号、检查内容及标准、实际情况、检查结果

1. 安全管理组织健全。
2. 各类人员进行了安全培训。
3. 安全生产规章制度健全。
4. 实行了安全生产工作目标管理。
5. 有安全技术措施计划，按比例提取安全投入资金。
6. 坚持各种安全检查，及时进行隐患整改。
7. 重大危险源管理控制措施执行有效。
8. 按“四不放过”原则处理工伤事故。
9. 安全管理档案完整，各种图表齐全。

（二）总体布局单元安全检查表、序号、检查内容及标准、实际情况、检查结果

1. 选址。

1.1 选址符合城镇规划、环境保护、安全防火要求，并应避开居民点、学校、旅游区、重点建筑物、高压输电线等，符合要求。

1.2 生产区、危险化学品库区、办公区、生活区应分区设置。生活区、办公区应考

虑地形、风向等条件合理布置。符合要求。

2. 工艺布置。

2.1 单元装置与厂围墙应有足够距离，重要装置设置了围栅。符合要求。

2.2 装置和生产车间所占位置离开公用工程、仓库、办公室，实验室有隔离区或处于火源的上风位置。符合要求。

3. 建构筑物结构。

3.1 厂房的耐火等级、层数、占地面积应符合规定要求。符合要求。

3.2 设备、设施、配电室、仪表室、热载体等之间以及与明火之间的防火间距，满足规定要求。符合要求。

4. 作业环境。

4.1 含有可燃气体及易燃有毒液体的水，必须回收处理后，方可通过水封井排入下水道。符合要求。

4.2 设备旋转部分应安装防护栏或防护罩。符合要求。

5. 电气与防雷防静电安全设施。

5.1 电气照明的选型与安装应符合标准要求。符合要求。

5.2 建筑物的避雷设施每年雷雨季节前检测一次，电阻值不大于10欧姆，接地连接无松动和接触不良现象。符合要求。

6. 消防组织与设施配置。

6.1 大型企业应建立消防队，小型企业应建立义务消防队及组织消防演练。符合要求。

6.2 消防水源能满足消防用水量。符合要求。

（三）原料及成品库单元安全检查表、序号、检查内容及标准、检查结果、实际情况

1. 各种承压储罐应符合《压力容器安全技术监察规程》的规定。符合要求。

2. 液面计、压力计、温度计、呼吸阀、阻火器、安全阀等安全附件应完好。符合要求。

（四）生产工序单元安全检查表、序号、检查内容及标准、实际情况、检查结果

1. 作业环境。

1.1 对有毒、有害工房应采取加强通风等措施。符合要求。

1.2 噪声大的设备有控制噪声的设施，室内噪声不得大于85分贝。符合要求。

1.3 设备旋转部分应安装防护栏或防护罩。符合要求。

2. 生产设备、设施。

2.1 工房内设备、设施布局合理，其通道宽度不得小于2米，且留有足够的操作面和安全通道。符合要求。

2.2 工房各工位器具摆放整齐有序，不影响员工正常通行及作业。符合要求。

3. 物料和材料。

3.1 车间内存放的各危险品应划定范围区间，避免无关人员接触。符合要求。

3.2 原料氯气无泄漏，纯度符合要求。

3.3 原料乙酸无泄漏，纯度符合要求。

4. 电气与防雷防静电安全设施。

4.1 工房内电气设备选型、安装、设计应符合规范（GB50058）规定。基本合格。

4.2 电气照明的选型与安装应符合标准要求。符合要求。

5. 消防组织与设施配置。

5.1 消防水源能满足消防用水量。符合要求。

5.2 按《建筑灭火器配置设计规范》(GB50140—2005) 规定配备消防系统、固定式和小型灭火装置，并保持经常处于良好状态。符合要求。

第三章 危险、有害因素辨识与分析

一、总体布局

1. 厂区四周无实体围墙相隔，周围无重要高层建筑、繁华市区、学校、办公、文物等公共设施。公司内生活用水为自来水，无废水排出，其消防器具、消防栓等每年通过消防部门检查合格。公司整体环境结构、布局及自然条件对周边环境存在一定有害因素，并不完全符合安全距离要求。

2. 厂区整体平面布局情况分析。××化工有限责任公司化工厂区坐西向东，东西长45米，南北宽23米，厂区位于××化工园区内，交通道路四通八达，畅通无阻，有利于消防车、急救车辆顺利到达事故地点。

二、原料及成品的贮存运输

1. 氯气的储存运输。氯气属高毒性气体，在运输储存过程中会由于气体对容器的腐蚀和零部件的不合格而导致氯气泄漏，从而发生急性中毒事件。

2. 乙酸、氯乙酸的储存运输，要求轻装轻卸，防止包装损坏，与易燃、可燃物分开存放。

三、生产工序

1. 工艺设备、装置的危险、有害因素辨识与分析。生产厂房、库房建筑防火等级不低于二级。

2. 建筑结构及机械作业的危险、有害因素辨识与分析。

3. 电气设备的危险、有害因素辨识。(1) 电气系统中电力电缆的火灾危险。(2) 雷电伤害。(3) 漏电伤害。(4) 违章作业触电事故。(5) 电弧烧伤。

4. 装卸、搬运操作危险、有害因素辨识。装卸、搬运及维修操作不符合安全要求，通过专门培训人员严守操作规程，符合安全要求。

5. 主要消防设施配置情况。

6. 作业环境的危险、有害因素辨识。作业环境的危险、有害因素主要有生产过程中使用的原料及中间产品、振动、温度、湿度等。

7. 生产过程的危险、有害因素辨识。氯乙酸的主要生产过程有乙酸的氯化、氯乙酸的结晶过滤及副产物盐酸的收集。

四、重大危险源辨识

1. 在氯代乙酸生产中，以氯气危险性最大，有很强的毒性，虽不会燃烧但会助燃，在日光下与易燃气体混合时会发生燃烧爆炸，若遇高温容器内压增大，有开裂和爆炸的危险。××化工有限责任公司化工厂的氯气位于专门的库区，最大存量为20吨。根据《危险化学品重大危险源辨识》(GB18218—2009)，氯气库区临界量为25吨，故该厂成品库不构成重大危险源，但仍要加强安全管理。

2. 盐酸为无色非可燃性有刺激性气味气体，比重为1.268 (空气为1.00)。在空气中呈白色的烟雾。极易溶于水，生成盐酸，有强腐蚀性，能与多种金属反应产生氢气，可与空气形成爆炸性混合物。

第四章 安全对策措施建议

一、安全管理措施建议

1. 制定科学先进的安全目标，与生产经营目标同时下达执行。每年安全措施计划要与技改措施计划一起下达，并按计划实施。

2. 对从事生产、经营、储存、运输、使用危险化学品或处置废弃危险品的人员，进行相关法律法规、标准规范、规章制度和安全技术知识、事故案例、专业技术知识、职业卫生防护和应急救援知识的教育培训考核，应急演练，以提高员工综合素质。

3. 对新入厂或转岗职工要严格执行三级教育，增强职工安全基础知识和自我保护安全意识。

4. 进一步完善原料库房及成品库的管理制度。

5. 认真做好安全保卫工作，加强对危险化学品的管理。

6. 按照《安全生产法》的有关规定配备专职或兼职的安全生产管理人员；建立健全安全生产投入的长期保障机制。

二、安全技术对策措施

1. 危险化学品氯气、氯乙酸、乙酸、硫黄按其危险特性进行分类，隔离存放。2. 将盐酸储存于密封的容器内，放置于通风的阴凉地方，远离禁忌物和工作场所。存放地方应有防酸地板和良好的排水设施。3. 为防止静电火花的产生，所有设备、管道、储罐均须可靠接地。4. 生产工房和库房采用外开门窗，地面为防腐蚀材质，房屋梁架耐火等级应符合《建筑设计防火规范》要求。

三、整改建议

1. 所有生产车间必须强制通风。2. 生产区、生活区加设明显区分标识，生产区完善各种安全及危险标识。车间、库房要有提示标志。3. 检查设备接地、接零线路，拆除临时线路，按规范布线。4. 配置消防栓及必要的消防设施。

四、整改情况的复查

该公司针对安全评价组提出的安全方面的意见和建议，认真组织对待并进行了整改。20××年×月××日，应该公司的要求，安全评价组一行3人对整改情况进行了现场逐项复查，认为该公司基本达到了安全评价组提出的整改要求。但是，由于化工生产的固有危险性和安全管理的动态性，企业要达到安全生产的目的，需要始终按规范操作，严格管理，决不能有麻痹思想。整改情况见表。

第五章　评价结论

××化工有限责任公司是一个规模较小的氯乙酸生产企业，其重点在于防止氯气的泄漏、酸的泄漏。由于××化工有限责任公司位于化工园区内，其仓储、人员、生产操作、运输、总体布局符合规范，并且企业建立的安全管理体系和实施的安全对策措施对减少危害、安全生产起到了一定的保证作用，所以企业建成投产以来，没有发生过重伤以上的安全事故和重大灾害，安全生产状况基本良好。

综上所述，××化工有限责任公司安全生产现状最终评价表明：设计中提出的各项安全预防措施已经有效落实，但生产中的固有危险性（如氯气泄漏、各种酸泄漏等）不可低估，必须保证控制系统准确可靠，各项预防措施和管理手段切实有效，才能达到评价的最终安全述评。所以，在确保相应对策措施齐全、可靠有效的情况下，××化工有限责任公司在安全生产方面基本符合颁发安全生产许可证的条件。

点评：《××化工有限责任公司安全评价报告》是比较规范和专业的安全评价报告。有概述，介绍安全评价的目的、原则、主要依据，以及委托方的有关证照。按照安全评价报告五部分内容展开：一、生产企业概况；二、安全现状综合评价；三、危险、有害因素辨识与分析；四、安全对策措施建议；五、评价结论。每一部分都做了详细的描述，尤其是按照法律、法规条款，针对问题进行详尽的分析和评价，提出整改意见并描述了整改意见的落实情况等。因此是一个比较完整的化工公司安全现状评价报告，值得借鉴和学习。

本章小结

这一章主要是介绍两个新编入财经应用文写作课程教材的报告。环境影响评价报告和安全评价报告，是在项目实施和国民经济计划执行中，必须首先启动的报告，同时也是非常重要的财经专用文书。两个报告都对项目或国民经济计划具有“一票否决”的作用。两个报告不仅有财经管理、法律法规方面的因素分析，也有专业技术层面的风险因素分析。本章详细地介绍了两个报告的概念、编制要求、报告的构成、写作格式、相关术语、报告编制的规律，并提供案例分析，学习过程中需要选取更多的报告案例剖析，以提高学生对环境影响评价报告和安全评价报告的写作认知。

关键术语

环境影响评价报告　环境影响评价报告书的结论　专业术语　技术评价
项目经济评价　安全评价报告　安全评价　安全检查表
安全预评价　安全专业评价

习　题

一、选择题

1.（　）是指由开发建设单位依法向环境保护行政主管部门提交的关于开发建设项目环境影响预断评价的书面文件。

A. 环境大气报告　B. 环境影响评价报告书
C. 生态环境报告　D. 环境监测报告

2.（　）结合评价项目的特点阐述编制环境影响评价报告书的目的、编制依据，明确评价采用标准、控制污染和保护环境的目标。

A. 结论　B. 摘要　C. 总则　D. 报告

3. 环境影响评价报告书应根据环境和（　）及评价工作等级进行编制。

A. 工程特点　B. 估算价格　C. 项目规定　D. 相关资料

4.（　）是指特定领域对一些特定事物的统一的业内称谓。

A. 专业术语　B. 行业规定　C. 制度规定　D. 通用常识

5.（　）是具有安全评价资质人员从系统安全的角度出发，分析、论证和评估可能产生的损失和伤害及其影响、严重程度，按照固定格式和要求所撰写的具有应对策略措施的书面评价报告。

A. 安全检测报告　B. 安全评价报告　C. 安全论证报告　D. 安全实验报告

6. 安全评价报告一般由封面、安全评价资质证书影印件、著录项、前言、目录、（　）、附件、附录构成。

A. 正文　B. 条款　C. 引言　D. 规章

二、判断题

1. 专项安全评价可看成安全单项评价，属于政府在特定的时期内进行专项整治时开展的评价。

2. 环境保护主管部门批准的环境影响评价报告书，是建设单位向土地管理部门申请用地时必须提交的文件之一。

3. 环境影响预测包括预测环境影响的时段、预测范围、预测内容及预测方法、预测结果及其分析和说明。

4. 项目经济评价是对工程项目的技术合理性进行计算、分析、论证，并提出结论性意见的全过程。

5. 术语是在特定学科领域用来表示概念的称谓的集合，在我国又称为名词或科技名词（不同于语法学中的名词）。

6. 安全预评价是对项目实施过程中存在的主要危险有害因素及安全评价结果进行总结。

三、简答题

1. 环境影响评价报告书的作用有哪些?

2. 环境影响评价报告书编写的基本要求有哪些?

3. 结论的编写原则和要求有哪些?

4. 结论的编写内容有哪些?

5. 安全评价结论应该怎样阐述?

6. 安全评价的目的、评价依据和引用标准是什么?

7. 如何评价单位概况编写要点。

四、写作题

请结合环境影响评价报告和安全评价报告的学习，自行寻找素材编制环境影响评价报告或安全评价报告。

部分习题答案

一、答案：1. B；2. C；3. A；4. A；5. B；6. A。

二、答案：1. ×；2. √；3. √；4. ×；5. √；6. √。

第二篇
国民经济计划（财经项目）预算过程

财经公务文书是指财经管理部门在财经领域和财经活动中进行管理所形成的具有法定效力和规范体式的、承载财经工作内容的文书，是在财经领域内依法行政和进行公务活动的重要工具。在国民经济计划、财经项目实施过程中，或重大财经政策出台时，主管机关都要作出相应的决定、议案或者通报等；同时，在这一阶段还有许多日常的财经事务需要处理，需要制定各类章程、制度和规定，同时，还要制订财经计划以及撰写调查报告、会议简报等以协调指导财经工作。在这一篇中，我们将分章节讲解这些文书的概念、特点、种类、写作格式及写作注意事项，以此求得财经工作问题的及时、有效解决。

第四章

各类财经公务文书

本章要点

1. 财经公务文书的含义；
2. 决定、通报、议案的写作；
3. 决定和决议的区别；
4. 通报、通告、通知的区别。

导入案例

公司的决定

陈任和张明到一家速递公司工作，作为工作搭档，开始时两人工作都很认真努力，公司经理对他们比较满意。但久而久之，张明工作懈怠，并染上喝酒的坏习惯。有几次客户投诉都是陈任帮助解决的，但张明仍然不在意。一件事改变了两个人的命运。一次，陈任和张明负责把一件大宗邮件送到码头。这个邮件很贵重，是一个古董，公司经理反复叮嘱他们要小心。到了码头，陈任把邮件递给张明的时候，张明因喝酒手发抖没接住，邮件从车上掉在了地上，古董碎了……

公司经理对他们进行了严厉的批评，并准备经过经理办公会讨论，作出处理意见。张明趁着陈任不注意，独自来到办公室对公司经理说："经理，这不是我的错，是陈任不小心弄坏的。"经理平静地说："谢谢你，张明，我知道了。"随后，经理把陈任叫到了办公室。"陈任，到底是怎么回事？"陈任就把事情的原委告诉了经理，最后陈任说："这件事情是我们的失职，我愿意承担责任。"

陈任和张明一直等待处理结果。经理把陈任和张明叫到了办公室，对他们俩说："其实，古董的主人已经看见你们俩在递接古董时的动作，他跟我说了他看见的事实。我也看到了问题出现后你们两个人的反应。公司昨天开会决定，陈任留任，用工资来偿还客户。张明离职。”接着，经理把公司的红头文件递给陈任和张明说：“这是公司的处理决定，张明马上可以去人力资源部办理离职手续，陈任由人力资源部安排新的工作搭档。”

决定不仅在公司层面的日常管理中得到应用，在财经项目、预算计划，甚至国家、区域的经济发展方面都经常性地广泛应用。

第一节　财经决定与决议

一、财经决定

（一）财经决定的含义

决定是政府财经职能部门发出的，带有制约、规范、指导作用的下行文。决定适用于对重要事项作出决策和部署，奖惩有关单位及人员，变更或者撤销下级机关不适当的决定事项。

决定的适用范围较广。从文体上看，国家各级党政机关、社会团体、企事业单位等都可以适用；从内容上看，是对经济和社会发展中的重大问题作出决策，对某些重要工作进行部署，对某一重要的具体事项作出安排，还可以对有重要贡献的先进集体和个人或对发生重大违纪行为的人员进行奖惩。

（二）决定的特点

1. 制约性

决定具有很大的强制性和行政约束力，要求下级机关无条件执行。决定的制约性和强制性虽然没有命令那么严格，但比其他公文都要强。有些决定还有法规作用，往往是法规的延伸和补充。

2. 指导性

决定是对重要事项或重大行动作出安排，相对而言有较强的理论性和政策性，是指导下级机关开展工作的准则，对下级机关有指挥性和指导性。

3. 稳定性

决定的内容要在一个相对较长的时期内贯彻执行，不得随意变更和中止，具有较强的稳定性。

（三）决定的分类

决定的适用范围十分广泛，根据其内容和作用的不同，可分为五类。

1. 法规性决定

法规性决定用于发布权力机关制定、修订或试行的法律文件，以及由政府部门制定的行政法规。

2. 指挥性决定

指挥性决定用于对某个问题、某个事项、某项行动进行决策。

3. 知照性决定

知照性决定用于告知重大事项，受文单位不受限制，只需知晓。

4. 奖惩性决定

奖惩性决定用于表彰或处分有关人员。

5. 变更性决定

变更性决定用于变更或撤销下级机关不当的决定事项，也用于区域人员的变更。

(四) 决定的写作

1. 标题

决定的标题一般采用公文式标题，即发文机关+事由+文种的写法，如《北京林业大学关于成立自然保护区学院的决定》。标题中可在需要引用文件名时加书名号，如《全国人民代表大会常务委员会关于批准〈亚太空间合作组织公约〉的决定》，但标题中不得使用其他标点符号。

2. 发文字号

决定的发文字号为完全式。

3. 主送机关

决定的主送机关为应知照和执行的单位或群体。

4. 正文

决定的正文由开头、主体、结尾三部分组成。

(1) 开头一般是说明为什么要作出这个决定，即作出决定的背景、根据、目的和意义，可以用相关的政策、法规依据或实际的工作情况作为开头。用“特作出如下决定”等话语过渡到事项部分。写完后，一般以“现决定如下”进行承接。

(2) 主体说明决定事项，根据具体内容结合实际情况撰写，内容可多可少。

用于发布法规的决定，主体部分只写明发布的法规名称和执行日期，具体的法规内容可放在决定的附件中。

用于指挥安排工作的决定，主体部分要提出工作任务、措施、方案、要求等，有的还要写明作出指挥决定的具体理由，内容复杂时要用小标题或条款显示出层次。

用于批准事项的决定，主体部分要表达批准意见，如有必要，还可以对批准事项的根据和意义加以阐述。

用于表彰或惩戒的决定，要写明奖惩对象的主要事实和组织决定。

(3) 结尾比较简单，主要写明执行要求或希望和号召。内容简单的决定，可不必写结尾部分。

5. 落款

成文右下方写明发文机关名称。若标题上已有发文机关，此处可省略。

6. 成文日期

如果是会议通过的决定，在标题的下方居中以括号注明批准、通过的会议名称和会议批准通过的日期；如果是领导机关的决定，日期一般放在落款之后。

(五) 决定写作的注意事项

(1) 慎用决定行文。决定的内容应该是相对重要、重大的事项，而且是相对成熟、稳定的事项，决定的内容必须与这一文种的特点与功能相匹配。有些机关单位为了引起下级的注意或重视，将该用通知行文的事项随意改用决定行文，这样做的直接后果是降低了决定的权威性和制约性，混淆了决定与通知的界限。

(2) 缘由要准确、合理、充分。决定的缘由是决定事项的直接依据，应做到既简明扼要又充分有力，这样才能令人信服，使下级自觉自愿地贯彻执行。如果是奖惩性决定，对人和事的评价务必实事求是、恰如其分。

(3) 事项要明确、具体、有序。不少决定带有较强的政策性或原则性，写作时必须熟悉有关的法律规定及政策；有些决定具有指挥性、部署性，决定的事项要明确具体，表述要条理清晰，便于下级机关准确理解并认真执行。

(4) 语体风格要妥当。决定的强制性仅次于命令，其语体风格往往表现为态度明确，语气坚决，语言简练、庄重、严肃。

(六) 决议和决定的区分

决议和决定都可以用于对重要事项进行安排布置，在实际运用中，要对两者做以下区分：

1. 从制作程序上区分

决议须经某一级机关或组织机构的法定会议对某一议题进行集体讨论，由法定多数表决通过，然后形成正式文件，并以会议的名义公布，而决定却不一定经过法定会议讨论通过的程序。它既可以是某种会议讨论研究的成果，形成正式文件予以公布，也可由各级领导机关直接制作并予以公布。因此，凡未经有关法定会议讨论通过这一程序，而是以领导机关的名义发布的决议性文件，就只能使用决定。

2. 从作用上区分

决议一律要求下级机关执行或遵守，而决定中只有指挥性决定才要求下级机关执行，知照性决定只起告知作用，一般不要求下级机关执行。

3. 从内容上区分

(1) 在会议讨论通过的前提下，凡作出了具体规定和要求，履行法定的权力，强制有关部门贯彻执行的，用决定。若只是简要地表示肯定和否定意见，履行法律程序，指导有关部门遵照办理的，用决议。

(2) 由会议或领导机关直接制定行政法规，用决定。由会议审议批准某项议案、重要报告、法规，用决议，所审议批准的条文作为决议的附件。

(3) 授予荣誉称号或给予处分，用决定。审议机构成立或撤销，用决议。

4. 从写法上区分

阐述性决议除指出指令性意见外，还要对决议事项本身的有关问题作若干必要的论述或说明，即作一些理论上的阐述。其他决议往往写得比较简要、笼统、概括，原则性条文多，下级机关在贯彻执行时，多数还要根据决议制定相应的具体办法或实施措施。

决定往往着重提出开展某项工作的步骤、措施、要求等。决定要求写得明确、具体，所提措施更翔实，行政约束力更强，可以直接成为下级机关行动的准则。

例文分析

广西壮族自治区人民政府关于表彰2015年全区粮食先进合作社和种粮大户的决定

桂政发〔2016〕41号

各市、县人民政府，自治区人民政府各组成部门、各直属机构：

2015年，自治区党委、自治区人民政府坚决贯彻落实党中央、国务院的决策部署，全区各地高度重视粮食生产，积极落实粮食安全行政首长负责制，重农抓粮措施扎实有力，全区粮食总产量达到1 524.8万吨，比2012—2014年平均数增加11.1万吨，平均亩产达到332.3公斤。

为保持我区粮食生产稳定发展的良好势头，营造全区重农抓粮和务农种粮的良好氛围，自治区人民政府决定，对在2015年全区粮食生产中作出突出贡献的合作社、种粮大户进行表彰，授予永福县绿禾水稻专业合作社等10个农民合作社“2015年全区粮食先进合作社”称号；授予宾阳县武陵镇马王村吴贞文等50个种粮大户“2015年全区种粮大户”称号，并每户奖励2万元。

希望受表彰的合作社和种粮大户珍惜荣誉，再接再厉，充分发挥模范带头作用，在发展粮食生产中再立新功。各地各有关部门要大力宣传受表彰单位和个人的先进事迹、宝贵经验，切实提高重农抓粮的积极性，千方百计促进粮食生产稳定发展，为全区粮食安全和保持全区经济社会持续健康发展作出新的更大的贡献。

附件：2015年全区粮食先进合作社和种粮大户名单

广西壮族自治区人民政府

2016年9月5日

点评：《广西壮族自治区人民政府关于表彰2015年全区粮食先进合作社和种粮大户的决定》是广西壮族自治区人民政府为了推动区内粮食生产稳定发展，对全区粮食生产中作出突出贡献的合作社、种粮大户进行表彰的安排。

从公文的写作角度看，例文是一个规范的奖惩性决定，要素完备，条理清晰，要据充分，值得学习。此文标题采用了发文机关＋事由＋文种的完全式标题。公文开头部分用清晰的数据对比说明了决定的依据，分析了此次表彰的深层次意义；接着针对此次表彰形式进行了明确的说明；最后号召各地各部门向受表彰对象学习。

例文分析

中国银行业监督管理委员会关于修改《商业银行集团客户授信业务风险管理指引》的决定（摘要）

中国银行业监督管理委员会决定对《商业银行集团客户授信业务风险管理指引》作如下修改：

一、第一条修改为：“为切实防范风险，促进商业银行加强对集团客户授信业务的风险管理，根据《中华人民共和国银行业监督管理法》、《中华人民共和国商业银行法》，制定本指引。”

二、第三条第一款第（三）项修改为：“主要投资者个人、关键管理人员或与其近亲属（包括三代以内直系亲属关系和二代以内旁系亲属关系）共同直接控制或间接控制的；”

增加一款，作为第二款：“前款所指企事业法人包括除商业银行外的其他金融机构。”

三、第十二条增加一款，作为第三款：“根据审慎监管的要求，银监会可以调低单个商业银行单一集团客户授信与资本余额的比例。”

四、第二十二条修改为：“银监会按本指引的要求加强对商业银行集团客户授信业务的监管，定期或不定期进行检查，重点检查商业银行对集团客户授信管理制度的建设、执行情况和信贷信息系统的建设。”

五、第二十四条修改为：“商业银行在给集团客户授信前，应通过查询贷款卡信息及其他合法途径，充分掌握集团客户的负债信息、关联方信息、对外对内担保信息和诉讼情况等重大事项，防止对集团客户过度授信。”

…………

本决定自公布之日起施行。

《商业银行集团客户授信业务风险管理指引》根据本决定作相应修改并对条款顺序作相应调整后，重新公布。

点评：这是一篇法规性决定，目的是更好地指导商业银行集团进行授信业务风险管理。从内容上看，此文直接切入正题，对需要修改的事项予以调整说明。这份决定也没有结尾，事项说明完成后直接结束，简洁大方，表现了法规类决定的严肃性。

二、财经决议

（一）决议的概念

《国家行政机关公文处理办法》指出："经会议讨论通过并要求贯彻执行的重要决策事项用'决议'。"而财经决议是经过会议讨论通过，对某些重大事项、重大问题或重大财经（预算）项目作出决策并要求贯彻执行的公文文件。

（二）财经决议的种类和特点

1. 财经决议的种类

会议决议有会议通过文件的决议和会议批准通过问题、事项的决议两种。

（1）从财经会议讨论的问题上划分，可分为关于批准事项的决议、关于批准工作活动的决议、关于专门问题的决议。

（2）从财经会议讨论事项上划分，可分为批准法规文件和重大决策的决议、批准工作报告的决议、总结历史经验的决议、工作性的决议。

2. 财经决议的特点

（1）权威性。财经决议都是国家财经重要会议或国家财经主管机关通过的或企业董事会通过的决议，本身就有权威性。决议一经颁布，全体公民和下级（属）单位必须执行，不能违背和抵制。这是国家层面比较宏观的决议，具体到企业层面，则是董事会决议、股东会（职代会）决议，这些决议比较微观且具体，同样需要严肃认真地对待，需要有组织、有财经措施保障。

（2）财经决议通过的观点和对事物的评价，具有指导意义。关于财经问题得出的结论应成为党和国家财经工作的指导思想，各级政府财经主管部门必须遵从，作为决策、立法和编撰教科书的依据。

（3）财经决议必须是与会人员经过充分讨论的产物，在合乎规定人数通过后才能成立。它是与会人员观点、思想的表现，是会议的意志表现。如董事会决议要求真实反映董事会成员对财经项目、预算计划的主张和意见。

（4）标题由会议名称、事项和文种（决议）组成，并在决议下方括号内写清会议名称、通过时间等字样。

（5）关于具体事项的决议。

（三）财经决议的写作格式

财经决议体现了集体或集团的意志，具有无可辩驳的集体性、权威性和规范性。决议由标题、通过日期、正文三部分组成。

1. 标题

财经决议的标题有两种形式：一种是由发文机关（或会议名称）、事由和文种构成；另一种是由事由和文种构成。

2. 通过日期

一般写在标题下方，在括号内注明会议名称及通过时间，也可只写年月日。

3. 正文

一般简要说明有关会议审议决议涉及事项的情况，陈述作出决议的原因、根据、背景、目的或意义。

(1) 财经决议事项。写明会议通过的决议事项，或会议对有关文件、事项作出的评价、决定，或对有关工作作出的部署安排、要求和措施。

(2) 结语。一般紧扣决议事项有针对性地提出希望、号召和执行要求。有的决议可不单列这部分。

正文因类型差异略有不同。公布性决议首先说明通过决议的那次会议及作出公布议案的简单理由，再写明决议内容，最后写注意事项及处理办法。批准性决议首先说明某次会议审议了某个议案及其依据的理由，再写对被审议案的具体评价，最后以“指出”“认为”之语引出号召。阐述性决议则先概述某一事实，然后加以理论分析，最后是评断。

例文分析

中华人民共和国第五届全国人民代表大会第五次会议关于中华人民共和国国歌的决议

（一九八二年十二月四日通过）

第五届全国人民代表大会第五次会议决定：恢复《义勇军进行曲》为中华人民共和国国歌，撤销本届全国人民代表大会第一次会议 1978 年 3 月 5 日通过的关于中华人民共和国国歌的决定。

点评：这是一份国家级的人代会决议，会议决定恢复《义勇军进行曲》为中华人民共和国国歌，撤销本届全国人民代表大会第一次会议 1978 年 3 月 5 日通过的关于中华人民共和国国歌的决定。

例文分析

公司增资股东会决议

会议时间：××××年××月×日

会议地点：本公司办公室

会议性质：临时股东会议

参加会议人员：1. 原股东：××、××。2. 新增股东：××。

会议议题：协商表决本公司股权转让及变更法定代表人事宜。

根据《中华人民共和国公司法》及本公司章程，本次股东会由公司执行董事召集，执行董事××主持会议。经与会股东协商，一致通过如下决议：

一、同意公司原股东××将所持有公司××%股权出资额为××万元人民币以××万元人民币的价格转让给新股东××。

股权转让后，现有股东出资情况如下：

1. 股东××，认缴注册资本××万元人民币，占注册资本××%；实缴注册资本××万元人民币。

2. 股东××，认缴注册资本××万元人民币，占注册资本××%；实缴注册资本××万元人民币。

二、公司执行董事、监事、经理的任免决定：

1. 因股东股权转让，股东会重新选举新一届执行董事、监事、经理。2. 同意免去××执行董事及经理的职务。3. 本公司由××、××组成新股东会，选举××为新的执行董事兼经理。

三、同意就上述变更事项修改公司章程相关条款。

原股东签字：××、××

新增股东签字：××

××有限公司

××××年××月×日

点评：这是一份公司增资股东会决议，股东成员协商内容翔实而且清晰。依据《中华人民共和国公司法》及公司章程，作出三项决定。相关手续完备，合乎《中华人民共和国公司法》的规定。

第二节 财经通报与议案

一、财经通报

（一）财经通报的概念

财经通报用于表彰先进、批评错误、传达重要精神或者情况，属于周知性公文，各级财经主管机关对于财经工作中出现的新情况、新问题、新经验、典型的人或事等都可以用通报的形式在一定范围内传播。

（二）财经通报的特点

1. 真实性

真实是通报的生命。通报的情况必须是真实的，不能有差错，更不能造假。因此，对通报的内容必须核实，做到准确无误。例如对先进事迹的通报表扬，要实事求是地反映，不要拔高，更不能借贬低群众来托高先进人物。

2. 教育性

通报的目的，不仅仅是让人们知晓内容，它的主要任务是让人们知晓内容之后，引起注意，从中接受先进思想的教育，警戒错误，接受教训。这是通报的教育性。这一目的，不是靠指示和命令方式来达到，而是靠正、反两面典型的作用，以真切的希望和感人的号召力量，使人能真正从思想上确立正确的认识。

3. 典型性

所谓典型性，是指所通报内容具有代表性。通报所涉及的对象，都是典型的事项、典型的人物和具有典型意义的重要情况。发文机关正是通过对这些事件、人物和情况的介绍与分析，来总结经验或教训，教育干部和群众，指导、推进工作。

4. 知照性

传达重要情况和事项的通报，能及时交流信息，上情下达，并能促进上下级之间、有关部门之间的相互沟通和了解。

5. 时效性

通报的内容一般都是近期发生的事情，对当前的工作具有指导和促进作用，这就要求及时行文，行文越及时，发挥的作用就越大。

(三) 财经通报的分类

1. 表彰性通报（正激励）

表彰性通报用来表扬模范人物和优秀事迹，树立先进典型，推广成功经验，推动各项工作的顺利开展。

2. 批评性通报

批评性通报用于在一定范围内公布对某些犯错误的单位或个人的批评、处理，或在一定范围内公布对某些重大事故的调查情况和处理结果，批评后进，纠正错误，打击歪风，从而教育广大干部群众从中吸取教训，以防类似情况和事故的发生。

例文分析

关于对“严禁义务教育阶段办重点班”专项督导的情况通报（摘要）

××通〔2015〕184 号

各区（县、市）教育局，各区（县、市）人民政府教育督导室，各相关学校：

《中华人民共和国义务教育法》第 22 条规定：义务教育学校“不得分设重点班和非重点班”。义务教育学校是否办重点班是衡量义务教育均衡发展工作的一个重要指标。经调查，我市仍有少数初中学校利用各种名义变相办重点班。为严肃法纪，市教育局、市教育督导委员会办公室联合下发了《关于在城区开展“严禁义务教育阶段办重点班”专项督导的通知》，组织相关人员对城区部分学校进行了专项督导，现将情况通报如下：

一、基本情况

本次专项督导共分三个阶段：

第一阶段，11 月下旬，由市教育督导办会同基教处收集相关信息资料，确定有“办重点班”嫌疑的学校名单。

第二阶段，12 月上、中旬，市教育局对直属学校、省管、行业办学以及市管民办的义务学校中有嫌疑办“重点班”的学校进行专项督导，各区教育局对区属学校进行专项督导。

第三阶段，12 月下旬，市教育督导办对部分区属义务学校进行专项督导。

督导方式：查原始资料，问初一师生，访初一家长，对照入学及段考成绩研究分析。

二、处理意见

1. 对以上变相办重点班的 9 所学校在全市通报批评，责令各校写出深刻检查（2016 年 1 月 15 日前交市教育督导办），并承诺今后不再以任何形式办重点班。

2. 年度绩效考核降等。属于市直属学校的，今年年度绩效考核直接降一等第；属于区属学校的，要求区教育局在今年年度绩效考核时降一等第；属于省管和行业办学的，建议其主管部门对其年度绩效考核时作降等处理。对区教育局所属学校将进行问责处理。

3. 市、区教育局分级约谈 9 所学校的校长和主管副校长。

4. 对于省管和行业办学的学校，将寄送督导通报给主管部门，要求主管部门作出相应处理，切实纠正违规行为。

希望全市其他学校引以为戒，杜绝在义务教育阶段办重点班的现象，确保我市义务教育健康、快速发展。

××市教育局
××市教育督导委员会办公室
2015 年 12 月 30 日

点评： 这是一篇典型的教育性批评通报。批评通报写作的关键就是要指出错误的性质，对性质的认定必须以相关法律法规为依据才有说服力。在这一点上，本文正是强调了被通报者违反了《中华人民共和国义务教育法》的相关规定。正文部分在开头说明通报缘由后，对取证过程及通报对象进行了介绍，这是对通报事项的确认。通报的最后几段是处理意见和希望要求，体现了教育的力度和决心。

例文分析

××市人民政府安全生产委员会办公室事故责任单位和责任人处理通报

2015 市安（10）号

2015 年 3 月 30 日 15 时左右，××市××纸业有限公司发生一起火灾一般生产安全责任事故。对责任单位和责任人处理如下：对××市××纸业有限公司处以 3.5 万元罚款；对总经理××处以 3 万元罚款；给予××市××经贸办公室副主任××警告处分；给予××市消防大队××片区负责人警告处分；责成××消防大队向××市委、市政府作出深刻检查，××市安委会约谈消防大队大队长××；责成××市经信局、××党委政府向××市委、市政府作出深刻检查。

××市人民政府安全生产委员会办公室
2015 年 6 月 5 日

点评： 这是一篇典型的批评性通报，主要通过个案的通报，希望引起广泛注意，并加以借鉴，其中除严厉追究企业和个人责任外，还对管理单位、主管单位的领导及部门都相应地追究了连带责任，以示警醒。

3. 情况通报

情况通报用来传达重要精神和情况，帮助有关单位了解、掌握全局或某一方面工作的信息和动向，以统一思想认识，指导工作，推动工作进程。

表彰和批评通报，都是下行文。情况通报多作下行文，也兼作平行文。

例文分析

农业部办公厅关于 2014 年农机推广鉴定监督检查情况的通报（摘要）

农办机〔2014〕15 号

各省、自治区、直辖市农机（农业、农牧）局（厅、委、办），黑龙江省农垦总局，新疆生产建设兵团农业局，有关单位：

为进一步规范农机推广鉴定工作，提升鉴定管理和业务水平，促进农机化发展，我部农业机械化管理司会同部农机试验鉴定总站对农机推广鉴定工作进行了监督检查。现将有关情况通报如下。

一、检查的总体情况

2014 年 4—5 月份，我部组织 4 个督查组采取审核相关材料、抽查鉴定报告、召开座谈会等方式，先后对辽宁、福建、湖南、重庆、贵州、云南、宁夏等 7 个省（区、市）及黑龙江省农垦总局的农机鉴定管理规范化、业务规范化等情况进行了检查。农机推广鉴定管理规范化检查内容包括“省级农机试验鉴定管理组织机构是否健全、鉴定依据是否严格规范、省级鉴定能力认定工作是否严格规范、鉴定过程管理和审批管理是否严格规范、开展证后监督是否有效、廉政风险防控是否有效”等 6 个方面 16 个条款，其中 3 个为关键项。

二、检查结果及处理意见

本年度监督检查综合结论如下：湖南省、重庆市的农机推广鉴定工作检查综合结论为“规范”，辽宁省、福建省、宁夏回族自治区的农机推广鉴定工作检查综合结论为“基本规范”，贵州省、云南省、黑龙江省农垦总局的农机推广鉴定工作检查综合结论为“不规范”。

三、相关要求

各省（区、市）农机化主管部门及农机鉴定机构要加强农机鉴定管理、业务规范化建设，全面梳理完善有关规章制度和业务流程，加大监督检查力度，推进依法鉴定有效实施。

（一）进一步梳理规章制度。

（二）进一步规范农机鉴定业务。

（三）进一步完善监管长效机制。

农机试验鉴定是国家法律法规赋予农机化主管部门的重要职责。各地要将此项工作列入重要议事日程，采取措施，强化监管，提升农机鉴定规范化水平。我部已将农机鉴定监督检查列为重要常规工作，今后将不定期对部分省农机推广鉴定工作进行抽查，对整改情况进行“回头看”。对于整改不力或鉴定工作中仍存在失职渎职、弄虚作假等严重违法违规行为的，将暂停甚至取消其部级和省级鉴定能力资格，依法严肃处理。

农业部办公厅

2014 年 7 月 7 日

点评：这是一篇情况通报。正文开头部分第一段点明了通报的缘由，接下来介绍了检查的总体情况，接着对检查过程中发现的问题给出处理意见，最后对处理意见进行了详细的要求和指导。

（四）财经通报的写作

1. 标题

通报标题多采用三要素齐全的形式，即发文机关＋事由＋文种。

其中事由一项，要能够反映出通报的内容性质，让受文者一望而知是何种类型的通报。财经机关内部使用的通报，可只用“通报”二字。

2. 发文字号

财经通报的发文字号为完全式。

3. 主送机关

财经通报的主送机关一般为直属的下级机关、需了解内容的平级或不相隶属的单位。

4. 正文

（1）表彰、批评性通报的正文一般分三部分。

①主要事实。表彰性通报一般突出先进事迹，批评性通报则概述主要错误事实。

②分析指出事例的教育意义。表彰性通报，要在阐述先进事迹的基础上，提炼主要经验、意义和值得学习与发扬的精神。批评性通报要分析错误的性质、危害、产生的根据和责任，指出应吸取的主要教训等。

③决定要求。表彰或批评性通报都应写明组织评价或结论，针对表彰或批评对象以及通报的受文单位提出希望和要求。为了防范和杜绝类似错误的发生，批评性通报的结尾通常要有针对性地提出防范措施或规定。

（2）情况通报有两种形式：一种只对有关事实作客观叙述；另一种则在叙述事实之外对有关情况加以分析说明，有时还针对具体问题提出应采取何种对策的指导性意见。

情况通报的正文写作，关键在于对情况的掌握要确实、全面、充分。应注意交代清楚人物、时间、地点、经过、结果等要素，并分析评价，作出结论。具体写法，可以先介绍情况，然后进行分析得出结论；也可以先通过简要分析得出结论，再列举情况，来说明结论的正确性和针对性。

5. 落款

正文后的落款与标题对应，采用三要素规范的标题，落款可不署发文机关名称；标题中略去发文机关名称的内部通报，落款处必须署发文机关（部门）的全称或规范性简称。

6. 成文时间

通报的成文时间一般为发文日期，通常标注于落款下一行，也可标注于标题下方。

（五）财经通报写作的注意事项

1. 要注意选材（事实）的典型性

财经通报要发挥其对干部群众的宣传、教育作用，不仅要情况、事实真实，而且要注意情况与事实的典型性。只有典型的、有代表性的材料，才能切合实际，教育广大干部和群众，才能对工作有普遍的指导意义。

2. 要抓住时机，及时制发

财经通报对干部群众的教育作用、对工作的指导作用与时效性密切相关。制发通报必须根据实际工作的需要，抓住适当时机，及时制发。时过境迁的通报由于缺乏时间的针对性，不仅不能发挥其应有的作用，还会给工作带来不应有的损失。这一点对于惩戒性通报和传达重要精神及情况的通报尤为重要。

3. 分析要准确，评议要有分寸

财经通报中对有关情况、事实的分析、评议，如对好人好事的赞扬、对错误的批评、对受文者所提出的希望和要求等，都要恰如其分，入情入理，既切合本部门、本系统的实际，又符合事实情况的性质，切不可过分夸张或有意贬低，以免影响通报的说服力和制发机关的形象。

4. 写作态度要严肃

财经通报影响面宽，写作态度要严肃认真。无论哪一种通报，动笔前都要核对事实。情况说明要以准确无误为前提，写作中要把握好分寸，不可主观想象和随意推理；分析、判断要以事实为基础，以法律、规章为依据。情况确凿、结论准确、表达严谨，是严肃性的集中体现。

(六)财经通报与其他文种的区别

财经通报、通告、通知这三个文种都有沟通情况、传达信息的作用，但又有所区别。

1. 所告知的对象不同

财经通报是上级机关把工作情况或带有指导性的经验教训告知下级单位或部门，无论哪种通报，受文单位一般是制发机关的所属单位或部门；通告所告知的对象是一定范围内的全部组织和群众，除了周知作用外，它所宣布的规定条文具有政策性、法规性和某种权威性，要求人们遵照执行，一般都要张贴或通过电台、电视台等新闻媒体大力宣传；通知一般只通过公文交流渠道，传达至有关部门、单位或人员，它所告知的对象是有限的。

2. 制发的时间不同

财经通报制发于事后，往往是对已经发生了的事情进行分析、评价，通报有关单位，从中吸取经验教训；通告、通知制发于事前，都有预先发出消息的意义。

3. 目的不同

财经通报主要是通过典型事例或重要情况的传达，沟通信息或向全体下属进行宣传教育，以指导、推动今后的工作，不对工作进行具体部署与安排；通知主要是对具体事项的安排，要求下级机关在工作中照此执行或办理；通告公布在一定范围内必须遵守的事项，有着较强的、直接的、具体的约束力。

4. 作用不同

财经通报可以用于奖惩有关单位或人员，而财经通知、通告无此作用。

公布社会各有关方面应当遵守或者周知的事项用通告。通告有限定性，告知对象的范围限定，内容包括告知和约束两个方面。

批转下级机关的公文，转发上级机关和不相隶属机关的公文，传达要求下级机关办理和需要有关单位周知或者执行的事项，任免人员用通知。通知的适用范围较广，其多功能特点比较突出。通知主要有四种类型：批转、转发性通知，指示性通知，发布性通知，以及任免通知。

表彰先进、批评错误，传达重要精神或者情况用通报。

二、财经议案

(一)财经议案的含义

议案适用于各级人民政府按照法律程序向同级人民代表大会或人民代表大会常务委员会提请审议事项。

议案有广义和狭义之分。

广义的议案是指《中华人民共和国全国人民代表大会组织法》第九条和第十条中规定的全国人民代表大会主席团、全国人民代表大会常务委员会、全国人民代表大会各专门委员会、国务院、中央军事委员会、最高人民法院、最高人民检察院向全国人民代表大会提出的属于全国人民代表大会职权范围内的议案；全国人民代表大会一个代表团或者30名以上的代表，向全国人民代表大会提出的属于全国人民代表大会职权范围的议案；以及《中华人民共和国地方各级人民代表大会和地方各级人民政府组织法》第十八条中规定的地方各级人民代表大会举行会议的时候，主席团、常务委员会、各专门委员会、本级人民政府和代表所提出的议案。

本章讲述的议案，是狭义的议案，是财经公文的种类之一，是各级人民政府向同级人大使用的财经工作公文。政府各职能部门和党群机关不使用这一文种。

政府向人大提出的议案、非政府机关向人大提出的议案、人大代表联名向人大提出的议案，是三种不同主体的议案。我们重点介绍的是政府向人大提出的议案。其他议案的内容和写法与政府议案无太大差别，可仿照制作。

（二）财经议案的特点

1. 制作主体的法定性

只有各级政府才能向同级人民代表大会提出议案。即使参照全国人大组织法和地方人大组织法的规定，对议案作广义的理解，有权提出议案的仍然是少数的法定机构。社会团体、政府各部门、企事业单位等，都无权提出议案。因此，议案这种文体在基层很少使用。

2. 内容的限定性

议案的内容必须是属于人民代表大会及其常委会职权范围之内的事项。超出人大职权范围的议案，不会被大会接受。议案的内容也应是各级人民政府无权决定，需要依法提交人民代表大会审议决定的重要事项。

3. 行文方向的单一性和确定性

财经议案只能由政府向同级人大或人大常委会行文。既不能多向行文，也不能反向、双向互相行文，行文方向单一、确定。

4. 提请的程序性和时限性

提请财经议案要遵循一定的法律程序。当符合资格的主体向同级人民代表大会提出议案后，要交由主席团审议，或者先交有关的专门委员会审议，决定是否列入会议议程。议案的提交有时限要求，必须在大会规定的截止日期之前送交会议的专门机构审查，审查通过之后，才能交大会讨论表决。因此议案必须及早写好，在大会规定的截止时间前递送。

（三）财经议案的分类

1. 立法性议案

立法性议案主要在两种情况下使用：一是政府机构制定了某项法律或法规之后提请人民代表大会审议通过时；二是建议、请求某行政机构制定某项法规时。前者如《国务院关于提请审议〈中华人民共和国著作权法（草案）〉的议案》，后者如《关于尽早制定我省普及九年制义务教育实施条例的议案》。

2. 决策性议案

关于财政预算决算、城乡发展规划、重大工程建设以及政治、经济、文化、教育、科技、卫生等领域中重大事项的决策，需要提请人民代表大会审议批准时使用的议案，就属于重大事项的决策性议案，如《国务院关于提请审议兴建长江三峡工程的议案》《沈阳市人民政府关于组织动员全市人民综合治理开发建设浑河沈阳城市段的议案》。

3. 任免性议案

行政机关提请任命、免去或撤销行政机关工作人员职务，请求人民代表大会审议批准的议案，就是任免性议案，如《国务院关于提请审议××等同志职务任免的议案》。

4. 建议性议案

以行政部门的身份向人民代表大会提出建议，也可以使用议案。这种议案类似建议报告，供人民代表大会审议、采纳。

（四）财经议案的写法

1. 财经议案的标题

议案的标题采用常规公文标题模式，即发文机关＋案由＋文种，如《××市人民政府关于提请审议〈××市乡镇企业条例〉的议案》。议案标题一般不采用发文机关＋文种或者只有文种的写法。

2. 发文字号

议案为请批性公文，但在发文字号中用“函”表示，如国务院报请全国人民代表大会审议的议案，一般采用“国函”二字。另一种用法是单独编写发文字号，如“×府案〔××〕号”。

3. 财经议案的主送机关

议案的主送机关只能是同级人民代表大会及其常务委员会，不能有其他并列机关。要采用全称或规范化简称，不得随意简化。

4. 议案的正文

正文结构通常包括案据、方案和结语三部分。

（1）案据。案据主要讲明议案提出的起因，也可以说明写作这份议案的目的和意义或法律依据等。篇幅不同的议案这部分内容有很大的差异。

（2）方案。方案就是议案提请审议的事项，例如法律、规划和重大项目等。表述的主旨在于议案的可行性、必要性，或者其目的和意义等。

（3）结语。结语就是议案的结尾语，有固定程式，通常使用“现提请审议”、“请审议决定”或“现提请审议，并请做出批准的决定”等一类程式性用语。

5. 签署

财经议案要由政府首长签署，在正文右下方签署首长的姓名和职务。如国务院提交全国人民代表大会的议案，要由总理签署；各地政府议案由其政府正职首长在其职务后签署姓名。

（五）财经议案写作的注意事项

1. 必须熟悉法律、法规和有关政策

议案的内容多是重大事项，政治性、法规性很强，议案的提出必须以法律、政策为依据，还要严格遵守议案提出的法定程序。

2. 必须言之有据、论之有理

按职权范围写作，必须言之有据、论之有理，内容重大而务实，建议具有可行性。

3. 主题必须清楚，语言必须精练庄重

财经议案篇幅一般不宜过长，主题要清楚，语言要精练庄重，一案一事。

本章小结

财经决定是政府财经职能部门发出的，带有制约、规范、指导作用的下行文。决定适用于对重要事项或者重大行动作出安排，奖惩有关单位及人员，变更或者撤销下级机关不适当的决定事项。决定具有制约性、指导性、稳定性。决定的正文部分有开头（缘由）、主体、结语三部分。通报用于表彰先进、批评错误、传达重要精神或者情况，属于周知性公文，各级机关对于工作中出现的新情况、新问题、新经验、典型的人或事等都可以用通报的形式在一定范围内传播。财经决议是经过会议（董事会）讨论通过，对某些重大事项、重大问题、重大财经（预算）项目作出决策并要求贯彻执行的公文文件。决议由标题、通过日期、正文三部分组成。财经通报分为表彰性通报、批评性通报、情况通报。财经议案适用于各级人民政府按照法律程序向同级人民代表大会或人民代表大会常务委员会提请审议事项。狭义的财经议案，是行政公文的种类之一，是各级人民政府向同级人民代表大会使用的行政公文。政府各职能部门和党群机关不使用这一文种。

关键术语

决定	通报	通告
决议	通知	议案

习　题

一、选择题

1.（　　）是政府财经职能部门发出的，带有制约、规范、指导作用的下行文。

A. 决定　B. 决议　C. 规定　D. 制度

2.（　　）用于表彰先进、批评错误、传达重要精神或者情况，属于周知性公文。

A. 通告　B. 通报　C. 告示　D. 通知

3.（　　）体现了集体或集团的意志，具有无可辩驳的集体性、权威性和规范性。

A. 计划　B. 议案　C. 决议　D. 决定

4. 狭义的（　　），是行政公文的种类之一，是各级人民政府向同级人民代表大会使用的行政公文。

A. 通知　B. 决定　C. 议案　D. 决议

5. 提请（　　）要遵循一定的法律程序。

A. 议题　B. 请示　C. 报告　D. 议案

6. 财经（　　）标题多采用三要素齐全的形式，即发文机关＋事由＋文种。

A. 报告　B. 通报　C. 请示　D. 通告

二、简答题

1. 简述财经通报、通告、通知三个文种的区别。
2. 简述财经决定与财经决议的区别。
3. 财经决定的特点有哪些？
4. 财经通报写作的注意事项有哪些？
5. 财经议案写作的注意事项有哪些？

三、写作题

1. 自拟题目写一份安全事故通报。
2. 自拟题目写一份公司违纪处理决定。

部分习题答案

一、答案：1. A；2. B；3. C；4. C；5. D；6. B。

第五章

规约筹划类日常事务文书

本章要点

1. 了解日常财经事务文书的使用；
2. 了解财经章程、制度、规定的写作；
3. 掌握财经计划的写作；
4. 掌握调查报告的写作；
5. 掌握会议简报的写作。

导入案例

登月计划

美国是人类最早登上月球的国家，美国的登月计划就是阿波罗计划，又称阿波罗工程，是美国从1961年到1972年从事的一系列载人登月飞行任务。它是世界航天史上具有划时代意义的一项成就。工程开始于1961年5月，至1972年12月第6次登月成功结束，历时约11年，耗资255亿美元。在工程高峰时期，参加工程的有2万家企业、200多所大学和80多家科研机构，总人数超过30万人。

中国人何时在月球上留下第一行脚印，在那里插上鲜艳的五星红旗？何时建立月球基地？这些成为许多人急切想知道的问题。中国已经确定了这样的飞天登月计划，即探月工程。整个探月工程分为三个阶段，第一期工程为“绕”，第二期工程为“落”，2017年进行的第三期工程为“回”，之后再进行载人登月计划。相信中国人的登月计划一定会成功。

在日常事务中，无论是国民经济计划还是财经项目实施，都需要做出长期的规划、短期的目标计划和日常的工作安排，并且运用规章制度、调查报告、简报等加以约束管理。这些有价值的文书往往会给我们的工作带来高效的推动力和财经效益。

第一节 财经日常事务文书

一、财经日常事务文书的概念

财经日常事务文书是党政机关、群众团体、企事业单位在处理日常经济事务时，用来沟通信息、总结经验、研究问题、指导工作、规范行为、协调关系的实用性文书。

财经日常事务文书与财经公务文书的区别在于：一是无统一规定的文本格式；二是不能单独作为文件发文，需要时只能作为公文的附件行文；三是必要时它可公开面向社会，或提供新闻线索（如简报），或通过媒体宣传（如经验性总结、调查报告等）。

二、财经日常事务文书的特点

财经日常事务文书的主要特点是特定的对象性、工作的指导性、使用的约定性。

1. 特定的对象性

虽然不像法定公文那样，必须写明负有公文处理责任的主送机关，但其写作对象仍然比较具体。比如，一个单位的工作计划或总结，它的写作对象就是这个单位的职工。事务文书的撰写者，首先要对写作对象的范围和特点充分把握。

2. 工作的指导性

事务文书是沟通机关、企事业单位的桥梁和纽带。各部门之间既有横向的联系，也有纵向的联系。从纵向的联系来讲，在管理者与被管理者之间、上下级之间，存在着指导与被指导的关系。因此，它能够起到指导工作的作用。

3. 使用的约定性

事务文书一般都有一定的程式性，有约定俗成的惯用格式。虽然它不像法定公文那样有着非常严格的格式要求，但在长期的应用中，事务文书的实用性和真实性决定了它逐渐形成了较为稳定的结构层次、习惯用语、处理程序等组成要素。虽然格式上有一定的灵活性，但总体上是相对稳定的。

三、财经日常事务文书的种类

财经日常事务文书主要有规约类、筹划类、汇报类、公关类等。

1. 规约类

这类财经日常事务文书是指财经管理机关、团体、单位在职权范围内所制定的用以规范、约束人们的相关行为的一些规矩。包括章程、制度、规则、规定、条例、办法、细则、守则、公约等。

2. 筹划类

财经主管机关、团体、单位及其人员需要对一定时期内的财经事务、财经工作，做出有目的、有步骤的安排和部署。包括计划、规划、安排、方案等。

3. 汇报类

汇报类财经日常事务文书主要适用于反映财经工作情况、总结相关工作经验、分析存在的问题，以利于今后更好地开展工作。常用的有总结、调查报告、述职报告、简报等。

4. 公关类

此类文书是指与财经有关单位或人员进行书面交流或联系的财经日常事务文书。主要包括简介、欢迎辞、欢送辞、答谢辞、信函等。

四、财经日常事务文书的作用

财经日常事务文书需要经常性地上传下达，是财经领域每日不可缺少的工作内容，它不仅能够促进日常的财经工作，而且能使财经活动更加有序地开展，其主要作用有：

1. 宣传教育作用

财经事务文书通过分析经济形势，申明财经政策，或者介绍财经工作经验，树立财经工作典型，可以起到宣传教育群众，使人们统一认识，并提高财经政策水平，推动财经工作或拓展财经工作渠道。

2. 沟通和指导工作作用

财经事务文书是沟通财经主管部门和企事业单位的桥梁和纽带。各部门之间既有横向的联系，也有纵向的联系。从纵向的联系来讲，在管理者与被管理者之间、上下级之间，存在着指导与被指导的关系。因此，需要经常使用财经日常事务文书，以打开财经工作的局面。

3. 积累和提供资料作用

财经工作的许多方面，需要财经工作者大量地积累相关资料，如计划、总结、调查报告、简报等，可以集中、详尽地反映经济领域的情况，说明财经问题，起到为人们提供所需资料的作用。

五、财经日常事务文书的写作要求

财经日常事务文书的写作，不仅有格式方面的要求，还有语言方面的要求，而且每一个文种都有其特殊的要求，具体归纳起来有四点：

(1) 要写好财经日常事务文书，首先需大量地、详尽地掌握材料。如调查报告，具有纪实性特点，需要深入进行调查，充分掌握材料。因此，在动笔前，要认真回顾财经工作的全过程，广泛仔细地收集财经工作、财经活动中的第一手材料。归纳起来，财经日常事务文书的写作，一般应掌握以下材料：背景材料、现实的典型材料、过程性材料、主观性材料。

(2) 要有超前意识。撰写财经日常事务文书，需要具备超前意识，站在时代和未来的高度，审视、分析财经领域或财经活动存在的系列问题，科学合理地揭示和把握财经工作未来的发展趋势。制定超前的财经政策，以更好地指导财经工作。

(3) 坚持实事求是的写作态度。从材料的收集、整理、分类、分析直至形成完整的文章，所有的环节都应坚持实事求是的写作态度。撰写财经日常事务文书所用的材料要保证真实、准确，对事实的评价也须尽量客观、公正，既不能夸大也不能缩小。使用的数据、案例需要认真核实，以免出现问题。

(4) 要符合国家及财经主管部门的政策和法规。虽然不是正式的公务文书，但写作内容除了前后呼应外，还要求严谨，不能有疏漏，要达到预期的效果。

第二节 章程、制度、规定

一、章程概述

(一) 章程的含义

章程是政党、团体、企业等组织，对本组织的性质、宗旨、任务、组织机构、组织成员、活动规则等所制定的行动准则和规范。它是一个组织的纲领性文件，对某一组织、行业具有约束力，对统一组织成员的思想行为、保证各项活动的正常开展有着重要的作用。

(二) 章程的特点

1. 纲领性

章程是一个组织、团体必须遵守的准则。只要成立一个组织或团体，都必须按照国家的规定、上报该组织或团体的章程草案，以便主管部门和社团登记部门全面了解该组织或团体的性质和宗旨。该组织或团体活动的准则，是该组织或社团的组织规程和办事规则，所有成员都要承认，并共同遵守。章程的统领性极强。

2. 程序性

章程是通过合法程序制定的。通常是成立起草小组，拟出草案，然后广泛征求意见，使之反映全体成员意志，符合全体成员利益。最后，经全体成员会议或代表大会按程序表决通过后，才成为正式文件。一旦通过，任何人都不能随意修改。在实践的过程中如果发现有不足之处，要进行修改，必须在下次全体成员大会或代表会议上，由理事提出修改条文与理由并表决通过。

3. 条款性

章程的主要表达方式是阐述和说明。该组织的性质、任务、机构成员的权利和义务，以及活动的原则，均要用简明扼要的语言进行说明，有些还需要进一步地阐述和强调，所有章节和条文都要表述得很清晰。一般使用章节、条款式排列，以显示各层次之间的逻辑关系。

4. 规范性

公司章程的所有内容都是按照《公司法》的要求，强调它的规范性。成员无论言行还是个人的意志和行动，都需要按照章程的规定行动。公司章程中有许多章节都是规定成员行动和义务的内容，这些内容都带有经济性和统一的纪律性，一旦违反其中某个章节条款，就要按照章程规定进行处罚和纪律处分。因此在加入某公司时，应认真阅读相关的公司章程，以避免出现重大的经济问题。

(三) 章程的种类

1. 组织章程

用于党政、团体的章程，具体规定组织的性质、宗旨、任务、组织原则、机构设置、成员资格、权利、义务、活动范围、经费来源及管理使用等。如《××省区域经济研究学会章程》。

2. 规范章程

用于制定某项活动的准则或某些事项的管理运营的依据，以明确标准做法、具体原则要求，或确定某项活动的宗旨、程序、安排要求等。如《××区域技术大赛评比奖励章程》《××市技术协作团体章程》。

3. 企业章程

用于规范企业单位内部的业务，其内容包括单位的性质、宗旨、机构设置、成员构成、业务内容、收入分配等。企业主要有三种：独资企业、合伙企业、公司制企业。各类企业责任不一样，章程也不尽相同，如成立方式、资本表现方式、股东人数、注册资本最低限额、规模大小、所有权与经营权分离程度、开放程度等都不相同。如《平安保险公司章程》《中美××合资制药有限公司章程》。

（四）章程的结构与写作要点

章程一般由标题、总则、分则、附则组成。目前，企业到我国工商管理局注册，主管部门都有制式的公司章程，按照不同的企业类型来制定适合本企业的章程。

1. 标题

标题一般由组织或社团名称＋文种组成。章程若是在相关会议通过的，那该次会议就是章程的作者，而且通过的日期就是发文日期。这些都在标题下方的括号内注明。

2. 总则

总则说明组织或团体的性质、宗旨、任务、目标、指导思想等，对全文起统帅作用。有的章程采用序条写法，将总则设为总纲，不分条而独立于分则各章之前。企业章程则不同，兼有组织章程和业务章程性质，所以总则一般要写明企业的名称、宗旨、经济性质、隶属关系、业务范围等。业务章程总则要写明业务内容、范围、服务对象、办理机构等。

3. 分则

分则主要根据实际需要，分为若干章节、若干条款，分别说明组织人员、组织机构、活动范围、经费来源及其使用等。企业章程分则，要写明注册资本、组织、人力资源管理、资产管理、利润分配等；业务章程分则，需逐条写明该项业务的办理及运作程序等。

4. 附则

附则主要说明解释权、修订权、实施要求、生效日期及其他需要说明的事项。组织章程，还需要说明办事机构地址；企业、业务章程，则需要注明实施与修改补充等事项。

（五）章程写作要求与注意事项

1. 使用要规范

章程主要用于某一组织社团的组织规程，规定某一结构的性质、任务和活动原则。它是一种纲领性的文书，讲求规范性。

2. 结构要严谨

章程写作是按照由总到分的写法，分则部分则是由个别到一般，先讲成员，再说组织，脉络要清晰。先中央，后地方或基层，先内部，后外部，环环相扣，思维缜密，层层递进，逻辑性强。

3. 语言简洁明了

章程的语言需要干练，运用恰当的语言表述所要阐述说明的条款，这是非常关键的。内容尽可能完整具体，并富有可操作性和指导性。

4. 要注意章程与简章的区别

简章是某项工作或某一事项具体办理中的基本条件，以及原则和要求的说明性、规定性文书，内容上有明显的针对性和办理程序。而章程则不同，章程是说明组织、机构、企业性质、宗旨、任务、目标、指导思想的准则。两者在使用范围上、发布上也有很大的区别。如《××集团招工简章》《××大学招生简章》。

例文分析

×××有限责任公司章程（摘要）

总则

第一章

第一条　依据《中华人民共和国公司法》（以下简称《公司法》）和《中华人民共和国公司登记管理条例》及有关法律、法规的规定，由××等××方共同出资，设立有限责任公司（以下简称公司），特制定本章程。

第二条　本章程中的各项条款与法律、法规、规章不符的，以法律、法规、规章的规定为准。公司章程中未载明事项按照《公司法》的规定执行。本章程对公司、股东、董事、监事、高级管理人员具有约束力。

第二章　公司名称和住所

第三条　公司名称：×××有限责任公司。

第四条　住所：××××；

邮政编码：××××。

分则

第三章　公司经营范围

第四章　公司注册资本

第五章　股东的姓名（名称）、出资方式、出资额和出资时间

第六章　股东的权利和义务

第七章　股东会职权、议事规则

第八章　董事会产生办法、职权和议事规则

第九章　明确公司成立后对外投资及担保的数额及程序的限制

第十章　公司的法定代表人

第十一章　股权转让

第十二章　公司董事、监事、高级管理人员的资格和义务

第十三章　公司合并、分立

第十四章　公司解散和清算

第十五章　股东会会议认为需要规定的其他事项

第十六章　附则

第八十二条　本章程下列用语的含义。

第八十三条　公司章程的解释权属于董事会。

第八十四条　本章程由全体股东共同订立，自公司设立之日起生效。

第八十五条　公司登记事项以公司登记机关核定的为准。

第八十六条　本章程一式×份，并报公司登记机关一份。

全体股东亲笔签字

（加盖公章）

××××年××月××日

点评：这是一份有限责任公司章程。正文由总则、分则、附则构成，共十六章八十六条。总则部分为第一、二章，第一至四条，简要说明公司的基本情况与性质，还说明了制

定本章程的依据、目的和责任等。分则部分从第三章至十五章，第五条至第八十一条，分别对公司的经营性质、经营范围、股本结构、董事会、监事会、公司机构、经营管理体制、运作机制等进行了说明与规定，纲目清晰，表述确切。附则部分即最后一章，按照写作惯例交代的是与本章程的修改、解释、执行时间等相关的事项。

二、制度概述

（一）制度的概念

制度是党政机关、群众团体、企事业单位为实现对某项工作的规范化管理而制定并要求相关人员遵守的行为准则。

随着市场经济的快速发展，没有一套科学、完整、严格的规章制度来约束，市场就会失去应有的秩序。经济越发达，越需要建立规章制度。财经领域、财经活动、财经生活，必须有规章制度。经过深思熟虑产生的规章制度，代表了大家的意志和要求，体现了个人和集体、集体和国家的根本利益。因此，制度一经制定，人们就不能按照个人的意志任意妄为。

（二）制度的特点

1. 制定与使用的广泛性

从国家机关到基层企事业单位，制度都可以使用。无论团体还是个人，都要有制度的约束。

2. 制度内容的针对性

财经方面需要有制度，企业生产管理需要有制度管控，市场营销需要良好的秩序，若没有制度管理，市场就会一片混乱。为了解决市场实际存在的问题，就需要有针对性地建立各种具体的规章制度，让所有参与市场活动的人和企业共同遵守。

3. 制度表述的强制性

制度规定的每一条款，都应明确清晰，文字虽然简约，但不能有歧义。针对某一领域某一细节存在的不规范问题，要制定具体制度，而且具有奖惩的可操作性。制度的清晰性，成为强制性解决问题的依据。如《××公司请销假制度》。

（三）制度的写作格式

制度的写作格式不像章程那样固定和严格，但标题和正文还是具有严肃性和规范性。

1. 标题

制度的标题往往由单位名称、文书内容、文书种类三要素构成，也可省略第一项。单位放到最后落款处。如《××公司报销管理制度》《商品出库管理制度》。

2. 正文

制度的正文，一般分三个层次表述。

（1）序言。阐述制定制度的指导思想和依据。

（2）主体。具体说明工作程序和对有关人员的行为要求。阐述制度所针对的问题，有的放矢，实质性内容清楚，分条款翔实。

（3）结尾。说明执行要求，如时间、范围等。

签署制文单位名称和日期。

例文分析

××公司合同管理制度（摘要）

总则

为加强合同管理，避免失误，提高经济效益，根据《合同法》及其他有关法规的规定，结合公司的实际情况，制定本制度。

一、公司对外签订的各类合同一律适用本制度。

二、合同管理是企业管理的一项重要内容，搞好合同管理，对于公司经济活动的开展和经济利益的取得，都有积极的意义。

分则

三、合同谈判须由总经理或副总经理与相关部门负责人共同参加，不得一个人直接与对方谈判合同。

四、签订合同必须遵守国家的法律、政策及有关规定。

五、签约人在签订合同之前，必须认真了解对方当事人的情况。

六、签订合同必须贯彻“平等互利、协商一致、等价有偿”的原则和“价廉物美、择优签约”的原则。

七、合同除即时清结者外，一律采用书面格式，并必须采用统一合同文本。

八、合同对各方当事人权利、义务的规定必须明确、具体，文字表达要清楚、准确。

合同内容应注意的主要问题是：

1. 部首部分，要注意写明双方的全称、签约时间和签约地点。

2. 正文部分：建设合同的内容包括工程范围、建设工期、中间交工工程的开工和竣工时间、工程质量、工程造价、技术资料交付期间、材料和设备供应责任、拨款和结算、竣工验收等条款。

3. 结尾部分：注意双方都必须使用合同专用章，原则上不使用公章，注明合同有效期限。

九、签订合同：除合同履行地在我方所在地外，签约时应力争协议合同由我方所在市人民法院管辖。

十、任何人对外签订合同，都必须以维护本公司合法权益和提高经济效益为宗旨，决不允许在签订合同时假公济私，违者依法严惩。

十一、合同在正式签订前，必须按规定上报领导审查批准后，方能正式签订。

十二、合同审批权限如下：

1. 一般情况下合同由董事长授权总经理审批。

2. 下列合同由董事长审批：标的超过 50 万元的；投资 10 万元以上的联营、合资、合作、涉外合同。

3. 标的超过公司资产 1/3 以上的合同由董事会审批。

十三、合同原则上由部门负责人具体经办，拟订初稿后必须经分管副总经理审阅后按合同审批权限审批。重要合同必须经法律顾问审查。合同审查的要点是：

1. 合同的合法性。

2. 合同的严密性。

3. 合同的可行性。

十四、根据法律规定或实际需要，合同还应当或可以呈报上级主管机关鉴证、批准，或报工商行政管理部门鉴证，或请公证处公证。

十五、合同依法成立，即具有法律约束力。

…………

附则

四十、公司所有合同均由办公室统一登记编号、经办人签名后，按审批权限分别由董事长、总经理或其他书面授权人签署。

四十一、办公室会同有关部门认真做好合同管理的基础工作。具体如下：

1. 建立合同档案；

2. 建立合同管理台账；

3. 填写“合同情况月报表”。

××公司

20××年×月×日

点评：这是某公司制定的合同管理制度。此文开篇第一条和第二条为总则，说明了制定本制度的依据。第三条至第三十九条为分则，说明了公司在合同管理具体工作中的明确规定。第四十条和第四十一条为附则，说明了此制度的施行程序与方式。

三、规定概述

（一）规定的概念

规定是对相关事项作出法规性限定的日常事务文书。针对性强是其最为突出的特点。它可以是对特定范围内的工作、事务、相关人员进行约束的规范，也可以用来解释、补充相关的政策法规。在实际工作中，规定是一种用途广泛的日常事务文书。

（二）规定的特点

1. 针对性

规定一般用于针对某项工作或某件事情作出部分限定，所要针对的工作和事项都有较强的指向性。如《职工健身馆管理规定》《员工食堂管理规定》。

2. 限定性

规定的内容必须依据法律法规，为了加强管理而单独制定，主要侧重政策管理方面，区分政策界限，明确管理原则，或者阐述在某一方面需要严格到什么程度，或规范到什么程度。如解释性、补充性的政策法规，都是在执行时作出一些必要的限定。

3. 灵活性

规定的制发灵活方便，可用文件的形式发布，作为附件出现，也可张贴到人员集中的场所。篇幅可长可短，层级高低不限。如《俱乐部使用的管理规定》等。

（三）规定的种类

规定的分类按其限定内容、针对性和实施目的，可分为以下四类：

（1）政策法规解释、补充性的规定，如《省退休人员异地就医报销的补充规定》；

（2）限定性规定，如《关于严肃财经纪律的规定》；

（3）管理性规定，如《省劳动合同管理规定》；

（4）临时性规定，如《关于员工带薪休假的暂行规定》。

（四）规定的结构及写作要点

规定通常由标题和正文两部分构成。

1. 标题

规定是内部针对具体问题而使用的一种文体，所以最常见的是由发文机关、事由、文书种类构成，也有的加入区域限定或部门、单位，还有在文种前加修饰语的。如“试行”“暂行”“补充”“若干”“有关”等。

2. 正文

正文一般由因由、事项、说明三部分组成。因由要说明缘由、目的、依据等；事项主要说清楚所规定的事项；说明则须脉络清晰，解释补充到位。

(五) 规定的写作注意事项

原则要求与具体操作相结合，政策规定性和实际的灵活性相结合。政策性解释补充要恰到好处，解决实际问题不偏离总的原则。

例文分析

航空公司对乘机行李的规定（摘要）

乘坐国内航班，每位旅客的免费行李额（包括托运和手提行李）：经济舱旅客为 20 公斤，公务舱旅客为 30 公斤，头等舱旅客为 40 公斤。手提行李的总重量，每位旅客以 5 公斤为限，每件体积不得超过 20 厘米×40 厘米×55 厘米；乘坐国际航班，手提行李的总重量以 7 公斤（部分航空公司有特殊重量限制规定）为限，每件行李的体积不得超过 20 厘米×40 厘米×55 厘米（三边之和不超过 115 厘米）。超过上述重量或体积限制的，应作为托运行李托运。

禁止旅客随身携带或托运的物品，包括：

枪支、军用或警用械具类（含主要部件）；

爆炸物品类；

管制刀具；

易燃、易爆物品；

毒害品；

腐蚀性物品；

放射性物品；

其他危害飞行安全的物品；

国家法律法规规定的其他禁止携带、运输的物品。

禁止旅客随身携带但可以作为行李托运的物品，包括：

菜刀、剪刀、水果刀、剃刀等生活用刀；

手术刀、屠宰刀、雕刻刀等专业刀具；

文艺单位表演用的刀、矛、剑、戟等；

斧、凿、锤、锥、加重或有尖钉的手杖、铁头登山杖；

其他可用来危害航空安全的锐器、钝器；

酒类（1 公斤且包装完好）。

乘机旅客可限量随身携带的生活用品，包括：

发胶、衣领净 1 瓶（350 毫升）；

摩丝、光亮剂 1 瓶（350 毫升）；

香水 500 毫升；

杀虫剂 1 瓶（350 毫升）；

空气清新剂1瓶（350毫升）；

其他含有易燃物质的生活用品；

打火机（充有可燃气体或燃料油）5只；

安全火柴5盒。

以上所有累计不超过1 000毫升或1公斤。

…………

××航空公司

20××年×月×日

点评：这是航空公司对乘客乘机时随身携带或托运的物品所做的规定。标题用了单位＋内容＋文种的格式。本文开始详解了不同舱位乘客所允许免费随身携带和托运物品的数量与规格。然后从三个方面详细、具体地说明相关内容。即：禁止旅客随身携带或托运的物品；禁止旅客随身携带但可以作为行李托运的物品；乘机旅客可限量随身携带的生活用品。文中使用“禁止”这样严厉的词汇，说明其法规的强制性，任何人不得逾越。规定所述内容非常清晰，尤其是数量、规格、价格等。从行文格式和语言上看，本文条理清晰，字句通俗易懂。

第三节 计划、规划、安排

一、财经计划、规划、安排等日常事务文书概述

财经计划、规划、安排等日常事务文书是在法定党务行政公文之外的，国家机关、企事业单位、社会团体及个人在处理日常事务时，用来沟通工作信息、解决问题的计划。其特点有：

1. 运用的广泛性

除了政府机关经常使用，实体经济单位安排生产、营销、核算成本、购进原材料、获取利润等往往也要运用这类文书进行有计划的安排；同样，一个阶段的结束和开始，也都需要有安排和目标计划。

2. 格式的灵活多样性

财经计划、规划、安排等日常事务文书本身一般不具备法定权威，只有特定组织的约束力。同行政公文相比，事务文书灵活多样，格式不那么严格统一，一般是约定俗成、根据行文需要而定。如计划的落款根据行文需要，可落在标题下方，也可落在结尾；无主送、抄送等区分；正文可以以文字为主，经济类的事务文书更多使用图表，或者是文字与图表相结合的形式。

3. 材料的真实性

选取的文书材料，除了要求翔实，还要强调经得起时间的考验，否则会导致文书写作的不真实，甚至会造成决策的失误，这是绝不允许的。因此，此类文书强调材料内容的真实性。

4. 内容的公开性

此类文书必要时可公开面向社会发布，交流经验，讨论得失，提供新闻线索，通过媒体宣传（如规划等）；有的还可张贴、邮寄，通过网络、电视、报刊等媒介公开传播。

5. 语言的简明性

此类文书表达上要求语言简洁，准确地反映事务的本来面目。慎用辞藻和修辞手法，尤其是比喻、夸张。可适当选用某些文言句式和虚词，以增强文章的严肃性，给人以郑重的感觉。

二、财经计划

财经计划是为了实现一定时期的目标而预先做出安排、部署的事务文书。其基本功能是在工作或学习之前制定出具体的目标、措施、步骤、方法、完成期限等要求，以增强行动的自觉性，减少盲目性，具有科学的前瞻性和创新性。同时，各类计划订立的条款也成为督促和检查执行情况的客观依据。计划是财经项目实施最先要做的工作，是政府财经管理职能部门的灵魂，是统领企业发展的行动目标。

财经计划适用于整个领域，任何涉猎财经工作的职能部门、企事业单位、社会团体或个人，都可以制订财经计划。

（一）财经计划分类

"计划"，是计划类文书的统称。常见的规划、纲要、工作要点、部署、安排、打算、设想等，都属于计划。财经领域所制订的各类计划，统称为财经计划。制订财经计划时要准确使用这些名称，因为它们在内容的详略、范围的大小、时限的长短上都有区别。

（1）规划、纲要。时间跨度大，范围广，具有方向性和全面性，适用于对全面性工作从宏观上做好部署，内容概括性强，只提出大体轮廓、方向、财经规模、远景，如《××市"十三五"工业企业发展规划》。

（2）财经要点。又称计划要点、工作要点，是简明扼要、概括性、提纲式的计划，如《××局九月份经济工作要点》。

（3）安排、打算。是内容单一、项目具体、时间较短的计划。

（4）设想。初步的、不太成熟的、带有探索性的计划，内容条款变更性较大。

（5）方案。针对某项重要工作，在指导思想、目的要求、方法措施、具体步骤等方面都做出明确安排的计划。

计划的名称、分类有很多种，除上述分类外，还可以从下列不同角度进行分类：

（1）按性质划分，计划可分为综合计划和专题计划。综合计划的特点是综合性、全面性，如五年计划、单位的年度工作计划等。专题计划的特点是专一性，只就某一项或某一方面工作制定，如《人类基因组研究探索计划》《××地区野生动物资源保护计划》等。

（2）按内容划分，计划可分为工作计划、培训计划、科研计划、教学计划、基建计划、理财计划等。

（3）按时间划分，计划可分为长期计划、中期计划和短期计划。长期计划可达五年以上，中期计划一般在五年以内，短期计划则以年度、季度、月份，甚至周为时段。

（4）按范围划分，计划可分为国家计划、部门计划、单位计划、个人计划、行业计划等。

（5）按表达方式划分，计划可分为条文式计划、表格式计划、文表结合式计划。

（二）财经计划的特点

1. 目标的前瞻性

制订计划就是为了在一定时间内完成某项任务，达到某个目的，因而计划的前瞻性很强，没有明确的目标，计划就失去了意义。有的放矢，是计划的灵魂。计划的目标要具有可操作性，能量化的一定要量化分解，要走在时间的前面去思考。这是计划的精髓。

2. 科学的预见性

计划建立在预想的基础上，是对未来的工作任务做科学、合理构想和巧妙安排。预想的结果是什么，怎样做，如何做，工作过程中会出现什么问题，最终要达到什么目的，都要提出预案和分析研究。如一个单位的计划，就是建立在对计划单位情况全面了解、分析的基础上。计划是对上级指示精神的深刻领会，对未来的展望。

3. 切实的指导性

制订计划是为了指导实践，制订时要首先考虑计划的指导作用。尤其在分解计划时，不仅要注意计划任务的分配，而且要在计划的总体框架下，充分考虑其可行性，计划中的目标、措施、方法、步骤必须是力所能及的。要坚持实事求是、量力而行、努力可达、留有余地的原则。

4. 夯实的约束性

计划体现着决策机关的目的、要求和意图，已经通过、下达就要严格遵照执行，所以计划的约束性又是实现决策目标的保证。既要注意把控时间，要在规定的时间内完成计划任务，不能随意地调整，又要考虑计划要尽可能满足客观要求，不盲目地制订计划，同时要考虑计划的灵活性。

（三）财经计划的写作

1. 财经计划的结构

财经计划有三种基本形式：条文式、表格式、综述式。

（1）条文式计划，就是把计划内容分条列项表述，它既适用于范围较大、时间较长的计划，也适用于时限较短的安排、打算。如《××国家863计划》《××医院2017年药品采购安排》。

（2）表格式计划，就是运用表格来反映计划内容，其优点是特别简洁，醒目。专题、单项工作安排多采用这种方式。如《××公司2016年经济发展计划》。

（3）综述式计划，就是按照性质内容，把几方面的主要工作分成几大部分写作，每一部分都把内容、步骤、措施综合地加以说明，说明时可用条文式，也可用表格式，或者采用条文与表格结合式。这种综述方式通常用于综合式计划，高级别机关、工作内容复杂的计划用得较多。

2. 财经计划的写作结构

财经计划一般由标题、正文、落款和成文日期三大部分组成。

（1）标题。

财经计划的标题有三种形式。

①完全式标题。其组成为计划单位名称＋计划期限＋计划内容和名称＋文种，如《××市2011—2015年经济发展规划》《××集团公司2017年度营销计划》。

②省略式标题。这种标题可省去单位名称、期限，也可以根据需要做出取舍。省略单位名称的，如《2017年第一季度生产××方案》《2017年招生计划》；省略时限的，如《永辉超市销售计划》《学院课程表》；省略单位和时限的，如《工作计划》《自修计划》《理财计划》。

③对于未定稿计划，在标题后或标题下方用括号标明“草案”“讨论稿”“征求意见稿”“送审稿”等字样。

（2）正文。

财经计划的正文包括前言、主体、结尾三部分。

①前言。前言又称导语、引言，是计划的总纲，概括地介绍基本情况，使人们了解执行计划的必要性，有选择地介绍制订计划的基础、背景（即对前一阶段工作情况的概括回顾、总结，以承前启后）、主要依据（即制订计划遵循的思想、方针和指示，所依据的实际情况等）和总的目标任务（开展什么工作，解决什么问题，达到什么效果）。前言结束后常用“具体安排如下”“特制订以下计划”之类的惯用语、过渡句转入主体。

例如：“为全面提高我社区工作的整体水平，加快区域经济发展……根据区委、区政府未来五年内对全区街道工作的整体要求，本着高标准、高起步、求实效、创一流的工作原则，特制订本规划。”这段引言简洁明了，直接说明制订计划的目的和依据。

②主体。计划的主体具体全面地说明计划的内容，即计划的目标和任务要求、措施和时间、实施步骤等事项。它主要解决“做什么”“怎么做”“何时完成”等问题，一般要写出三个要素。

一是目标任务。要具体、清楚地写明目标、任务、各项主要指标和完成的期限。计划指标要注意科学性、先进性、实践性。

二是措施和方法。一般要写明达到目标所需要的人力、物力、办法、技术、组织安排等内容，即物质和精神条件，尽可能周到、全面、具体，切实可行。

三是步骤和安排，即达到目的、完成任务的程序和时间安排。在实现目标的过程中要有先后之分，轻重之别，这些程序安排要顺序合理，环环相扣，保证计划有条不紊地顺利实施。

③结尾。结尾要说明对执行计划的要求、希望，强调执行计划的意义，呼应开头。

例如：“本学期的工作一定会开展得丰富多彩，希望我院在以往所取得成绩的基础上，再创辉煌，将我院的宣传工作推上一个新的台阶。”这段结尾简明扼要，表明信心，提出希望。

计划的结尾通常是发出号召，瞻望前景，或强调计划的重点，或用“此计划请各单位认真执行”收束全文。

（3）落款和成文日期。

若制订计划的单位名称在标题中未出现，则在结尾处右下方标明单位名称并标注制订计划的日期即可。

例文分析

2014年信用社财务工作计划

2014年财务工作的指导思想是：以紧紧围绕联社业务经营中心为前提；以扭亏增盈提高经济效益为目标，狠抓会计业务基础工作，强化财务管理，化解会计风险，全面完成市信合办下达的财务目标任务。为此，特提出如下工作意见。

一、强化制度建设，规范管理，防范会计风险。

（一）要坚持不懈抓好会计规范化管理。

（二）整章建制，完善内控制度。

（三）确立激励机制，全面提高会计工作质量。

二、重管理、抓落实、巧理财、创效益。

三、加快电子化建设步伐，提高会计电子化水平。

四、加强财会人员培训，提高会计队伍素质。

五、抓好会计检查监督，为安全经营保驾护航。

六、加强调查研究，提高决策水平。

1. 要继续坚持每月财务分析，每季财务工作总结，对信用社的财务状况正确分析评价，总结经验，发现问题及时解决，正确决策。

2. 做好会计研究，深入基层社调查研究，从多方面寻着力点，写出调查报告，找差距、查原因、想措施、促落实，围绕业务经营目标搞好核算。

3. 加强上下级之间的财务工作联系，及时向领导反馈工作信息，为领导决策提供可靠的数字依据。

2013 年 12 月 10 日

点评：这是一篇某信用社的财务工作计划。此文开头直接点出了制订此项工作计划的指导思想，即制订依据。接着从制度建设、落实管理、电子化建设、人员培训、会计监督检查、加强调查研究这六项介绍了计划的具体内容以及具体要求。文末没有结尾，直接结束，简洁干脆，体现了日常事务文书的实用性。

例文分析

××市××局 2015 年工作计划

2015 年是全面完成“十二五”规划的收官之年，是全面深化改革的关键之年，也是全面推进依法治国的开局之年。全市工商工作的总体思路是：全面贯彻党的十八届三中、四中全会精神，认真学习领会习近平总书记系列重要讲话精神，主动适应经济发展新常态，始终坚持“争先进位”的目标要求，全面深化工商登记制度改革，全力推进依法行政，全心服务发展大局，持续打造创新创业的发展环境、公平竞争的市场环境、安全放心的消费环境、风清气正的履职环境，为建设经济强、百姓富、环境美、社会文明程度高的新××作出新的更大贡献。按照全年工作的总体要求，我们要把握全局，突出重点，统筹做好以下各项工作：

（一）全力深化改革，着力营造创新创业的发展环境

一是要全力落实改革措施，推进登记注册便利化。

二是要大力提升服务质效，促进经济转型升级。

三是要全程服务创业创新，助推小微企业发展。

（二）切实强化监管，着力营造公平竞争的市场环境

一是要创新监管理念，构建协同共治新机制。

二是要理顺监管机制，探索分级执法新模式。

三是要突出监管重点，提升市场整治新成效。

四是要规范监管行为，提高依法行政新水平。

（三）创新维权理念，着力营造安全放心的消费环境

一是要加强消费教育引导。

二是要完善消费维权机制。

三是要推进放心消费创建工作。

（四）强化队伍管理，着力营造风清气正的履职环境

一是要突出党的建设，发挥战斗堡垒作用。

二是要加强干部队伍建设，增强依法履职能力。

三是要加强党风廉政建设，确保队伍清正廉洁。

四是要加强保障机制建设，营造内和外顺环境。

同志们，新年工作已经拉开大幕，工商行政管理事业已进入发展关键时期。我们要在市委、市政府的领导下，以更加主动的意识、更加务实的作风、更加扎实的举措，干在实处、走在前列，为建设经济强、百姓富、环境美、社会文明程度高的新××作出新的更大贡献！

2015年5月19日

点评：这是一篇××局年度综合工作计划。标题采用单位名称、计划时限和文种的格式。正文开头说明了制订计划的思路，接着从四个方面介绍了计划的具体内容以及具体要求，最后提出贯彻执行计划的希望和要求，形成了一份细致周密、切实可行的计划。既突出重点，又不失计划的其他要素，是可以借鉴的一种写法。

（四）制订财经计划的要求和注意事项

（1）实事求是，留有余地。计划的目标，既不能太高也不能过低，符合主客观实际，应是一个经过努力能够实现的先进指标。

（2）分析材料要深入、细致。这就要求在制订计划前，必须弄清主客观条件：一是环境形势及要求，包括本单位的发展形势及对本单位的要求；二是主观条件，即自身的人力、物力是否有可挖掘的潜力；三是客观条件，即外部，包括上级和其他部门可能给予的帮助和支持。搞清楚这些情况，制订计划就可避免盲目性。

（3）目标明确，步骤具体，措施有力。目标确定后，就要有具体的步骤、得力的措施。即按照什么步骤工作，采用怎样的措施实现目标，要根据条件，做周密认真的设计。各种措施的操作性要强，步骤要合理。

（4）语言简洁，朴素自然。计划的语言要简明扼要，具体明确。主要把目的要求，做什么、怎么做、做到什么程度，简明地写出即可。

三、规划

1. 规划的概念

规划是确定远景目标，制定宏观总体任务、战略性举措和大阶段的战略步骤的计划性文体。

2. 规划的特点

（1）全面性。规划是从宏观角度出发，对全局工作做原则性规定。

（2）长远性。规划是长远的发展计划，适用时间一般为3～5年或5年以上。

（3）指导性。对规划范围内的一个个小目标的实现做出计划、安排时要受规划的指导和限制。

例文分析　**北海市银海区“十三五”产业扶贫规划（2016—2020）（摘要）**

为认真贯彻《关于贯彻落实中央扶贫开发工作重大决策部署坚决打赢“十三五”脱贫

攻坚战的决定》（桂发〔2015〕15 号）和北海市委办公室、市政府办公室《关于贯彻落实〈中共广西壮族自治区委员会关于贯彻落实中央扶贫开发工作重大决策部署坚决打赢“十三五”脱贫攻坚战的决定〉的通知》（北办发〔2016〕3 号）精神，切实推动我区产业扶贫工作的发展，拓宽贫困群众稳定增收渠道，结合上级的要求和我区的实际情况，特制定我区“十三五”产业扶贫规划。

一、基本情况

我区地处北海近郊，辖区总面积 475.16 平方公里，其中耕地面积 27.02 万亩，辖 4 个镇、48 个村（社区），总人口 23.6 万人，其中农业人口 12.4 万人，2015 年全区农民人均纯收入 10 985 元。2015 年末，按照国家最新公布的扶贫标准，自治区确定的我区“十三五”贫困村 4 条，分别是福成镇山梓村、大水江村、大坎村和平阳镇东星村，2015 年全区精准识别建档立卡贫困户 882 户，贫困人口 3 759 人。

二、贫困村贫困农户覆盖面广的地区产业现状分析

自治区确定我区“十三五”贫困村 4 条，农村建档立卡贫困户 882 户，贫困村贫困户覆盖面广的地区产业尚未全面形成。一是产业形成依赖的基础设施比较落后，贫困村贫困户几乎都处在边远或是比较边远地区，绝大部分的村屯道路未硬底化，交通、农业水利、人畜饮水、卫生、教育等方面基础设施仍比较落后。二是农村产业结构单一，劳动力素质低，思想观念落后，村民大部分以种养业为主，种植业主要是水稻、木薯、甘蔗等低产低值的农作物，养殖业主要是鸡、猪、牛和淡（海）水养殖等。三是农村劳动力实用技能、市场观念相当滞后，农民接受新科技的综合水平不高，严重制约新技术、新品种、新观念的推广普及，相应制约了自身与社会经济的发展和农民增收的步伐。四是一直以来由于缺少农业龙头企业的带动，加工型的项目缺少，农产品附加值低，农户在种苗的培育繁殖或产品的销售、冬季农业种植方面，都处于被动地位。

三、“十三五”产业扶贫基本思路和发展目标

（一）工作思路

按照自治区党委《关于贯彻落实中央扶贫开发工作重大决策部署坚决打赢“十三五”脱贫攻坚战的决定》和《银海区“十三五”扶贫攻坚工作方案》的总体要求，围绕“产业发展、贫困户增收、贫困村摘帽”的思路，着力进行扶贫产业建设，以贫困人口增收为出发点和落脚点，以培育产业为根本，坚持财政投入与发挥市场作用、引入社会力量相结合，整合资金，集中投入，推进贫困户如期脱贫和贫困村定期摘帽，最终实现全部脱贫的目标。

（二）目标任务

1. 总体目标

2. 具体目标

四、建设内容

五、投资概算和资金筹措

“十三五”期间，我区产业扶贫计划投资总额为 2 050 万元，包括财政扶贫资金、行业资金、群众自筹和投工投劳资金等。

六、分年度投资计划

按照一次规划、分年度实施的要求，2016 年计划投资 450 万元，发展设施种植业 500 亩以上，培养 50 户贫困户发展畜禽养殖，培育种养示范户 5 户，培训贫困农民 300 人以上，发放书籍资料 200 册以上。

2017 年计划投资 800 万元，发展设施种植业 800 亩以上。

2018 年计划投资 500 万元，发展设施种植业 500 亩以上。

2019—2020 年为巩固期。计划总投入 300 万元；2020 年计划投资 150 万元。

七、实施原则

（一）突出重点，区别对待的原则。

（二）政府引导，贫困户为主的原则。

（三）因地制宜，分类指导的原则。

（四）市场导向，效益优先的原则。

（五）坚持产业发展与生态保护互促共赢。

八、主要措施

九、保障措施

（一）加强组织领导。

（二）明确责任。

（三）强化绩效考核。

北海市银海区扶贫开发领导小组产业开发专责小组（代）

2016 年 4 月 20 日

点评：这是一份城市扶贫方面的工作规划。标题采用的是区域名＋规划内容＋文种的格式。正文开始提出了制定本规划的指导思想和希望达到的几项工作目标。主体从九个方面提出完整的五年扶贫规划，有思路、有策略，也有保障措施。最后提出工作要求。体现规划的全面性、长远性、指导性特点。相关政策和实施内容环环相扣，层层递进，行文严谨。

四、安排

（一）安排的概念

安排是对未来一个较短时期内的工作、活动进行布置，提出具体任务和要求的计划性日常事务文书。

（二）安排的特点

安排往往是在年度计划中或一个局部，为了突出某项工作做出的特殊安排，它具有时间概念、工作范围和具体的工作内容。

1. 适用时间短

比如有年度工作安排、季度工作安排、月度工作安排，还有更短的一周工作安排或者某项工作的具体安排。

2. 针对范围小

安排往往涉及一些局部的或内部的、在一定范围内需要完成的事项。

3. 内容较具体

安排的工作内容比较具体，比如为了适应市场需求，本周需要加班生产某个新产品，新产品的具体生产数量，每个班次或车间需要生产多少，都需要做一个具体安排。再比如，为了回笼资金，某商业集团做出短期市场销售安排，确定各个分店需要完成的商品销售收入、毛利润、重点库存商品等。

总之，安排这一文种对近期的工作做出部署，目的性、针对性更强，对集中完成某项任务、有条不紊地做好某项工作，作用明显。

例文分析

××市经信委2015年工作安排（摘要）

2015年，市经信委将深入贯彻落实党的十八大以及中央、省、市经济工作会议精神，坚持转型发展、绿色发展，加速推进汽车主导产业提质增效、新兴和特色产业培植壮大，奋力推进全市工业经济健康稳定发展。2015年全市规模以上工业总产值、增加值预期目标分别为2 200亿元、630亿元，分别增长11%；工业投资增长15%以上；新增规模企业100家以上。为确保目标实现，我委将重点做好以下工作：

1. 抓转型发展，调整产业结构。一是加快汽车等重点产业改造提升。二是加快发展和培育新兴产业。三是积极开展淘汰落后产能，关闭高污染、高耗能企业的工作。四是推进“两化”深度融合。

2. 抓创新驱动，提高核心竞争力。

3. 抓项目建设，增强发展后劲。

4. 抓园区建设，促进产业集聚。

5. 抓成长工程，培育市场主体。

6. 抓运行服务，保障经济稳步增长。一是继续扩大运行监测覆盖范围，落实好工业发展联席会议制度，做好水、电、煤、气、运等要素平衡，切实保障要素供给。二是抓好中小企业服务平台、企业家协会等市场主体公共服务平台建设，加快组建中国专用汽车研究院、武汉生物技术研究院分院建设，打造区域性企业技术创新服务平台，建立适应工业经济服务化的长效机制。三是解决企业融资难题。继续利用好“工业项目金融超市”平台，为中小企业解决融资需求，同时积极支持并帮助企业挂牌上市融资。四是深入实施“3331人才工程”企业家培育工作，搭建企业家培训交流的平台，不断壮大支撑经济持续发展的骨干团队。五是提高行政审批效能，认真落实好新开工工业项目“零收费”制度，降低工业企业投资成本和运营成本，推进工业项目并联审批和投资负面清单管理制度落地实施，提高行政服务效能。

2015年5月18日

点评：这是一份县经信委对一年工作的安排。标题采用的是发文机关+时限+文书种类的格式。正文的开头部分说明了做出安排的指导思想与总思路，主体部分分六条列出了安排涉及的具体事项。可以看出各项安排都比较具体，这也正体现了安排使用时间短、内容比较具体的特点。

第四节 调查报告、简报

调查报告和简报是政府财经职能部门及相关企事业单位目前使用频率最高的文体。它在财经工作领域、财经活动、财经生活中发挥着重要的作用，尤其在各级党政领导部门制定正确的财经路线、方针、政策中起着重要的依据作用；调查报告经常肩负着反映客观事物的重任，促进和推动财经工作，找出工作中存在的问题，提出解决问题的科学办法，掌握第一手资料，是不可缺少的调研工具；一些财经项目在实施前，更是离不开调查报告，尤其是在客观地反映项目实施前正反两方面的问题上，调查报告发挥着极其重要的作用。调查报告已成为财经职能部门宣传方针、政策的有力武器，同时也是财经职能部门指导下级部门，贯彻执行上级指示和日常工作的事务性文书。

一、调查报告

（一）调查报告的概念

调查报告也称调研报告，是根据特定的意图，对某一情况、事件、问题进行深入客观的调查，将所得的材料和结论加以认真的分析研究后整理而成的反映调查结果的书面报告。

（二）调查报告的种类

从调查报告的内容看可分为四类：

1. 总结经验的调查报告

某地区、某企业在贯彻落实党和国家的各项方针政策过程中，或在日常的思想政治、经济建设、科学教育等方面取得了突出的成绩，为了把它们的具体做法和成功经验反映出来，可以进行专题的调查，并写出调查报告。这种类型就是总结经验的调查报告。

总结经验的调查报告与那些以反映工作成绩为主的工作通讯有些近似。区别在于调查报告重在调查，特别注重对调查过程和调查所得数据的叙述和列举。

2. 揭露问题的调查报告

一种是总结性地分析归纳单位本身存在的问题，然后说明其教训；另一种是揭露存在问题的本质与真相，说明问题的危害性。

3. 反映情况的调查报告

一种是反映宏观情况或整体运行情况；另一种是反映调查对象过去的情况。

4. 反映新生事物的调查报告

这是针对社会现实中某种新近产生或新近有了长足发展的事物而写的调查报告。在现实社会中，新生事物总是不断涌现。反映新生事物的调查报告的文体功能，就是全面地报道某一新生事物的背景、情况和特点，分析它的性质和意义，指出它的发展规律和前景。

（三）调查报告的特点

1. 调查选题的目的性

领导机关或职能部门，在进行调查之前，必须有针对性、有效、有目的性地选题，才能产生应有的作用，达到揭示事物的本质和规律的目的，并通过调查提高认识，总结经验教训，促进工作。

2. 调查内容的真实性

一切从实际出发。调查的内容要求符合客观事实，不能拼凑或虚构，无论是总结先进典型，还是揭露问题，实事求是才是调查研究的根本。

3. 报告要具有科学系统性

作者要在翔实的资料基础上，去粗求精，去伪存真；表现手法要夹叙夹议，通过深入分析、综合提炼，方能揭示出事物发展的内在规律，对改进日后的工作起到决策参考作用，对基层单位具有普遍的指导意义。

（四）调查报告的写作格式

从结构形式上看，无论哪种调查报告都包括标题、正文和落款三个部分。

1. 标题

调查报告常见的标题形式有两种：

（1）公文式。由调查单位（或调查对象）、调查内容、文种三个要素组成。也有的省略调查单位，只写调查内容、文种两项。

（2）文章式。文章式标题有单双之分，单行标题有的突出调查报告的内容；有的突出调查报告的主旨。双行标题一般用正标题突出调查报告的主旨，用副标题表明调查的对象、范围、性质、特点等，对正标题起补充作用。

调查报告无论采用哪种标题，都应做到具体、醒目、简明。

2. 正文

调查报告的正文由前言、主体和结尾三部分组成。

（1）前言。前言是调查报告的开头部分，简要地叙述为什么对这个问题（工作、事件、人物等）进行调查；调查的时间、地点、对象、范围、经过以及采用什么方法；调查对象的基本情况、历史背景；以及调查后的结论等。这些方面的侧重点由调查人员根据调查目的来确定，不必面面俱到。

前言部分常见的写法有：说明式、概述式、提问式、结论式等，不论采用何种方法，写作时都要简明扼要，具有吸引力，便于引出下文。

（2）主体。主体是调查报告的核心部分，是前言的引申展开，是结论的根据所在。主体的内容一般包括三个方面：一是调查到的事实情况，包括事情产生的前因后果、发展经过、具体做法等；二是研究、分析事实材料所揭示的事物本质及其特点、规律；三是提出具体建议或应采取的一些具体措施。

主体部分内容丰富，结构安排力求条理清晰、简洁明快。调查报告主体部分的结构框架有：一是根据逻辑关系安排结构，如纵式结构、横式结构、纵横式结构。这三种结构以纵横式结构常为人们采用。二是按照内容安排结构。如“情况——成果——问题——建议”式结构，多用于反映基本情况的调查报告；“成果——具体做法——经验”式结构，多用于介绍经验的调查报告；“问题——原因——意见或建议”式结构，多用于揭露问题的调查报告；“事件过程——事件性质结论——处理意见”式结构，多用于揭示案件是非的调查报告。

（3）结尾。调查报告可以有结尾部分，也可以不写结尾部分。

一般而言，结尾也叫结论。有四种情况需要写结尾：一是主体报告情况，介绍经验，需要结论；二是主体中没有提到的问题、希望、要求、建议等，需在结尾中提及；三是附带说明有关情况，如调查过程中遇到的一些情况，主体中没有提及，需在结尾加以说明；四是有附带材料需要加以说明的，如一些典型材料、专题报告、统计图表等。无论采用哪种形式，都必须简洁有力，切忌拖泥带水，画蛇添足。

3. 落款

为了对调查内容负责，需要在正文的右下角写上作者姓名和成文时间。如已在标题下方写明，此处可省略。

（五）调查报告的调查方法

调查方法就是根据调查的目的、范围、时间，通过调查搜集信息和资料的方法。有效的调查方法往往可以起到事半功倍的效果。要想达到调查的预期目标，就必须正确地运用搜集资料和信息的方法。调查方法有很多，这里重点介绍两种：

1. 访问调查法

访问调查法是按照预先设计好的题目，有目的、有计划地与被调查对象进行访谈，直接搜集信息的方法。访问调查法可分为直接访问（与调查对象本人接触）与间接访问（与调查对象周围的人接触）以及集体访问（座谈）与个别访问。

2. 问卷调查法

问卷调查是调查者以通讯或留置的形式所作的书面调查。问卷调查法因调查者设计问卷的时间和被调查者回答的时间都比较从容，因而常被运用于以统计、民意测验为目的的调查中，特别是有些被调查者不愿或不方便直接面对调查者的封闭式调查也常采用问卷调查方式。

问卷调查的关键是设计调查问卷。一般而言，一次问卷调查的意图不能过于宽泛，应围绕一个目标设计问卷。调查问卷一般由三个部分组成：一是说明部分，简明扼要地说明调查的目的、答卷要求和回寄方式。二是问题部分，调查者将需要了解的情况设计成若干选择题或判断题，或者少量的问答题，由被调查者回答，题目应尽量设计成有两个选项的选择题和有多个选项的选择题，以方便被调查者回答。设计题目时要充分考虑到回答者的心态，提问恳切直接，先易后难。三是落款部分，写明调查者的详细联系地址等。

例文分析

关于大学生消费观的调查问卷

非常感谢您在百忙中填写这份调查问卷。大学生作为一个特殊的消费群体，有旺盛的消费需求，但又受到很多制约。经济与管理学院学生会联合××大学经济与管理学院、××大学开展这次调查，旨在研究大学生的消费行为，希望获得一些有益的启示和帮助。因此，您的回答对此次调查非常重要，渴望您能把真实的想法告诉我们。

1. 您的性别是（　　）。

A. 男　　B. 女

2. 您的家庭收入状况在当地属于（　　）。

A. 富裕　　B. 比较富裕

C. 一般　　D. 不富裕

E. 很不富裕

3. 您就读的年级是（　　）。

A. 大二　　B. 大三

4. 您每月的生活费支出是（　　）。

A. 600元以下　　B. 600～800元

C. 800～1 000元　　D. 1 000元以上

5. 您的生活费主要来源于（　　）（可多选）。

A. 家人　　B. 自己打工

C. 学校贷款　　D. 奖学金

E. 助学金　　F. 其他

6. 您每月的生活费开支（　　）。

A. 有盈余　　B. 基本平衡　　C. 勉强够用　　D. 不够用

7. 您的消费方式是（　　）。

A. 做好计划再用钱　　B. 用钱不做计划
8. 您有记账的习惯吗？（　　）
A. 无论多少都要记　　B. 只记录大数额的开支
C. 很少有记账的习惯　　D. 从没记过
9. 您平均每月的伙食费开支是（　　）。
A. 450元以下　　B. 450～550元
C. 550～650元　　D. 650元以上
10. 您每月的通信费开支是（　　）。
A. 20元以下　　B. 20～50元　　C. 50～100元　　D. 100元以上
11. 您入学以来购买过课外书籍吗？（　　）
A 没有　　B. 购买过
12. 您入学以来参加过缴费的培训班吗？（　　）
A. 参加过　　B. 没有
13. 上网要缴费，您每月上网大约花费____元。
14. 如果您获得奖学金会怎么用？（　　）（可多选）
A. 给父母买礼物　　B. 请同学吃饭
C. 用来交学费　　D. 用于伙食费开支
E. 其他开支
15. 您上市里主要使用的交通工具是（　　）。
A. 公共汽车　　B. 打的　　C. 其他
16. 您与同学一起聚餐的次数（　　）。
A. 较多　　B. 偶尔　　C. 没有
17. 您在谈恋爱吗？（　　）
A. 在谈
B. 没有谈（若选择B，请跳过第18题，直接回答第19题）
18. 您与恋爱对象在外面就餐后的付费方式是（　　）。
A. 实行AA制　　B. 都是我付
C. 谁邀请谁付　　D. 都是对象付
19. 您在网上购买过什么物品？（可多选）（　　）
A. 书　　B. 衣物
C. 日常用品　　D. 其他
E. 没有购物
20. 请说说您对超前消费的看法。
再次感谢您的支持与合作！
固定电话：××××××××
手机：×××××××××××
电子邮箱：××××@qq. com
联系人：张××、程××
××大学经济与管理学院学生会
调查时间：20××年12月15日
点评：这是一篇关于大学生消费观的调查问卷。第一部分是调查说明，中间部分是问卷的问题部分，主要针对大学生消费习惯问题、细节问题进行充分的调查。从性别、家庭收入、个人每月消费支出等着手，提出消费现状、观念以及消费趋势系列问题，虽然是一次问卷调查，但通过这种问卷调查的设计，让大学生们从自我约束的角度，意识到消费不能超过家庭或者个人收入的底线。最后是联系方式。

例文分析

农村留守儿童调查报告（摘要）

调查内容：农村留守儿童

调查时间：2008年8月—2009年6月

调查目的：通过对农村留守儿童情况的调查，分析问题并提出自己的想法和意见。

调查地点：镇雄县场坝镇摩多小学

调查方法：教学工作参与、走访、访谈

随着农村父母离乡进城打工、经商人数的增多，儿童留守农村而无人照管的人数也不断增加。调查显示：我国有1.2亿农民常年在城市务工经商，产生了近2 000万名留守儿童，其中14岁以下占86.5%。他们失去父母的庇护，身心、学习、成长都面临着失管、失教和失衡，由此引发了诸多社会问题，同时，也引起了社会各界对这个群体的关注……

一、基本概况

我们实习的地方是相对较贫困的农村地区。这个地方生活条件比较艰苦，自然环境也较为恶劣，人民的生活水平不高，在社会经济日益发展的今天，为了改变这种现象，年轻人纷纷外出到沿海发达地区打工。我所教的班有96个学生，其中就有30多个孩子是“留守儿童”。这些孩子差不多都是班里的问题学生！学习成绩普遍偏差，作业常常不按时完成，有孤独感和失落感的倾向，不愿与其他同学和小朋友交流，有娇纵、任性等坏脾气。

二、农村留守儿童存在的主要问题及原因

我们在调查中发现这些孩子由于父母长年在外务工，留守在家由祖父母、外祖父母或其他亲戚朋友作为临时监护人，照管孩子的一切，其中还存在家中无人看管的现象。这些留守儿童受家庭状况、家庭环境及临时监护人的文化素质、年龄等诸多因素的影响。

（一）留守儿童问题主要有以下几种类型

1. 无能为力，只管“吃”的放纵型。
2. 隔代教育，只顾“给”的溺爱型。
3. 寄居他家，无法管的放纵型。

（二）这个群体的孩子通常出现以下几个方面的突出问题

1. 学生成绩不佳，在校表现不优。
2. 亲情缺失严重，心理发展异常。
3. 父爱母爱失常，孩子志向模糊。
4. 家庭教育缺失，越轨现象严重。

（三）留守儿童问题出现的主要原因

1. 监护人自身因素有欠缺。
2. 农村经济社会发展滞后。
3. 家长缺乏家庭可持续发展观念。
4. 复杂的社会因素难辞其咎。

三、思考与建议

鉴于目前留守儿童群体客观存在的现实，我们建议近期解决留守儿童问题应该从下面几个方面采取措施：

1. 建立健全留守儿童工作机制。

2. 完善和落实相关法律政策，保证农民工子弟在工作地享有同等受教育权益。

3. 培养和扶持以民间组织为依托的农村留守儿童服务机构。

4. 下大力气优化儿童成长的社会环境。

然而，要从根本上解决农村留守儿童问题需要全社会，尤其是各级党委政府的领导干部，坚持以人为本，树立科学的可持续的发展观和政绩观，努力构建真正意义上的和谐社会。

因此，落实党中央的加快新农村建设任务，我们应该坚持全面发展观，不仅“锦上添花”，而且“雪中送炭”；不仅注重修道路、建楼房，而且重视办好教育，提高人口素质；不仅发展经济，提高收入，而且关注民本民生，优化社会环境。总之，就是要建设全面和谐的新农村，最终实现从根本上解决农村留守儿童这一重大社会问题的目的。

点评：这是一篇贴近现实的专题性调查报告。标题《农村留守儿童调查报告》用了内容＋文种两项式。开头说明这项调查的理由和农村留守儿童的现状，然后用加小标题的方式重点剖析农村留守儿童现状的类型，着重分析研究产生留守儿童问题的原因，最后提出解决农村留守儿童问题的措施。这篇务实的社会问题调查报告，根底扎实接地气，脉络严谨，说明问题客观。行文自然流畅，问题值得关注，写作方法值得借鉴。

例文分析

××市外商投资企业用工情况调查报告（摘要）

随着经济的企稳回升，企业的用工需求回升到金融危机前的水平。近期，我会通过走访会员企业、电话咨询及调查问卷等形式，了解会员企业的用工情况。调查反映的缺工现象较严重。这些问题直接影响到企业的发展，继而也会影响到我市的经济发展。

一、调查的基本情况。

我们对20家会员企业的用工情况进行了重点调查。本次调查涉及的行业有：五金、电子、塑料、食品、箱包、玩具、化纤、印刷、制药、服务等十个行业。

（一）调查显示，企业用工情况如下：1. 五金行业（6家）缺生产工、技工等约500人；2. 电子行业（3家）缺生产工、技工、工程师等约250人；3. 塑料行业（3家）缺生产工、技工、质检等约100人；4. 食品行业（1家）暂未缺工；5. 箱包行业（1家）缺生产工100人；6. 玩具行业（2家）缺生产工800人。

（二）鉴于如此严峻的用工形势，企业纷纷各出奇谋，加大招工力度。企业采取的措施分别有：1. 网络、报纸、中介；2. 与职业技术学校或半工半读学校联系务工学生；3. 参加现场招聘会；4. 在公司门前张贴招工启事；5. 委托劳动局发布招聘信息；6. 以工招工（旧员工介绍新员工）；7. 加大宣传力度，扩大招工范围，薪酬及福利待遇相对有所提高。

（三）企业希望政府相关职能部门通过如下措施协助企业解决用工方面的问题：1. 组织各地区的富余劳动力，将其信息传递给企业；2. 由政府牵头与可以到企业实习的学校取得联系；3. 加强与外地的联系，扩大招工渠道和交流。

（四）小部分没有缺工现象的企业主要是通过以下措施做好招人和留人工作的：1. 减小劳动强度；2. 提高员工福利待遇；3. 增加工人归属感。

二、综合上述调查情况，结合我市实际情况，我会认为解决部分企业“招工难”可采取如下对策：

1. 扩大就业渠道，稳定就业局势。

2. 改善劳动者工作、生活环境，增强吸引力和凝聚力。

3. 积极开展针对性强、形式灵活多样的培训。

4. 加大劳动力需求的宣传力度。

××外商投资企业协会

2015 年 3 月 9 日

点评：这是一篇关于外商投资企业用工情况的调查。标题采用了调查对象＋文种的写法，直接点出了此次调查的主要内容是用工情况。调查发现，这些企业用工形势严峻，由此提出解决用工问题的一些对策。这是一篇结构比较简单的调查报告，但调查思路清晰，结论明确，也提出了应对措施。

二、财经简报

（一）财经简报的概念

简报是简明的情况报道，是党政机关、群众团体、企事业单位将近期的工作情况、典型经验、存在问题按照约定格式编发出来，用以交流信息、协调关系、指导工作的日常事务文书。

（二）财经简报的种类

（1）按时间分，有定期的简报、不定期的简报、日常工作简报。

（2）按性质分，有工作简报、生产简报、学习简报、会议简报。

（3）按内容分，有反映综合情况的简报和反映特定情况的专题简报。

下面介绍财经工作经常使用的四种财经简报的概念。

1. 日常工作简报

日常工作简报又称业务简报，这是一种反映本地区、本系统、本部门日常财经工作或财经问题的经常性简报。它包含的内容较广，工作情况、成绩问题、经验教训、表扬批评，对上级某些财经政策或财经指示执行的步骤、财经措施都可以反映。它常以定期或不定期的形式出现，在一定范围内发行。

2. 中心工作简报

中心工作简报又称专题简报，它是一种阶段性的简报。它往往是针对财经机关工作中某一时期的财经中心工作、某项财经中心任务办的简报，财经中心工作完成，简报也随即停办。

3. 会议简报

会议简报是会议期间反映财经工作会议情况的简报，它是一种临时性的简报，内容包括会议中的情况、发言及会议决定等。规模较大、时间较长的会议常要编发多期简报，以起到及时交流情况、推动会议的作用。小型会议一般是一会一期简报，常常在会议结束后，写一期较全面的总结性的情况反映。

4. 动态简报

动态简报又称财经情况动态。这类简报的时效性、机密性较强，要求迅速编发，发送范围有一定限制，在某一个时期、某一阶段要保密。

(三) 财经简报的写作格式

下面以会议简报为重点说明财经简报的写作格式。

1. 财经简报的写作格式

财经简报通常由报头、报身（正文）、报尾三部分构成，也有的加编者按语，分为四部分。编者按语是一种依附于工作报道或文稿，起到画龙点睛作用的简短的编者评论，是报刊、通讯社、广播、电视等各类新闻传播媒介的编者对新闻或文稿所加的评介、批注、建议或说明性、诠释性文字，以期读者加深认识，也是新闻媒介的编者专用及常用的一种发言方式。编者按语的功能是提醒说明、评价表态、明确建议、补充强调。这里主要介绍报头、报身（正文）和报尾。

(1) 报头。

报头包括简报名称、期号、编发单位、印发日期、密级。

(2) 报身（正文）。

正文是财经简报的主体。写法要根据实际情况确定，通常大致有三种。第一种为综述法。由编者采集各方面的言论、意见加以概括而成，相当于一份会议的综合报道，将会议的进程、出席情况、会议的发言和议程一一摄入，全面加以反映。第二种是重点报道法。重点反映会议的某个重要报告的内容、小组讨论情况或一人与几个人的发言等。第三种为摘要法。摘录代表发言的概要，供与会者参阅。

(3) 报尾。

在简报最后一页的下方，注明主送单位或个人姓名、抄送单位、增发单位和印发份数。

2. 写作注意事项

注意区分会议简报和会议决议。会议简报和会议决议都是对会议重要内容的整理、提炼、记录。但会议简报是会议期间对会议概貌、进展、要点的记录；而会议决议是会议后对会议内容的概括、总结和整理。整理会议简报，要注意做到一快、二简、三精、四准。

快，即速度要快。会议简报，一般是头一天讨论的情况，第二天一早就要印发到与会人员手上。这就要求编写简报的人员必须是“快枪手”，要练就一手一两小时便能整理出一份简报的功夫。要讲究方法，采写人一边听会议讨论，一边分析归纳。

简，即文字简洁。顾名思义，简报要简，通常是“千字文”，这就要求文字要干净、简练，不说废话。写法上要开门见山，直截了当。

精，材料要精。简报内容要紧紧围绕会议的中心议题，把代表们的主要认识、意见和建议反映出来。要紧扣主题，突出重点，抓住典型，提炼概括。

准，内容要准确。会议简报反映的情况一定要真实、准确，简报反映的观点材料，必须忠实于原意，一些关键性词句甚至要求是原话。

例文分析

××财政简报（摘要）

第20期

××省财政办公室　　20××年9月10日

【编者按】××市财政局推进财政科学化精细化管理很有建设意义。促进效能提高的3大类80项制度先行，对全省以及各市的财政内部绩效管理工作树立了样板，不仅创新了财政管理模式，而且经验富有较高的借鉴价值，因此转发给全省各财政局，希望认真学习贯彻。

80项制度全面夯实管理基础
——××财政倾力打造现代财政管理模式

为扎实推进财政科学化精细化管理，××市财政局切实以制度建设为抓手，自我革命，再造流程，形成了规范权力运行、强化内部管理、促进效能提高的3大类80项制度。80项制度，犹如80颗螺丝钉，颗颗拧紧，贯穿于机关运行各环节，覆盖预算编制、执行、绩效管理、监督全过程，“四位一体”，倾力打造现代财政管理模式。

自我革命拧紧每颗“螺丝钉”。

牵住“牛鼻子”。

把好“两道门”。

用权“公开化”。

该局按照科学化、精细化管理的要求，积极处理好“严格财政管理与提供最佳服务、严格内部管理与增强内部活力”两方面的关系，坚持做到开拓创新和基础工作同时抓，业务工作和党风廉政建设同时抓，敢于动真碰硬，确保抓出成效。通过制度建设，规范干部行为，增强机关活力，引导、培养干部职工不当“算盘珠”，争做“轴承珠”。

目标责任，层级传递。

细节落实，严格管理。

财力下倾，事权匹配，增强市区共同发展的“力”。理顺关系，目标一致，明确市区城市建设的“责”。为最大限度地减少市区城市建设中对个案问题的“一事一议”，提高工作效率，20××年，研究制订了市区城市建设和管养体制方案，并在执行过程中不断优化、完善。建立机制，加大投入，深化财政服务民生的“情”。该局坚持“经济建设与民生社会事业建设兼顾，城市建设与重点产业发展兼顾，控制公务成本与保证个人收入兼顾”的原则，不断优化支出结构，不断加大教育、农业、科技、环保、社会保障、公共交通等事业投入力度。

（××市财政局供稿）

本期编辑校对：××

点评： 这是一篇总结体工作简报，报头必须具备的四要素简报名称、期数、编印机关、编印日期齐备。本简报还根据需要，使用了编者按。本文通过编者按对此篇简报的编印目的和使用范围进行说明。正文围绕××市财政局推进财政科学化精细化管理的经验和做法进行逐条总结。最后一段话概括了此篇简报的主要内容，同时提出了今后的发展方向。报尾注明了本期简报的报送单位名称。

例文分析

东莞民政简报（摘要）

第4期

东莞市立足“五个着力”
积极推动养老服务业创新发展

近年来，东莞市认真贯彻落实《国务院关于加快发展养老服务业的若干意见》（国发

〔2013〕35 号)、《广东省人民政府关于加快发展养老服务业的实施意见》(粤府〔2015〕25 号)要求,以创新体制机制为主线,以满足老年人多层次、多元化养老服务需求为导向,立足“五个着力”,不断推动养老服务业创新发展。

一是着力建立健全养老服务政策体系。

二是着力加强养老机构设施建设。

三是着力构建居家养老服务网络。2006 年,东莞市按照“试点先行、逐步推进”的原则,启动了居家养老服务试点工作。

四是着力推进养老服务信息化建设。

五是着力加强养老护理员队伍建设。

点评:这是一份比较有分量的民政养老简报,内容充实,认真贯彻落实《国务院关于加快发展养老服务业的若干意见》(国发〔2013〕35 号)、《广东省人民政府关于加快发展养老服务业的实施意见》(粤府〔2015〕25 号)要求,以创新体制机制为主线,以满足老年人多层次、多元化养老服务需求为导向,立足“五个着力”,不断推动养老服务业创新发展。经验值得借鉴。

本章小结

财经日常事务文书是党政机关、群众团体、企事业单位在处理日常经济事务时,用来沟通信息、总结经验、研究问题、指导工作、规范行为、协调关系的实用性文书。主要有规约类、筹划类、汇报类、公关类等。章程是政党、团体、企业等组织,对本组织的性质、宗旨、任务、组织机构、组织成员、活动规则等所制定的行动准则和规范。它是一个组织的纲领性文件,对某一组织、行业具有约束力,对统一组织成员的思想行为,保证各项活动的正常开展有着重要的作用。章程具有纲领性、程序性、条款性、规范性的特点。制度是党政机关、群众团体、企事业单位为实现对某项工作的规范化管理而制定并要求相关人员遵守的行为准则。规定是对相关事项作出法规性限定的日常事务文书。

财经计划是为了实现一定时期的目标而预先做出安排、部署的事务文书。其基本功能是在工作或学习之前制定出具体的目标、措施、步骤、方法、完成期限等要求,以增强行动的自觉性,减少盲目性,具有科学的前瞻性和创新性。规划是确定远景目标,制定宏观总体任务、战略性举措和大阶段的战略步骤的计划性文体。安排是对未来一个较短时期内的工作、活动进行布置,提出具体任务和要求的计划性日常事务文书。安排具有适用时间短、针对范围小、内容较具体的特点。调查报告也称调研报告,是根据特定的意图,对某一情况、事件、问题进行客观的深入调查,将所得的材料和结论加以认真分析研究后整理而成的反映调查结果的书面报告。会议简报是较大型和重要的会议用来专门报道、交流会议重要内容、进展情况,反映与会人员意见和建议的一种文书。

关键术语

财经日常事务文书　　计划　　调查报告　　简报

习　题

一、选择题

1. 公文指为（　　）而写作并传递给相关部门或相关人员的文书。

A. 沟通联系　　B. 请示汇报　　C. 上传下达　　D. 处理公务

2. 适用于公布给社会各有关方面应遵守或者周知的事项的是（　　）。

A. 公告　　B. 通告　　C. 通报　　D. 通知

3. 下列文种中属于法定公文的是（　　）。

A. 计划　　B. 简报　　C. 通报　　D. 调查报告

4. 计划类文书标题中不能省略的项目是（　　）。

A. 机关名称　　B. 适用时间　　C. 内容类别　　D. 发文时间

5. 一期简报应该只有一个（　　）。

A. 主题　　B. 结构　　C. 题材　　D. 内容

6. 议案是各级人民政府按照法律程序向同级人民代表大会或人民代表大会常务委员会提请审议事项的（　　）。

A. 报告　　B. 公文　　C. 请示　　D. 通报

二、判断题

1. 事务文书不能单独作为文件发文，需要时只能作为公文的附件行文。

2. 简报是公文，可以代替报告和通知、通报等。

3. 会议纪要不属于事务文书。

4. 纲要不是计划类文书。

5. 制度是民营机构、群众团体、企事业单位为实现对某项工作的规范化管理而制定并要求相关人员遵守的行为准则。

6. 简介是经常用于地域、企业、品牌、产品等的一种日常对外事务宣传文书。

三、简答题

1. 什么是财经日常事务文书？它具有什么特点？

2. 决定的常用类型有哪些？

3. 公司章程中应主要写明哪些内容？

4. 制度有什么特点？

5. 计划、规划、安排的区别是什么？

6. 调查报告常用的方法有哪些？

四、思考题

1. 谈一谈情况通报的写作特点。

2. 请以××市人民政府的名义草拟一份关于当地旅游发展的议案。

3. 简述简报的作用。

4. 如何写作调查报告？

部分习题答案

一、答案：1. D；2. B；3. C；4. C；5. A；6. B。

二、答案：1. √；2. ×；3. √；4. ×；5. √；6. ×。

第三篇

国民经济计划（财经项目）执行过程

在国民经济计划或财经项目执行过程中，还需要运用很多的财经日常公务文书进行有效的执行工作。财经主管部门经常要对下级部门的工作发表意见，下级部门也经常要向上级部门进行报告，或项目计划执行部门需要向上级部门报告国民经济计划或项目的执行情况，财经主管部门也要召开各类财经协调会议并发布会议纪要。为了便于工作联系，还要发布各类工作联系函。另外，为了全方位地做好财经工作，还要在国民经济计划（财经项目）执行中，运用市场调查报告、市场预测报告等，组织落实财经计划工作，以保证财经工作目标的实现。本篇将分章节、结合实际案例进行讲解，以便读者能够精准把握写作要领。

第六章

财经日常公务文书

本章要点

1. 了解意见、报告、纪要、函的概念、特点和作用；
2. 熟悉财经日常公务文书的种类、格式和起草要求；
3. 掌握意见、报告、纪要和函的写作要领。

导入案例

朱小强最近从业务部门被调到综合办公室之后，开始频繁和各类财经日常公务文书亲密接触。由于工作需要，朱小强积极摸索财经日常公务文书的写作门路，越来越觉得财经日常公务文书大有学问，由此竟然发现自己其实根本不会写财经日常公务文书。朱小强研究了国务院《国家行政机关公文处理办法》，还查阅了上级、本公司和外单位的文件。通过学习，朱小强明白了财经日常公务文书写作是财经应用文写作中最讲究的环节，从形式到内容都有一整套严格的规范。朱小强还发现，办公室的李副主任每天都伏在案头审阅以机关名义发出的财经公文，而且越是带数字的，他看得越是仔细，这是为什么？李副主任回答说："一旦出现错误，没能及时发现，会造成重大经济损失，而且难以挽回影响，所以要认真。"朱小强认真对待工作，自己起草的每一份财经公文都没有差错，为此，赢得领导和同事们的赞同和信任。

财经项目实施和执行过程中需要接触和应用到一些公务文书。这类公务文书主要有意见、报告、纪要、函等。这些文种在项目执行中都是不可缺少的。上下沟通，了解项目进展情况，上级对下级发布指导性意见，需要逐级报告的工作，需要横向通报的问题，需要协调解决的事务，都要使用这些公务文种。这些公务文种虽然不像前面所介绍的文种那么重要，但在财经领域或项目实施中，它们是不可缺少的。有很多新情况、新问题的处理和解决，需要上级部门的指导，这样才能减少财经工作的盲目性和随意性，避免重大事故的发生，并将各种经济损失降到最低限度，做好财经工作。

第一节　财经意见

一、财经意见的概念及特点

（一）财经意见的概念

财经意见同公务文书中的意见基本相同，是一个应用广泛、行文方向多样的文种，主要适用于对财经领域重要的问题提出见解和处理办法。财经领域或财经工作，往往会遇到许多新情况、新变化、新问题，而原有的政策规定或者没有明确说明，或者已不适应不断变化的情况，提出解决这些新的财经问题的处理办法时，就需要上级部门或下级部门拿出更多的意见或建议。

政府财经职能部门使用意见这一公务文种，是对请示、报告、决议、决定等文种的适用范围仔细甄别后做出的选择。为适应社会主义市场经济条件下宏观调控的需要和加强社会主义民主法制建设的需要，政府财经职能部门经常需要下发一些带有指导性的财经意见。财经意见在内容上往往是既对原则性问题做出严格的规定，又对一些具体的财经问题留有一定的灵活运用余地的指导性建议，有时只提供意见作参考而无明确的执行要求。作为上行文的建议性意见，更要抱着“知无不言，言无不尽”的态度，对上级部门决策起到参谋、建议的作用。

（二）财经意见的特点

1. 行文方向的多向性

意见在行文方向上既可以作为下行文，由上级机关用来表明主张，作出计划，阐明工作原则、方法和要求，又可以作为上行文，由下级机关用来向上级机关提出工作建议和参考意见，还可以作为平行文，由各级机关用于就某一项专门工作向平行的或不相隶属的有关方面做出评估、鉴定或咨询，及时反映不同层次机关对工作的意见和看法，增强工作的民主性。

2. 内容的针对性

意见总是根据实际需要，针对某项工作或某一重要问题，经仔细研究后提出见解或处理意见，有的放矢，有较强的针对性和可操作性。

3. 作用的多样性

意见行文方向的多样性决定了意见可以具备多种作用，既可以指导下级机关的工作，具有指导作用，又可以对上级机关的决策起到建议参考作用，还可以用于在平级和不相隶属机关之间提出参考性意见；同时，意见往往是对一些没有掌握规律而又需要解决的问题提出见解和办法，因此具备一定的探索作用。

二、财经意见的分类

1. 建议性意见

下级机关就业务范围内的某一问题向上级机关提出建议性意见，供上级机关参考，作为上级机关制定相关政策的依据。该意见一经上级机关批转，就作为上级机关的指导性意见，具有一定的指导性。例如，《关于进一步发展广东省残疾人事业的意见》是广东省残疾人联合会向广东省委、省政府上报的意见，广东省委、省政府同意后，由广东省委、省政府办公厅以“通知”的形式转发给有关机关。此类意见是上行文，类似建议性报告。

例文分析

关于进一步发展××省残疾人事业的意见（摘要）

省委、省政府：

近十年来，在省委、省政府的正确领导和社会各界的关心支持下，我省残疾人工作取得了明显的成绩，残疾人事业有了较大的发展，国家先后颁布的《残疾人事业五年工作纲要》及残疾人事业“十三五”规划在我省得到全面贯彻实施。主要表现在：残疾人康复、教育、就业等工作顺利开展，并取得一定成效；残疾人的生活状况得到明显改善，扶残助残的良好社会风尚逐步形成；残联的组织建设、综合服务设施建设以及法制建设等为残疾人事业的发展打下了良好的基础。为进一步加快我省残疾人事业的发展，使之与全省的经济和社会发展相协调，走在全国的前面，特提出如下意见：

一、提高思想认识，促进残疾人事业的发展

二、加大工作力度，认真做好残疾人扶贫解困和按比例安排就业工作

三、加强综合服务设施建设

四、加大残疾人事业的经费投入

五、全面贯彻落实残疾人保障法，营造良好的社会环境

六、进一步加强残联的组织建设

各市、县党委和政府要重视乡镇（街道）残联工作，市、县级残联要按“一体化的工作机构、一专多能的队伍、有机结合的业务、统筹安排的经费、综合利用的场所”的原则建设。乡镇（街道）残联工作要做到有专人管、有服务载体、有联系网络、有工作经费。

以上意见如无不妥，请批转各地各部门执行。

××省残疾人联合会

20××年×月×日

点评：这是一份区域性的关于残疾人事业发展保障方面的建议性意见。意见按照文种要求，是上行文，有明确的针对性。残疾人工作规划、人才配备以及经费等，都有具体意见，而且要为残疾人保障提供良好的社会环境，加强残联组织建设。最后希望省委省政府批准该意见。

2. 指导性意见

上级机关针对下级工作出现的问题，阐明基本原则，提出解决办法和执行要求，对下级机关的工作给予指导。此类意见一经下发就具有一定的法律效力。

例文分析

关于促进电商精准扶贫的指导意见（摘要）

（国开办发〔2016〕40号）

各省、自治区、直辖市和新疆生产建设兵团扶贫、发展改革、网信、商务、工业和信息化、交通运输、人力资源社会保障、财政、农业、人民银行、银监、共青团、妇联、残联

主管部门、供销合作社、邮政集团公司：

近年来，随着互联网的普及和农村基础设施的逐步完善，我国农村电子商务发展迅猛，交易量持续保持高速增长，已成为农村转变经济发展方式、优化产业结构、促进商贸流通、带动创新就业、增加农民收入的重要动力。但从总体上看，贫困地区农村电子商务发展仍处于起步阶段，电子商务基础设施建设滞后，缺乏统筹引导，电商人才稀缺，市场化程度低，缺少标准化产品，贫困群众网上交易能力较弱，影响了农村贫困人口通过电子商务就业创业和增收脱贫的步伐。

为贯彻落实《中共中央、国务院关于打赢脱贫攻坚战的决定》（中发〔2015〕34 号）和国务院办公厅《关于促进农村电子商务加快发展的指导意见》（国办发〔2015〕78 号）要求，进一步创新扶贫开发体制机制，将电商扶贫纳入脱贫攻坚总体部署和工作体系，实施电商扶贫工程，推动互联网创新成果与扶贫工作深度融合，带动建档立卡贫困人口增加就业和拓宽增收渠道，加快贫困地区脱贫攻坚进程。现就促进电商精准扶贫提出如下指导意见。

一、指导思想

二、总体目标

三、基本原则

四、主要任务

五、保障措施

（一）加强组织领导。（二）加大扶持力度。（三）强化社会扶贫合力。（四）营造良好氛围。

点评：这是一份下行的国家开发部门的指导性意见，意在对西部地区进行精准扶贫，采取的模式是运用电商平台。本文不仅有指导思想，而且有总体目标和基本原则，第四部分是主要任务，为实现主要任务，第五部分是保障措施。《关于促进电商精准扶贫的指导意见》对于不发达区域精准扶贫起到关键作用，不仅指导各地区的扶贫工作，而且可以借鉴、参照，因地制宜地执行。

3. 实施性意见

实施性意见一般是为贯彻落实上级某一重要决定或中心工作所制订的实施方案，它重在阐发上级的有关精神，使下级单位对上级的文件精神有更深入的理解，同时提出较为具体的行动方案和工作安排。实施性意见属下行文。

例文分析 **××人民政府关于促进加工贸易产业创新发展的实施意见（摘要）**

××发〔2016〕26 号

各市、县人民政府，××人民政府各组成部门、各直属机构：

为贯彻落实《国务院关于促进加工贸易创新发展的若干意见》（国发〔2016〕4 号）精神，创新我区加工贸易产业发展方式，积极参与国际产业分工合作，承接加工贸易产业转移，促进产业转型升级，加快培育外贸竞争新优势，特提出如下意见：

一、总体要求

（一）指导思想。

（二）基本原则。

（三）发展目标。
二、创新加工贸易产业发展方式
（四）延伸加工贸易产业链。
（五）促进加工贸易由生产型向生产服务型转变。
（六）提升产业配套水平。
（七）建立产业转移合作机制。
（八）充分发挥沿边优势。
三、提升加工贸易产业竞争力
（九）优化加工贸易区域布局。
（十）巩固传统优势产业。
（十一）积极培育新兴产业。
（十二）加强加工贸易载体建设。
（十三）增强企业创新能力。
四、完善配套政策，优化发展环境
（十四）降低加工贸易企业成本。
（十五）构建现代综合物流体系。
（十六）加快推进产城融合。
（十七）完善人力资源服务方式。
（十八）提升金融服务水平。
（十九）鼓励承接加工贸易产业转移。
（二十）加强用地保障。
（二十一）优化服务管理。
五、保障措施
（二十二）加强人才队伍建设。
（二十三）建设公共服务平台。
（二十四）加大财政支持力度。
（二十五）强化部门协作与组织领导。

2016 年 6 月 20 日

点评：这是一份完整的带有区域性的实施意见。第一部分提出总体要求，其中包括指导思想、基本原则和发展目标。第二部分是创新加工贸易产业发展方式，主要包括延伸加工贸易产业链、促进加工贸易由生产型向生产服务型转变、提升产业配套水平等。第三部分是提升加工贸易产业竞争力，主要包括优化加工贸易区域布局、巩固传统优势产业、积极培育新兴产业等。第四部分是完善配套政策，优化发展环境。第五部分是保障措施。整个文件完整具体，作为下属可以认真贯彻执行。

4. 参考性意见

参考性意见是平级机关和不相隶属机关之间就某些工作提出的供对方参考的建设性意见或可行性方案。

三、财经意见的写法

1. 标题

意见的标题一般为完全式标题，即由发文机关名称＋事由＋文种组成，如《国务院办公厅关于推进种子管理体制改革加强市场监管的意见》。

2. 发文字号

意见的发文字号为完全式。

3. 主送机关

主送机关有两种写法：

(1) 上行性意见常为一个主送机关。因为这种意见多为呈报上级机关要求批转的，主送机关只能是一个，但批示后转发给谁，则由上级机关确定主送的单位对象。

(2) 直接发布的下行性意见，常常涉及多个地区、机关和部门，因而主送机关常为多个。

4. 正文

意见的正文通常包括发文缘由、见解办法、执行要求三部分内容。

(1) 发文缘由。这部分是意见的开头，须写清提出“意见”的理由或根据，或交代实际工作情况以及存在的有关问题，或说明有关依据（为什么提意见）。一般用惯用语“为促进……健康发展，特提出如下意见”“为了全面贯彻落实……文件精神，进一步推动……工作的顺利开展，现提出如下意见”“特制定本处理和实施意见”等过渡到主体部分。

(2) 见解办法。见解办法是意见的主体部分，主要是对有关问题或某项工作提出本机关的见解、建议或解决办法。这部分既要讲道理、明政策，又要可实施、能操作，在语言上既要严肃决断，更要平和简明，少用指令性词语，多用指导性、期请性词语，以体现注重商榷、尊重对方的民主作风。常采用条项式展开，使之条理清晰、有逻辑性，让受文对象易于理解和方便执行。

(3) 执行要求。这是意见的结尾，多为意见的落实要求，一般写明意见提出者的要求、希望即可。下行性意见，常用诸如“以上意见，望各单位结合本部门的实际情况，制定相应措施，认真贯彻执行”“请认真贯彻落实”等结束；上行性意见，常用“以上意见如无不妥，建议转发（或批转）有关地区、部门贯彻执行”作为结束语。也可自然收尾，不加结束语。

5. 落款

在正文右下方标注发文机关，也可将发文机关置于标题下方。

6. 成文时间

一般为发文日期，也可置于标题下方。

四、财经意见写作的注意事项

1. 找准角度

意见具有多向性，必须根据不同的行文目的，按照不同的行文方向，遵照不同的写作要求来撰写。如果是上行文，应参照请示的要求来写；如果是下行文，就要提出符合实际、具体可行的政策与措施要求，切实发挥指导作用；如向同级机关发出，则应以协商的态度，阐明发文机关的意见和主张。

2. 语言得体

意见具有请示性、指示性、计划性、商洽性等多重身份，行文具有很大的灵活性。不同类型的意见，需要运用相应的语言表达形式。建议性意见，语言和语气要向请示靠拢；计划指导性意见，语言和语气要具有指示性的特色，态度坚决肯定。总之，在文字表述上应当准确、简明、得体。意见即使是对下行文，在内容上也不像命令、决定和通知那样强硬，在语言上较为平和。

3. 条理清晰

意见的内容大多比较重要，篇幅较长。为了取得良好的表达效果，意见必须结构严谨，言之有序，层次分明，富有条理性。一般采用分条列项的表达形式，突出发文机关的见解和主张。

4. 主题集中

撰写意见应围绕一个主题，将一项工作或一个问题的性质、特点、利弊、政策主张与解决办法，讲深讲透；切忌洋洋洒洒，漫无边际，主题分散。同时，还要注意符合党和国家的方针政策。意见要从实际出发，提出正确的主张与切实可行的措施。

五、意见与相近文种的区别

1. 报告与（上行的）意见的异同

报告与（上行的）意见，不仅行文方向完全一致，而且内容也十分近似，均含有陈述性的内容，但两个文种之间也有一定区别。

报告侧重于汇报工作、反映情况，在多数情况下不涉及今后的具体工作，也不要求上级作出批示或批转，只有当所反映的情况涉及工作中一些带有普遍性的问题时，往往才顺势针对问题提出今后的解决办法，要求上级加以批转，这就是人们通常所说的呈转性报告。

（上行的）意见虽然也要陈述情况，但这里的情况具有特定的内容，它通常是对工作中遇到的某一重要问题作出分析并给出解决方案，而不像报告那样是对工作情况的综合与归纳。意见陈述情况的目的在于给提出的解决方案作铺垫，所提意见不是要求上级给予批示，就是要求上级加以批转，而报告在多数情况下对上级没有批示或批转的请求。

2. 请示与（上行的）意见的区别

请示与（上行的）意见非常相似，具有一定的交叉性，它们都是要求上级对自己所提的事项或问题给予批准、指示或加以认可，即这两个文种的行为方向与目的在某种程度上具有同一性。但它们之间又存在区别，主要表现在所提事项与内容不尽相同。

请示的内容多涉及的是人、财、物、机构、编制、出境出国以及工作中遇到的急需上级作出指示、决定或由上级加以审批的具体事项和问题，一般是本机关本单位的具体事务性问题。

而（上行的）意见的内容则多是对工作中一些重大问题提出解决方案，以及对所遇到的困难要求上级给予指示和支持。

例文分析

广西壮族自治区人民政府办公厅

关于支持玉林市加快打造“南方药都”的若干意见（摘要）

（桂政办发〔2014〕114号）

各市、县人民政府，自治区农垦局，自治区人民政府各组成部门、各直属机构：

玉林市拥有全国第三大中药材专业集散市场，是全国四大中药材产区之一，初步形成了涵盖药材种植、饮片加工、中成药制造、药材贸易、医疗、科研和文化传播等较为完整的中医药民族医药体系，在促进我区乃至全国中医药民族医药发展中发挥着重要的作用。为支持玉林市加快打造“南方药都”，推动我区中医药民族医药跨越发展，经自治区人民政府同意，提出如下意见。

一、总体要求

（一）指导思想。

（二）基本原则。

（三）发展目标。

二、主要任务

（四）打造全国一流的中药材交易市场。

（五）加快建设健康产业集聚区。

（六）做大做强中医药民族医药制造业。

（七）打造南药种植示范基地。

（八）繁荣中医药民族医药文化。

（九）提升中医药民族医药服务能力。

（十）完善中医预防保健体系。

（十一）多层次培养中医药民族医药人才。

（十二）深化改革创新。

三、扶持政策

（十三）财税政策。

（十四）金融政策。

（十五）投资政策。

（十六）土地政策。

（十七）人才政策。

四、组织领导

（十八）加强指导协调。

（十九）强化组织实施。

广西壮族自治区人民政府办公厅

2014 年 12 月 19 日

点评：这是一份带有发文字号的下行意见，目的是指导下级机关做好支持玉林市加快打造“南方药都”的工作。从内容上看，开头是发文的依据和目的，指出这项工作是广西区党委和政府非常重视、关注的问题；主体部分首先说明了工作目标、工作任务、工作重点，然后围绕这项工作从几个方面提出具体要求，制定切实可行的措施办法，并落实了责任部门，非常严谨周密。从结构上看，本文也有特点。正文分成四个部分，因每个部分内容较多，其下再次分条列项，但条项序号采取的是自始至终顺序排列的方法，不因各个部分序号递进而从头再来，在层次清晰的基础上，加强了前后内容的连贯性，使全文浑然一体，中心更为突出。

第二节　报告

一、报告的概念

报告是党政机关广泛采用的重要上行文，适用于同级机关汇报工作、反映情况，答复上级机关的询问。

报告属于陈述性公文，一般用于事后和事中。报告是上级机关了解下情、制定政策、指导工作的重要依据之一；也是下级机关及时反映情况，取得上级对工作的支持、指导的重要途径之一。

二、报告的特点

1. 行文的单向性

报告是下级机关汇报工作、反映情况、提出建议，答复上级机关询问时使用的单方向上行文，不需要上级机关给予批复。

2. 客观的陈述性

报告具有汇报性，是向上级机关讲述遵照上级指示做了什么工作、怎样完成这些工作、取得了哪些成绩、存在哪些不足等。反映情况时，时间、地点、人物、事件、原因、结果等要叙述清楚，向上级机关提供准确的信息。报告所表达的内容和使用的语言都是陈述性的，即便是提出建议的报告，也要在汇报情况的基础上，才能进一步提出建议。报告以陈述事实为主，不能随意夸大和缩小，更不能报喜不报忧或编造虚假情况，欺骗上级。

3. 行文的事后性

报告是事后或事中向上级所做的汇报，具有事后性。报告是下情上达的重要工具，行文要迅速，以便上级及时掌握情况、作出判断。

三、报告的分类

1. 工作报告

工作报告是指向上级机关汇报工作情况的报告，包括综合报告、专题报告两种。

（1）综合报告。综合报告反映的是工作的全面情况，工作范围之内的主要方面都有所涉及，可以有主次的区分，但不能有大的遗漏。大到国务院向全国人民代表大会所作的政府工作报告，小到某单位向上级提供的年度、季度、月份工作报告，都属于这种类型。综合报告明显具有全局工作的阶段性总结的特点，如《××省卫生厅关于2015年度工作的报告》。

（2）专题报告。专题报告是专门就某项工作、某个问题或某方面的情况所写的报告。专题报告的涉及面窄，只围绕一个中心、一两项工作进行汇报，如《××市委、市政府关于党政机关干部下基层的工作报告》《关于2016年上半年营业税征收的工作报告》《关于技术革新工作的报告》等。

另外还有一种例行报告，是指根据情况需要，定期向上级机关汇报工作的报告。例行报告有综合报告，也有专题报告。

2. 情况报告

情况报告是对工作中的重要情况或突发情况向上级进行的汇报。这种报告的作用在于，便于上级机关及时了解事态的性质、原因、动向、发展，采取措施使不利情况及时获得处理。

如果本单位出现了正常工作秩序之外的特殊情况，譬如发生了事故，出现了意想不到的问题，对工作产生一定程度的影响，应该及时向上级汇报，如有隐情不报，则视为失职。即使对工作没有太大影响，一些有倾向性的新动态、新风气，以及最近出现的新事物等，必要时也要向上级报告。这类报告都属于情况报告。

3. 建议报告

对自己职权范围内的某项工作有了深思熟虑、切实可行的设想之后，将其归纳整理成意见、办法、方案，报告上级，希望上级采纳，这样的报告就是建议报告。此类报告常以建议性意见的形式行文。

对于建议报告，上级如果采纳，可能会批转给有关部门实施，这是建议报告的目的。但上级部门也可能不予采纳，这是很正常的，作为下级机关，不应加以干涉。

4. 答复报告

答复报告也叫回复报告，是用来回答上级询问的。有问才答，说明了行文的被动性；有问必答，又表明了行文的必要性。

答复报告内容针对性极强，上级询问什么，就回答什么，不能答非所问。对待上级机关的询问，一定要慎重，如果不了解实情，要经过深入调查研究后再作答复。

5. 报送报告

报送报告是向上级报送文件、物件时使用的报告，正文通常非常简略，只需写明“现将××××报上，请查收”即可。真正的内容都在所报送的文件里。

四、报告的写法

1. 报告的标题

报告的标题为完全式，由发文机关＋事由＋文种组成，如《铁道部关于193次旅客快车发生重大颠覆事故的报告》。

2. 发文字号

报告的发文字号为完全式。

3. 主送机关

主送机关顶格写在正文前第一行，只能主送一个上级机关。受双重领导的单位，依据分工和管理权限，可报送其中一个上级机关，抄送另一个。报告应报送自己的直接上级机关，一般不要越级。

4. 正文

报告的正文分为报告引据（导语）、报告主体（事项）、结语三部分。

(1) 报告引据，也叫导语。不同类型的报告，引据的写法也不同，可以交代报告产生的现实背景，交代报告产生的缘由，说明报告的根据；也可以在开头简略叙述一个事件的概况，或者阐述发文的目的。这部分要写得比较概括，把有关事实和情况交代清楚，有利于表达主体内容和报告主旨即可，无须展开。

(2) 报告主体（事项）是报告的核心部分，是需要上级了解的主要内容。不同类型的报告，主体部分写法有所不同。

①工作报告。重在写清“做什么，怎么做”，一般以写明成绩、做法、经验、体会、打算为主，在叙述基本情况的同时，要有所分析、归纳，找出规律性的认识，还可以写明下一步工作的设想，类似于工作总结。若是专题性工作报告，则侧重于总结经验和教训。工作报告的写作多采用总分式写法或用小标题来安排结构，既要有事实材料，又要有数字印证，以增强报告的客观性和说服力。

例文分析

2017年地税工作报告（摘要）

同志们，大家好！

今天会议的主要任务是，传达贯彻上级局及市委、市政府有关工作决策部署，回顾总结2016年工作，分析当前形势，部署2017年任务。

下面，我代表县局领导向大家做工作报告，供大家讨论。

一、2016年，我们不辱使命，保持平稳发展

2016年，是我们地税发展历史上值得纪念的一年。我们经历了“两学一做”的思想洗礼，有效实现了思想建设的再升级；我们经历了“营改增”全面到位的考验，在失去一大主税种的情况下，精耕细作，为地方政府提供了稳定的财政收入；我们经历了“学习能力建设基础年”“业务管理规范年”的锻炼，工作水平有了新提升。

（一）思想新突破，党建促发展。

一是讲看齐，加强思想建设。二是见行动，落实工作机制。三是扩渠道，丰富党建活动。四是立标杆，强化身份认同。五是抓共建，履行社会责任。

（二）践行新理念，服务发展大局。

一是强化责任导向，维护地方财政健康发展。二是树立规范意识，开展“业务管理规范年”活动。三是提升管理质效，强化行业和税种管理。四是维护税收秩序，加强欠税清缴和评估稽查工作。五是依托“金三”① 上线，信息技术应用水平得到进一步提升。六是服务社会民生，强化社保费征缴工作。

（三）落实合作规范，国、地税和谐共治。

一是顺利交接，圆满完成“营改增”试点任务。二是精心组织，税改方案稳步实施。三是统筹推进，国地税合作成效显著。

（四）服务新举措，依法依规治税。

一是落实规范，纳税服务步入新场景。二是依法治税，规范执法无差错。三是落实政策，税收优惠无死角。

（五）管理新思路，实现三个保障。

一是完善工作落实机制。二是健全廉政防控机制。三是优化行政管理机制。

回顾2016年，我们取得了一定的成绩，荣获全县目标管理先进单位，第十一届省局文明单位公示完毕，再次被评为税收法制宣传教育先进集体。这些都离不开在座各位的支持和付出！在此，我谨代表县局领导班子，对大家的辛勤付出表示崇高的敬意和衷心的感谢！

在肯定成绩的同时，也不能忽视存在的问题。主要是：思想建设距离上级要求还存在相当大的差距，发展意识、宗旨意识淡薄；工作落实不够，执行不力，配合不畅；税收管理质效还不够高，税收执法风险不同程度存在；一些同志知识能力欠缺，却又不肯学习；少数同志规矩纪律淡薄，甚至有令不行、有禁不止。以上问题必须引起高度重视，认真对待，并切实加以解决，否则，于工作发展、于个人成长均极具危害性。

二、迎接党的十九大，我们要做足准备

“十三五”的奋斗目标是：综合实力进一步提升，产业结构进一步合理，人民群众获得感进一步增强，全面深化改革进一步推进，依法治县进程进一步加快。

2017年，全市经济和社会发展的主要预期目标是：全市生产总值增长8.5%，财政收入增长8.5%，社会消费品零售总额增长11%，地税收入任务将面临巨大考验。

三、两手抓、两提升，书写2017年地税新故事

在全面落实省、市局工作要点，以及县委、政府工作任务基础上，重点做好以下几项工作：

（一）统一思想，强化队伍促发展。

① “金三”为金税三期工程的简称。

一是党建挂帅，讲看齐、见行动。二是以人为本，讲配合、促协作。三是文化引领，讲理念、塑团队。四是以学促行，讲自觉、求提升。

（二）服务发展，深化改革勇争先。

一是立足本职，依法全力组织收入。二是优化配置，深化改革先行先试。三是挖潜增收，筑实税源管理基础。四是落实税改，完善征管体制。五是问题导向，化解执法风险。六是强力清欠，狠抓评估稽查工作。七是综合治税，构建多维治税体系。八是绿色发展，服务环境保护行动。

（三）三个满意，执法服务润万家。

一是培育依法治税能力，让地税人满意。二是提升纳税服务水平，让纳税人满意。三是健全纳税信用体系，让全社会满意。

（四）四项举措，内控管理树典范。

一是落实“八项规定”，抓好作风建设。二是落实“一岗双责”，抓好廉政建设。三是加强纪律审查，抓好队伍建设。四是严格绩效管理，狠抓工作落实。

（五）齐头并进，统筹兼顾求发展。

“一元复始，万象更新！”同志们，在新长征路上，每一个地税人都是主角，都有一份责任。让我们在市委、市政府和上级局的正确领导下，积极践行地税精神，大力弘扬新发展理念，在我们地税史上为自己写上美丽的一笔，也为自己的人生留下一段精彩的记忆！待到皓首年高时，说与子孙与亲朋，莫让后辈羞提君。

××市地税局

2017 年 1 月 18 日

点评：这是地税机关的综合性年度工作报告，全面地总结了本局在过去一年税收工作的成绩，并总结工作经验，同时还列举工作中出现的问题、教训，并提出改正的措施。最后提出全局在下一年度的工作任务和工作目标，局长在结语部分提出号召。本工作报告比较完整，值得相关单位加以借鉴。

②情况报告。重在汇报本机关出现的新情况、新问题，主要应写清事项情况、基本看法和处理意见三部分内容。有些情况报告的主体内容十分复杂，撰写时要有针对性地对有关事实进行选择，以使文章主次分明，有条不紊，切勿事无巨细，一一道来。在组织结构时，可以用段落式，也可以用分条列项的方法。

③建议报告。基本目的是希望上级部门采纳建议，或批转给有关部门执行、实施。这类报告的重点要放在建议内容上，提出的建议要针对某项工作有系统完整的方法、措施和要求，且对工作要有切实可行的指导作用。形式上可采用分条列项的方法逐层表达。

④答复报告。内容比较简单，答其所问，有问必答即可。要突出专一性、时效性。

⑤报送报告。正文简短，只需用一两句话说明报送的文件或物件的名称及数量即可。

（3）结语。报告的结语比较简单，可重申意义、展望将来，也可用诸如“特此报告”“专此报告”“以上报告，请审阅”“以上报告如无不妥，请批转执行”等惯用语收束全文。

5. 落款

正文右下方写明发文机关。如在标题中已出现发文机关，则此处可省略。

6. 成文时间

成文时间一般为领导签发日期，也可注于标题下方。

五、报告写作的注意事项

1. 陈述事实要完整清楚

由于报告以陈述事实为主，因而要把事件的来龙去脉交代清楚，以方便上级分析判断决策。

2. 材料要真实、重点要突出

汇报工作要实事求是，反映情况要真实全面，有关数据要核对准确。做到重点突出，不要面面俱到。

3. 报告中不得夹带请示事项

报告、请示的适用范围完全不同，报告以陈述情况为主，上级无须答复；请示则以请求为主，上级必须答复。报告要做到专文专用，以免贻误工作。

例文分析

××市自主创新工作现状的专题报告（摘要）

党的十八大以来，市委市政府始终坚持以科学发展观统领经济社会发展全局，坚持以提高自主创新能力为己任，把增强自主创新能力作为科学技术发展的战略基点和调整产业结构、转变增长方式的中心环节，大力提高原始创新能力、集成创新能力和引进消化吸收再创新能力。当前，增强自主创新能力、转变经济发展方式、优化产业结构、提升产业竞争力已成为我市“推进科学发展，加快追赶跨越”的现实需求，也是我市贯彻落实科学发展观，实现全面协调可持续发展的重大战略选择。

一、我市自主创新工作现状

（一）高新技术产业有新发展。

一是致力于高新技术产业化，在培育高新技术企业与产品、实施高新技术产业化项目方面有新突破。二是致力于传统产业高新化，在以信息化带动工业化、加速传统产业高新化方面有新成效。三是致力于发展民营科技企业，在引导科技人员创新创业方面有新进展。

（二）农村科技创新有进展。

“××”以来，我市继续加强与著名科学家、“杂交水稻之父”袁隆平院士等科学家的联系与合作，引进两系杂交水稻和超级稻国际最新农业成果，高起点开展农业科技试验示范工作。在袁隆平院士的直接支持下，我市累计种植两系杂交水稻和超级稻945万亩，为农民增收9.5亿元。

（三）产学研合作有新加强。

“××”以来，我市把产学研合作上升到战略层面来抓，全力推进自主创新工作的开展。截至目前，我市已与清华大学、中国科学技术大学、合肥工业大学、中科院合肥物质研究院等50多所高校、科研机构加强合作，广泛开展了技术与人才引进、难题招标、科技咨询、科技服务，共建研发机构等重大科技活动。

（四）知识产权保护取得新成效。

20××年4月，国家知识产权局批准我市为“国家知识产权试点城市”，××知识产权保护工作又获新进展。据统计，20××年，我市专利申请和授权量分别达到227件和113件，全市专利申请总量突破××件，××股份公司20××年被列为全国专利试点企业。

（五）科技创新平台建设有新推进。

××汽车零部件基地被科技部认定为国家级高新技术产业基地。××省首个科技孵化器——××高新技术创业服务中心“孵化”、培育科技型中小企业能力不断增强，“二期工程”基本建成，孵化面积达1.8万平方米。到目前为止，创业中心累计孵化50多家科技型中小企业，转化科技成果40多项，已有13家企业从创业中心毕业，进入规模化生产。

二、我市自主创新工作中存在的差距

近年来，我市自主创新工作在稳步发展中虽有较大的突破，但与先进发达地区相比，与我省合肥、芜湖、马鞍山等城市相比，仍有较大的差距，我市自主创新方面存在的薄弱问题主要表现为：

（一）高新技术产业规模偏小，电子信息、生物医药、新材料及先进制造等产业基础较差。

（二）科技投入明显不足。

（三）企业技术创新能力不强。

（四）产学研合作尚不充分。

（五）科技创新服务体系建设有待进一步加强。

（六）科技人才结构性矛盾突出。

三、提升我市自主创新能力的对策建议

（一）加大自主创新资金支持力度，特别是增加政府直接投资与补贴额度。

（二）促进以企业为主导的产学研合作。

……

（六）搭建科技创新服务平台。

（七）大力扶持中介服务机构。

（八）大力吸引、培养创新人才。

（九）优化自主创新发展环境，优化舆论环境。

点评：这是一份市级城市自主创新现状的专题报告。其中不仅有翔实的科技创新方面的政策实施情况，还有各县、企业自主创新的典型案例，尤其是企业同各地大学的产学研科技合作，取得了很多成果。同时，报告还对知识产权的保护问题进行了分析，提出优化自主创新发展环境。报告内容前面讲出发展的大好形势，中间找出自主创新发展中的差距，最后提出要将自主创新的好政策落到实处。报告格式基本符合要求，达到预期效果。

第三节　纪要

一、纪要的含义

纪要，也叫会议纪要，用于记载会议的主要精神和议定事项，根据会议记录和会议文件以及其他有关材料加工整理而成，是反映会议基本情况和精神的纪实性公文。

纪要基本上是下行文，但与会单位不一定是召集会议机关的下属，有时是协作单位，所以它作为下行文是相对而言的。有时纪要也可以作为向上级机关汇报工作的材料，取得上级机关的指导。有时也向同级机关发送，使其及时了解会议的相关精神和要点，便于工作的展开与协作。有时也可作为本单位的档案资料，是日后进一步开展工作的依据和凭证。

二、纪要的特点

1. 纪实性

纪要必须是会议的宗旨、基本精神和议定事项的概要纪实。纪要的撰写者，不能擅自更改会议议定的事项，更不能随意改动会议上达成的共识和形成的决定。撰写者也不能根据个人的主观倾向对会议内容进行评论。总之，纪要必须忠实反映会议的基本情况，记录会议议定的事项和形成的决议。纪要的纪实性特点，使得它具有凭证作用和资料文献价值。特别是一些重要的纪要，多年后还会作为人们确认那段历史的依据。

2. 概要性

纪要是在会议记录的基础上整理归纳出来的会议要点，并不是把会议的所有内容都原原本本地记录下来。纪要重点说明会议的主要参加者、基本议程，与会者有哪些主要观点，最后达成了什么共识，形成了什么决定和决议，如此就可以把会议的基本情况如实反映出来，不必像记流水账一样事无巨细一律照录。要防止主次不分，甚至主次颠倒的情况，以免会议精神得不到如实贯彻落实。纪要一般是会议后期，甚至会议结束之后通过概括整理才能写出，而不像会议记录那样随会议的进行自然而然地产生。

3. 指导性

多数纪要对基层工作具有指导作用。纪要可传达会议情况、会议精神或要点，与会单位和相关部门以此为依据展开工作，落实会议的议定事项。

4. 称谓语的规定性

纪要通常在段首采用特定的称谓，如“会议认为”“会议指出”“会议强调”“会议希望”“会议号召”“与会代表一致同意”等词语。

三、纪要的分类

1. 决议型纪要

以会议形成的决定、决议或者议定事项为主要内容的纪要，称为决议型纪要。这种纪要的特点是指导性强，会议上确定的工作重点，对工作的步骤、方法和措施的安排，都要求与会单位共同遵守或执行。这种纪要的内容有些类似于指示和安排工作的通知，只是发出的指导性意见不是由领导机关作出的，而是由会议讨论议定的。这样的纪要，除大家共同遵守的内容外，还常常会有一些工作分工，每个与会单位除完成共同任务之外，还要完成会议确定的本单位承担的那些工作。

2. 情况交流型纪要

这是以传达会议情况为主要内容的纪要，能够全面概括会议的议程、议案、讨论情况、讨论结果等，起到交流情况的作用。其主要特点是：以统一思想、达成原则共识或树立学习榜样为目的，而不布置具体工作，有明显的思想引导性，但没有明显的工作指导性。一些理论务虚会、经验交流会、座谈会形成的纪要，大多属于这种类型。这样的纪要往往多处采用“会议认为”的说法来表达会议在原则问题上达成的共识，或者将会议上介绍的先进经验以及与会单位的评价、态度作为主要内容。

3. 研讨型纪要

此种纪要的显著特征是并不以共识和议定事项为主要内容，而是以交流信息、交换看法和各种不同的观点与争鸣情况为主。研讨会和学术讨论会的纪要多是这种类型。会议结束，发表了不同的观点，但并没有形成统一意见，也谈不上确定什么事项，在这种情况下，仍然有必要发布纪要，以便让更多的人了解会议情况，了解不同的观点及其争鸣过程。这对启发和活跃思想，形成百花齐放、百家争鸣的学术气氛，推动学术事业健康发展都具有促进作用。

四、纪要的写法

1. 纪要的标题

常见的纪要标题有三种形式：

（1）机关名称+会议名称+文种（“纪要”），如《××市人民政府第××次市长办公会纪要》，这一类标题多为例行会议纪要常用的标题形式。

（2）会议名称+文种（“纪要”），如《全国十佳文明旅游城市现场经验交流会纪要》。

（3）双标题，如《畅所欲言，献计献策——中青年教师座谈会纪要》。

2. 纪要的成文日期

纪要的成文日期一般加括号位于标题下方正中位置，以会议通过日期或领导人签发日期为准，也有出现在正文之后的。

3. 主送机关

纪要不写主送机关，而是用抄送的方式发给各与会机关以及需要了解会议情况的机关。

4. 正文

纪要的正文分为前言、主体、结尾三大部分。

（1）前言，主要用来记述会议的基本情况，包括召开会议的时间、地点、会议名称、主持人、主要出席人、会议主要议程、讨论的主要问题等。

（2）主体，是纪要的核心部分。会议的主要精神、会议议定的事项、会议上达成的共识、会议对与会单位布置的工作和提出的要求、会议上各种主要观点及争鸣情况等，都在这一部分表达。决议型、情况交流型、研讨型的纪要，各自在主体部分的写作上有较大的不同，前面介绍分类时已有表述。由于这部分内容复杂，多数情况下都需要分条分项撰写。不分条的，也多用“会议认为”“会议指出”“会议提出”等惯用语作为各层意思的开头语，以体现内容的层次感，一般采用以下三种方式：

①概述式。概述式纪要是把会议内容综合在一起，概括地叙述出来。其篇幅短小，不加小标题，适用于小型会议或内容单一的会议。

②归纳式。归纳式纪要通常把会议讨论的许多问题，按内部逻辑顺序归纳为几个方面或几个问题，系统完整地写出来，突出会议的精神和要点。它用于内容比较重要、规模比较大、讨论问题比较多的大型会议。

③摘要式。摘要式纪要通常按会议的发言顺序，把每个人发表的主要意见归纳出来，以此体现会议的主要精神和基本内容。它适用于小型的座谈会或研讨会。

（3）结尾，结尾比较简短，通常用来强调意义、提出希望和号召等，结尾处还可以对会议的情况作一些补充说明，在不影响全文结构完整的前提下，也可以不写专门的结尾部分。

五、纪要写作的注意事项

（1）如实反映会议的各项内容，不夹杂任何个人主观感情色彩。

（2）突出重点，简明精练，概括出会议的要点。

（3）层次分明，突显会议的侧重点。

六、纪要与相近文种的区别

1. 纪要与会议记录的区别

纪要容易和会议记录相混淆，其实，二者有着本质的区别，主要体现在以下几个方面：

(1) 从文体性质上看，会议记录只是会议情况的记录，只是原始材料，属于事务文而非不正式公文；而纪要是正式的公文文种。

(2) 从内容上看，会议记录无选择性、提要性，会议上的情况都要一一记录下来；而纪要有选择性、提要性，不一定要包含会议的所有内容。

(3) 从形成的过程和时间方面看，会议记录是随着会议进行过程同步产生的；而纪要则是在会议后期，甚至会议结束后通过选择归纳、加工提炼之后形成的。

(4) 从形式上看，会议记录没有统一的格式；而纪要作为正式的党政公文则有固定的格式要求。

(5) 从写作要求上看，会议记录是按会议的议程来记载，正式会议每会必记；纪要则是在会议记录的基础上整理归纳出来的，并非每会必有，只有当会议结果需要正式行文外发时才撰写制作。

(6) 从保存、发布方式看，会议记录仅作为内部资料保存，不予发布；纪要则按公文程序发布，按公文处理办法保存。

2. 纪要与会议决议的区别

(1) 纪要是根据会议情况写的要点；而决议必须经过与会者表决，按照法定程序通过后才能生效。

(2) 一份纪要可以同时写一次会议作出的不同方面的毫无关联的几项决定；而一项决议只能涉及某一方面或某一问题。

(3) 纪要的内容可轻可重，可大可小，只要是会议议定了的就可以写进去；而决议的内容常常是一个单位或部门、一个地区或系统乃至党和国家的重大问题。

例文分析

关于项目工作的会议纪要

3月19日下午，县长××在县宾馆三号楼四楼会议室主持召开了项目工作专题会议，县领导×××、×××、××、×××、×××、×××、×××以及县经济局、商务局、国土局、建设局、旅游局、茶办、石油公司、黄堡镇政府、店垭镇政府和有关重点项目公司负责人参加了会议，会议听取了相关部门负责人和部分重点企业负责人对第一季度项目建设进展情况的汇报，共同研究了下一阶段重点项目招商引资工作。现纪要如下：

一、关于工业项目工作

一要加快周湾磷化工业园的建设。二要加快与湖北天源和山东奥宝集团的合作进程。三要加快与兴发集团的合作。四要加大对尧治河集团的扶持力度。

二、关于农业项目工作

一要做好对大山合集团的扶持工作。二要加大对归真茶叶公司和威杰茶叶公司的扶持力度。三要加大对樱桃谷鸭的支持，帮助协调和解决发展中遇到的困难及问题。

三、关于旅游项目工作

由县委常委、常务副县长×××同志牵头，成立工作专班，全权负责与三特公司的合作。要抓紧做好温泉水资源评估、资产评估、景区公路建设等相关测算论证工作。县旅游局要进一步加快与三特公司的联系，尽快明确合作方式。各地、各部门要切实加大服务力度，确保4月底前正式签订合同。

四、会议强调的工作内容

一是要紧盯发展不动摇，从今年开始，加快招商引资速度，促使更多企业到保康落户，为全面发展打好基础；二是要加大解放思想力度，尽力改善投资环境，让投资者放心投资；三是各单位要充分发挥职能，服从服务于全县大局，切实把项目业主提出的问题解决好，确保项目尽快落地。中间要不定期地督查，必要时再次开会协调。与项目负责人随时沟通情况，力争完成各个经济实体项目。

日常工作由发改委负责，政府办公室对每周经济状况，要发项目进度简报。

联系电话：××××××××

联系人：×××

参会人员：××、×××……

点评： 这是一份县级单位为落实财经项目工作的会议纪要。按照纪要格式，有会议的题目、参加会议的地点、参加人员，项目落实情况，具体牵头人。然后是会议强调的工作内容。行文简单但适用。最后是采取的措施，责任到人，达到了召开会议的预期效果。

第四节 函

一、函的含义

函适用于不相隶属机关之间商洽工作、询问和答复问题，以及向有关部门请求批准和答复审批事项等。

不相隶属机关是指没有领导和被领导关系的机关，通常是指没有垂直从属关系或互相平行的机关。其中分三种类别：一是政府类别，如广东省和海南省，互不垂直，适用于用函办公；二是政府部门类别，如本省的厅局与厅局之间、县局与县局之间，除了根据部门职权可以联合行文外，一般公务来往用函；三是根本没有系统关系的机关，如某报社驻某省记者站与该省政府之间的来往适合用函。在不相隶属机关之间，“商洽工作”“询问和答复问题”是函的常见内容。

二、函的特点

1. 行文广泛

平行机关之间、不相隶属机关之间、上下级机关之间，均可以使用函。

2. 内容多样

函既可以用于商洽工作、互通情况，也可以用于询问或答复问题，还可以用于向有关部门请求批准事项等，涉及的内容具有广泛性。

3. 灵活简便

一般来说，函常用于办理较具体的公务事务，篇幅都比较短小，内容单一。特别是便函，格式上没有严格的要求，写法灵活，使用非常方便。

平行机关或不相隶属机关之间不存在领导和被领导关系，不存在上下级之间的权威性、指挥或被指挥的特点。在函的正文中，对对方的称谓常用“贵×（局、司、校等）”来表示，结语中常用“专此函达，敬请回复”“专此函复”等表示庄重的词句。

三、函的类型

1. 根据函的主动与被动划分

函有发（去、问）函和复（回、答）函之别。

2. 根据形式和规格划分

函可分公函与便函两类。公函与便函都是处理公务的文书，但公函的内容往往比较重要，涉及行使权力，故行文郑重。便函为单位、领导之间处理具体事务时使用，格式如同一般书信，不加标题，不编文号，不需存档，但需加盖公章。

3. 根据内容划分

函可以分为商洽函、告知函、请批函、答复函。

四、函的写法

1. 标题

函的标题由制发机关、事由、文种三部分组成，如《国务院办公厅关于调整和增补全国油气田及输油气管道安全保护工作部际联席会议成员单位及成员的复函》。如果是便函，则可以不写标题。

2. 发文字号

函的发文字号为完全式。如是便函，可不写文号。

3. 主送机关

函的主送机关为需要商洽工作、询问情况或答复问题的有关机关。

4. 函的正文

（1）开头。发函的开头应简述发函的缘由和目的；复函的开头应引述来函的日期、标题或文号等。

（2）主体。发函要写清商洽、询问、告知、请准的主要事项；复函则要针对来函内容做出具体的、明确的答复。不论去函还是复函，主体的内容都要求明确、集中、单一，做到一函一事。

（3）结语。发函一般用“专此函告”“敬请函复”等作结语；复函多用“此复”“特此函复”等作结语。

5. 落款

函的落款是在正文右下方，标注发文机关名称。

6. 成文时间

函的成文时间写在落款之下。

例文分析

关于调整尚城国际部分设计图纸的函

××开发集团〔2015〕函字8号

××××建筑设计院一所：

贵院对尚城国际的施工图已经完成。鉴于我方经营需要，需对原设计进行优化，提升产品质量。特请贵所按原设计合同约定给予大力支持。特别提出：现工程施工进度已至裙楼一层，请贵院对我方下列调整要求尽快给予变更出图为盼。

一、调整设计依据

1. 层高调整确定图；

2. 平面户型确定图；

3. 钢结构设计图；

4. 确定立面效果图；

5. 甲方调整设计要求。

二、调整设计要求

1. 规范内正规施工蓝图，按新确定户型，只表示厕所和层向分隔。

2. 裙楼部分电梯修改，出建施、结施修改图。

3. 超出规范出白图施工图。

①层高修改后的平立剖，按梯、门窗、外结构造大样及水、电、暖、通相应变更。

②建施白图要求按确定平面实际绘制，标明空调位、厨房、烟道、厕所通气道位置。

以上内容请贵院根据合同约定，尽快安排出图给予大力支持。我方将根据实际工作量给予适当调整增加设计费。

××开发集团办公室

2015 年 2 月 19 日

点评：这是一份开发单位与合作单位之间的工作联系函。有发文单位、主送单位以及具体的设计调整要求。最后是诉求单位和时间。非常完整，言简意赅。

五、函写作的注意事项

1. 要一函一事，切忌一函数事

没有上下级隶属关系的机关，公务一般纯属业务性质，因此说明业务时应当简明扼要，要一函一事，切忌一函数事。

例文分析

××市人民政府办公厅

关于临时工、合同工能否执罚问题请示的复函（摘要）

市政办函字〔××××〕40 号

市××××综合执法局：

你局《关于明确临时工、合同工能否执罚问题的请示》收悉。现复函如下：

《中华人民共和国行政处罚法》于 20××年 10 月 1 日起施行。该法对行政执法主体及执法人员作出了明确而严格的规定。按照《中华人民共和国行政处罚法》和国务院《关于贯彻实施〈中华人民共和国行政处罚法〉的通知》，从今年 10 月 1 日起，合同工、临时工不能再从事行政处罚工作。

…………

你局应按照上述精神，对全市综合执法人员进行清理，理顺执罚体制，保证《中华人民共和国行政处罚法》的贯彻实施，促进市政综合执法管理工作。

此复

××市人民政府

20××年十月七日

点评：这是一个工作回复函。一事一议，一函一事。主要是临时工、合同工参与行政执法事宜。按照《中华人民共和国行政处罚法》，在规定的时间内进行清理，以保证《中华人民共和国行政处罚法》的贯彻执行。虽然篇幅很短，但明确体现了政府的行政效率。复函的写作有针对性，措辞简明得体。

2. 态度不卑不亢，文风简朴得体

要体现平等坦诚精神，文字恳切得体，风格简洁朴实，用语谦和有礼；不可盛气凌人，也不要过于谦卑。写作函时，需要根据业务的性质要求，把需要商洽、询问、答复或审批的事项一一说清楚，做到详略得当，事项、要求表述完整。

六、函与相近文种的区别

1.（请求批准的）函和请示的区别

相同点：两者都有请求批准的功能。

不同点：请示是向具备隶属关系的上级请求指示或批准；请求批准的函是向政府主管部门请批，彼此之间一般没有隶属关系。

2. 答复函与批复的区别

相同点：两者都有答复事项的功用，都是被动行文，具有被动性。

不同点：答复函是不相隶属机关之间，由主管部门就有关审批事项做出的答复；批复是上级对下级机关的请示进行审批后的答复。

本章小结

本章通过介绍意见、报告、纪要、函等财经日常公务文书，目的是进一步了解这类公务文书写作并在开展财经工作时合理运用。对于初学者而言，由于缺乏感性认识，这种介绍通常会显得比较枯燥。因此希望本章中的例文能使读者加深印象、引起兴趣，确立财经日常公务文书的价值，树立学好财经日常公务文书写作的信心。

关键术语

意见	平行文	工作报告	答复报告
报告	建议性意见	综合报告	报送报告
纪要	指导性意见	专题报告	会议记录
函	实施性意见	情况报告	公函
上行文	参考性意见	建议报告	便函
下行文	请示		

习 题

一、选择题

1. 财经意见同公务文书中的意见基本相同，是一种应用广泛、行文方向（　　）的文种，主要适用于对财经领域重要的问题提出见解和处理办法。

A. 上行文　　B. 下行文　　C. 平行文　　D. 多样

2.（　　）意见是平级机关和不相隶属机关之间就某些工作提出的供对方参考的建设性意见或可行性方案。

A. 参考性　　B. 指导性　　C. 执行性　　D. 商洽性

3. 情况（　　）是对工作中的重要情况或突发情况向上级进行的汇报。

A. 请示　　B. 报告　　C. 简报　　D. 汇报

4. 不同类型的报告，（　　）的写法也有不同，可以交代报告产生的现实背景，交代报告产生的缘由、起因，说明报告的根据。

A. 主旨　　B. 论点　　C. 引据　　D. 建议

5.（　　）前言主要用来记述会议的基本情况，包括召开会议的时间、地点、会议名称、主持人、主要出席人、会议主要议程、讨论的主要问题等。

A. 备忘录　　B. 意向书　　C. 纪要　　D. 报告

6. 纪要是在会议记录的基础上整理归纳出来的（　　），并不是把会议的所有内容都原原本本地记录下来。

A. 会议记录　　B. 会议内容　　C. 会议讲话　　D. 会议要点

二、判断题

1. 实施性意见一般是为贯彻落实上级某一重要决定或中心工作所制订的实施方案，它不需要阐发上级的有关精神。

2. 财经意见在内容上往往是既对原则性问题作出严格的规定，又对一些具体的财经问题留有一定的灵活运用余地的指导性建议，有时不提供意见作参照而无明确的执行要求。

3. 报送报告，正文很简短，但需要大量的表述性语句来说明报送的文件或物件的名称及数量。

4. 报告是下级机关汇报工作，反映情况，提出建议，答复上级机关询问时使用的双向上行文。

5. 研讨型纪要的鲜明特点不是以共识和议定事项为主要内容，而是以交流信息、交换看法和各种不同的观点与争鸣情况为主。

6. 不以会议形成的决定、决议或者议定事项为主要内容的纪要，称为决议型纪要。

三、简答题

1. 财经意见的特点有哪些？
2. 简述意见的具体分类。
3. 报告与（上行的）意见有何不同？
4. 请示与（上行的）意见的区别是什么？
5. 报告的特点是什么？
6. 简述报告的具体分类。
7. 简述纪要的特点。

8. 纪要与会议记录的区别是什么?

9. 函的特点及函的具体类型有哪些?

10. 报告与请示有什么区别?

11. 函与请示或批复有什么区别?

四、写作题

自拟题目写一份意见、报告、会议纪要或函。

部分习题答案

一、答案:1. D;2. A;3. B;4. C;5. C;6. D。

二、答案:1. ×;2. ×;3. ×;4. ×;5. √;6. ×。

第七章

调研预测类专用文书

本章要点

1. 了解财经专用文书的含义、特点和作用；
2. 掌握市场调查报告的构成要素、基本结构和内容；
3. 把握市场调查报告的写作方式及注意事项；
4. 掌握市场预测报告的写作方式及注意事项。

导入案例

朱小强一向以为自己是学经济管理出身，自然了解经济管理活动中的各项内容和过程。但是事实教育了他，如果以应用文书的形式来清晰准确地反映这些活动过程，并不是一件如同想象一般易如反掌的事。经济活动本身的特殊性和复杂性决定了财经应用文的规定性和综合性。财经应用文书写作涵盖的内容十分丰富，在财经专用文书这部分，朱小强又迷惑起来。领导几次带朱小强去基层调研，记录本记录了三大本，领导对一些财经数字特别感兴趣，而朱小强虽然是学经济的，却不知道怎么去运用。研究现状有什么作用呢？领导告诉他要反复思考，这些数字让我们知道当前的工作重心在哪里。朱小强似乎有些开窍，他马上去图书馆，借来调查报告文集，在办公室里没事就看。领导看到朱小强这个样子，说毛主席的农村调查报告写得非常好，他老人家分析了中国农村的各个阶层，其中《中国佃农生活举例》就是关于农村、农民的调查报告。毛主席之所以成功领导农民运动、解决了农民的土地问题，就是因为抓住了解决农民问题的症结。现在中央连续十几年都在研究“三农”情况，就是要进一步解决农业、农村、农民“三农”问题。

第一节　市场调查报告

一、市场调查的概念

1. 市场调查的定义

市场，是社会分工和商品生产的必然产物。市场有广义和狭义两种理解。广义的市场是指在一定时间、地点条件下商品交换关系的总和；狭义的市场是指商品交换的场所。市场调查就是指运用科学的方法，有目的、系统地搜集、记录、整理有关市场营销信息和资料，分析市场情况，了解市场现状及其发展趋势，为市场预测和营销决策提供客观、正确的资料。

2. 市场调查的内容

市场调查的范围十分广泛。凡是直接或间接影响市场营销的情报资料都应是调查的内容。归结起来，大致可分为三个方面：产品情况调查、市场情况调查、竞争情况调查。

（1）产品情况调查。

产品情况调查一般包括市场对本企业产品的需求、产品质量、产品价格、产品用途和发展趋势，以及产品生命周期的调查。

①市场对本企业产品的需求调查，要反映本企业产品市场的占有率是上升还是下降、在市场上的地位如何，以及该市场对产品数量、规格、型号、式样、花色、品种等方面的要求。根据市场需求，提出本企业调整产品结构和服务方向的可行性建议。

②产品质量调查，要从产品的内在性能质量、外观质量、包装装潢质量、技术服务质量四个方面说明本企业产品的用途、特性及满足使用者的程度，还要反映使用者对产品质量的反馈意见，及产品质量对销售的影响程度等，并提出改进建议。

③产品价格调查，主要说明供求情况、同类产品的竞争情况、产品的生命周期、消费者的心理消费途径等。

④产品用途和发展趋势调查，主要写清通过调查所发现产品的新功能、新用途、新作用范围和发展趋势，提出改进产品用途，开拓新市场的建议。例如，啤酒本为酒精饮料，曾有企业通过市场调查和化验发现它具有护发功能，进而就研究生产了啤酒洗发香波。

⑤产品生命周期调查，产品的生命周期包括引入期、成长期、成熟期和衰退期四个阶段。企业首先要明确自己所生产和经营的产品处于生命周期的哪一阶段。例如产品处于增长期时，需要调查产品受欢迎的原因；产品在哪些方面尚有不足，需要改进；是否出现了竞争产品；潜在的消费需求有多大等。当产品进入衰退期时，就要停止生产或经营，把主要精力转向研发新产品上。

（2）市场情况调查。

市场情况调查主要是本企业产品的总体市场和各分市场的需求量及影响因素。重点包括以下几个方面：

①市场的政治法律环境调查。主要是指国家各项方针、政策、法律、法规等对市场活动的影响。市场的政治法律环境调查主要是了解与企业生产经营活动相关的方针、政策的具体内容，如国家在一定历史时期的工农业生产发展的方针政策、工资政策、物价政策、

对外贸易政策，以及有关法律法规，如企业法、经济合同法、环境保护法、商标法、消费者权益保护法等。在国际贸易中，还应包括熟悉WTO的规则，了解国际贸易的惯例和要求。

②产品销售的市场情况调查。反映本企业产品市场的分布、人口数量、消费规模和发展趋势；分析不同市场的特点与差异，说明产品市场的生产发展水平、生活水平；反映产品的流通渠道、交通运输条件及其对产品销路的影响等。

③购买力情况调查。包括经济环境调查、消费者情况调查等。购买力情况调查不仅要反映调查对象地区的经济发展水平，自然资源和能源的开发、供应状况，进出口产品数量及变化状况，税收和银行利率及其变动，还要反映当地消费者的人员构成、收入水平、文化背景、社会教育水平、民族与宗教状况、风俗习惯、社会心理等；消费者较为集中的购买时间、地点和购买方式等；消费者对本企业产品和服务的要求，以及潜在需求的调查与分析；用于购买本企业产品的货币总量，要特别注意反映购买力的变化及影响因素等。

（3）竞争情况调查。

市场调查中有关竞争情况的调查，一般是针对竞争对手的，其主要内容有以下几个方面：

①竞争对手基本情况调查。包括同类产品企业的数量、分布、生产规模，可提供的产品总量、满足需要的总体程度等。

②竞争对手竞争力调查。包括拥有资金情况、企业的规模、技术水平、生产组织、经营模式、推销方式、服务特点及其产品市场占有率等，尤其要反映出产品质量和价格的竞争状况。比较用户和消费者对本企业产品和竞争对手产品的评价、各自产品在竞争中所处的优势地位等。

③竞争对手发展新产品的动向性调查。包括新产品的发展方向、特性、进展情况、所运用的技术及上市后的竞争形势等。

④潜在竞争对手的调查。包括将要出现的竞争对手和竞争能力迅速由弱变强的竞争对手。

总之，市场调查的内容和范围十分广泛，撰写市场调查报告时，要根据调查目的及实际需要，有重点地确定调查内容。

3. 市场调查的程序

市场调查的程序，一般分为市场调查前的准备、实施市场调查和写出市场调查报告三个阶段。

（1）市场调查前的准备。

市场调查前必须做好各项准备工作，其内容和步骤大致如下：

①确定调查目的，制订调查计划。首先要根据市场调查和经营决策的要求，确定明确的调查目标。在确定目的的过程中，要认真分析调查意图，要通过调查说明和回答问题，搞清调查目的。

②搜集和利用现有资料，进行初步调查。可以搜集和利用的现有资料，主要包括企业内部的会计、统计、技术、经营方面的历史资料和现实资料，有关总结、经验材料；外部资料包括国内有关管理部门的计划、统计数字、调查报告、研究成果，国内外的销售资料、技术资料等。

③根据调查目的确定调查对象和调查范围。此项工作应注意调查对象的代表性和典型性，注意“点”与“面”的结合，保证调查结果的真实性。

④选择恰当的调查方法。常用的调查方法有观察法、问卷调查法、访谈法等，要根据

调查目的选择运用。运用观察法要注意综合各种感官的作用，还要使用摄像、照相等辅助手段，以便客观、全面地把握调查对象的各种情况；运用问卷调查法要注意问卷要设计得富有吸引力、专业性强，注意提高问卷回收率及其质量；运用访谈法既要注意访谈的艺术与技巧，又要认真记录谈话内容以备整理资料时使用。

⑤安排调查进度，培训调查人员。调查进度既涉及时间的安排，又涉及人员的安排。任务的分工分配，要合理组织，保证时效与进度。如果调查范围广，工作量大，为保证质量，必要时应对人员进行培训。

（2）实施市场调查。

实施市场调查既要按计划进行，又要善于与调查对象合作，根据实际情况灵活处理各种偶然因素，积极应对突发事件，以确保调查实事求是。对调查结果的及时处理是最重要的一个环节，一般的处理方式有归纳法、对照法、计算法、数据比较法、图例法和编程法。

归纳法是由个别性前提得到一般性结论的逻辑推理方法。如果作为个别事物的调查对象不断重复相同或相似的结果，那么，从中得出的一般性结论大多是正确无误的。对照法即比较法，是将调查来的两组或两组以上的材料加以对照比较，从中获得有关结论。计算法使用数理统计方法处理调查结果，市场调查通常是要用数据说明问题的。数据比较法，是通过数据比较找出差距，从而分析差距产生的原因，有了量的概念，以说明存在的问题。图例法是用图示表达调查结果，最具直观效应。编程法是将查找到的资料信息存于磁盘，然后加以整理，以获取需要的结论。

（3）写出市场调查报告。

将搜集到的各种资料进行归类、整理、编辑列表，并且运用科学方法对整理后的调查资料加以鉴定，在此基础上进行分析与综合，得出结论，提出建议，写成系统化、条理化的市场调查报告。

4. 市场调查方法

（1）市场调查的基本方法。

①文本调查法。

文本调查法又称文献资料调查法或间接调查法，是指调查人员在充分了解市场调查目的后，通过搜集各种有关文献资料，对现成的数据资料加以整理、分析，进而提出有关建议，以供企业相关人员决策参考的市场调查法。文本调查法主要搜集、鉴别、整理文献资料，并通过对文献资料的研究，形成对事实科学的认识。其优点是不受时间和空间的限制，方便且成本低，具有较强的机动性和灵活性。其局限性是缺乏可得性、准确性、相关性和现实性。

②全面调查法。

全面调查法又称全方位调查法。这种方法可以获得全面情况和总体资料，但它要求对购买某种商品的所有消费者无一例外地进行调查，一般只用于那些使用范围有限或试销试用的新产品。

③抽样调查法。

这种方法主要适用于一些消费量大、涉及面广的商品，是一种通过部分而了解掌握整体的办法。应注意的是，它要求在所有被调查对象都有同等被抽取的可能性的原则下，按一定的规则进行抽样。此种方法如果运用得当，可以取得近似全面调查的效果。

④一般市场调查法。

一般市场调查法利用本企业内外的现成资料和数据来间接了解、推测市场情况。此法经常利用政府机关、经济主管部门、经济研究机构、金融部门、各类情报网，以及报纸杂志中保存和发表的文件、数据、信息、科研成果、经济论文等资料，通过分析、研究和比较，来认识市场，推测市场需求情况。

⑤典型市场调查法。

典型市场调查法又称重点市场调查法，是通过对少数有代表性的消费者的调查，来了解市场需求状况的调查方法。运用此种方法的关键，是调查对象应具有典型性。

（2）市场调查的具体方法。

①观察法。

调查者亲临调查现场，在调查对象无所感知的情况下，观察其行为、言谈及现场状况，并对观察的现实情况和数量进行记录。用这种方法搜集的资料比较客观真实，不足之处是涉及面往往比较窄，也不易了解事物内在的因素。

②访谈法。

访谈法又称询问法，是根据事先确定的调查内容，通过与被调查者直接交谈来取得调查资料的方法。询问法有当面个别询问、召开座谈会询问、信函询问、电话询问等。

③实验法。

实验法是通过小规模、小范围的试销实验来了解购买者、使用者的反应，以搜集调查资料的方法。常见的有产品价格实验，产品质量、品种、规格实验，花色、款式、包装实验，以及市场饱和程度实验等。这种方法在市场调查中经常使用，如展销会及新产品试销、代销等都是这种方法的具体运用形式。

④问卷调查法。

依据调查的目的，在制定好调查提纲的基础上，制作简明易懂的调查表格，分发给调查对象，征求意见，取得资料。问卷调查问题类型很多，按照问题是否提供答案，可将调查问题分为开放式问题和封闭式问题两种。开放式问题也称自由式问题，是指在设计问题的时候，只提问题而不限定答案，由被调查者自由回答。如“你认为蔬菜价格高吗?”“你对近期猪肉价格感觉怎样?”等。提问方式比较灵活。封闭式问题是指设计调查问题的时候，给出可供选择的答案，要求被调查者从中做出选择。例如，“东风电影院节假日和晚间放映的电影为何一票难求？其原因是（　　）。请在下列选项中选择您认为合适的一个，将其英文编号写在括号里。A. 地理位置好　B. 影院环境好　C. 票价合理　D. 及早看到新片”。问题容易回答，节省时间，文化程度相对低一点的人也能完成，因此该类问卷回收率较高。

⑤网络调查法。

所谓的网络调查法，是指充分利用网络的特殊功能和信息传递与交换的技术优势，将企业需要的市场相关信息通过网络搜集、处理和分析，以获得有价值的数据和资料的一种调查方法。网络调查法主要有：网站/网页调查；电子邮件调查；弹出式调查；网页固定样本调查；一对一的网上深层访问；网上小组座谈会；网络 QQ 群调查；网上观察；网上文献资料分析等。网络调查法的优点是方便、快捷、成本低廉，数据资料质量相对较高；缺点是样本对象具有一定的局限性，存在网络安全和个人资料保密问题，需要一定的网页制作水平。

二、市场调查报告的概念、特点、作用及种类

（一）市场调查报告的概念

市场调查报告就是在市场调查的基础上，以科学方法对市场的供求关系、购销状况以及消费情况等进行研究之后形成的书面报告，旨在透过市场现状揭示市场运行的规律、本质。它是市场调查人员以书面形式，反映市场调查内容及工作过程，并提供调查结论和建议的报告。市场调查报告是市场调查研究成果的集中体现，其撰写质量直接影响到整个市场调查研究工作的质量。一份好的市场调查报告，能为企业的决策提供客观依据。

（二）市场调查报告的特点

1. 针对性

市场调查报告主要用来帮助企业了解掌握市场的现状和趋势，增强企业在市场经济大潮中的应变能力和竞争能力，从而有效地促进经营管理水平的提高。它是企业决策的重要依据之一，具有很强的针对性，撰写时必须有的放矢。

2. 真实性

真实性也称客观性，是指市场调查报告必须符合客观实际，引用的材料、数据必须真实可靠。撰写时不能弄虚作假，或是为迎合上级领导的意图挑选片面的材料写成。调查报告必须从实际出发，用事实说话，只有客观、全面地分析真实材料，才能得出正确的结论。

3. 典型性

与普通调查报告相比，市场调查报告无论是在材料的形成还是结构布局方面，都存在明显的共性特征，但它与普通调查报告相比，在内容上更为集中，也更具典型性。其典型性主要表现为：要对调查得来的材料进行科学分析，找出反映市场变化的内在规律，提出准确可靠的结论。

4. 时效性

市场调查报告要及时、迅速、准确地反映、回答现实经济生活中出现的新情况、新问题，突出“快”“新”。时效性还体现在市场调查报告有一定的时间跨度：一是市场调查报告本身有起止时间；二是调查对象的情况如材料、数据等有起止时间。只有准确界定这两种时间，市场调查报告才会有实际的效用和价值。

（三）市场调查报告的作用

（1）市场调查报告为经济预测提供客观依据。

如果说现代企业管理重在经营，经营重在决策，而决策的前提是经济预测，那么，市场调查报告则是经济预测的基础，它能为经济预测提供客观依据。

（2）市场调查报告是经济决策的依据。

各个企业在经营活动中都需要做好经营决策，这就需要通过市场调查了解国内外市场的供需情况及其发展趋势，了解国内外政治、经济、科技等方面的情报信息，从而获得战略眼光，高瞻远瞩地作出符合实际、切实可行的决策。市场调查报告使经济决策建立在客观现实的基础之上，保证其正确性和及时性。

（3）市场调查报告有利于掌握市场竞争的主动权。

市场调查报告有利于企业按照消费者的需求组织生产，制订出适应市场需要的产量计划和品种计划，以提高产品的市场占有率。可见，市场调查报告有利于生产经营者实行商品定位营销战略，掌握市场竞争的主动权，提高经营水平和经济效益。

（4）市场调查报告有利于促进企业提高经营管理水平。

消费者的需要多种多样且富于变化。企业通过市场调查，可以获得各类需求信息，及时掌握消费者的购买动机、购买心理、消费习惯、消费结构、支付能力等方面的情况及其变化。同时，还可以了解同行业的经营情况，吸取同类企业的经验教训，促使企业全面提高经营管理水平。

（四）市场调查报告的种类

（1）根据调查的时间划分，市场调查报告可分为定期性市场调查报告、临时性市场调查报告两种。

（2）根据调查的区域划分，市场调查报告可分为区域性市场调查报告、全国性市场调查报告、国际性市场调查报告。

（3）根据调查的范围划分，市场调查报告可分为全面市场调查报告和专题市场调查报告。全面调查相当于一般市场普查，而专题调查则是有针对性的市场调查。

（4）根据调查的对象划分，市场调查报告可分为消费市场调查报告、房地产市场调查报告、金融市场调查报告、投资市场调查报告。

（5）根据调查的目的、内容和作用划分，市场调查报告可分为以下四种：

①关于商品情况的调查报告。商品情况包括商品生产状况、质量、价格、售后服务、市场供给量等。

②关于商品销售的调查报告。它是包括对商品销量、销售环节、存储运输以及与此相关的影响因素的调查报告。

③关于消费需求的调查报告。它是从消费者角度入手，调查消费者家庭构成、经济收入等自身情况，以及消费者购买力及变化趋势、消费心理需求、潜在消费需求等，并据此写出的调查报告。

④关于市场竞争的调查报告。这类调查报告的内容包括竞争对手的数量、经营管理水平，竞争产品的质量、性能与特色，竞争对手的竞争方式与手段等。

三、市场调查报告的写作格式

（一）市场调查报告的构成

市场调查报告写作格式的基本架构，一般由标题、正文、落款三个部分组成。

1. 标题

市场调查报告的标题既要准确地解释调查报告的主体思想，又要简单明了、高度概括。常见的有单行标题和双行标题两类。

（1）单行标题。单行标题比较多样，主要有公文式标题、文章式标题两种。

①公文式标题。该种标题常由四个因素构成，即调查的时间、范围、对象和问题名称，如《2016 年 7 月消费品市场调查报告》。有时还冠以调查单位的名称，例如《××摩托车公司关于 250 型两轮摩托车产销情况的调查报告》《××五金公司关于 2015 年下半年机电产品销售的调查报告》。在实际应用中，这些构成因素是可以灵活组合的，公文式标题侧重于告知内容，形式上类似于公文。

②文章式标题。该种标题一般根据调查内容、范围，灵活拟写，又可分为结论式、提问式两种。结论式标题，如《电动自行车市场需求持续上升》《家用智能型电脑更新加快》；提问式标题，如《电动平衡车为什么在城市走俏》。

（2）双行标题。双行标题又称复合式标题，又可分为正、副题配合式与引、正题配合式两种，以前者较为多见。

①正、副题配合式。该种标题的正题多揭示主旨或概括文章内容，副题作为补充，用以说明调查对象、范围和文种，如《泥巴换外汇——陶瓷出口情况调查》。

②引、正题配合式。该种标题的正题一般也是揭示主旨或概括文章内容，而引题位于正题的上方，常用简练生动的文字突出文意的核心要素，以引起读者注意，激发阅读兴趣，如《产量增加，销量上升——2015年纺织市场大突破》。

2. 正文

正文一般包括导语、主体和结尾三个部分。

(1) 导语。

导语又称前言，是市场调查报告的开头部分，一般说明市场调查的背景和意义，介绍市场调查工作的基本概况，包括市场调查的时间、地点、内容和对象，以及采用的调查方法。还有一种较为常见的写法，是在调查报告的导语中写明调查的结论是什么，或直接提出问题，这样能够增强读者阅读调查报告的兴趣。例如，《家用冰箱品种更新加快》一文的导语如下："我国电冰箱市场需求正稳步增长，城镇居民以更新和购置并重，农村居民以新购为主，需求将呈增长之势。"这段导语文字精练，高度概括地说明了电冰箱市场总的状况与趋势。有的调查报告不写导语，而是直接切入中心内容，尤其是内容集中、篇幅短小的调查报告，这样处理往往给人简洁明快之感。有导语的市场调查报告，常用一个过渡句开启下文，如"现将调查情况报告如下"。

(2) 主体。

主体部分是市场调查报告的核心内容，是表现调查报告主体的重要部分，也是写作的重点和难点所在。这部分的写作直接决定着调查报告的质量和效用，一般要写清基本情况、分析预测、措施建议等方面的内容。

①基本情况。基本情况作为全文的基础和主要内容，要用叙述和说明相结合的方法，完整、准确、具体地阐明调查所获悉的基本情况，包括调查对象的市场占有情况，生产与消费的关系，产品、产量及价格等，都要表述清楚。

②分析预测。分析预测要客观、全面地阐述市场调查所获得的材料、数据，用它们来说明有关问题，得出有关结论，并对有些现象要做深入分析、评论。有的调查报告在这部分还要对市场发展趋势做出预测。在表达方式上，通常以议论为主，对调查所获得的资料条分缕析，进行科学的研究和推理，以形成符合事物发展规律的结论性意见。

③措施建议。措施建议主要是对市场调查的结果做一个小结，以体现写作的目的和宗旨。要在上文的基础上，提出具体建议、对策、措施，供有关决策者参考。建议或措施要明确具体、切实可行。有时也可以不写措施建议，仅向有关决策者提供实际情况。

(3) 结尾。

此结尾着重强调必要性和重要意义；或对调研中发现的问题，需进行持续的重点研究并加以解决；或对未来提出希望和建议。

3. 落款

落款包括署名和日期。署名应写明单位名称或作者姓名，写在正文右下方；日期应写明年、月、日，写在署名下方。落款虽然简单，但一般不能省略，其作用主要是备查。在报刊上发表的市场调查报告，署名位于标题下一行居中的位置，日期可以省略。

有的市场调查报告还有附录。附录的内容一般是有关调查的统计图表、资料来源、参考文献等。

（二）市场调查报告的常用格式模板

为了便于广大读者学习掌握市场调查报告的写法，特此归纳出市场调查报告的惯用格式模板与表达方式如下：

例文分析

关于××××的市场调查报告

为了深入了解××××的消费情况，特进行此次调查。调查由××××承担，调查时间是20××年××月××日，调查方式为××××调查，本次调查选取的样本是××××。

各项调查工作结束后，××××将调查内容予以总结，其调查结果如下：

（1）调查对象的基本情况（以叙述、说明为主要表达方式）。

（2）专门调查部分及情况分析（以议论为主要表达方式）。

（3）结论与建议（以议论为主要表达方式）。

××××

20××年××月××日

四、市场调查报告写作中应注意的问题

要正确把握问题的性质和表达方法，做到准确恰当、言之有序。市场调查报告是一种兼用说明、记叙和议论等多种表达方法，而又不同于一般的说明文、记叙文和议论文的一种应用文体。它既要运用叙述、说明的方法介绍市场情况，说明预测背景，兼用数据、图表、公式来说明问题；还要运用议论的方法分析资料，阐明事理，表达见解。

市场调查报告一般内容丰富，材料繁多，还需注意做到条理清晰，言之有序，使内容多而不散，繁而不乱。这就要求：

第一，写作时要对材料认真地归类整理，区分材料的不同性质，不可把性质不同的材料放在一起，造成内容混乱。

第二，按事物的内在逻辑来组织结构顺序。一般来说，市场调查报告基本上是按照发现和提出问题、分析问题、解决问题的规律来安排结构。

第三，要注意围绕中心叙述问题，以使报告重点突出，承上启下，脉络清晰；不可游离题外，节外生枝。

第四，重事实，重数据，保证信息的有效性。

市场调查报告的价值，在于提供确切有效的信息。因此，写调查报告必须以调查资料为依据，充分体现重事实、重数据、靠事实数据讲话的原则，言之有理、有据。调查报告中所有观点、结论都要有大量的调查资料作为根据。报告引用的各种事实和数据资料，必须是确凿可靠的，能够呼应观点，说明结论，要能够反映事物本质，具有典型意义，即使是推论也要科学合理，具有说服力。

第五，文风朴实，简洁明了。市场调查报告的文风要力求朴实，简洁明了，以体现实事求是的精神。尤其要注意准确运用专业术语、数据图表及概括性语言，正确反映客观实际。

第六，要讲究时效，避免传达过时信息。市场调查报告要根据市场的变化，及时迅捷地向有关部门提出有价值的信息，这是保证其有效性的关键。撰写市场调查报告，一定要在文中写明两个时间：市场调查报告本身的起止时间，调查对象的情况如材料、数据等起止时间。

例文分析

××超市中牛奶市场调查报告（摘要）

一、调查目的

1. 了解××市奶业市场竞争状况

2. 对某品牌在当地市场的可持续发展提出合理化建议

二、调查方法：实地访问

三、调查时间：20××年9月—20××年4月

四、调查结果与分析

（一）超市情况简介

本品与竞品情况比较分析。

从当地奶业整体市场竞争品牌看，可分为本地品牌和外地品牌，本地品牌为团团和凤祥，外地品牌为蒙牛、伊利、太子奶等。

1. 各品牌销售产品结构分析（仅限低温产品）

（1）各品牌畅销的低温奶基本类似。其中蒙牛的大果粒、伊利的恋恋风表现比同类产品好；佳宝的产品仅在五一店销售，而佳宝巴氏纯牛奶是所有超市销售的唯一巴氏纯牛奶，据导购员介绍销售情况较好……

（2）本公司产品结构分析。根据1—3月份销售数据统计，各类产品市场占有情况如下：优益杯（25%）＞实惠装（18%）＞常温奶（16.6%）＞原味酸奶（12%）＞杯装酸奶（9%）＞桶装酸奶（5%）＞棒酸（4.5%）……

2. 各品牌超市铺货率分析

品牌蒙牛、伊利、佳宝铺货数量分别为10、9、1；铺货率分别为91%、82%、9%；佳宝只运作五星购物广场一家店，有的品牌则选择了几个较大的店进行运作；本公司产品在超市的铺货率高于竞品。

3. 各品牌陈列及排面情况

综合来看，各品牌的位置和排面没有差别，基本平分秋色；具体到不同超市，各品牌表现各有优劣。

4. 产品价格分析

高端产品的价格，得益较竞品低；畅销品的价格与竞品持平或略低（竞品促销除外）。

5. 促销比较分析

根据所了解情况，竞品与我公司的促销方式与所促销产品基本雷同，没有较为特殊之处。

（二）消费者分析

（1）根据现场观察情况，购买低温奶的消费者有90%以上为18～40岁的女性。

（2）影响消费者购买的因素主要为：品牌、价格、生产日期（新鲜度）、产品配方（对增稠剂、添加剂较为敏感）等，说明消费者对健康非常重视。

（3）一次购买量：80%为1～2袋。

（三）本公司SWOT分析

1. 优势

（1）专业的巴氏奶制造商；

(2) 当天可送达本地，能保持产品的新鲜度；

(3) 产品种类较多，与竞品有一定的差异化；

(4) 有一定的品牌知名度。

2. 劣势

(1) 虽有知名度，但与竞品相比，缺乏忠诚度；

(2) 销售渠道单薄，只有超市和投递，不能发挥协同整合效用。

3. 机会

(1) 消费者对健康的重视和对奶产品的认知越来越高，有利于巴氏奶的成长；

(2) 竞品目前还没有将巴氏奶引入超市渠道，如果我公司先行一步，可形成先行者优势，成功的机会较大；

(3) 社区已经培养了一部分消费群，有助于超市渠道的销售。

4. 威胁

(1) 如果竞品在我之前进入超市，本公司优势将受到限制；

(2) 竞品推出与我公司（目前有差异化的产品）相同的产品，势必遏制我公司差异化产品的销售；

(3) 消费者对巴氏奶的认知会有一个较长的过程，需要承担消费者的前期教育工作。

五、策略与建议

(1) 产品多样化与差异化策略。

(2) 寻求单品突破。

(3) 产品结构框架。

(4) 促销差异化。

(5) 促销资源集中化。

(6) 低端产品的价格。

(7) 销售渠道开拓。

(8) 加强新鲜度管理。

(9) 服务周到。

点评：这是一篇简短的单一系列产品的市场调查报告。市场调查报告有标题、调查目的、调查方法、调查时间、调查结果与分析、策略与建议。本市场调查报告非常完整，有市场品种竞争分析、产品市场份额分析，并提出牛奶系列产品在市场销售中存在的各类问题，最后提出整改措施。

第二节 市场预测报告

一、市场预测报告的定义

所谓预测是指依据调研整合的信息、数据、资料及传统的经验，运用软件程序、决策模型或以往的传统经验对事物未来的发展趋势做出客观的估计和科学判断的过程。市场预测是在市场调查和分析的基础上，利用各种信息资料，通过特定的预测方法和技术，对未来一定时期内的市场需求变化及其发展趋势做出科学推测的商务工作的必要程序和方法。

市场预测报告则是表述市场预测分析过程和研究成果的推断性书面报告。从一定意义上说，它是市场调查报告和经济活动分析报告的一个特殊种类，有时简称为市场预测。市场预测报告有助于决策者进行科学的决策，有助于管理者制订科学的计划，有助于把握前景、调动积极性。对一个企业来说，市场预测报告的写作对科学决策、改善经营、开发产品、占领市场、提高质量、降低成本、增加效益和企业发展具有较大的推动作用。

二、市场预测报告的特点

1. 预见性

市场预测报告的性质就是对市场未来的发展趋势做出预见性的判断，它是在深入分析市场既往历史和现状基础上的合理判断，目的是将市场需求的不确定性最小化，使预测结果和未来实际情况的偏差概率达到最小。

2. 科学性

市场预测报告在内容上必须占据充分翔实的资料，并运用科学的预测理论和预测方法，以周密的调查研究为基础，充分搜集各种真实可靠的数据资料，找出预测对象的客观运行规律，得出合乎实际的结论，从而有效地指导人们的实践。

3. 针对性

市场预测的内容十分广泛，每一次市场调查和预测只能针对某一具体的经济活动或某一产品的发展前景，因此，市场预测报告的针对性很强。选定的预测对象越明确，市场预测报告的现实指导意义就越大。

三、市场预测报告的作用

市场预测报告是制订或调整计划和经营决策的重要依据，是加强管理、提高经济效益的重要手段，是有关部门加强宏观调控的重要参考，是引导人们消费的重要力量。具体而言，其作用包括以下四个方面：

1. 对市场的预见作用

市场预测报告对市场进行准确预测，及时掌握市场变化趋势，能够增强企业经营管理的自觉性，减少和防止商品经营的盲目性，是企业开展经济活动、不断改革创新的重要保证，也是企业制定发展规划的基础。通过正确的市场预测，能为企业提供科学的经济情报，使企业在竞争中掌握主动，避免风险和危机，为企业经营决策提供科学依据，使企业健康发展。

2. 对生产和销售的引导作用

决定企业经济效益的最重要因素主要有两个方面：一是经营管理水平；二是对市场的了解程度与适应能力。市场的供求关系制约着企业的生产销售方向；产品在市场上的竞争能力也反映了企业的管理水平。及时的预测，有利于掌握市场动态，为企业管理指明方向，使企业的生产、销售适应市场变化情况。市场预测报告为企业提供市场供求变化的动态信息，企业可以据此调整生产结构，做到产销对路，发展生产，改善经营管理，提高经济效益，增强市场竞争能力。

3. 对宏观调控的参考作用

社会主义市场经济决定着国家有关部门必须把握市场发展的客观规律，适时制定或调整相关的政策、法规。高质量的市场预测报告提供了重要的参考资料，有助于国家有关部门进行宏观调控。

4. 对消费的指导作用

人们在消费中，往往有一种从众心理和追求时尚的倾向。市场预测报告对市场未来前景的预测推断，能够唤起人们消费的热情，引导人们消费的方向，使公众的消费行为趋于理性和前瞻性。

四、市场预测报告的种类

（一）按预测的范围分

市场预测报告可分为宏观市场预测报告、微观市场预测报告两类。

（1）宏观市场预测报告。主要是对大范围或整体现象的未来所做的综合预测，常指有关国民经济乃至世界范围内的各种全局性、整体性、综合性经济问题的报告。

（2）微观市场预测报告。主要是某一部门或某一经济实体对特定市场商品供需变化情况、新产品开发前景等进行分析研究的预测报告。

（二）按预测的时间分

市场预测报告可分为长期预测报告、中期预测报告、短期预测报告三类。

（1）长期预测报告。是指对超过五年期限的经济发展前景的预测报告。

（2）中期预测报告。是指对一年至五年时间内经济发展前景的预测报告。

（3）短期预测报告。是指对一年内经济发展情况的预测报告。

（三）按预测的方法分

市场预测报告可分为定量预测报告、定性预测报告两类。

（1）定量预测报告。该报告包括数字预测法预测报告和经济计量法预测报告。数字预测法预测报告，是采用对某一产品（商品）已有的大量数据进行分析研究，从中找出产品（商品）的发展趋势而写成的报告；经济计量法预测报告，是根据各种因素的制约关系用数学方法加以预测而写成的报告。

（2）定性预测报告。该报告是对影响需求量的各种因素，如质量、价格、消费者、销售点等进行调查、分析研究，在此基础上预测市场需求量而写成的报告。

（四）按预测的区域分

市场预测报告可分为国际市场预测报告、国内市场预测报告、区域性市场预测报告三类。

（1）国际市场预测报告。该报告是预示、估计和测算未来国际市场发展趋势的报告。

（2）国内市场预测报告。主要是通过对国内市场经济形势、政策导向的正确分析，预测未来国内市场的发展趋势而写成的报告。

（3）区域性市场预测报告。主要是通过对某一地区市场的分析调研，预测出未来一段时间内某地区市场的经济发展前景而写成的报告。

五、市场预测报告常用的预测方法

市场预测方法主要有以下几种：

（一）时间序列预测法

在市场预测中，经常遇到一系列依时间变化的经济指标值，如企业某产品按年（季）的销售量、消费者历年收入、购买力增长统计值等，这些按时间先后排列起来的一组数据称为时间序列。依时间序列进行预测的方法称为时间序列预测法。

（二）回归预测法

1．“回归”的含义

回归是指用于分析、研究一个变量（因变量）与一个或几个其他变量（自变量）之间的依存关系的统计分析方法，其目的在于根据一组已知的自变量数据值来估计或预测因变量的总体均值。在经济预测中，人们把预测对象（经济指标）作为因变量，把那些与预测对象密切相关的影响因素作为自变量。根据二者的历史和现在的统计资料建立回归模型，经过统计检验后用于预测。回归预测有一个自变量的一元回归预测和多个自变量的多元回归预测，这里仅讨论一元线性回归预测法。

2．回归分析的基本条件

应用一组已知的自变量数据去估计、预测一个因变量的值时，这两种变量需要满足以下两个条件：

第一，统计相关关系。统计相关关系是一种不确定的函数关系，即一种因变量（预测变量）的数值与一个或多个自变量的数值明显相关却不能精确且不能唯一确定的函数关系，其中的变量都是随机变量。经济现象中这种相关关系是大量存在的。例如粮食亩产量 y 与施肥量 x 之间的关系，二者明显相关但不存在严格的函数关系，亩产量不仅与施肥量有关，还与土壤、降雨量、气温等多种因素有关，因此亩产量 y 存在随机性。

第二，因果关系。如果一个或几个自变量 x 变化时，按照一定规律影响另一变量 y，而 y 的变化不能影响 x，即 x 的变化是 y 变化的原因，而不是相反，则称 x 与 y 之间具有因果关系，反映因果关系的模型称为回归模型。

（三）定性预测法

定性预测法是指预测者根据已经掌握的部分历史和直观的资料，运用个人的经验和主观判断能力对事物的未来发展作出性质和程度上的预测的方法。

1．德尔菲法

该方法因古希腊地名德尔菲而得名，最早出现于 20 世纪 50 年代末，是当时美国为了预测在“遭受原子弹轰炸后，可能出现的结果”而发明的一种方法。该方法广泛用来进行预测、决策分析和编制规划工作。其特征有：（1）吸收专家参与预测，充分利用专家的经验和学识；（2）采用匿名或背靠背的方式，使每一位专家都独立自由地做出自己的判断；（3）预测过程经过几轮反馈，使专家的意见逐渐趋同。

2．头脑风暴法

头脑风暴法又称畅谈法、集思法等，由美国奥斯本博士于 1941 年提出，是采用会议的方式，利用集体的智慧，引导每个参加会议的人围绕某个中心议题，广开言路，激发灵感，在头脑中掀起风暴，毫无顾忌、畅所欲言地发表独立见解的一种创造性思考的方法。

3．德尔菲法与头脑风暴法的区别

（1）应用不同。德尔菲法主要用于技术预测、政策制定、经营管理、方案评估等；头脑风暴法一般用于对战略性问题的探索。

（2）专家选择的代表、人数不同。头脑风暴法专家易受权威、会议气氛和潮流等因素影响，所选专家人数为 5～15 人；德尔菲法专家选择相对广泛，采用匿名征询的方式征求专家意见，消除了头脑风暴法中专家易受权威、会议气氛和潮流等因素影响的缺陷，所选专家人数为 15～50 人。

（3）获取专家意见的工具不同。德尔菲法运用编制调查表的方法，把调查表分发给受邀参加预测的专家，专家之间互不见面和联系，不受任何干扰独立地对调查表所提问题发表自己的意见。头脑风暴法一般采用圆桌会议的形式，采用即兴发言。

（4）专家对问题的回答不同。运用德尔菲法的专家对调查表的提问有充分的时间做出论证、详细的说明或提出充足的依据。头脑风暴法因为是即兴发言，因而普遍存在逻辑不严密、意见不全面、论证不充分等问题，同时易受表达能力的限制。

（5）所用时间不同。德尔菲法要进行四轮的征询调查，所用时间通常比较长。头脑风暴法会议讨论的时间一般为 20～60 分钟，如果讨论的问题较多，可以多召集几次会议。

4. 德尔菲法与头脑风暴法的优缺点

（1）德尔菲法。

优点：①由于观点是匿名的，因此更有可能给出不受欢迎的看法；②所有观点有相同的权重，避免重要人物占主导地位的问题；③专家不必一次聚集在某个地方，比较方便；④避免出于自尊心而不愿意修改自己原来不全面的意见；⑤这种方法具有广泛的代表性。

缺点：①专家选择没有明确的标准，预测结果缺乏严格的科学分析；②最后趋于一致的意见，仍有随大流的倾向；③过程比较复杂，花费时间较长。

（2）头脑风暴法。

优点：①激发了想象力，有助于发现新的问题和全新的解决方案；②让主要的利益相关者参与其中，有助于进行全面沟通；③速度较快，并易于开展。

缺点：①参与者可能缺乏必要的技术和知识，无法提出有效的建议；②由于头脑风暴法相对松散，因此较难保证过程的全面性；③可能会出现特殊的小组状况，导致某些有重要观点的人保持沉默而其他人成为讨论的主角；④实施成本较高，要求参与者有较好的素质，这些因素是否满足会影响头脑风暴法实施的效果。

（四）定量预测法

定量预测法是通过建立数学和统计学模型使预测更加精确，它在中短期预测中具有非常明显的优势。在这里主要介绍简单平均法和加权平均法：

（1）简单平均法是以一定观察期内预测变量的算术平均值作为下一期预测值的预测方法，这种方法适用于趋势比较稳定的时间序列的短期预测。

（2）加权平均法是将时间序列的各个数据看作对预测值有不同程度的影响，分别给各个数据以不同权数后计算出加权平均数，并将其作为下一期预测值的方法。

六、市场预测报告的写作格式

市场预测报告一般由标题、正文和落款三个部分组成。

（一）标题

市场预测报告的标题，常见的有公文式标题、文章式标题、复合式标题三种。

1. 公文式标题

公文式标题由预测时间、范围（区域）、预测对象和文种四个因素组成。除了预测对象和文种以外，其他两项均可省略，如《2017 年××市××花卉市场前景预测》《××市 2016 年厨房空调需求预测》等。

2. 文章式标题

文章式标题没有“预测”二字，但是能看出含有预测的意思，因其类似于新闻报道中消息的标题，所以也可称之为消息式标题，如《家用轿车市场需求持续上升》《我国高铁建设发展速度展望》。

3. 复合式标题

复合式标题一般用文章式标题作正标题，用公文式标题作副标题，如《鱼目混珠后果难堪——南珠市场面临滞销困境》。不管哪种形式的标题，都必须标明预测对象，它是所有标题中不可或缺的。

(二) 正文

正文一般包括前言、主体、结尾三个部分。

1. 前言

前言，又叫引言，即市场预测报告的开头。它一般简介预测对象的性质、特点和用途，或概括预测的重要内容引领下文，还可以将预测的结果先提到这个部分来写，以引起读者的关注。前言部分的写作，要求概括但突出主要内容，如《预测：2017 年低速电动车六大发展趋势》的前言：

例文分析

在刚刚过去的 2016 年，低速电动车行业的洗牌战仍在加剧，价格战、品牌战、转型升级等成为行业内的热门词汇。与此同时，低速电动车的产销继续保持增长态势。相关数据显示，今年 1—10 月，仅山东省的低速电动车产量就高达 46.99 万辆。行业内翘首以盼的四轮低速电动车技术标准也已经立项，并召开了两次会议，预计将于 2017 年出台。

无论利润是亏或盈，无论新政策是利或弊，凡事应该向前看。因此，根据对低速电动车近来市场动态和政策的观察，笔者预测了 2017 年低速电动车的六大发展趋势。

点评： 这段前言首先说明在 2016 年低速电动车的洗牌情况，价格战、品牌战、转型升级等成为行业的热门词汇。接着列举山东省的生产情况，并说明国家已经对四轮低速电动车技术标准立项。最后介绍市场动态和政策观察，预测出 2017 年低速电动车的六大发展趋势。

2. 主体

主体部分是市场预测报告的核心内容，通常由历史和现状、预测和建议等部分组成。

(1) 回顾历史，说明现状。这部分是预测的出发点和基础，要用翔实准确的具体材料来说明市场的现状，包括企业自身状况、产品供求情况、同行的经营情况、消费者状况等。必要时还可以对历史上的情形作简要回顾以探寻其来龙去脉，以便更好地了解发展趋势。这部分的基本写作手法是夹叙夹议，为下一步的分析奠定基础。

(2) 分析资料数据，预测发展趋势。这是预测报告的核心内容，是具体展开分析的过程。通过对历史和现状的分析研究，导出对未来形势的判断，从而归纳、提炼出发展的趋势，预见到未来可能出现的情况。预测的内容主要是市场对某产品的需求总量和本企业产品占有市场的比例，可以从产品销售总量、同行业的生产情况、影响产品销量的人口因素和新产品开发速度等方面进行预测，也可以从产品的技术发展趋势、资源、生产成本等方面进行预测。无论哪一种预测，都必须以翔实准确的数据材料为依据，通过比较分析、科学推断等方法准确预测市场的未来趋势，而不能闭门造车、主观臆断。在写作上既要提出明确的预测结论，又要用充分的论据加以论证以增强说服力；既要预测事物发展的总趋势，又要预测总趋势中可能出现的某些变化；既要预测可见的、已经出现的因素的影响，又要考虑潜在的、突变的因素的影响；既要考虑客观因素，又要考虑主观因素。

3. 结尾

结尾部分要归纳预测结论，面向未来提出对策、设想、建议，为经营决策提供参考。提出切实可行的建议或设想，是市场预测报告写作的目的。预测的目的就是要以对现状的客观分析为基础，提出既具有前瞻性又切实可行的意见和建议，给出对策或措施，以便准确地做出决策。

（三）落款

市场预测报告的落款部分，包括署名和日期。署名应写明单位名称或作者姓名，位于正文右下方；日期应写明年、月、日，写在署名的下面。落款简单但不能省略，其作用主要是备查，让使用者知道预测时间，以免决策失误。

七、市场预测报告写作的注意事项

第一，掌握市场预测的基本程序和科学的预测方法。全面掌握材料，突出预测重点目标。市场预测必须在对市场的历史、现状进行深入分析的基础上进行，这是写好预测报告的前提。

第二，要注意突出预测的重点目标。抓住决策的关键要素，才能做好市场预测。一篇预测报告只能突出重点问题，不能面面俱到。

第三，力求预测准确，建议切实可行。预测本身带有不确定性，而且由于市场变幻莫测，预测的结果与实际情况始终存在误差，有时甚至会相差甚远。这就要求我们在进行预测时，要全面掌握各方面的情况和科学的预测方法，尽可能地进行周密的论证分析和思考。

第四，坚持实事求是，从实际出发的原则，力求减少计算与表述的误差，以克服预测的盲目性，增强预测的准确性。尤其是在提出建议和意见部分，要做到切实可行，避免抽象笼统。这样，预测的结果才能更好地服务于企业，为其科学决策提供强有力的保障。

例文分析

预测：2017年低速电动车六大发展趋势

在刚刚过去的2016年，低速电动车行业的洗牌战仍在加剧，价格战、品牌战、转型升级等成为行业内的热门词汇。与此同时，低速电动车的产销继续保持增长态势。相关数据显示，2016年1—10月，仅山东省的低速电动车产量就高达46.99万辆。行业内翘首以盼的四轮低速电动车技术标准也已经立项，并召开了两次会议，预计将于2017年出台。

无论利润是亏或盈，无论新政策是利或弊，凡事应该向前看。因此，根据对低速电动车近来市场动态和政策的观察，笔者预测了2017年低速电动车的六大发展趋势。

1. 政策收紧

刚刚过去的一周，低速电动车行业被国标风向突变一事闹得人心惶惶。三部委回应问询、标准工作组二次会议、专家话语等种种迹象，都透露出低速电动车国标极有可能参照乘用车标准，并且会于今年提前出台。

2. 安全标准升级

安全问题是低速电动车屡屡被人诟病的老话题。2016年12月24日，十二届全国人大常委会第二十五次会议在人民大会堂举行联组会议，其中，国家工业和信息化部部长苗圩表示，“关于四轮低速电动车，要制定一个新标准和检测条件，重点突出安全性要求。”再结合近日传出的政策制定走向，安全将成为2017年低速电动车企业急需突破的关键点。

目前相关的标准有《汽车正面碰撞的乘员保护》（GB11551—2014）和《电动汽车碰撞后安全要求》（GB/T31498—2015）。因为低速电动车车身小，没有足够的变形吸能空间，要达到汽车级别的碰撞标准可能比常规车更难。

3. 锂电池趋热

众所周知，铅酸电池一直是低速电动车领域的主流应用产品。但是，近些年来，铅酸电池却由于在生产、回收环节造成的污染远高于锂电池而饱受争议。尤其是在电池的动力与安全成为核心竞争力的今天，用锂电池代替铅酸电池的呼声越来越高。在国际上，特斯拉和日产 leaf 的电池技术无疑是行业标杆，国内的电池商也逐渐开始试水石墨烯锂电池。在铅酸电池被逐步淘汰的今天，锂电池能握紧铅酸电池的接力棒吗？国内的行业巨头急需突破这一行业瓶颈。

超威：经过四年研发的超威黑金电池于 2016 年 2 月 29 日正式发布，该黑金电池加入了石墨烯作为辅料，令电池的抗寒耐热、动力输出等性能远优于同等级电池。其能量相较普通动力铅酸电池提升约达 15%，可令超威该系列电池的平均售价提升 5%。

天能：天能目前的锂电池业务占比只有 3%，但是从第二季度的公司规划来看，到 2020 年，天能将提升锂电池业务至 20%。截至 2016 年上半年，天能锂电池产能已达 2.25GWh，规划未来将达到 5.5GWh 产能。

4. 品牌营销被提上议程

纵观低速电动车产业多年来的发展轨迹，由最初的小打小闹发展到如今的格局已定，行业正在逐渐迈向成熟。同时，市场竞争趋于白热化，行业洗牌仍在加剧。可以预见的是，随着新标准的出台，一大批小企业小作坊将被淘汰出局，品牌影响力更将成为实力企业竞争的重要武器。

5. 智能化

智能化乃是当今社会发展的主流趋势，各行各业都不例外。而低速电动车作为一种新兴的环保型代步工具，更是要紧跟潮流。从 2016 年开始，智能化已经成为行业潮流。

6. 混动产品可能成为趋势

上文中提到，铅酸电池的多种弊病亟待解决。但是，锂电池短时间内是不能完全替代铅酸电池的，原因是锂电池的成本仍旧远远高于铅酸电池，这样导致企业的生产成本过高，消费群体一时难以接受较高的价格。因此，从铅酸电池到锂电池是需要一个过渡期的。

在锂电池的成本问题尚且不能得到突破的情况下，这种油电混动的模式对困局中的铅酸电池而言，的确是个不错的选择。混动也许成为未来几年低速电动车突破续航里程的主流解决方案。

总而言之，新的竞争格局给行业人提出了很多机遇和挑战。在国家政策不能被左右的前提下，我们唯有通过市场的力量发声，用真正符合市场需求的、人民群众所喜闻乐见的产品说话。

××电动车行业预测员×××

20××年×月×日

点评：该预测报告标题直接提出《预测：2017 年低速电动车六大发展趋势》。前言部分首先分析 2016 年低速电动车市场形势，接着列举山东省的生产情况，并说明国家已经对四轮低速电动车技术标准立项，然后介绍市场动态和政策观察，最后说明市场存在的一些问题。在主体部分，主要根据国家的政策导向提出六大发展趋势，即：1. 政策收紧；

2. 安全标准升级；3. 锂电池趋热；4. 品牌营销被提上议程；5. 智能化；6. 混动产品可能成为趋势。其中对锂电池趋热做了详尽的分析，预测超威、天能两大锂电池供应商份额将有所提升。预测报告的结尾做了一个总结，认为新的竞争格局将会出现。最后是落款和时间。

八、市场调查报告和市场预测报告的异同

市场调查和市场预测有着密不可分的联系。市场调查是市场预测的前提、基础和依据；市场预测又是市场调查的继续、延伸和结果。市场调查为市场预测提供必要的市场变化的数据和资料，没有市场调查，市场预测是盲目而无根据的，预测结果不可能有科学性和准确性。只有市场调查，没有市场预测，企业对市场信息的掌握将是不完整的。

作为密切关联的事物，市场调查报告与市场预测报告都是经营决策过程的有机组成部分，其内容、结构接近，只是侧重点不同，所以人们常常难以将它们完全分开。市场调查报告与市场预测报告之间的关系，具体体现在以下方面。

（一）市场调查报告和市场预测报告的共同点

1. 主体相同

其主体都是对市场信息资料有需求的生产企业和销售企业。

2. 研究客体相同

其客体都是市场现象及其相关因素，都是从调查了解过去和现在的市场各种因素入手来展开工作的。

3. 根本目的相同

市场预测报告和市场调查报告都是为企业的生产经营决策或制定科学的营销计划服务的。其根本目的是一致的，都是为了保证产销对路，供需平衡，把握市场变化，谋求良好的经济效益。

（二）市场调查报告和市场预测报告的区别

虽然市场调查报告和市场预测报告有许多共同点，两者又密切关联，但它们还是有区别的，主要表现在以下三个方面：

1. 研究重点不同

市场调查报告侧重于市场现状和历史的研究，这是一种客观的描述性研究，目的是了解市场的客观实际情况，及时捕捉市场信息，总结经验教训，以求指导当前工作。市场预测则侧重于对市场未来发展趋势的研究，这是一种预测性研究，着重探讨市场供求关系的发展趋势及影响此趋势变化的各种因素，对未来市场作出推测、估计和预见，并有针对性地提出改进意见，以求能快速地适应未来市场的变化形势。市场调查报告中虽然也有预测，但它与市场预测报告中的预测具有一定差异，前者的预测往往是短期的、局部的，在调查报告中并非重点内容；而后者的预测则往往是中长期的、全局的、宏观的，在预测报告中是重点内容。

2. 研究结果不同

市场调查报告的研究结果是市场现象的各种数据、资料的书面化，涉及的内容比市场预测报告要广泛，因而既可作为市场预测报告的依据和资料，也可直接为经济管理部门和企业日常决策提供依据；而市场预测报告的研究结果是关于市场发展变化的趋势和市场需求的可能水平，是有一定科学根据的假定，主要为制订计划和管理决策服务。

3. 研究方法不同

市场调查着眼于市场的过去和现状，而市场预测着眼于市场未来的发展变化趋势。与此相应，市场调查报告的研究方法多是了解市场现状、捕捉市场信息的方法，如访谈法、问卷调查法、观察法等。而市场预测报告则是为了科学地预测市场未来的需求量和需求状况，所采用的研究方法主要包括定性预测法和定量预测法，而且多用数学模型和数理分析。

本章小结

本章主要介绍财经专用文书，特别是市场调查报告的写作方法和要领。对财经专用文书的含义、特点和作用要有一定的了解，全面掌握各类财经专用文书的构成要素、基本结构和内容，尤其要注意区分不同类型市场调查报告的种类，灵活运用市场调查方法，按照科学的市场调查程序，正确把握各类财经专用文书的编写方法及编写要求。

关键术语

财经专用文书	市场调查	市场调查的程序	市场调查方法
文本调查法	全面调查法	抽样调查法	典型市场调查法
观察法	访谈法	实验法	问卷调查法
网络调查法	市场调查报告的种类		

思考与练习

一、选择题

1. 市场调查报告的基本情况部分可以用（　　）说明。

A. 文字　B. 图表　C. 数字　D. 夸张

2. 市场调查报告的标题应做到（　　）。

A. 准确　B. 简洁　C. 平实　D. 醒目

3. 市场调查报告的内容要素包括（　　）。

A. 标题　B. 基本情况　C. 分析预测　D. 措施建议

4. 市场调查的基本方法有（　　）。

A. 普查　B. 抽样调查法　C. 典型带调查　D. 重点调查法

5. 下列哪项内容不属于产品调查的内容（　　）。

A. 产品本身的质量　B. 在消费者中的信誉

C. 产品的商标、包装　D. 产品的总值净增量

二、判断题

1. 市场调查报告只写明调查到的情况和数据即可。
2. 市场调查报告可以用提问的方式写标题。
3. 市场调查报告不用写明结论。
4. 市场调查报告的标题应概括全文的基本内容。
5. 市场调查报告主要是陈述市场情况，因此其表达方式主要是叙述。

三、简答题

1. 什么是市场调查报告？
2. 市场调查的基本原则有哪些？
3. 市场调查报告的特征是什么？
4. 市场调查报告的主要内容是什么？
5. 市场调查报告的构成要素有哪些？

四、写作题

自拟题目写一份关于在校大学生高消费的调查报告。

部分习题答案：

一、答案：1. ABC；2. B；3. BCD；4. B；5. D。

二、答案：1. ×；2. √；3. ×；4. √；5. ×。

第四篇

国民经济计划（财经项目）监控过程

随着市场经济的飞速发展，越来越多的企业开始融资上市，也有的企业向金融机构贷款；还有的企业为了做大做强，开始资本兼并或进行企业收购；一些重大项目完工需要报竣，不仅有项目中审计，还要有项目结束预决算、报竣等多种审计；企业合资审计，上市公司公布年报，年终岁尾财务决算，都需要财务审计。还有的企业为了融资发展，选择上市募集资金，募集资金就需要撰写招股说明书，招股说明书写得好坏，在很大程度上影响着很多战略投资者的投资热情，因此，必须严格按照国家证券管理部门的要求编写，否则难以过预审关。因此，财经应用专用文书的写作，直接影响到企业日后的健康发展。无论主板上市，还是中小板和创业板上市，包括境外上市，都需要写好招股说明书。如何编写审计报告、税务稽查报告和财务分析报告？这些都纳入市场监管者、企业管理者和各类投资者的视角。在本部分，我们需要研究这些报告的写作内容。

第八章

审计与审计报告

本章要点

1. 了解审计工作的主要内容；
2. 了解审计报告的结构和基本内容；
3. 掌握注册会计师签发无保留意见审计报告应具备的基本条件；
4. 熟悉其他类型审计意见的签发条件；
5. 了解各种审计报告的格式和措辞。

导入案例

第一份保留意见报告

1995年，大华会计师事务所接受委托，对上海延中实业（股票代码600601）1995年年报实行审计。1995年年报显示，延中实业每股收益0.348元，股本8 640万元。大华会计师事务所经审计发现，延中实业将公司多余资金用于股票投资获取收益共计7 476 057.28元，应列入投资收益而列入了财务费用（贷方），而且未通过银行将资金借给关联企业，并收取资金占用费9 782 228.7元计入财务费用。另外，（1）延中实业有股票投资B股31 825.80美元，A股34 696 950.50元，目前市价已低于成本；（2）为两个子公司办理担保，总数为1 800万元（债券）。

综合考虑上述情况，注册会计师发表什么审计意见比较合适？

最终，大华会计师事务所给出了我国历史上第一份保留意见报告。什么是保留意见报告？还有哪些类型的审计报告？

审计大多发生在财经项目的投资活动中，也常常在企业的运营中或者需要投资机构进行贷款融资或者是领导机关需要了解下属企业的经营状况或领导离任时的总体经济状况之时。而对于投资活动，相关部门普遍需要掌握的是财务报告的真实状况。那么，什么是投资活动？投资活动过程本质上是一次重要的资本运动过程。投资的概念本身具有双重性，既是指形成资产的特定财经活动，又表现为特定的货币资金。投资是指投资者为某种目的而进行的一次资源投放活动。投资者包括政府、企事业单位和个人等。狭义的投资是指经济主体为经济目的而进行的一次资本金的投放活动。那么所有的投资活动都需要针对国家颁布的相关财经政策法规、方法和参数，以及拟建项目进行全面的科学论证和评价分析后，进而判断其可行性的技术、财经评价。既然是投资，就要有一个运作的过程，有这样一个项目运作的过程，就需要进行项目监控、资金监控、运作形式监控。如果没有完整的监控体系，就可能出现“跑冒滴漏”。政府财经职能部门和相关部门或实体公司需要这样的监管，当然更需要相关的数据、报告和信息，这个时候，就要有财经投资监管性专用文书。那么何谓财经投资监管性专用文书呢？所谓的财经投资监管性专用文书，主要是指用于财经投资工作监管、财经投资活动监管的专用文书。具体包括审计报告、企业内部审计报告、专项审计报告，以及验资报告、项目建议书、税收稽查报告等。

第一节　审计概述

一、审计的概念及种类

（一）审计的概念

审计是一项具有独立性的经济监督活动。它是由独立的专职机构或人员接受委托或授权，对被审计单位特定时期的财务报表及其他有关资料以及经济活动的真实性、合法性、合规性、公允性和效益性进行审查、监督、评价和见证活动，其目的在于确定或解除被审计单位的受委托经济责任。根据审计的概念，可以概括出审计的两个基本特征，即独立性和权威性。审计工作一般由上级财务主管部门、审计部门或委托会计师事务所负责。

（二）审计的基本分类

参照国际审计分类的惯例，结合我国经济类型和审计监督的特点，我国审计划分为基本分类和其他分类两大类。说明审计本质的分类称为基本分类。基本分类中的审计类别，分别从不同角度说明审计的本质。

1. 按审计主体分类

审计主体是指执行审计的一方。根据国内外审计的发展和现状，审计按其主体分类，可分为政府审计、民间审计和内部审计。政府审计（亦称国家审计）是指由政府审计机关执行的审计；民间审计是指由经财政部门审核批准成立的民间审计组织所实施的审计，亦称社会审计、注册会计师审计；内部审计是指由本部门和本单位内部专职的审计机构或人员所实施的审计，包括部门内部审计和单位内部审计两大类。

2. 按审计内容和目的分类

我国审计内容和目的，可分为财政财务审计、财经法纪审计和经济效益审计。

财政财务审计是指审计机关对被审计单位的财务报表及其有关资料的公允及其所反映的财政收支、财务收支的合法性所进行的审计；财经法纪审计是指审计机构对被审计单位和个人严重侵占国家资财、严重浪费以及其他严重损害国家经济利益等违反财经纪律行为所进行的专案审计；经济效益审计是指审计机构对被审计单位的财政财务收支及经营管理活动的经济性和效益性所实施的审计。

3. 审计的其他分类

除审计的基本分类外，还可以进行其他分类。

(1) 按审计范围分类。

审计按其范围，可分为全部审计、局部审计和专项审计。全部审计又称全面审计，是指对被审计单位一定期间的财政财务收支及有关经济活动的各个方面及其资料进行全面的审计；局部审计又称部分审计，是指对被审计单位一定期间的财务收支或经营管理活动的某些方面及其资料进行部分、有目的、有重点的审计；专项审计又称专题审计，是指对某一特定项目所进行的审计。

(2) 按审计实施时间分类。

按照项目运作实施的进程进行审计是具有科学性的，按此分类，可分为事前、事中和事后审计。事前审计是指在被审计单位经济项目、业务发生以前所进行的审计；事中审计是指在被审计单位经济项目、业务执行过程中进行的审计；事后审计是指在被审计单位经济项目、业务完成以后所进行的审计。

(3) 按审计执行地点分类。

按审计执行地点分类，可分为报送审计和实地审计。报送审计又称送达审计，是指审计机构按照审计法规的规定，对被审计单位按期报送来的凭证、账簿和财务报表及有关账证等资料进行的审计；实地审计是指机构委派审计人员到被审计单位所在地进行的审计。按照实施的具体方式不同，实地审计又可分为驻在审计、专程审计和巡回审计三种。

(4) 按审计动机分类。

按审计动机分类，可分为强制审计和任意审计。强制审计是指审计机构根据法律、法规规定对被审计单位行使审计监督权而进行的审计；任意审计是根据被审计单位自身的需要，要求审计组织对其进行的审计。

(5) 按审计是否通知被审计单位分类。

审计按其在实施前是否预先通知被审计单位，可以分为预告审计和突击审计。预告审计是指在进行审计以前，把审计的目的、主要内容和日期预先通知被审计单位的审计方式；突击审计是指在对被审计单位实施审计前，不预先把审计的目的、内容和日期通知被审计单位而进行的审计。

(6) 按审计使用的技术和方法分类。

审计按其所使用的技术和方法，可分为账表导向审计、系统导向审计和风险导向审计。账表导向审计是围绕会计凭证、会计账簿和财务报表的编制过程进行的，通过对账表上的数字进行审计来判断是否存在舞弊行为和技术性错误。系统导向审计这种审计技术和方法强调对内部控制系统的评价，当评价的结果证明内部控制系统可以信赖时，在实质性测试阶段只抽取少量样本就可以得出审计结论了；当评价结果认为内部控制系统不可靠时，才根据内部控制的具体情况扩大审计范围。风险导向审计这种审计技术和方法要求审计人员从对企业环境和企业经营进行全面的风险分析出发，使用审计风险模型，积极采用分析程序，以制订与被审计单位状况相适应的多样化审计计划，达到审计工作的效率和效果。

二、审计的技术方法

审计的技术方法体系，一般由审查书面资料的方法和证实客观事物的方法两大类组成。

（一）审查书面资料的方法

1. 按审查书面资料的方式划分

按审查书面资料的方式，主要有审阅法、核对法、查询法、比较法和分析法。

（1）审阅法。审阅法是指仔细地审阅会计凭证、会计账簿、财务报表以及计划、预算、决策方案、合同等书面资料，借以查明资料及经纪业务的公允性、合法性、合规性，从中发现错弊或疑点，是收集书面证据的一种审查方法。

（2）核对法。核对法是指对会计凭证、会计账簿和财务报表等书面资料之间的有关数据进行相互对照检查，借以查明证证、账证、账账、账表、表表之间是否相符，从而取得有无错弊的书面证据的一种复核查对的方法。

（3）查询法。查询法是指审计人员对审查过程中所发现的疑点和问题，通过向被审计单位内外有关人员调查和询问，弄清楚事实真相并取得审计证据的一种方法。

（4）比较法。比较法是指对被审计单位的被审计项目的书面资料同相关的标准进行比较，确定它们之间的差异，经过分析从中发现问题并取得审计证据的一种方法。

（5）分析法。分析法是通过对会计资料有关指标的观察推理、分解和综合，举一反三，以揭示其本质和了解其构成要素的相互关系的审计方法。其中可分为比较分析、比率分析、账户分析、账龄分析、平衡分析和因素分析等方法。

2. 按审查书面资料的顺序划分

按审查书面资料的顺序，可分为顺查法和逆查法。

（1）顺查法。又称正查法，是按照会计核算的处理顺序，依次对证、账、表各个环节进行检查核对的一种方法。

（2）逆查法。又称倒查法，是按照会计核算相反的处理程序，依次对表、账、证各个环节进行检查核对的一种方法。

3. 按审查书面资料所涉及的数量划分

按审查书面资料所涉及的数量，可分为详查法和抽查法。

（1）详查法。详查法是指对被审计单位一定时期内的所有会计凭证、会计账簿和财务报表或某一项目的全部会计资料进行详细审查的方法。

（2）抽查法。抽查法又称抽样法，是指从被审计单位审查期的全部会计资料中抽取一部分进行审查，并根据审查结果推断总体的一种方法。

（二）证实客观事物的方法

证实客观事物的方法，是审计人员搜集书面资料以外的审计证据，证明和落实客观事物的形态、性质、存放地点、数量和价值等方法。这类方法包括盘点法、调节法、观察法和鉴定法。

（1）盘点法。盘点法又称实物清查法，是指对被审计单位各项财产物资进行实地盘点，以确定其数量、品种、规格及金额等实际状况，借以证实有关实物账户的余额是否真实、正确，从中搜集实物证据的一种方法。

（2）调节法。调节法是指在审查某个项目时，通过调整有关数据，求得需要证实的数据的方法。

(3) 观察法。观察法是指审计人员进驻被审计单位后，对于生产经营管理工作的进行、财产物资的保管、内部控制系统的执行等，亲临现场进行实地观察，透过现象看本质，了解事实真相，结合有关标准和书面资料的记录，以取得审计证据的方法。

(4) 鉴定法。鉴定法是指对书面资料、实物和经济活动等的分析、鉴别，超过一般审计人员的能力和知识水平，从而邀请有关专业人员进行专门鉴别，作为审计依据。

第二节 审计报告概述

一、审计报告的概念及性质

(一) 审计报告的概念

审计报告实际上是属于两个范畴的不同概念：一个是注册会计师审计报告，一个是国家审计部门审计报告。范畴不同，文书的属性也不同，写法也就不同。《中国注册会计师审计准则第 1501 号——审计报告》第三条规定：“本准则所称审计报告，是指注册会计师根据中国注册会计师审计准则的规定，在实施审计工作的基础上对被审计单位财务报表发表审计意见的书面文件。”

(二) 审计报告的性质

审计报告是审计工作的最终结果。审计报告是注册会计师根据中国注册会计师执业准则的要求，在实施了必要的审计程序后出具的，用于对被审计单位财务发表审计意见的书面文件，报告不仅具有内容的针对性，而且具有法定证明效力。

1. 鉴证性

在财经项目和财经活动中，审计报告的鉴证性是迫切需要的。不仅政府相关的决策层需要审计报告，相关主管实体部门和投资机构也都需要审计报告。在这种情况下，注册会计师是以第三者的独立身份执行审计任务，按照严格规定的内容、程序、步骤等对审计单位实施审计，并签发审计报告，因而这种审计报告具有鉴证的性质，也就是对被审计单位财务报表的合法性、公允性发表的鉴证意见；并可以作为该单位领导或经营者在任期间工作业绩的一个客观说明和评价。这种鉴证性是有力度的，不是空泛的。事实证明，这样的审计报告已经得到政府及各个部门和社会各界的普遍认可。

2. 依据性

审计报告的依据，一方面是对注册会计师而言的，另一方面是对使用者而言的。通过审计，注册会计师要把审计任务完成情况及其结果写进审计报告中，从而注册会计师就可以表明审计工作的质量与审计责任，它是证明审计工作质量和注册会计师责任的依据。其中包括证明注册会计师在审计过程中是否实施必要的审计程序、是否以审计工作底稿为依据发表审计意见、发表的审计意见是否与被审计单位的实际情况相一致、审计工作的质量是否符合要求等。注册会计师通过审计，可对被审计单位的财务报表出具载有不同类型审计意见的审计报告，以提高或降低财务报表信息使用者对财务报表的信赖程度，也是使用者考察被审计单位相关资质和情况的依据。投资前，投资者通过阅读审计报告了解状况，可降低风险。

3. 强制性

审计报告是赋有管理职权的机关或领导人授权审计机构（人员），依照国家政策、法律法规等对审计对象进行审核后写出的报告。审计报告中的评价和处理意见，尤其是政府、上级主管部门和权威机构组织的审计，是对被审计单位财经工作的裁定书。不管被审计单位是否同意，都需要按照规定的要求进行审计工作，而且其具有显著的强制性。不仅被审计单位要执行，而且主管部门也有监督被审计单位执行审计决定的责任。上市公司在规定的时间和地点，都需要而且必须进行审计。

二、审计报告的作用与分类

（一）审计报告的作用

审计报告形成以后，可以充分发挥鉴证作用、保护作用和建设性作用，尤其对被审计单位后续的经营管理，保护投资者的合法利益，提出积极的、具有建设性的、合理的改进措施具有重要意义，同时，也是相关财经职能部门、经营决策者了解情况、进行顶层设计的重要依据。

1. 审计报告是政府部门、投资者做出投资决策的重要依据

为规避投资风险，无论政府职能部门还是投资者都会审慎对待一些投资项目，认真考虑投资安全和效益性。为了提高财务报表信息使用者对财务报表的信赖程度，对审计对象即投资对象的财产、债权人和股东权益及企业利害关系人的利益起到保护作用，项目投资前就要控制防范投资风险，查阅被投资企业的财务报表和注册会计师的审计报告。

2. 审计报告是政府职能部门了解、掌握企业经营状况的依据

政府职能部门要长期管理企业，需要以国家、政府的政策法规为标准，对被审计对象的收支及有关经济活动、财务状况和经营成果进行审核、检查，判定其经济活动及用以反映经济活动的资料的真实性、正确性、合法性，并对被审计单位的经营管理制度、经营管理活动状况或对被审核的领导个人的经济责任作出评价，人事组织部门、财政管理部门、税务部门，都要通过审计处理有关问题和考察、使用、管理干部。当然，审计报告也是制定各种财经政策的依据，同时也是进行宏观调控、制定决策的依据，独立审计机构的审计报告还有一定的公证、鉴证和评价作用。

3. 审计报告是银行等金融机构进行信贷决策的依据

项目投资风险，是银行及其金融机构最关键的指标。银行及其投资机构，优先考虑的是成长性、安全性较好的投资对象。投资决策之前，银行需要了解申请贷款的企业的财务状况，掌握其偿债能力和获利能力。审计报告对被审计企业的经营管理制度、经营管理活动进行评价，指出其不合理的地方，提出建议，指出发展后劲。为银行及其投资者了解客户资信状况提供有力的佐证，是银行及其金融机构决定贷款项目、规模和时间的重要依据。

4. 审计报告是反腐倡廉、奖勤罚懒的重要依据

审计报告是企业经营者的另一个业绩考核簿，是第三方从公正的角度对企业经营决策者进行独立考核的一个重要依据。从经营实绩中，可以得到客观的评价。嘴上说得再多都没用，要用指标来说话。调子唱得再高，背地里贪污腐化，审计中也能查出端倪。离任审计、任期审计，都体现了这方面的作用。

（二）审计报告的分类

审计报告可以按照不同标准，划分为不同的类型。

1. 按使用目的可分为公布目的和非公布目的的审计报告

(1) 公布目的的审计报告。一般为对企业股东、投资者、债权人等非特定利益关系者公布的附送财务报表的审计报告。

(2) 非公布目的的审计报告。一般指为经营管理、合并或业务转让、融通资金等特定目的而实施的审计报告。这类审计报告通常被发布给特定使用者，如经营者、合并或业务转让的关系人、提供贷款的金融机构。

2. 按格式可分为标准和非标准审计报告

(1) 标准审计报告是指格式和措辞基本统一的审计报告。该类审计报告不附加说明段、强调事项段或任何修饰性用语。标准审计报告一般适用于对外公布目的。

(2) 非标准审计报告是指格式和措辞不统一，可根据具体审计项目的问题来决定的审计报告。它包括不是以会计准则为基础编制的财务报表的审计报告，对财务报表中某些特定项目、账户等发表意见的审计报告，对是否符合法规规定发表意见的审计报告等特殊审计报告。非标准审计报告一般适用于非公布目的。

3. 按详略程度可分为简式和详式审计报告

(1) 简式审计报告，又称短式审计报告。它是指注册会计师对应公布的财务报表进行审计后所编制的简明扼要的审计报告。简式审计报告反映的内容是非特定多数的利害关系人共同认为的必要审计事项，它具有记载事项为法令或审计准则所规定的特征，具有标准格式。因而简式审计报告一般适用于公布目的，具有标准审计报告的特点。

(2) 详式审计报告，又称长式审计报告。是指对审计对象所有重要的经济业务和情况都要做详细说明和分析的审计报告。详式审计报告主要用于帮助企业改善经营管理，故其内容比简式审计报告要丰富得多、详细得多。详式审计报告一般适用于非公布目的，具有非标准审计报告的特点。

4. 标准审计报告

标准审计报告，是指不含有说明段、强调事项段、其他事项段或其他任何修饰性的无保留意见的审计报告。

注册会计师应根据审计结论，出具下列审计意见之一的审计报告：

(1) 无保留意见审计报告。

(2) 带强调事项段的无保留意见审计报告。

(3) 保留意见审计报告。

(4) 否定意见审计报告。

(5) 无法保留意见审计报告。

5. 非标准审计报告

非标准审计报告是指标准审计报告以外的其他审计报告，包括带强调事项段和其他事项段的无保留意见的审计报告和非无保留意见的审计报告。

(1) 带强调事项段和其他事项段的无保留意见的审计报告。

审计报告的强调事项段，是指注册会计师在审计意见段之后增加的对重大事项予以强调的段落。带有这样的段落的无保留意见的审计报告，就叫作带强调事项段的无保留意见的审计报告。

(2) 非无保留意见的审计报告。

对财务报表的影响重大或可能是重大，注册会计师应当出具非无保留意见的审计报告：一是注册会计师与管理层的被审计单位会计在政策的选用、会计估计的作出或财务报表的披露方面存在异议；二是审计范围受到限制。非无保留意见的审计报告，又可分为以下几种：

①保留意见的审计报告。保留意见是指注册会计师对财务报表的反映有所保留的审计意见。认为财务报表整体是公允的，但还存在下列情形之一，注册会计师应当出具保留意见的审计报告：一是会计政策的选用、会计估计的作出或财务报表的披露不符合适用的会计准则和相关会计制度的规定，虽影响重大但不至于出具否定意见的审计报告；二是因审计报告范围受到限制，无法按照独立审计准则的要求取得应有的审计证据，个别会计处理方法的选用不符合一贯性原则。

②否定意见的审计报告。否定意见是指与无保留意见相反，认为财务报表没有按照适用的会计准则和相关会计制度的规定编制，未能在所有重大方面公允反映或严重歪曲被审计单位的财务状况、经营成果和现金流量，注册会计师应当出具否定意见的审计报告。

③无法表示意见的审计报告。无法表示意见是指注册会计师认为被审计单位审计范围受到限制可能产生的影响非常重大和广泛，不能获取充分、适当的审计证据，以至无法对财务报表发表审计意见，注册会计师应当出具无法表示意见的审计报告。

三、审计报告的写作

《中国注册会计师审计准则第 1501 号——审计报告》第十条规定，审计报告应当包括下列要素：(1) 标题；(2) 收件人；(3) 引言段；(4) 管理层对财务报表的责任段；(5) 注册会计师的责任段；(6) 审计意见段；(7) 注册会计师的签名和盖章；(8) 会计师事务所的名称、地址及盖章；(9) 报告日期。这些既是对审计报告写作内容的要求，也是对审计报告写作格式的要求。

1. 标题

审计报告统一采用规范公文式标题。标题由被审计单位名称、时间、内容和文种四部分组成，如《关于××公司 2014 年财务报表虚假情况的审计报告》。

2. 收件人

收件人，即主送单位，是指审计报告的送达单位，主要是授权或委托审计的机关、单位或负责人，或约定被审计单位的上级主管部门。审计报告应载明收件人的全称。

3. 引言段

审计报告的引言段主要是说明被审计单位的名称和财务报表已经审计，并包括下列内容：一是指出构成整套财务报表的每张财务报表的名称；二是提及财务报表附注；三是指明财务报表的日期和涵盖的期间。

4. 管理层对财务报表的责任段

管理层对财务报表的责任段应当说明，按照适用的会计准则和相关会计制度的规定编制财务报表是管理层的责任，这种责任包括：一是设计、实施和维护与财务报表编制相关的内部控制，以使财务报表不存在由于舞弊或错误而导致的重大错报；二是选择和运用恰当的会计政策；三是做出合理的会计评估。

5. 注册会计师的责任段

注册会计师的责任段应当说明下列内容：一是注册会计师的责任是在实施审计工作的基础上对财务报表发表审计意见。注册会计师按照中国注册会计师审计准则的规定执行审计工作。要求遵守职业道德规范，计划和实施审计工作以对财务报表是否不存在重大错报获取合理保证。二是审计工作涉及实施审计程序，以获取有关财务报表金额和披露的审计证据。选择的审计程序取决于注册会计师的判断，包括对由于舞弊或错误导致的财务报表重大错报风险的评估。在进行风险评估时，注册会计师考虑与财务报表编制相关的内部控制，以设计恰当的审计程序，但目的并非对内部控制的有效性发表意见。审计工作还包括评价管理层选用会计政策的恰当性和做出会计估计的合理性，以及评价财务报表的总体列报。三是注册会计师相信已获取的审计证据是充分、适当的，为其发表审计意见提供了基础。如果接受委托，结合财务报表审计对内部控制的有效性发表意见，注册会计师应当省略第二项中“但目的并非对内部控制的有效性发表意见”的术语。

6. 审计意见段

审计意见段应当说明财务报表是否按照适用的会计准则和相关会计制度的规定编制，是否在所有重大方面公允反映了被审计单位的财务状况、经营成果和现金流量。如：

某国有公司审计中发现如下问题：

第一，原始凭证不合格的共有 7 笔，合计金额 250 000 元。

第二，执行财经制度不严格的共 5 笔，合计金额 164 287 元。

第三，会计科目处理欠妥的共 3 笔，合计金额 50 850 元。

第四，总经理、副总经理 5 人，公司分配了公务用车，仍然发放市内交通补贴 6 800 元，应该予以收回。

第五，新分厂购置设备原始凭据还有部分没有入账，约 1 700 000 元。

结论、处理意见或建议。结论，又称审计评价，是根据被审计单位的实际情况及查出的问题，依据国家的政策法令和财经纪律，并根据问题的性质、情节、原因等客观公正地作出评价，并对问题提出处理意见。对具体问题要具体分析，提出的处理意见要具体，实事求是，恰如其分。

有时这一部分以建议和改进措施的方式提出，即针对企事业单位在生产经营、业务管理、会计核算和内容控制制度方面的问题、漏洞、缺点而提出的建设性意见和改进措施。建议一定要有针对性、可操作性，以便被审单位接受采纳。

有的审计报告有附件。附件是对正文补充说明的佐证材料，是附在审计报告之后的详细报表或其他文件，主要是被审计单位的会计报表，凭证、账簿中发现的材料，有关人员的证词，审计时的调查笔录及其他凭据，以及数据列示等。附件的名称和份数在正文的左下方标注。附件的原件或复印件按序排列，附在审计报告之后备查。

7. 注册会计师的签名和盖章

审计报告形成后，由审计人员签名并盖章。

8. 会计师事务所的名称、地址及盖章

审计报告应载明会计师事务所的名称和地址，并加盖会计师事务所公章。

9. 报告日期

审计报告应注明报告日期。审计报告的日期不应早于注册会计师获取充分、适当的审计证据（包括管理层认可对财务报表的责任且已批准财务报表的证据），并在此基础上对财务报表形成审计意见的日期。

例文分析

标准无保留意见审计报告

×××公司全体股东：

我们审计了后附的×××公司（以下简称×××公司）的财务报表，包括20××年12月31日的资产负债表，20××年度的利润表、股东权益变动表和现金流量表以及财务报表附注。

一、管理层对财务报表的责任

按照企业会计准则和《××会计制度》的规定编制财务报表是×××公司管理层的责任。这种责任包括：（1）设计、实施和维护与财务报表编制相关的内容控制，以使财务报表不存在由于舞弊或错误而导致的重大错报；（2）选择和运用恰当的会计政策；（3）做出合理的会计估计。

二、注册会计师的责任

我们的责任是在实施审计工作的基础上对申报发表审计意见。我们按照中国注册会计师审计准则的规定执行审计工作。中国注册会计师审计准则要求我们遵守职业道德规范，计划和实施审计工作以对申报表是否不存在重大错报获取合理保证。

审计工作涉及实施审计程序，以获取有关申报表金额和披露的审计证据。选择的审计程序取决于注册会计师的判断，包括对由于舞弊或错误导致的申报表重大错报风险的评估。在进行风险评估时，我们考虑与申报表编制相关的内部控制，以设计恰当的审计程序，但目的并非对内部控制的有效性发表意见。审计工作还包括评价管理层选用相关会计政策的恰当性和作出相关会计估计的合理性，以及评价申报表的总体列报。

我们相信，所获取的审计证据是充分、适当的，为发表审计意见提供了基础。

三、审计意见

我们认为，×××公司申报表已经按照企业会计准则和《××会计制度》的规定编制，在所有重大方面公允反映了××公司20××年12月31日的财务状况以及20××年度的经营成果和现金流量。

××会计师事务所中国注册会计师：×××（签名并盖章）

中国注册会计师：×××（签名并盖章）

中国××市

二〇××年×月×日

例文分析

带强调事项段的无保留意见审计报告

×××公司全体股东：

我们审计了后附的×××公司（以下简称×××公司）的财务报表，包括20××年12月31日的资产负债表，20××年度的利润表、股东权益变动表和现金流量表以及财务报表附注。

一、管理层对财务报表的责任

按照企业会计准则和《××会计制度》的规定编制财务报表是×××公司管理层的责任。这种责任包括：(1) 设计、实施和维护与财务报表编制相关的内容控制，以使财务报表不存在由于舞弊或错误而导致的重大错报；(2) 选择和运用恰当的会计政策；(3) 做出合理的会计估计。

二、注册会计师的责任

我们的责任是在实施审计工作的基础上对申报发表审计意见。我们按照中国注册会计师审计准则的规定执行审计工作。中国注册会计师审计准则要求我们遵守职业道德规范，计划和实施审计工作以对申报表是否不存在重大错报获取合理保证。

审计工作涉及实施审计程序，以获取有关申报表金额和披露的审计证据。选择的审计程序取决于注册会计师的判断，包括对由于舞弊或错误导致的申报表重大错报风险的评估。在进行风险评估时，我们考虑与申报表编制相关的内部控制，以设计恰当的审计程序，但目的并非对内部控制的有效性发表意见。审计工作还包括评价管理层选用相关会计政策的恰当性和作出相关会计估计的合理性，以及评价申报表的总体列报。

我们相信，所获取的审计证据是充分、适当的，为发表审计意见提供了基础。

三、审计意见

我们认为，×××公司申报表已经按照企业会计准则和《××会计制度》的规定编制，在所有重大方面公允反映了××公司 20××年 12 月 31 日的财务状况以及 20××年度的经营成果和现金流量。

四、强调事项

我们提醒财务报表使用者关注，如财务报表附注×所述，×××公司在 20××年发生亏损××万元，在 20××年 12 月 31 日，流动负债高于资产总额××万元。××公司在财务报表附注××充分披露了拟采取的改善措施，但其持续经营能力仍然存在重大不确定性。本段内容不影响已发表的审计意见。

××会计师事务所中国注册会计师：×××（签名并盖章）

中国注册会计师：×××（签名并盖章）

中国××市

二〇××年×月×日

例文分析

导致保留意见的审计报告

×××公司全体股东：

我们审计了后附的×××公司（以下简称×××公司）的财务报表，包括 20××年 12 月 31 日的资产负债表，20××年度的利润表、股东权益变动表和现金流量表以及财务报表附注。

一、管理层对财务报表的责任

按照企业会计准则和《××会计制度》的规定编制财务报表是×××公司管理层的责任。这种责任包括：(1) 设计、实施和维护与财务报表编制相关的内容控制，以使财务报表不存在由于舞弊或错误而导致的重大错报；（2）选择和运用恰当的会计政策；（3）做出合理的会计估计。

二、注册会计师的责任

我们的责任是在实施审计工作的基础上对申报发表审计意见。我们按照中国注册会计师审计准则的规定执行审计工作。中国注册会计师审计准则要求我们遵守职业道德规范，计划和实施审计工作以对申报表是否不存在重大错报获取合理保证。

审计工作涉及实施审计程序，以获取有关申报表金额和披露的审计证据。选择的审计程序取决于注册会计师的判断，包括对由于舞弊或错误导致的申报表重大错报风险的评估。在进行风险评估时，我们考虑与申报表编制相关的内部控制，以设计恰当的审计程序，但目的并非对内部控制的有效性发表意见。审计工作还包括评价管理层选用相关会计政策的恰当性和作出相关会计估计的合理性，以及评价申报表的总体列报。

我们相信，所获取的审计证据是充分、适当的，为发表审计意见提供了基础。

三、导致保留意见的事项

×××公司在20××年12月31日的应收账款余额为××万元，占资产总额×%。由于×××公司未能提供债务人地址，我们无法实施函证以及其他审计程序，以获取充分、适当的审计证据。

四、审计意见

我们认为，除了前段所述未能实施函证可能产生的影响外，×××公司申报表已经按照企业会计准则和《××会计制度》的规定编制，在所有重大方面公允反映了×××公司20××年12月31日的财务状况以及20××年度的经营成果和现金流量。

××会计师事务所中国注册会计师：×××（签名并盖章）

中国注册会计师：×××（签名并盖章）

中国××市

二〇××年×月×日

例文分析

否定意见的审计报告

×××公司全体股东：

我们审计了后附的×××公司（以下简称×××公司）的财务报表，包括20××年12月31日的资产负债表，20××年度的利润表、股东权益变动表和现金流量表以及财务报表附注。

一、管理层对财务报表的责任

按照企业会计准则和《××会计制度》的规定编制财务报表是×××公司管理层的责任。这种责任包括：（1）设计、实施和维护与财务报表编制相关的内容控制，以使财务报表不存在由于舞弊或错误而导致的重大错报；（2）选择和运用恰当的会计政策；（3）做出合理的会计估计。

二、注册会计师的责任

我们的责任是在实施审计工作的基础上对申报发表审计意见。我们按照中国注册会计师审计准则的规定执行审计工作。中国注册会计师审计准则要求我们遵守职业道德规范，计划和实施审计工作以对申报表是否不存在重大错报获取合理保证。

审计工作涉及实施审计程序，以获取有关申报表金额和披露的审计证据。选择的审计程序取决于注册会计师的判断，包括对由于舞弊或错误导致的申报表重大错报风险的评估。在进行风险评估时，我们考虑与申报表编制相关的内部控制，以设计恰当的审计程序，但目的并非对内部控制的有效性发表意见。审计工作还包括评价管理层选用相关会计政策的恰当性和作出相关会计估计的合理性，以及评价申报表的总体列报。

我们相信，所获取的审计证据是充分、适当的，为发表审计意见提供了基础。

三、导致否定意见的事项

如财务报表附注×所述，×××公司的长期股权投资未按企业会计准则的规定采用权益法核算。如果按权益法核算，×××公司的长期投资账面价值将减少××万元，净利润将减少××万元，从而导致××公司由盈利××万元变为亏损××万元。

四、审计意见

我们认为，由于受到前段所述事项的重大影响，×××公司申报表没有按照企业会计准则和《××会计制度》的规定编制，未能在所有重大方面公允反映×××公司20××年12月31日的财务状况以及20××年度的经营成果和现金流量。

××会计师事务所中国注册会计师：×××（签名并盖章）

中国注册会计师：×××（签名并盖章）

中国××市

二〇××年×月×日

例文分析

导致无法表示意见的审计报告

×××公司全体股东：

我们接受委托，审计后附的×××公司（以下简称×××公司）的财务报表，包括20××年12月31日的资产负债表，20××年度的利润表、股东权益变动表和现金流量表以及财务报表附注。

一、管理层对财务报表的责任

按照企业会计准则和《××会计制度》的规定编制财务报表是×××公司管理层的责任。这种责任包括：(1) 设计、实施和维护与财务报表编制相关的内容控制，以使财务报表不存在由于舞弊或错误而导致的重大错报；(2) 选择和运用恰当的会计政策；(3) 做出合理的会计估计。

二、导致无法表示意见的事项

×××公司对20××年12月31日的存货进行盘点，金额为××万元，占期末资产总额的41.6%。我们无法实施存货监盘，也无法实施替代审计程序，以对期末存货的数量和状况获取充分、适当的审计证据。

三、审计意见

由于上述审计范围受到限制可能产生的影响非常重大和广泛，我们无法对×××公司财务报表发表意见。

××会计师事务所中国注册会计师：×××（签名并盖章）

中国注册会计师：×××（签名并盖章）

中国××市

二〇××年×月×日

第三节　内部控制审计报告

企事业单位经常按照公司章程规定或者上级主管部门要求进行内部控制审计。注册会计师对获取的企事业单位财务报表和相关证据进行评价，从而形成对内部控制有效性的意见。注册会计师根据对内部控制有效性的审计结论，出具内部控制审计意见的审计报告。

一、无保留意见内部控制审计报告

（1）企业按照《企业内部控制基本规范》《企业内部控制应用指引》《企业内部控制评价指引》以及企业自身内部控制制度的要求，在所有重大方面保持了有效的内部控制。

（2）注册会计师已经按照《企业内部控制审计指引》的要求计划和实施审计工作，在审计过程中未受到限制。

例文分析　**无保留意见内部控制审计报告**

××××股份公司全体股东：

按照《企业内部控制审计指引》及中国注册会计师执业准则的相关要求，我们审计了××××股份公司 2013 年 12 月 31 日的财务报告内部控制的有效性。

一、企业对内部控制的责任

按照《企业内部控制基本规范》《企业内部控制应用指引》《企业内部控制评价指引》的规定，建立健全和有效实施内部控制，并评价其有效性是企业董事会的责任。

二、注册会计师的责任

我们的责任是在实施审计工作的基础上，对财务报告内部控制的有效性发表审计意见，并对注意到的非财务报告内部控制的重大缺陷进行披露。

三、内部控制的固有局限性

内部控制具有固有局限性，存在不能防止和发现错报的可能性。此外，由于情况的变化可能导致内部控制变得不恰当，或者对控制政策和程序遵循的程度降低，根据内部控制审计结果推测未来内部控制的有效性具有一定风险。

四、财务报告内部控制审计意见

我们认为，××××股份公司按照《企业内部控制基本规范》和相关规定在所有重大方面保持了有效的财务报告内部控制。

五、非财务报告内部控制的重大缺陷

在内部控制审计过程中，××××股份公司未来三年“再造一个××××股份公司”的发展计划只是公司董事长×××个人提出的设想，未经公司战略委员会和董事会讨论和审议，也不符合公司所在行业的发展趋势。由于存在上述非财务报告内部控制的重大缺陷，我们提醒报告使用者注意相关风险。需要指出的是，我们并不对××××股份公司的非财务报告内部控制发表意见或提供保证。本段内容不影响对财务报告内部控制有效性的审计意见。

××会计师事务所中国注册会计师：×××（签名并盖章）

中国注册会计师：×××（签名并盖章）

中国××市

二〇××年×月×日

二、带强调事项段的无保留意见内部控制审计报告

（1）注册会计师认为财务报告内部控制虽不存在重大缺陷，但仍有一项或多项重大事项需要提请内部控制审计报告使用者注意的，应当在内部控制审计报告中增加强调事项段予以说明。

（2）事项段内容仅用于提醒内部控制审计报告使用者关注，并不影响对财务报告内部控制发表的审计意见。

例文分析 **带强调事项段的无保留意见内部控制审计报告（摘要）**

××××股份公司全体股东：

按照《企业内部控制审计指引》及中国注册会计师执业准则的相关要求，我们审计了××××股份公司2013年12月31日的财务报告内部控制的有效性。

（“一”至“五”部分内容略。）

六、强调事项

我们提醒内部控制审计报告使用者关注，公司有60%的会计人员未经过系统的会计知识学习与培训，未取得会计人员资格证书，这有可能会影响内部控制和会计信息的质量。本段内容不影响已对财务报告内部控制发表的审计意见。

××会计师事务所中国注册会计师：×××（签名并盖章）

中国注册会计师：×××（签名并盖章）

中国××市

二〇××年×月×日

三、否定意见内部控制审计报告

注册会计师出具否定意见的内部控制审计报告，应当包括的内容有：

（1）重大缺陷的定义。

（2）重大缺陷的性质及其对财务报告内部控制的影响程度。

例文分析

否定意见内部控制审计报告（摘要）

××××股份公司全体股东：

按照《企业内部控制审计指引》及中国注册会计师执业准则的相关要求，我们审计了××××股份公司2013年12月31日的财务报告内部控制的有效性。

（“一”至“三”部分内容略。）

四、导致否定意见的事项

重大缺陷，是指一个或多个控制缺陷的组合，可能导致企业严重偏离控制目标。

我们在内部控制审计中发现，公司对外投资业务较多，投资金额达到575 571万元，但缺乏相关的内部控制，从投资立项到资金投入都由总经理负责审批，未按规定的程序实施。公司产品对外销售的折扣和审批缺乏相关的制度，公司总经理、销售总监可随意审批。这些现象的存在使公司的投资和销售业务缺乏监督，难以保证内部控制发挥作用。

有效的内部控制能够为财务报告及相关信息的真实完整提供合理保证，而上述重大缺陷使××××股份公司内部控制失去这一功能。

五、财务报告内部控制审计意见

我们认为，由于存在上述重大缺陷及其对实现控制目标的影响，××××股份公司未能按照《企业内部控制基本规范》和相关规定的所有重大方面保持有效的财务报告内部控制。

六、非财务报告内部控制的重大缺陷

可参照无保留意见内部控制审计报告相关段落表述。

××会计师事务所中国注册会计师：×××（签名并盖章）

中国注册会计师：×××（签名并盖章）

中国××市

二〇××年×月×日

四、无法表示意见内部控制审计报告

（1）注册会计师审计范围受到限制的，应当解除业务约定或出具无法表示意见的内部控制审计报告，并就审计范围受到限制的情况，以书面形式与董事会进行沟通。

（2）注册会计师在出具无法表示意见的内部控制审计报告时，应当在内部控制审计报告中指明审计范围受到限制，无法对内部控制的有效性发表意见。

例文分析　**无法表示意见内部控制审计报告（摘要）**

××××股份公司全体股东：

我们接受委托，对××××股份公司 2013 年 12 月 31 日财务报告内部控制的有效性进行审计。

一、企业对内部控制的责任（略）

二、内部控制固有局限性（略）

三、导致无法表示意见的事项

在内部控制审计过程中，公司拒绝提供相关资料，致使我们无法取得公司原材料采购、成本费用计算、采用会计政策与会计估计等方面的制度，也无法取得公司董事会、总经理办公会的会议记录。

四、财务报告内部控制审计意见

由于审计范围受到上述限制，审计人员未能实施必要的审计程序以获取发表意见所需的充分、适当的证据，因此，我们无法对××××股份公司财务报告内部控制的有效性发表意见。

××会计师事务所中国注册会计师：×××（签名并盖章）

中国注册会计师：×××（签名并盖章）

中国××市

二〇××年×月×日

第四节　离任等其他审计报告

审计涉及的范围比较广泛，审计报告在市场经济的今天涉及的内容也非常广泛，前面我们介绍了标准的审计报告和非标准的审计报告，根据需要还要介绍常用的一些审计报告，如离任审计报告、专项审计报告等。

一、离任审计报告

（一）离任审计报告的概念

离任审计报告是审计人员对受托管理资财的运用及其效果所负责任进行的监督、评价活动，其所形成的报告为离任审计报告。其理论根据为：审计是因两权分离后受托经济责任的产生而产生的，归根到底审计就是审查资财管理者对资财所有者应履行的经济责任。现代审计中的财务审计和管理审计，是离任审计的两种表现形式。前者审查资产、负债和损益情况，后者审查资金运动的效果和效率情况。这些情况汇总形成的报告，就是离任审计报告。

（二）离任审计报告的内容

离任审计报告的内容主要取决于企业法定代表人在企业经营管理中的地位及其应履行的职责。概括起来，企业法定代表人在其任职期间应履行的责任主要包括三个方面：财务责任、管理责任和法纪责任（个人廉洁自律方面），所以，离任审计报告的内容也由这三部分组成。

（三）离任审计的种类

按照审计的内容，可以将离任审计分为任期离任审计和破产离任审计。任期离任审计，就是对经济责任人完成其承担的任期目标等目标责任情况进行的审计。破产离任审计主要审查和确认企业破产的原因；确定对企业破产应当承担责任的主要责任人；监督破产企业的财产物资，包括破产清算时资产、负债项目的确认，资产价值的评估，破产资财的变卖和分配。

（四）离任审计的方法

离任审计方法是指审计人员为取得充分有效的审计证据，据以证实被审事项的性质和发表审计意见而采取的各种手段。由于离任审计的内容包括财务责任审计、管理责任审计和法纪责任审计，是一项综合性审计。因此，进行离任审计，必然要综合运用多种审计方法。这些审计方法，除了检查、分析性复核等基本方法外，还会运用到 ABC 分析法、网络技术法、综合评分法、金额法等一些特殊方法。

（五）离任审计的特点

（1）审计的会计期间比较长，审计的时间范围一般是地方及部门领导人、企业厂长（经理）的任期。所以，审计期间往往不止一个会计年度。

（2）审计的范围较广。与地方及部门领导人、企业厂长（经理）任期的经济责任有关的会计资料及非会计资料，均构成地方及部门领导人、企业厂长（经理）离任经济责任审计的范围。

（3）报告的公正性。出于公心，既要维护国家的财政经济法律、法规，又要使领导人、企业厂长（经理）的合法权益不受损失，不能受到其他任何因素的影响。

（4）报告的谨慎性。离任经济责任审计的目的是为相关组织人事部门或企业的主管部门提供辞呈、聘任升调的重要依据，实事求是是审计的重要原则。

（5）报告的客观性。离任审计报告的撰写应本着客观公正的原则，既不夸大，也不缩小，更不盲目推理。文字简练朴实，表达准确。

（六）离任审计报告的写作格式

1. 报告标题

离任审计报告的标题为（××××审计机关名称）关于××××（被审计单位）×××（被审计人员姓名）同志任期经济责任审计结果的报告，如《××市审计局关于××市城建局××同志任期经济责任审计结果的报告》。

2. 报告内容

（1）前言。前言部分简要概括审计的依据、范围、内容、方式、起讫时间等。

（2）正文。正文可分为以下几部分：①被审计单位基本情况。②审计评价。③主要业绩。④审计中发现的主要问题。对于被审计人员所在单位存在的与被审计人员没有责任关系的其他问题，可在全文的最后简要阐述。⑤领导人员任期经济责任审计结果报告应做到形式统一，结构严谨，观点明确，条理清晰，用词恰当，数字尽可能用较大数位表述。

例文分析

受某部门委托所做的离任审计报告（摘要）

××××（审计授权机关或委托单位）：

根据《审计法》和××××文件精神（即实施审计所依据的法律、法规、规章或有关通知）的要求，我们组成了审计小组，于20××年×月×日至20××年×月×日对×××（被审计单位）20××年度××（审计内容、范围），采取××（审计方式）进行了审计。现将审计结果报告如下：

一、基本情况

被审计单位的基本情况，一般包括被审计单位的经济性质、管理体制、财政、财务隶属关系或者国有资产监督管理关系，以及财政收支、财务收支状况等。

二、审计评价

对真实性的评价，应当区分以下情况分别作出：一是如果审计中发现并通过专业判断认为被审计单位不存在重要的不真实事项，可以认为其真实地反映了财政收支、财务收支情况；二是如果审计发现有个别重要的不真实事项，但总体上不影响反映其财政收支、财务收支情况，可以认为其基本真实地反映了财政收支、财务收支情况，同时指出其存在的问题；三是如果审计发现被审计单位会计信息严重不实，总体上不能合理地反映其财政收支、财务收支情况，可以认为其不能真实地反映财政收支、财务收支情况，同时要说明原因。

三、主要业绩

四、通过审计查出的主要问题

在审计中，发现×××（被审计单位）存在以下管理问题、经济问题等。

五、处理意见或建议

…………

审计机关（盖章）

20××年×月×日

二、专项审计报告

（一）专项审计报告概述

对内部审计而言，专项审计一般是有关企业内部控制制度的执行情况、会计报表的特定项目、企业经营过程中某一方面的问题。对于国家审计或社会审计来说，有税务物价大检查、预算外资金检查、工资外收入检查等。总之，尽管执行的主体不同，但报告一般是长式审计报告。

（二）专项审计报告的写作格式

（1）报告引言。主要对审计的依据、审计的目标与范围、审计的方式、实施时间及有关情况作一概述。

（2）被审计单位的概况。主要介绍被审计单位的业务经营范围、组织规模、隶属关系、经营情况及主要技术经济指标的完成情况等内容。

（3）审计中发现的主要问题。详细列出审计人员在审计过程中发现的主要问题的性质、情节以及所涉及的数量、金额等。

（4）审计意见。针对查出的问题，以国家有关法律和行政法规、政策为依据，提出相应的处理意见。

（5）改进建议。针对审计中发现的问题，分析产生这些问题的原因，提出建立健全内部控制制度、改善经营管理、改进会计核算工作、严肃财经纪律等方面的建议。

(三) 撰写注意点

专项审计报告的撰写注意点：

(1) 要贯彻重要性原则。审计中查到的问题很多，但没有必要将所有问题都罗列于审计报告中。应突出重点，分清主次，有的放矢。

(2) 坚持以事实为依据，以法律为准绳。本着实事求是、客观公正的原则提出审计过程中发现的问题，不作没有根据或根据不足的推断。

(3) 审计意见要恰当、具体、明确。审计人员针对审计过程中发现的问题可提出对审计发现问题的处理意见，此意见应以国家的法律、行政法规、政策为依据，力求意见恰当、明确、具体，以便有关方面作出相应的结论和决定。

(4) 力求建议切实可行。改进建议与审计意见不同，它是被审计单位根据审计人员提出的建议完善财务管理、健全会计核算的行为。因此，务必做到切实可行。

例文分析　**××××集团公司2013年度财务收支审计结果（摘要）**

（二〇一四年五月三十日公告）

××××（审计授权机关或委托单位）：

根据《中华人民共和国审计法》的规定，审计部门2014年对××××集团公司2013年度财务收支情况进行了审计，并对审计范围内涉及的重大事项追溯相关年度。

一、基本情况

××××集团公司成立于2001年6月，注册资本1 300亿元，全资和控股二级公司30家，主要从事固定通信、蜂窝移动通信、网络接入、增值电信等。据××××合并财务报表反映，截至2013年底，××××集团公司资产总额5 876.40亿元，负债总额1 984.18亿元，所有者权益总额3 992.22亿元，当年营业收入2 404.06亿元，利润总额135.08亿元。

二、审计评价意见

本次重点审计了××××集团公司本部及所属4家单位，涉及资产量占××××集团公司资产总额的50%以上。审计结果表明，××××集团公司法人治理结构逐渐完善，内部管理水平不断提高，重大经济决策较为规范，会计信息基本真实地反映了企业财务状况和经营成果，但也存在部分会计核算不规范、对所属企业管理不够严格等问题。这些问题对××××集团公司2013年度财务收支状况的影响主要是：少计资产19 769.53万元，占资产总额的0.03%；多计负债5 800.41万元，占负债总额的0.03%；少计所有者权益26 523.94万元，占所有者权益总额的0.07%；少计利润4 629.20万元，占利润总额的0.34%。

对审计发现的问题，审计署已依法出具了审计报告、下达了审计决定书，要求××××集团公司予以整改。

三、审计发现的主要问题及整改情况

（一）会计核算和财务管理存在的问题

1. 2006年12月至2013年12月，所属××省××实业集团公司等单位未按企业会计准则规定抵销内部损益、确认部分投资收益和资产减值准备等，导致少计利润×亿元，其中2013年少计利润0.35亿元。

审计指出上述问题后，××省××实业集团公司等单位已调整了相关会计账目。

2. 2009年至2011年，所属××省××实业集团××市分公司等单位少缴纳企业所得税1 156.35万元。

审计指出上述问题后，相关单位已补缴了企业所得税。

3. 2010年至2011年，××××集团公司本部及部分所属二、三级公司本部在成本费用中列支工资性支出5 923.18万元，未纳入工资总额管理，也未代扣代缴个人所得税。

审计指出上述问题后，××××集团公司及所属各单位已补缴了个人所得税。

4. 2010年5月至2013年5月，××××集团公司所属单位以物业费、会议费等名义套取资金405.31万元形成“小金库”，累计支出405.23万元，主要用于招待费、培训费和发放奖金等。

审计指出上述问题后，相关单位调整了会计账目并追回了资金，完善了物业管理和会议费、招待费管理制度，对15名相关责任人进行了通报批评、诫勉谈话和经济处罚。

（二）贯彻落实国家宏观政策存在的问题

2012年8月至2013年7月，××××集团公司新增移动电话用户实名登记率为78.9%至85%，与工信部关于全面实施新增电话用户实名登记的要求存在一定差距。

审计指出上述问题后，××××集团公司下发了《关于进一步加强电话用户实名登记工作并开展用户登记信息保护检查的通知》，以进一步加强管理，提高实名登记工作质量。

（三）内部管理存在的问题

1. ××××集团公司所属单位在开展外呼营销和商务短信群发业务的过程中对用户信息管理不严；有的单位移动电话公免公纳卡存在无消费限额、超期使用等管理不规范情况。

审计指出上述问题后，相关单位下发《关于加强增值业务营销合作中用户信息管理工作的通知》，对建立用户信息保护长效机制作出了规定，并组织公免公纳卡使用单位进行清理规范。

…………

5. 2011年至2013年，××××集团公司所属单位向××省××实业集团公司重复收费121.10万元；未及时对增值业务欠费时间已超过3个月的用户停止或限制电信服务，多发生用户欠费601.23万元。

审计指出上述问题后，相关单位已退回重复收取的费用；下发了《关于进一步规范后付费用户信息费欠费管理的通知》，要求各单位进一步规范欠费管理，并认真进行整改。

此外，××××集团公司及所属单位以前年度经营管理中还存在以下问题：

1. 2004年至2008年，所属××省××实业集团公司等单位在未对宽带普及作出合理预期的情况下，投资××××网络连锁经营有限公司，截至2012年底发生投资损失1.66亿元。

2. 2008年至2010年，所属××××实业等单位投资非主业企业××××影视文化传播有限公司，截至2013年底，形成投资损失211.15万元，××××实业向该公司提供的1 405万元委托贷款难以收回。

审计指出上述问题后，有关单位已对××××影视文化传播有限公司实施清算。

3. 2010年，××××实业所属××××通讯技术有限公司在未做实际调研论证的情况下，集体决策代理出口3艘5万吨级散货船，并且在未经上级审批的情况下向银行申请开出保函，截至2012年6月面临7.88亿元人民币预收款退款风险。

审计指出上述问题后，××××实业正与有关各方协调，全力控制风险，减少企业损失；同时组建法务中心，加强了合同管理。

四、审计建议

××××审计小组（审计机关）（盖章）

2014年8月30日

例文分析

专项审计报告

×××公司全体股东：

我们审计了后附的×××公司的申请表，包括20××年度的企业人员构成情况表和20××年度的研究开发费用结构明细表及有关编制说明。

一、管理层对财务报表的责任

在企业会计准则框架下，按照《动漫企业认定管理办法（试行）》（文市发〔2008〕51号）的规定，如实编制申请表是申报企业管理层的责任。这种责任包括：（1）设计、实施和维护与申报表相关的内部控制，以使申报表不存在由于舞弊或错误而导致的重大错报；（2）选择和运用恰当的会计政策；（3）作出合理的会计估计；（4）恰当界定高新技术产品（服务）的具体范围。

二、注册会计师的责任

我们的责任是在实施审计工作的基础上对申报发表审计意见。我们按照《动漫企业认定管理办法（试行）》（文市发〔2008〕51号）和中国注册会计师审计准则的规定执行了审计工作。《动漫企业认定管理办法（试行）》（文市发〔2008〕51号）和中国注册会计师审计准则要求我们遵守职业道德规范，计划和实施审计工作以对申报表是否不存在重大错报获取合理保证。

审计工作涉及实施审计程序，以获取有关申报表金额和披露的审计证据。选择的审计程序取决于注册会计师的判断，包括对由于舞弊或错误导致的申报表重大错报风险的评估。在进行风险评估时，我们考虑与申报表编制相关的内部控制，以设计恰当的审计程序，但目的并非对内部控制的有效性发表意见。审计工作还包括评价管理层选用相关会计政策的恰当性和作出相关会计估计的合理性，以及评价申报表的总体列报。

我们相信，我们获取的审计证据是充分、适当的，为发表审计意见提供了基础。

三、审计意见

我们认为，贵公司申报表已经按照《动漫企业认定管理办法（试行）》（文市发〔2008〕51号）的规定编制，在所有重大方面公允反映了贵公司在所审计期间的研究开发费用情况和人员构成情况。

四、编制基础及使用限制

贵公司申报表已经按照企业会计准则的规定和《动漫企业认定管理办法（试行）》（文市发〔2008〕51号）编制，可能不适用于其他目的。本报告仅供贵公司申报动漫企业认定时使用，不得用于其他目的。本段内容不影响已发表的审计意见。

××会计师事务所中国注册会计师：×××（签名并盖章）

中国注册会计师：×××（签名并盖章）

二〇××年×月×日

第五节 审计报告的写作要求

一、写作前的准备工作

审计报告是对审计结果的反映。在审计结束后、着手写作前需要做如下准备工作。

1. 整理审计资料

将审计工作计划、任务书、审计工作底稿、审计证据等有关资料收集起来，精选出主要的实用材料，分类整理，注明资料的名称、内容、发现的问题、性质及原因等。材料的取舍主要以金额和性质为标准。

2. 核实责任问题

审计中查明的问题，如涉及经济责任或法律责任，就要多方核实。没有绝对把握，不可将责任结论轻易写入报告。

3. 研究审计评价

审计评价要突出主要问题，对项目较多的审计，未必需要一一评价，可将各项评价结合起来给予概括性总评。

4. 进行审计调整

如审计发现账账不符、账实不符等问题，从而影响到财务报表的正确性和合法性时应根据审计记录中查到的问题作调整记录。调整的内容以是否影响财务报表指标数额为依据。调整时，审计人员要与被审计单位主管会计共同商议，取得一致意见，部门作调整记录，登记账册，重编调整后的财务报表，作为审计报告的附件。

5. 编写审计报告的提纲

内容较多的审计报告，可把问题归纳分类，作为正文主体的提纲，每个问题之下列出具体资料，大纲之下还可有目，如可列“偷税漏税”“私设小金库”“违反现金管理规定”“滥发奖金、福利品”等纲目。内容简单的报告，可不列提纲。

二、审计报告写作的注意事项

1. 评价公允，结论恰当

审计报告所作出的评价要以事实为基础，以法律、法规、规章和现行有效的规范性文件为依据，以严谨、科学的态度，实事求是地作出评价，或给出责任人应负何种责任的结论。评价应以被审计者所在单位实际发生的经济事项为依据，不能受主观意识的支配；对那些未经审计、证据不足或未来的经济事项不应予以评价。对在审计过程中所形成的感觉，如无相应的取证资料佐证，不能随意评价。评价要客观，不能简单照搬被审计单位的年终总结报告或被审计者述职报告的有关内容来作评价。对待审计案件，报告一定要鲜明地表达审计人员的正确观点和态度。一方面不能心存个人成见，另一方面也不能态度暧昧，造成责任不明或是大事化小、小事化了等弊病。

经济责任审计结果报告要注意按照责权共生、责任追究的原则，区分任期内和非任期内的时间界限、领导班子集体决策责任和领导干部个人决策责任的界限、主观原因和客观原因的界限、直接责任和主管责任的界限、领导责任与财会人员责任的界限。在责任上依照谁决策、谁负直接责任，谁主管、谁负主要责任，谁有决定权、谁负责任多的原则落实责任，量化考核，使经济责任审计结果报告能真实地反映经济责任实情。

2. 定量分析与定性分析相结合

不要把结果报告编成纯“财务报表”，对一些可有可无的数字要少写或不写，对应该反映的数字，也不能停留在照抄照搬上，要突出重点，有分析、有定性的评价判断。

3. 文风求实，有理有据

审计报告的写作要做到观点鲜明，数据确凿，语言准确、简练、朴实、严谨。要做到有理有据，强调用事实说话，不可空发议论，用大话吓人，也不要滥用修饰词语，避免给读者造成误解和不严肃感。审计报告的用词一定要准确，特别是定性和评价性的语句尤其要仔细斟酌，不能含糊，用语要简练、准确、周严，讲分寸。

审计报告的写作还要看提供给何人使用、阅读，主要目的是什么。如果是非专业人员使用，则要少用专业术语。例如，反映领导干部任期内经济责任的审计结果报告，其语言就应该平易、通俗，要让干部管理部门看得懂、用得上，能够为党委、政府或干部管理部门提供干部管理、使用等方面的决策依据。

4. 内容与形式统一

审计报告是一种实用性非常强的应用文体，所以在写作中要根据内容、目的和实际材料情况组织文章结构。如果审计出的问题较多，就要分类整理，研究各类问题、各项工作的结论评价及总体的概括判断，以并列的形式由主到次的顺序安排结构。如果审计出的问题比较少，就应采用简单的结构、精练的语言，表述清楚即可，不能千篇一律，面面俱到。而是要条理清晰，注意轻重主次，先后有序。切忌毫无章法地堆砌材料、证据，给人以紊乱芜杂之感。总之，只要能把一定的内容，按一定的形式组织起来，做到内容与形式统一，就能收到较好的效果。

5. 强化审计人员的风险意识

审计人员要有风险意识。按照审计程序，被审计单位要向审计部门提供承诺书，主要是对所提供会计资料的真实性进行保证。因此，审计人员有必要在审计报告中说明以下几点：一是要对被审计单位的有关承诺情况加以说明，以避免因被审计单位的会计资料不真实而承担审计风险；二是要对因审计的范围、项目、时间、手段、方法等因素的制约而影响对某些事项进一步审查的情况加以说明，以避免审计力度、审计深度受限制带来的审计风险；三是审计结果报告要对审计的重点内容加以说明，以避免因审计方法的选择不可能面面俱到而产生的审计风险；四是利用其他部门的审计结果时要加以说明。为了较为客观全面地反映经济责任情况，审计人员在撰写审计报告时可以利用其他部门的审计结果，如利用纪检监察部门、社会中介组织、主管部门、内审等对被审计单位的审计结果。对此，审计报告应加以说明。对未涉及的事项及对其他有需要发表保留意见的事项也要进行说明。

三、经济责任审计结果报告的制发程序

审计机关研究审定经济责任审计报告后，即转入经济责任审计结果处理阶段。在这一阶段的主要工作有：一是撰写、报送经济责任审计结果报告；二是制发审计意见书，要求被审计单位纠正轻微的违规问题；三是对被审计单位犯有的违规行为应给予处理、处罚的，下达审计决定，责令被审计单位执行。其中结果报告的制发程序是：

（1）经济责任审计结果报告一般由审计组代局机关草拟，局机关业务会议形成审计报告的审定意见后，审计组应立即转入结果报告撰写阶段。审计结果报告一般由审计组长或指定其中的骨干撰写。

（2）撰写者首先要认真阅读审计报告和局机关审定审计报告的会议记录等有关资料，对审计资料中的逻辑关系、对应关系、因果关系、关联关系等有疑问、不明白、不清楚的地方，应进行计算或询问，在全面掌握情况、心中有数的基础上，拟出提纲，在一定范围内讨论研究后，着手起草结果报告。

（3）经济责任审计结果报告代拟稿形成后，首先由处科室负责人审阅，再送复核机构复核，最后由局领导签发。

（4）经局领导签发的经济责任审计结果报告经打印盖章后报送政府，抄送干部管理、纪检等部门。

（5）归入经济责任审计项目档案。

本章小结

本章介绍了审计报告的意义、作用和种类等，目的是让读者进一步了解这类公务文书的写作并在开展审计工作时合理运用。审计报告有许多要素，一些技术用语比较枯燥，尤其是一些审计报告的类型和不同类型的审计报告出具的条件，都需要认真研究，并精细化地掌握第一手资料和数据，只有这样才能佐证某些实际问题。监督审计、上市公司审计、离任审计、专项审计等，都需要运用实际案例进行演示剖析，只有这样才能发表审计意见，具有法定证明的效力。

关键术语

审计报告　　保留意见　　无保留意见　　强调事项

习　题

一、选择题

1. 强调事项段是在（　　）之后增加的对重大事项予以强调的段落。

A. 引言段　　B. 管理层对财务报表的责任段

C. 注册会计师的责任段　　　　　　　　D. 审计意见段

2. 如果因审计范围受到局部限制，无法按照审计准则的要求取得应有的审计证据，注册会计师应发表（　　）。

A. 带强调事项段的无保留意见　　　　　B. 保留意见

C. 无法表示意见　　　　　　　　　　　D. 否定意见

3. 管理层对财务报表的责任段应当说明按照适用的会计准则和相关会计制度的规定编制财务报表是管理层的责任，下列说法中不属于管理层责任的是（　　）。

A. 做出合理的会计估计

B. 监督被审计单位建立和维护内部控制

C. 设计、实施和维护与财务报表编制相关的内部控制，以使财务报表不存在由于舞弊或错误而导致的重大错报

D. 选择和运用恰当的会计政策

4. 审计报告的收件人应该是（　　）。

A. 审计业务的委托人　　　　　　　　　B. 社会公众

C. 被审计单位的治理层　　　　　　　　D. 被审计单位的管理层

5. 以下关于审计报告的叙述中，正确的是（　　）。

A. 审计报告应该由两名注册会计师签名盖章，但其中一名必须是主任会计师

B. 注册会计师如果出具非无保留意见的审计报告，应在意见段之前增加说明段

C. 注册会计师如果出具非无保留意见的审计报告，应在意见段之后增加说明段

D. 审计报告的收件人是指被审计单位的管理当局

二、思考题

A注册会计师作为X会计师事务所审计项目负责人，在审计以下单位2016年度财务报表时分别遇到以下情况：

(1) 甲公司拥有一项长期股权投资，账面价值500万元，持股比例30%。2016年12月31日，甲公司与K公司签署投资转让协议，拟以350万元的价格转让该项长期股权投资，已收到价款300万元，但尚未办理产权过户手续，甲公司以该项长期股权投资正在转让之中为由，不再计提减值准备。

(2) 乙公司于2015年5月为L公司1年期银行借款1 000万元提供担保，因L公司不能及时偿还，银行于2016年11月向法院提起诉讼，要求乙公司承担连带清偿责任。2016年12月31日，乙公司在咨询律师后，根据L公司的财务状况，计提了500万元的预计负债。对上述预计负债，乙公司已在财务报表附注中进行了适当披露。截至审计工作完成日，法院未对该项诉讼作出判决。

(3) 丙公司于2016年11月20日发现，2014年漏计固定资产折旧费用200万元。丙公司在编制2016年度财务报表时，对此项会计差错予以更正，重述了相关财务报表项目，并在财务报表附注中进行了适当披露。

(4) 丁公司于2016年末更换了大股东，并成立了新的董事会，继任法定代表人以刚上任不了解以前年度情况为由，拒绝签署2016年度已审计财务报表和提供管理层声明书。原法定代表人以不再继续履行职责为由，也拒绝签署2016年度已审计财务报表和提供的管理层声明书。

要求：假定上述情况对各被审计单位2016年度财务报表的影响都是重要的，且各被审计单位均拒绝接受A注册会计师提出的审计处理建议（如有）。在不考虑其他因素影响

的前提下，请分别针对上述4种情况，判断A注册会计师应对2016年度财务报表出具何种类型的审计报告，并简要说明理由。

部分习题答案

一、答案：1. D；2. B；3. B；4. A；5. B。

第九章

验资报告与税务稽查报告

本章要点

1. 了解验资报告的概念和作用；
2. 验资报告的写作结构和内容；
3. 稽查报告的概念、作用及写作格式；
4. 税务稽查报告的概念及写作格式和内容；
5. 税务稽查报告写作的注意事项。

导入案例

偷漏税与验资失责均为违法犯罪

××省××市的老薛因为几年前偷逃税款，被列入税收违法黑名单，生产、经营受到了严重影响。对于上缴国家的税款，他认为能少缴的尽量少缴，即便被税务局发现，大不了把漏缴的税款补齐。于是，他偷偷在发票上动起了歪脑筋。201×年10月，当地税务机关接到上级转来的发票疑点信息，对老薛进行了税务检查。税务人员经过比对发票信息及外调取证，发现老薛的企业在2年多时间里共计非法虚开普通发票13份，票面销售金额92.31万元。税务机关查明违法事实后，完成税务稽查报告，依照税法有关规定，对老薛的企业作出了税务处理和处罚决定。

老薛补缴了税款、罚款和滞纳金后，以为这件事就翻篇了。令他万万没有想到的是，201×年9月18日，××市国税局在××市委宣传部主办的诚信“红黑榜”新闻发布会上，面向新闻媒体和社会公众公布了重大税收违法案件纳税人名单，并宣布对黑名单企业在发票使用、信用等级评定等方面实施惩戒措施。黑名单公布后，银行作为联合惩戒单位，不再向老薛的公司发放贷款。主要合作方××钢铁（集团）公司也因为他的失信行为终止了与他的合作关系。因无法维持正常的生产经营，老薛在201×年12月申请办理了注销税务登记。

在其他案例中，也有一些注册会计师明知相关公司无注册资金却通过伪造银行现金款单、银行查询等单据实现融资垫资，并出具中介组织证明，对此注册会计师也要承担验资失责责任。

验资和税务稽查并不是简单的工作，是需要在法律规定的范围内进行的工作，不能随意越界。学习验资报告和税务稽查报告，有着极其重要的意义。

第一节 验资报告的概念与作用

一、验资报告的概念

验资是一项鉴证业务，验资的对象为企业资本。财经领域注册会计师的审验意见旨在提高被审验单位登记注册资本实收情况。验资是指注册会计师依法接受委托，并对审验单位注册资本的实收情况或注册资本及验收资本的变更情况进行审验，并出具验资报告。

验资报告是企业申请法人登记和办理变更手续时必须提交的文件之一，企业也必须根据验资报告才能发给投资者出资证明书。资本代表了投资者的权益，是企业用来承担债务、界定投资各方的责任和确定盈亏分配的基础。

二、验资的作用

《公司法》明文规定："发行股份的股款缴足后，必须经依法设立的验资机构验资并出具证明。"企业开展生产经营活动，必须有一定数额的资本才能达到预期的经营目的。一是资本代表投资者的权益，是企业用来承担债务、界定投资各方的责任和确定盈亏分配的基础。二是验资有利于保证企业资本的真实性，避免投资各方可能发生的争议和经济纠纷，保护投资者的权益不受侵害。三是验资是国家加强工商管理的重要措施，是国家经济构建的基础。

我国现行的各类工商企业法规和财务制度，也都明确规定，企业必须办理委托验资手续，筹集的资本必须聘请中国注册会计师验资，并出具验资报告。验资报告是企业申请法人登记和办理变更手续时必须提交的文件之一，企业必须根据验资报告才能发给投资者出资证明书。

三、验资的内容

设立验资的审验内容一般限于与被审验单位注册资本实收情况有关的事项，包括出资者、出资币种、出资金额、出资时间、出资方式和出资比例等。变更验资的审验内容一般限于与被审验单位注册资本及实收资本增减变动情况有关的事项，增加注册资本及实收资本时，审验内容包括与增资相关的出资者、出资币种、出资金额、出资时间、出资方式、出资比例和相关会计处理，以及增资后的出资者、出资金额和出资比例等。减少注册资本及实收资本时，审验内容包括与减资相关的减资者、减资币种、减资金额、减资时间、减资方式、债务清偿或债务担保情况、相关会计处理，以及减资后的出资者、出资金额和出资比例等。

对于出资者投入的资本及其相关的资产、负债，注册会计师应当分别采用下列方法进行审验：

(1) 以货币出资的，应当在检查被审验单位开户银行出具的收款凭证、对账单及银行询证函回函等基础上，审验出资者的实际出资金额和货币出资比例是否符合规定。对于股份有限公司向社会公开募集的股本，还应当检查证券公司承销协议、募股清单和股票发行费用清单等。

(2) 以实物出资的，应当观察、检查实物，审验其权属转移情况，并按照国家有关规定在资产评估的基础上审验其价值。如果被审验单位是外商投资企业，注册会计师应当按照国家有关外商投资企业的规定，审验实物的价值。

(3) 以知识产权、土地使用权等无形资产出资的，应当审验其权属转移情况，并按照国家有关规定在资产评估的基础上审验其价值。如果被审验单位是外商投资企业，注册会计师应当按照国家有关外商投资企业的规定，审验无形资产出资的价值。

(4) 以净资产折合实收资本的，或以资本公积、盈余公积、未分配利润转增注册资本及实收资本的，应当在审计的基础上按照国家有关规定审验其价值。

(5) 以货币、实物、知识产权、土地使用权以外的其他财产出资的，注册会计师应当审验出资是否符合国家有关规定。

(6) 外商投资企业的外方出资者以上述方式出资的，注册会计师还应当关注其是否符合国家外汇管理的有关规定，向企业注册地外汇管理部门发出外方出资情况询证函，并根据外方出资者的出资方式附送银行询证函回函、资本项目外汇业务核准文件及进口货物报关单等文件的复印件，以询证上述文件内容的真实性、合规性。

四、验资报告的写作结构和内容

验资报告是验资工作形成的结论性文件，一般应说明验资的基本情况、检查的范围和依据、被审验单位的资产和负债情况、验资的意见或结论，并提供有关的证明材料。验资报告的具体结构和内容一般由有关权威部门通过制定验资报告准则加以规定。

(一) 验资报告的结构及其各部分的内容

(1) 标题。标题统一规范为“验资报告”。

(2) 收件人。验资报告的收件人是指注册会计师按照业务约定书的要求致送验资报告的对象，一般是指验资业务的委托人。验资报告应当载明收件人的全称。对拟设立的公司，收件人通常是公司登记机关预先核准的名称并加“筹”。

(3) 范围段。验资报告的范围段应当说明审验范围、出资者和被审验单位的责任、注册会计师的责任、审验依据和已实施的主要审验程序等。

(4) 意见段。验资报告意见段内容应当说明已审验的被审验单位注册资本的实收情况或注册资本及实收资本的变更情况。

①设立验资报告意见段内容。

②注册会计师对变更验资发表审验意见的特殊考虑。

③变更验资报告意见段内容。

(5) 说明段。验资报告的说明段应当说明验资报告的用途、使用责任及注册会计师认为应当说明的其他重要事项。对于变更验资，注册会计师还应当在验资报告说明段中说明对以前注册资本实收情况审验的会计师事务所名称及其审验情况，并说明变更的累积注册资本实收金额。

①注册会计师与被审验单位在注册资本及实收资本的确认方面存在的异议。

②已设立公司尚未对注册资本的实收情况或注册资本及实收资本的变更情况做出相关会计处理。

③被审验单位由于严重亏损，导致增加注册资本前的净资产小于实收资本。

④验资截至日至验资报告日期间注册会计师发现的影响审验结论的大事项。

⑤注册会计师发现的前期出资不实的情况以及明显的抽逃出资迹象。

⑥其他事项。

(6) 注册会计师签名和盖章。

(7) 签章和会计师事务所地址。

(8) 报告日期。

(9) 附件。验资报告的附件应当包括已审验的注册资本实收情况明细表或注册资本、实收资本变更情况明细表和验资事项说明等。

(二) 设立验资的验资事项说明

(1) 基本情况。说明公司名称、公司类型、公司组建及审批情况（需要审批的)、股东或发起人的名称或者姓名、公司名称预先核准情况等。

(2) 申请的注册资本及出资规定。说明公司申请的注册资本额、各股东或者发起人的认缴或认购额、出资时间、出资方式。如果是以募集方式设立的股份有限公司，还应当说明发起人认购的股份和该股占公司股份总数的比例等。

(3) 审验结果。说明公司实收资本额占注册资本的比例、各股东或者发起人实际缴纳出资额、出资时间、出资方式，以货币出资的还应当说明股东或者发起人的出资额、出资时间，货币资金缴存被审验单位的开户银行、户名及账号；以实物、知识产权、土地使用权等可以用货币估价并可以依法转让的非货币财产作价出资的，应当具体说明其出资方式和内容，并说明非货币出资权益转移情况（股东已办理财产转移手续的证明文件情况)、评估情况（包括评估结果和确认情况)；全部货币出资占注册资本的比例。进行出资者一次全部出资或分次出资的末次出资的验资时，应当说明全体股东的货币出资额占注册资本的比例是否不低于30%；对于有限责任公司出资者分次出资的首次验资应当说明全体股东的首次出资额占公司注册资本的比例及该出资额是否不低于法定的注册资本最低限额；对于发起设立的股份有限公司出资者分次出资的首次验资应当说明全体发起人的首次出资额占公司注册资本的比例；出资者的实际出资额超过认缴出资的还应当说明超过部分的处理情况等。

(4) 其他事项。注册会计师认为还应当说明的其他重要事项。例如，对外商投资企业的验资，应当说明向国家外汇管理局某分（支）局发函询证情况、收到回函情况及被审验单位的外资外汇登记编号等。

(三) 变更验资的验资事项说明

(1) 基本情况。说明公司名称，公司类型，公司组建及审批情况（需要批准的)，变更前后各股东或者发起人的名称或者姓名、出资额和出资方式、出资时间，申请变更前后注册资本及实收资本金额等。

(2) 新增资本的出资规定或减资规定。说明申请新增的注册资本数额或实收资本数额，出资者、出资方式、出资时间，或减资数额、减资者、减资方式、减资时间等。

(3) 审验结果。增加注册资本或实收资本的，应当说明被审验单位实际收到各出资者的新增注册资本及实收资本，或新增实收资本的情况，包括：以货币出资的，应当说明股东或者发起人的出资额，出资时间，货币资金缴存被审验单位的开户银行、户名及账户；以实物、知识产权、土地使用权及其可以用货币估价并可以依法转让的非货币作价出资的，应当具体说明其出资方式和内容，并说明股东办理财产权转移手续的情况、评价情况（包括评估结果和确认情况）；以资本公积、盈余公积和未分配利润转增注册资本及实收资本的，应当说明转增的方式、用以转增前后注册资本的项目和金额、公司实施转增的基准日期、财务报表的调整情况（包括会计处理情况）、留存的法定公积金不少于转增前公司注册资本的 25%，转增前后财务报表相关项目的实际情况、转增后股东的出资额；出资者的实际出资超过认缴出资的还应当说明超过部分的处理情况等。减少注册资本及实收资本的，除说明减资者、减资币种、减资金额、减资时间、减资方式和减资后的出资者、出资金额、出资比例及减资后的净资产和实收资本（股本）外，还应当说明公司履行《公司法》规定程序的情况和股东或者发起人对公司债务清偿或者债务担保情况。

验资报告的结构和内容举例说明如下。

例文分析

验资报告（摘要）

××××股份有限公司（筹）全体股东：

我们接受委托，对××××股份有限公司（筹）截至20××年×月×日的实收股本及相关的资产和负债的真实性和合法性进行了审验。在审验过程中，我们按照《中国注册会计师审计准则第 1602 号——验资》的要求，实施了必要的审验程序。××××股份有限公司（筹）的责任是提供真实、合法、完整的验资资料，保护资产的安全、完整，我们的责任是按照《中国注册会计师审计准则第 1602 号——验资》的要求，出具真实、合法的验资报告。

××××股份有限公司（筹）的申请注册资本为××××元。根据我们的审验，截至20××年×月×日，××××股份有限公司（筹）已收到各股东投入的资本××××（大写）元（$××），其中发起人投入的资本为×××元，向社会募集的资本为×××元，投入的资本中包括股本×××元，资本公积金×××元，盈余公积金×××元（其中公益金×××元），未分配利润×××元，与上述投入资本相关的资本总额为×××元，负债总额为×××元。

附件（一）注册资本实收情况明细表

附件（二）验资事项说明

××会计师事务所（公章）

中国注册会计师：×××（签名并盖章）

中国注册会计师：×××（签名并盖章）

20××年×月×日

附件（一）注册资本实收情况明细表

附件（二）验资事项说明

一、组建及审批情况

××××股份有限公司（筹）经××（审批部门）××字××号“××”（批文名称）

的批准，由××、××等××位股东共同发起并向社会募集设立，现正申请办理工商登记注册手续。主要发起股东的基本情况如下：

…………

二、申请的注册资本及出资规定

根据经批准的合同、协议、章程的规定，××××股份有限公司（筹）申请的注册资本为××××元，股本结构及其他出资规定如下：

…………

三、实际出资情况

（说明截至20××年×月×日各股东实际的出资金额、出资比例、出资方式、出资时间、出资币种、折股情况等。）

四、其他说明事项

例文分析

变更验资报告（摘要）

×××有限公司：

我们接受委托，对×××有限公司截至20××年×月×日的注册资本、投入资本变更情况的真实性和合法性进行了审验。在审验过程中，我们按照《中国注册会计师审计准则第1602号——验资》的要求，实施了必要的审验程序。×××有限公司的责任是提供真实、合法、完善的验资资料，保护资产的安全、完整，我们的责任是按照《中国注册会计师审计准则第1602号——验资》的要求，出具真实、合法的验资报告。

×××有限公司变更前的注册资本和投入资本分别为××××元和××××元，×××有限公司变更后的注册资本为××元。根据我们的审验，截至20××年×月×日，×××有限公司增加（减少）投入资本××元（其中公益金××元），其中实收资本××元，资本公积金××元，盈余公积金××元（其中公益金××元），未分配利润××元。与上述变更后投入资本总额相关的资产总额为××××元，负债总额为××元。

附件（一）变更前后注册资本、投入资本对照表

附件（二）变更前后资产、负债和所有者权益对照表

附件（三）验资事项说明

××会计师事务所（公章）

中国注册会计师：×××（签名并盖章）

中国注册会计师：×××（签名并盖章）

20××年×月×日

点评：这是一份变更验资报告，需要完整地做好验资事项说明。一是变更前后的基本情况（详细说明变更前后有关公司的基本情况、变更原因及变更审批情况）；二是注册资本及投入资本的变更情况（详细说明变更前后注册资本、投入资本、投入主体、出资比例、出资方式、出资期限等情况）；三是债务清偿或债务担保情况（详细说明被审验单位对变更前业已存在的债务的清偿或担保情况）；四是其他说明事项。

五、编写验资报告的要求

编写验资报告应当认真负责，基本要求是客观、公正、实事求是。编写验资报告时，还应遵守以下具体要求：

(1) 验资报告语言应简洁、精练、准确、完整地表达验证的意见。

(2) 提出验证意见时应认真查对工作底稿，必要时应征求委托单位的意见。

(3) 对于下列情况，注册会计师应明确告知被审验单位予以纠正，如被审验单位坚持不改正，注册会计师可以拒绝提供验资报告。

①被审验单位以伪造、变造、故意毁灭凭证、账目、报表、证书、文件等手段，隐瞒实际情况，弄虚作假，对验资结论构成影响的；

②被审验单位对应当进行检查的项目不提供合作，甚至阻挠检查的；

③被审验单位坚持让注册会计师作不实或不当证明的。

(4) 验资报告的作用应明确。验资报告具有法定证明效力，供被审验单位申请设立登记或变更及据以向出资者签发出资证明时使用。验资报告不应被视为对被审验单位验资报告日后资本保全、偿债能力和持续经营能力等的保证。

第二节　税务稽查报告

一、稽查报告的概念及种类

(一) 稽查报告的概念

稽查具有检查、盘查两层意思，是国家专业的稽查人员检查走私、偷税、违禁等非法活动的执法行为。稽查报告是专业稽查人员在涉案企业或项目或海关进出口贸易稽核审查实施结束后，向社会相关部门或保险经办领导机构或海关进出口管理部门提交的各种类型报告的总称。稽查报告是稽查管理部门的一种调查文书，体现着每个具体被稽核审查企业、项目的价值，进出口贸易违法违禁和稽查小组履行自己职责的情况，对被稽核审查单位作出事实结论和评价意见的文书。稽查报告具有总结、评价、决策、公证、问题处理和建议作用。按照稽核审查程序的规定，稽核审查实施阶段结束时，无论有无需要处理的问题，凡是发过《稽查通知书》的，都要提出稽查报告。

(二) 稽查报告的种类

随着市场经济的快速发展，很多财经管理部门需要对企业或实施的重点项目以及进出口贸易的情况等实施更加精准的管理。不同的管理部门，依据所在行业的管理法规和执法权限，制订不同的稽查方案。稽核审查所形成的报告有很多种，具体可分为：

(1) 税务稽查报告，主要依据国家税收相关法律、法规，由国税局和地税局实施税务稽查，并撰写国税、地税的税务稽查报告。

(2) 海关稽查报告，主要依据《中华人民共和国海关法》和相关法规，由海关稽查局来实施海关缉私稽查，并撰写海关稽查报告。

(3) 药品临床试验稽查报告，主要是依据国家及国际药品管理相关法律，对临床的药品试验实施稽查所形成的药品（临床）稽查报告。

(4) 项目稽查报告，主要是依据中华人民共和国有关项目评估管理的法律法规，由建设管理权威部门所组织实施的稽查所形成的稽查报告。

稽查报告不仅包括上述四种，还有金融市场管理稽查报告、旅游稽查报告、交通稽查报告等。

二、稽查报告的写作内容、写作步骤及要求

（一）稽查报告的写作内容

（1）稽核审查的内容、范围、方式和时间。

（2）被稽核审查单位的有关情况。

（3）实施稽核审查的有关情况。

（4）稽核审查评价意见。

（5）引证有关的法律、法规、规章和具有普遍约束力的决定、命令的条款以及据此作出的处理、处罚意见。

（二）稽查报告的写作步骤

撰写稽查报告，一般按以下步骤进行：

（1）集中和整理稽核审查工作底稿。稽核组应首先将各成员所编写的稽核审查工作底稿汇总，然后分类整理，并对照稽核审查工作方案，检查计划的完成情况。

（2）审查分析稽核工作底稿及证据。汇总整理后，还应对稽核审查工作底稿及其证据的真实性进行严格审查，分析哪些资料是可靠、重要的，哪些是不够真实和次要的，将与稽查报告关系不大的资料剔除，保证稽核资料的质量。

（3）拟定稽查报告提纲。稽查报告涉及的内容比较广泛，其中有些内容大家的看法并不一致，需要小组成员对报告的中心议题和主要内容进行广泛讨论，确定稽查报告提纲，确定哪些问题应纳入报告，报告分几部分，讲什么问题，用哪些证据，问题的性质等等。

（4）撰写稽查报告初稿。稽核组根据报告提纲撰写初稿。可由一人执笔，也可由几个人分头起草，最后由一个人统稿。

（5）征求被稽核审查单位意见。稽查报告初稿经稽核审查组负责人审查修改后，应送交被稽核审查单位征求意见。被稽核审查单位在收到稽核报告 10 日内可提出书面意见。如果被稽核审查单位的意见是合理的，应据以修改初稿；如果所提意见不够合理，则维持原来的意见。

（三）写作稽查报告的具体要求

写好稽查报告，具有十分重要的意义，应高度重视。撰写时，要注意以下几点：

（1）内容和目的要统一。在撰写稽查报告时，必须根据稽核审查目的来确定报告内容，这样才能集中突出地反映稽核审查的结果。

（2）反映的事实要清楚。要把事件的来龙去脉交代清楚。不能以偏概全，抓住一点不及其余；也不能对不清楚的事实任意下结论。

（3）提出的证据要充分。要有足以证明稽核事实真相的证据，不能主观臆断。

（4）提出的评价意见和建议要客观、准确、可行。用事实说话，不能任意夸张和渲染。稽查建议要有针对性，要具体、必要、可行，不说空话、大话和套话，要充分考虑现实可行性。

（5）稽查报告提出的处理处罚建议要正确、适当。要以事实为依据，以法律为准绳。定性要准确，处理处罚要适当，引用的法律、法规要正确，数字金额要准确无误。

（6）要突出重点。在撰写稽查报告时，要突出重点问题，抓住主要矛盾，不要面面俱到，机械地反映稽核审查过程，对无足轻重的枝节问题可以不写。

三、税务稽查报告

（一）税务稽查报告的概念

税务稽查是指税务稽查部门的专业检查，是由税务稽查部门依法组织实施的对纳税人、扣缴义务人履行纳税义务、扣缴义务情况进行全面、综合的检查。税务稽查的主要对象是对涉及偷、逃、抗、骗税的大案要案的检查。税务稽查专业性相对较强，要求政策水平高，是高标准的税务检查。

税务稽查报告是税务检查人员依据现行税收法规及有关规章，对纳税人一定时期内的纳税事项进行税务稽查后，根据检查出的问题、情况以及处理意见撰写的书面报告。

税务稽查报告的特点主要有：(1) 法律法规性。税务稽查报告主要反映纳税人违反税法的情况，它是纳税人税收违法违规问题的文字记录，是依法惩处纳税人违反税收法规行为的重要依据。(2) 写作格式的严谨性。(3) 语言朴实性。平铺直叙，用数据说话，用法律法规条款定性。

按照《税务稽查工作规程》规定，税务稽查报告包含以下几方面内容：(1) 稽查案件编号；(2) 纳税人名称；(3) 企业经济类型；(4) 法定姓名；(5) 检查所属期间；(6) 检查人员姓名；(7) 检查类型；(8) 检查实施时间；(9) 检查发现的违反税收法规、规章的问题、情况及主要手法，主要税收违法犯罪事实及法规政策依据等。

（二）税务稽查报告的基本结构

税务稽查报告在结构上可由导语、稽查对象的基本情况、稽查事实、税收保全措施的采取情况和处理意见五部分组成。下面结合示例对税务稽查报告各部分具体写法加以详细的分析。

1. 导语

导语作为税务稽查报告的开头部分，起着统领全文的作用。导语部分要精准地说出实施稽查的依据或案件来源、稽查人员组成、稽查时间、稽查所属时间、稽查的类型这几方面的内容。在导语的写作过程中，要概念清楚，注重内容的精确具体。在实际工作中我们会发现，案件线索分为任务安排、群众举报、上级交办、批办、转办等形式；稽查的类型则有日常稽查、专项稽查、专案稽查之分，所以在稽查报告的写作过程中，要明确各项内容后再作叙述，切不可任意而为。如：

> 根据《税务稽查任务通知书》（××国税稽〔20××〕第××号）的工作安排，第三稽查小组于20××年9月25日至11月10日，对××有限公司20××年1月1日至20××年12月31日执行税法的情况进行了日常稽查，现已稽查完毕，报告如下。

2. 稽查对象基本情况的叙述

税务稽查报告的第二部分为稽查对象基本情况的叙述。只有全面准确地了解稽查对象的情况，才能为后期妥善地处理提供客观的判断依据。在这一部分内容的写作上，文字的精练尤为重要，描述过程中要抓住事情的主要矛盾，突出重点问题，讲清讲透。如：

> ××集团股份有限公司的前身是××锻压机械总厂，经由原国家计委和××市人民政府批准，于19××年10月组建，2006年底改制成为股份有限公司。公司主要生产和销售石油化工锻压机械设备等，为我国石油化工配套的专业生产基地。公司法定代表人：×××；注册地址：××市××区××路××号。集团公司下设××石油机

械制造有限公司、××化工机械国际经济贸易有限公司、××锻压机械制造有限公司等共19家直接控制子公司；××锻压机械有限公司、××石油装备配套有限公司、××反应釜制造有限公司等共10家间接控制子公司；××石油化工集团股份有限公司酒店、××锻压机械集团股份有限公司检测中心共2家分公司。

在对稽查对象介绍的写作中，除了全面把握公司的基本信息外，还应根据需求把与稽查定性处理有关的其他基本情况加以介绍。如：稽查所属期内收入情况、纳税申报、税款缴纳情况、盈亏情况、享受优惠政策等情况、关联企业情况、分支机构情况等。

3. 稽查事实的写作

稽查事实是稽查报告写作中较为重要的一个环节。应把握“五清”，即：事实说清、情况写清、道理讲清、方法列清、问题摆清。在陈述时应先对其违法事实进行总括概述，然后按违法事实的性质类别项目进行陈述，如果涉及的内容较复杂，应分类别陈述。此外，由于稽查事实内容的复杂性，在写作中陈述的每项违法事实都应对稽查人员的稽查方法、纳税人违法事实、手段、情节、责任加以说明。

综合表述，对通过使用较特殊或多项方法查出的情节较为复杂的违法事实，应当叙述得详细些，对通过检查账册凭证等发现的情节较简单的违法事实，可叙述得简单些。如：

通过对某机械公司的会计资料分析，发现该公司预收账款异常，数额达到××××余万元，根据线索进行外调取证与该公司的会计资料核对，初步发现该公司有隐瞒销售收入偷税的违法行为。后经对该厂查账、盘点询问、搜查等措施发现该公司自20××年以来，在公司董事长的授意下，利用从车间伪造生产统计报表，隐瞒产量，成品不入账，从车间直接发货，销售货物开具非法收据100份隐瞒销售收入，凡通过银行结算的货款记入预收账款，通过现金结算的货款记入小金库，进行公款私存，财务不作任何反映。经查实，该公司20××年9月至20××年11月底账目记载累计预收款×××万元，其中转入虚拟户头的应付账款×××万元，实际未发出的货款为××万元，共计通过预收货款不作销售和虚拟应付款户头方式隐瞒销售收入×××万元。另经查实该厂将销售的货物（包括成品和废料）收取的现金通过公款私存的方式在财务上不作任何反映，隐瞒收入×××万元。以上共计隐瞒销售收入×××元，已构成《税收征管法》第四十条所称偷税行为，累计偷增值税×××元。

4. 税收保全措施采取情况的写作

税收保全措施要有理有据，采取的措施是针对在稽核审查中发现纳税人有逃避纳税行为后，责令纳税人限期缴纳税款。这一部分的写作要以事实为依据，以法律为准绳，在写作的过程中，不仅要写出事实以及处理的办法，而且要写出为什么要采取此种保全措施，适当深化写作内容，让后来者从中能汲取一定的经验和教训，也可以作为税收执法保全措施的参考资料。

5. 处理意见的写作

税务稽查报告的第五部分是针对稽查对象的稽查结果而做出的处理意见及处理依据。稽查人员在稽查报告中，应针对纳税人的违法事实、情节、性质，依据税收征管法或其他有关罚则的税收法规提出切实可行的处理建议，建议不能过于笼统抽象，应该具体地指出做法。在写作中要具体写出问题的关键所在，根据相关法律法规所列出的处理依据，以及企业和稽查组的处理方式，最后要具体写出处理的意见。如罚没款、涉嫌经济犯罪的交由公安机关处理。如：

××公司开具的普通发票上下联填写的购货单位名称不一致。该公司于20××年×月至20××年×月销售应税产品一批，开具普通发票五份，经查，上述五份普通发票的发票存根联及发票联填写的购货单位不一致。

处理依据：根据《中华人民共和国发票管理办法》第二十三条、第三十六条和《中华人民共和国发票管理办法实施细则》第四十八条第二款、第六款之规定。

企业意见：承认事实，接受处理。

检查组意见：对该公司开具的普通发票上下联填写的购货单位名称不一致行为，除了严重警告，处以××××元的罚款。

（三）其他注意事项

在税务稽查报告的撰写中，除了把握上述五项基本内容外，还应避免：

(1) 不注重报告标题的拟定。特别是一些极具推广价值的稽查经验更应该注意标题的拟定，要让人通过标题即对稽查的核心有所了解，如《关于××公司存在严重的偷税漏税问题的稽查报告》，最好不要笼统地用《关于××公司的稽查报告》作标题，或随意地用一些用过的标题，而是要在主标题或者副标题中巧妙地透露出这是一个关于偷税漏税情况的稽查报告，这样可以便于归档归类，方便日后查阅，如可改为《关于××公司偷税漏税的稽查报告》诸如此类的样式。有些涉案金额巨大的，可以在标题上体现具体数额，如《关于××公司偷税漏税涉案额过亿的稽查报告》。

(2) 叙事情节过于简单。有的稽查报告对被查纳税人的违法事实表述过于简单，常常以一句结论性的语言一带而过。由于叙事有情无节，使人看不出违法问题的情节、性质及后果如何。事实上对于违法事实，不少稽查人员总是缺少对纳税人主客观原因、当事人认识态度的分析。有的稽查报告逻辑混乱，概括性差，甚至用工作底稿粘贴，主次不分，杂乱无章，使人不能直观地了解被查纳税人哪方面问题较严重。

(3) 引用法规不当。主要有这样几种情况：一是对违反税法的问题的定性没有引用法律法规，或者引用有误；二是处理的法律依据不够充足，或者适用法规针对性不强；三是引用过时失效的规定，或是引用会计事项发生时尚未施行的法规作为稽查依据；四是引用规定层次较低、没有法律效率的“红头文件”作为依据，这样的报告会引起执法的争议并影响执法的效果。

(4) 核心重点内容不够突出。一个稽查项目查出的问题可能很多，稽查报告应就同一问题进行归类，坚持重要性原则；有些稽查报告在披露违法问题时主次不分，核心重点内容不突出，事无巨细罗列一大堆；或者将一些技术性的差错写入稽查报告；或是对归集的稽查证明性材料不进行提炼，让数字充斥整个稽查报告。

例文分析

20××年×××彩印有限公司偷漏税的税务稽查报告

根据市局统一部署，我局于20××年4月5日对×××彩印有限公司从20××年1月1日到20××年12月31日底执行税法的情况进行了稽查，现查明该公司涉税违法问题，提请处理。稽查的具体情况如下：

一、基本情况

×××彩印有限公司为私营独资企业，是增值税一般纳税人。经营方式为制造销售，从事商标印刷、服装面料及辅料型制品制造等自产自销活动。公司法人代表：×××，男，生产经营地址：×××市××区龙江路99号，联系电话：×××××××××。纳税人识别号：×××××××××××××××，开户银行：建行××区支行：×××××××××××××××。

20××年度申报销售额：1 446 372.43 元，销项税额：245 883.29 元，进项税额：182 615.94 元，应纳税额：63 267.35 元，已纳税额：38 710.02 元，20××年期初留抵税额：7 096.22 元，2015 年底累计欠税：17 461.11 元（已在 20××年元月申报缴纳）。应承担的税负为：4.37%，实际承担的税负为：2.68%，账面反映平均物耗为：73%。

二、检查情况

该公司财务核算不健全，无“成本类各明细账”、“现金账”及材料进出库依据，我们对其所能提供的资料进行了稽查，发现如下问题：该公司 20××年 7 月 30 日 5 号凭证记录以收取现金的方式出售原材料一批，不含税价为：6 000.00 元，未计提增值税销项税额，应补增值税为：6 000×17%＝1 020.00 元；销售礼品盒、月饼盒一批，价税合计 6 000.00 元，未计提增值税销项税额，应补增值税为：871.80 元。两项合计应补增值税：1 891.80 元。

三、处理意见

在稽查过程中，企业领导对稽查工作相当理解，财务人员对稽查工作积极配合支持。造成上述情况的主要原因是对税收法律、法规缺乏理解造成的，要求有关人员加强税收法律法规的学习，吸取教训，不再发生违法问题。1. 根据《中华人民共和国税收征收管理法》第六十三条第一款的规定，该公司应补缴增值税：1 891.80 元。2. 根据《中华人民共和国税收征收管理法》第三十二条的规定，对该公司少缴增值税 1 891.80 元，从少缴税款之日起至缴纳之日止，按日加收万分之五的滞纳金。3. 根据《中华人民共和国税收征收管理法》第六十三条第一款的规定，该公司行为已构成偷税，除补税、加收滞纳金外，对其处以所偷税款 0.5 倍罚款，罚款金额为：945.90 元。

×××稽查分局稽查人员：×××、×××
20××年 4 月 30 日

点评：这是一份小型化的税务稽查报告。不仅有鲜明的稽查报告标题，而且每一段落都很清晰。导语部分介绍了涉税企业的基本情况，然后是被稽查公司的偷漏税状况，每一笔都有具体数字。第三部分为处理意见，根据《中华人民共和国税收征收管理法》进行处罚。补交税款、加收滞纳金，偷漏税罚款，并有罚金。落款是稽查局稽查人员名字和时间。叙事比较完整，违法事实清晰，情节把握准确，达到稽查的目的。

本章小结

财经专用文书，包括很多专题性的报告，其中验资报告、税务稽查报告等在企业创建、项目实施或国民经济计划安排中都有着相当重要的地位。验资报告被越来越多的财经主管部门、金融机构、企业集团、上市公司监督管理部门所重视。而验资报告是企业开办、项目启动的关键，投资是虚还是实，是需要严格监督的。而税务稽查报告是税务检查人员依据现行税收法规及有关规章，对纳税人一定时期内的纳税事项进行税务稽查后，根据检查出的问题、情况以及处理意见撰写而成的书面报告。这些专题性的报告不是一般意义上的财经专题文书，与公司法、税法紧密相关，是国民经济运行监督管理、依法行政的最重要程序，因此，必须强化这方面报告的写作教育。

关键术语

验资　　稽查　　稽查报告　　税务稽查报告　　验资报告

习　题

一、选择题

1.（　　）是企业申请法人登记和办理变更手续时必须提交的文件之一，企业必须根据验资报告才能发给投资者出资证明书。

A. 验资报告　　B. 审计报告　　C. 调查报告　　D. 稽查报告

2.（　　）是指注册会计师依法接受委托，并对审验单位注册资本的实收情况或注册资本及验收资本的变更情况进行审验，并出具验资报告。

A. 调查　　B. 稽核　　C. 验资　　D. 复核

3.（　　）代表了投资者的权益，是企业用来承担债务、界定投资各方的责任和确定盈亏分配的基础。

A. 资本　　B. 资金　　C. 股票　　D. 红利

4.（　　）具有检查、盘查两层意思，是国家专业的稽查人员检查走私、偷税、违禁等非法活动的执法行为。

A. 检查　　B. 核查　　C. 稽查　　D. 督查

5.（　　）是稽查管理部门的一种调查文书，体现着每个具体被稽核审查企业、项目的价值，进出口贸易违法违禁和稽查小组履行自己职责的情况，对被稽核审查单位作出事实结论和评价意见的文书。

A. 稽查报告　　B. 验资报告　　C. 审计报告　　D. 自查报告

6.（　　）是指税务稽查部门的专业检查，是由税务稽查部门依法组织实施的对纳税人、扣缴义务人履行纳税义务、扣缴义务情况进行全面、综合的检查。

A. 税务稽查　　B. 走私稽查　　C. 交通稽查　　D. 项目稽查

二、判断题

1. 验资报告不应被视为对被审验单位验资报告日后资本保全、偿债能力和持续经营能力等的保证。

2. 增加注册资本或实收资本的，应当说明被审验单位实际收到各出资者的新增注册资本及实收资本，或新增实收资本的情况。

3. 按照稽核审查程序规定，稽核审查实施阶段结束时，无论有无需要处理的问题，凡是发过“稽查通知书”的，都要提出稽查报告。

4. 税务稽查的主要对象是对可能涉及偷、逃、抗、骗税的大案要案的检查。

5. 导语部分不需要精准地说出实施稽查的依据或案件来源、稽查人员组成、稽查时间、稽查的类型这几方面的内容。

6. 税务稽查报告的第五部分不需要包括针对稽查对象的稽查结果而做出的处理意见及处理依据。

三、简答题

1. 验资的作用有哪些?
2. 验资的内容有哪些?
3. 编写验资报告的要求有哪些?
4. 稽查报告的种类有哪些?
5. 举例说明税务稽查报告处理意见的写作。
6. 税务稽查报告引用法规不当有哪些?
7. 写作稽查报告的具体要求有哪些?
8. 税务稽查报告的特点有哪些?

四、写作题

1. 请结合案例写一篇验资报告。
2. 请结合税务稽查情况，草拟一份税务稽查报告。

部分习题答案

一、答案：1. A；2. C；3. A；4. C；5. A；6. A。

二、答案：1. √；2. √；3. √；4. ×；5. ×；6. ×。

第十章

财务分析报告与招股说明书

本章要点

1. 了解财务分析报告的概念和分类；
2. 掌握财务分析报告的写作结构和内容；
3. 熟悉招股说明书的概念和作用；
4. 熟练掌握招股说明书的写作内容及写作格式；
5. 了解招股说明书写作的注意事项。

导入案例

刘姝威研究员与蓝田事件

刘姝威，现任中央财经大学中国企业研究中心主任，研究员。2001年，以600字简短却尤为有力的文章质疑蓝田神话的虚假质地，并引来陷入困境中的蓝田咄咄逼人的非常规交涉，两者的交锋成为2002年中国证券市场年度大戏。

蓝田股份，证券代码600709，1996年上市。上市5年，主营收入从4.6亿元大幅增长至18.4亿元，蓝田股份因此被誉为“农业产业化的一面旗帜”。但2001年10月8日，蓝田股份董事会则发布公告称，由于接受证监会调查，提请投资者注意投资风险。当时，股市中已经有银广厦、麦科特、红光等上市公司因为财务造假给股民和投资者造成严重损失，上市公司虚假会计报表案件频发。而当时刘姝威应约撰写《上市公司虚假会计报表识别技术》一书，正希望寻找到一个可供深入剖析的上市公司虚假财务新案例。在蓝田公告发布的第二天，刘姝威即对其财务报告进行详细的分析，分析结果令人震惊。刘姝威说，2000年蓝田的流动比率已经下降到0.77，速动比率下降到0.35，净营运资金已经下降到−1.27亿元。这三个主要财务指标说明蓝田股份短期偿债能力很弱，至少会有1.27亿元的短期流动负债不能按时偿还。2001年10月26日，刘姝威以《应立即停止对蓝田股份发放贷款》为题，在《金融内参》发表了一篇只有600字的短文。“蓝田股份的问题太明显。”刘姝威用最基本的财务分析方法，国际通用、国内也流行的判断标准，便判断出蓝田股份完全是在依靠银行的贷款维持生存，没有创造现金流的能力，这对蓝田股份危险，对银行更危险。

这个案例虽然过去了很多年，中国证券市场中的上市公司治理，包括上市公司财务质量有了质的提升，但蓝田事件无疑意义深远。正是由于蓝田事件的披露，上市公司质量才有了质的提升，业绩注水问题才得到了有效的遏制，如今要在证券市场上去找像“蓝田股份”“银广厦”这样的伪绩优股，很难。

由此案例可见，学习财务分析报告是很重要的。上市公司不能只募集资金，吸引投资者，更需要严格按照《公司法》和相关规定进行治理。

第一节 财务分析报告

一、财务分析报告的概念与分类

（一）财务分析报告的概念

1. 财务分析

财务分析是以会计核算和报表资料及其他相关资料为依据，采用一系列专门的分析技术和方法，对企业等经济组织过去和现在有关筹资活动、投资活动、经营活动、分配活动的盈利能力、营运能力、偿债能力和增长能力状况等进行分析与评价的经济管理活动。它是为企业的投资者、债权人、经营者及其他关心企业的组织或个人了解企业过去、评价企业现状、预测企业未来做出正确决策提供准确的信息或依据的经济应用学科。

2. 财务分析报告

财务分析报告是企业依据会计报表、财务分析表及经营活动和财务活动所提供的丰富、重要的信息及其内在联系，运用一定的科学分析方法，对企业的经营特征，利润实现及其分配情况，资金增减变动和周转利用情况，税金缴纳情况，存货、固定资产等主要财产物资的盘盈、盘亏、毁损等变动情况及对本期或下期财务状况将发生重大影响的事项做出客观、全面、系统的分析和评价，并进行必要的科学预测而形成的书面报告。

（二）财务分析报告的分类

财务分析报告按其内容、范围不同，可分为综合分析报告、专题分析报告和简要分析报告；财务分析报告按其分析的时间不同，可分为定期分析报告与不定期分析报告两种。具体分类如下：

1. 综合分析报告

综合分析报告又称全面分析报告，它具有内容丰富、涉及面广，对财务报告使用者做出各项决策有深远影响的特点。它还具有以下两方面的作用：

（1）为企业的重大财务决策提供科学依据。由于综合分析报告几乎涵盖了对企业财务计划各项指标的对比、分析和评价，能使企业经营活动的成果和财务状况一目了然，及时反映出存在的问题，这就给企业的经营管理者做出当前和今后的财务决策提供了科学依据。

(2) 全面、系统的综合分析报告，可以作为今后企业财务管理进行动态分析的重要历史参考资料。综合分析报告主要为进行半年度、年度财务分析而撰写。撰写时必须对分析的各项具体内容的轻重缓急做出合理安排，既要全面，又要抓住重点。

2. 专题分析报告

专题分析报告又称单项分析报告，是指针对某一时期企业经营管理中的某些关键问题、重大经济措施或薄弱环节等进行专门分析后形成的书面报告。它具有不受时间限制、一事一议、易被经营管理者接受、收效快的特点。因此，专题分析报告能总结经验，使领导和业务部门重视所分析的问题，从而提高管理水平。专题分析的内容很多，比如关于企业清理积压库存，处理逾期应收账款的经验，对资金、成本、费用、利润等方面的预测分析，处理母子公司各方面的关系等问题均可进行专题分析，从而为各级领导做出决策提供现实的依据。

3. 简要分析报告

简要分析报告是对主要经济指标在一定时期内存在的问题或比较突出的问题，进行概要的分析而形成的书面报告。

简要分析报告具有简明扼要、切中要害的特点。通过分析，能反映和说明企业在分析期内业务经营的基本情况，企业累计完成各项经济指标的情况并预测今后发展趋势。主要适用于定期分析，可按月、按季进行编制。

4. 定期分析报告

定期分析报告一般是由上级主管部门或企业内部规定的每隔一段相等的时间应予编制和上报的财务分析报告。如每半年、年末编制的综合财务分析报告就属于定期分析报告。

5. 不定期分析报告

不定期分析报告，是从企业财务管理和业务经营的实际需要出发，不做时间规定而编制的财务分析报告。如专题分析报告就属于不定期分析报告。

二、财务分析报告的作用及分析方法

(一) 财务分析报告的作用

(1) 对政府机构而言可了解企业的经营活动、对社会资源的分配情况，并以此作为决定税收等经济政策和国民收入等统计资料的基础。

(2) 对上市公司而言可通过评价企业财务状况、经营成果和现金流量，揭示企业经营活动中存在的矛盾和问题，从而找出降低企业产品成本的方法，进一步提高企业的盈利水平。

(3) 对债权人而言可了解企业的偿债能力，了解其债权的保障程度、利息的获取能力，以及债务人是否有足够的能力按期偿付债务。

(4) 对上市公司投资者而言，通过对会计报表的阅读和分析可重点了解企业资本结构、投资报酬，以及企业未来的获利能力和利润分配政策等，以帮助投资者判断投资风险，做出正确的投资决策，以决定是应当买进、保持还是卖出。

(5) 对潜在的投资者和债权人而言，通过对企业财务报表的阅读分析，可了解公司未来的发展趋势、经营活动的范围，为选择投资和贷款方向提供依据。

(二) 财务分析报告的分析方法

对于不同的公司要有不同的分析方法，主体不同，分析的内容也有所不同，要进行有针对性的分析。整个财务分析工作要围绕工作目的展开，选择合理的分析方法至关重要。

1. 定性、定量分析方法

定性分析是主观的，完全凭借个人的知识、经验加以判断，规范研究；而定量分析则是根据客观事实，用数据、实证来研究。定性、定量分析经常结合使用。

2. 绝对数、相对数比较

绝对数就是当期与比较期的差额；相对数就是百分比。

3. 财务比率分析方法

反映经济效益情况的指标有：净资产收益率、总资产报酬率、主营业务利润率、成本费用利润率等。反映资金周转情况的指标有：总资产周转率、流动资产周转率、存货周转率、应收账款周转率。反映偿债能力的指标有：资产负债率、流动比率、速动比率、获利倍数等。

4. 结构分析法

这是指对经济系统中各组成部分及其对比关系变动规律的分析，通过结构分析能够把握公司内部各项报表项目的比重是否合理，如企业的现金流量分析、投资结构分析、经济增长中各因素作用的结构分析等。结构分析主要是静态分析，即对一定时间内经济系统中各组成部分变动规律的分析。如果对不同时期内的经济结构变动进行分析，则属于动态分析。

5. 边际分析法

这是一种经济分析方法。边际分析法是把追加的支出和追加的收入相比较，二者相等时为临界点，也就是投入的资金所得到的利益与输出损失相等时的点。如果组织的目标是取得最大利润，那么当追加的收入和追加的支出相等时，这一目标就能达到。

三、财务分析报告的写作内容及格式

财务分析报告没有严格固定的格式和体裁，但要求内容能够反映要点，分析透彻，有理有据，观点鲜明，符合报送对象的要求。一般来说，财务分析报告均应包含以下几个方面的内容：提要段、说明段、分析段、评价段和建议段，即通常所说的五段论式。但在实际编写分析时要根据具体的目的和要求有所取舍，不一定要全部囊括这五部分内容。此外，财务分析报告在表达方式上可以采取一些创新的手法，如可采用文字处理与图表表达相结合的方法，使其易懂、生动、形象。财务分析报告主要包括上述五个方面的内容，现具体说明如下：

第一部分提要段，即概括公司综合情况，让财务报告接受者对财务分析说明有一个总括的认识。

第二部分说明段，是对公司运营及财务现状的介绍。该部分要求文字表述恰当、数据引用准确。对经济指标进行说明时可适当运用绝对数、比较数及复合指标数。特别要关注公司当前运作上的重心，对重要事项要单独反映。公司在不同阶段、不同月份的工作重点有所不同，所需要的财务分析重点也不同。如公司正进行新产品的投产、市场开发，则公司各阶层需要对新产品的成本、回款、利润数据进行分析的财务分析报告。

第三部分分析段，是对公司的经营情况进行分析研究。在说明问题的同时还要分析问题，寻找问题的原因和症结，以达到解决问题的目的。财务分析一定要有理有据，要细化分解各项指标，因为有些报表的数据是比较含糊和笼统的，要善于运用表格、图形，突出表达分析的内容。分析问题一定要善于抓住当前要点，多反映公司经营焦点和易于忽视的问题。

第四部分评价段。作出财务说明和分析后，对于经营情况、财务状况、盈利业绩，应该从财务角度给予公正、客观的评价和预测。财务评价不能运用似是而非、可进可退、左右摇摆等不负责任的语言，评价要从正面和负面两方面进行。评价既可以单独分段进行，也可以将评价内容穿插在说明部分和分析部分。

第五部分建议段。即财务人员在对经营运作、投资决策进行分析后形成的意见和看法，特别是对运作过程中存在的问题所提出的改进建议。值得注意的是，财务分析报告中提出的建议不能太抽象，而要具体化，最好有一套切实可行的方案。

四、财务分析报告写作的注意事项

要注意平时素养的培养和素材的搜集，同时还应该注意报告的指引，这样撰写报告时，才能把握准确，写出货真价实的东西。具体应从以下几方面注意：

1. 建立台账和数据库

通过会计核算形成会计凭证、会计账簿和会计报表。但是编写财务分析报告仅靠这些凭证、账簿、报表的数据往往是不够的。比如，在分析经营费用与营业收入的比率增长原因时，往往需要分析不同区域、不同商品、不同责任人实现的收入与费用的关系，但这些数据不能从账簿中直接得到。这就要求分析人员平时就作大量的数据统计工作，对分析的项目按性质、用途、类别、区域、责任人，按月度、季度、年度进行统计，建立台账，以便在编写财务分析报告时有据可查。

2. 关注重要事项

财务人员对经营运行、财务状况中的重大变动事项要勤于做笔录，记载事项发生的时间、计划、预算、责任人及发生变化的各影响因素。必要时马上作出分析判断，并将各类各部门的文件归类归档。

3. 关注经营运行

财务人员应尽可能争取多参加相关会议，了解生产、质量、市场、行政、投资、融资等各类情况。参加会议，听取各方面意见，有利于财务分析和评价。

4. 定期收集报表

财务人员除收集会计核算方面的数据之外，还应要求公司各相关部门（生产、采购、市场等）及时提交可利用的其他报表，对这些报表要认真审阅、及时发现问题、总结问题，养成多思考、多研究的习惯。

5. 岗位分析

大多数企业财务分析工作往往由财务经理完成，但报告主要内容要靠每个岗位的财务人员提供。因此，应要求所有财务人员对本职工作养成分析的习惯，这样既可以提升个人素质，也有利于各岗位之间相互借鉴经验。只有每个岗位都发现问题、分析问题，才能编写出内容全面、有深度的财务分析报告。

6. 财务分析报告尽管没有固定格式，表现手法也不一致，但并非无规律可循

如果建立分析工作指引，将常规分析项目文字化、规范化、制度化，建立诸如现金流量、销售回款、生产成本、采购成本变动等一系列分析说明指引，就可以达到事半功倍的效果。

例文分析

××集团公司财务分析报告（摘要）

20××年上半年，××集团公司在党委和董事会的直接领导下，全体员工紧紧围绕年

初职代会“坚持严、细、实，遵循高、大、新，实现××集团公司新一轮快速发展”的工作目标，克服了原材料价格持续上扬、业务承接量不足等诸多不利因素的影响，完成机械加工总量17 194吨，M产品106台，N产品8台，创造工业总产值7 760万元，实现合并营业收入8 315.68万元，营业利润331.73万元，利润总额303.45万元。若剔除××公司的影响，则上半年完成机械加工总量12 700吨，创造工业总产值5 969万元，实现合并营业收入6 485.18万元（其中主营业务收入6 435.22万元，外销257.50万元），营业利润256.36万元，利润总额255.48万元，与上年同期相比，分别增长了915万元、1 676.41万元、18.92万元和15.93万元，增长率分别为18.10%、34.86%、7.97%和6.65%；营业收入、外销收入和利润总额分别完成年度计划11 100万元、400万元和610万元的58.43%、64.38%和41.88%；但合并销售毛利率、合并销售利润率和合并净资产收益率分别由上年同期的16.98%、4.98%和2.17%下降至14.90%、3.94%和1.69%，这说明集团公司在营业收入强劲增长34.86%的同时，由于成本费用以比营业收入更快的速度增长，使利润总额仅增长6.65%，经营成果与“时间过半，任务达半”的目标有一定的差距。

从资产状况来看，截至6月末，资产总额13 277万元，资产结构（流动资产与长期资产之比）为1.83∶1，权益比率（负债与股东权益之比）为1.16∶1，流动比率为126.01%，这说明流动资产足够偿还短期债务，但同时部分权益资本被流动资产占用，对盈利能力势必造成一定的影响。

为了便于与上年同期数据相比较，及与年度计划口径一致，以下对经营成果的分析以剔除××公司的合并财务数据为准。

一、实现产值、营业收入、利润分析

上半年完成工业总产值5 969万元，实现营业收入6 485.18万元（其中主营业务收入6 435.22万元，外销257.50万元），利润总额255.48万元。

合并营业收入完成年度计划的58.43%，比上年同期增加1 676.41万元，主要呈现为××公司和EE公司的销售增长，而母公司的销售相对萎缩。

合并利润总额完成年度计划的41.88%；与上年同期相比，各母子公司都有所增加，其中母公司在营业收入下降的同时实现了增利，EE公司实现扭亏，稍有盈余，开创了良好发展的新局面。

母公司的营业收入与上年同期相比下降了248.87万元，但利润总额增加71.88万元，除投资收益增加36.17万元外，其他归功于成本费用的有效控制。

××公司PP产品销售量与上年同期基本持平，但由于5月份某公司（客户）补差价566.97万元（含税），使平均结算价格（含税）由上年同期的3 576.34元/吨增至4 455.53元/吨，增加了879.19元/吨，从而营业收入增加779.58万元，实现增利16.05万元。

EE公司积极、主动地开发市场，实现外销183.70万元，同时采取到现场包换N产品的售后服务等有效措施，基本上占领了B市内N产品市场。与上年同期相比，销售收入增加821.93万元，实现盈余3.16万元。

ZZ公司营业收入和利润总额与上年同期相比分别增加23.32万元和9.23万元，可见正处于持续发展中。

二、成本费用分析

上半年，营业成本为5 519.06万元，较上年同期3 992.36万元增加1 526.70万元，增长率为38.24%；期间费用为826.72万元，较上年同期546.19万元增加280.53万元，增长率为51.36%。

由于总体成本费用的增长率39.58%大于营业收入的增长率34.86%，使得今年上半年的销售成本费用率达98.38%，与上年同期95.06%相比增长了3.32%，增长幅度为3.49%，最终使利润总额以比营业收入少28.21个百分点的速度增加。

原材料的持续上扬是成本费用上升的主要原因，虽然5月份有所回落，但自6月初以来又出现强势反弹，与上年平均原材料采购成本相比，上半年由于涨价因素对生产成本的影响金额为1 135.47万元，其中母公司39.19万元、××公司992.85万元，EE公司103.43万元。

值得一提的是，母公司与整个集团的情况正好相反，与上年同期相比，母公司的营业成本下降了495.61万元，期间费用增长了214.21万元，成本费用总额下降了283.60万元，下降幅度大于营业收入的下降幅度，致使母公司由上年同期亏损11.16万元扭转为盈利60.72万元，这一方面与各分公司的成本控制意识是分不开的，另一方面是为了更加如实地反映成本，今年收取所属分公司的管理费由以往冲减管理费用改为冲减制造费用，若剔除此因素的影响，管理费用应是相对节约的。

××公司上半年平均单位生产成本达3 675.35元/吨，比计划单位成本3 650元/吨上升0.69%，比上年同期生产成本2 434.31元/吨上升50.98%。根据吨生产成本原材料配比，由于涨价因素使原材料生产成本比上年平均增加了993.73元/吨。与上年同期相比，上半年营业成本增加了914.70万元，比营业收入的增加多出135.12万元。管理费用较上年同期节约了138.66万元，营业费用与财务费用基本持平。

EE公司上半年平均单位生产成本M产品为9 020.33元/吨、N产品为5 268.44元/吨，分别比上年同期增长3 690.27元/吨和410.60元/吨。与上年同期相比，营业收入的增长比营业成本的增长多出107.53万元；期间费用增长52.43万元，其中由于销售特别是外销的增长和本年增加银行贷款400万元而增加营业费用20.15万元和财务费用4.33万元。

可控性管理费用为年度财务计划216.10万元的48.55%，与上年同期相比节约了60.57万元。其中修理费、运输费节约较多，控制较好，这主要是因为公司认真落实了上级关于对车辆进行效能监察的精神，对车辆运输费、修理费进行有效控制；办公费较上年同期增加3.60万元，主要是因为今年增加了物资验收单、结算中心委托收款书等印刷品使印刷费增加3.60万元；业务招待费超支较严重，其中母公司和××公司已超出税务允许扣除标准4.18万元和1.83万元，这应引起足够的重视，下半年应严格控制。

20××年×月×日

点评：这是一个企业集团上半年的财务分析报告。内容分析比较详尽，从企业集团内部的公司开始分析，不仅分析了企业集团的工业总产值、产品销售收入、利润、市场营销状况，还分析了整个企业集团的成本费用变动情况。运用了定性定量分析法、比较分析法、结构分析法等，将有关数据进行归类对比分析。对分析出的问题，提出在下半年经济运行中的效能监察整改措施，将在下半年严格控制招待费超支问题。报告分析井井有条，达到了财务分析报告的预期效果。

第二节 招股说明书

一、招股说明书的概念与特点

1. 招股说明书的概念

招股说明书是上市公司向中国证券监督管理委员会申请公开发行股票申报材料的必备文件。招股说明书是供社会公众了解发起人和将要设立公司的情况，说明公司股份发行的有关事宜，指导公众购买公司股份的规范性文件。公司首次公开募股，必须制作招股说明书。招股说明书经政府有关部门批准后，即具有法律效力，公司发行股份和发起人、社会公众认购股份的一切行为，除应遵守国家有关规定外，都要遵守招股说明书中的有关规定，违反者要承担相应的法律责任。

首次公开募股（initial public offerings，简称 IPO），是指企业通过证券交易所首次公开向投资者增发股票，以期募集用于企业发展资金的过程。当大量投资者认购新股时，需要以抽签形式分配股票，又称为抽新股，认购的投资者期望可以以高于认购价的价格售出股票。

2. 招股说明书的特点

（1）属于法定信息披露文件。招股说明书概要应当与招股说明书一并报请证券监管机构审批。招股说明书附件应依照法律规定和证券监管机构要求记载法定内容。

（2）属于引导性阅读文件。招股说明书内容详尽但不便于投资者阅读和了解。为增强招股文件的易解性，尽可能广泛、迅速地向社会公众投资者提供和传达有关股票发行的简要情况，应以有限数量的文字做出招股说明书概要，简要地提供招股说明书的主要内容。一般情况下，招股说明书概要约为 1 万字。

（3）属于非发售文件。根据现行规定，其标题下必须记载下列文字：“本招股说明书概要的目的仅为尽可能广泛、迅速地向公众提供有关本次发行的简要情况。全文为本次发售股票的正式法律文件。投资者在做出认购本股的决定之前，应首先仔细阅读招股说明书全文，并以全文作为投资决定的依据。”虽然招股说明书概要并非发售文件，但不得误导投资人。

二、招股说明书的撰写人与写作原则

（一）招股说明书的撰写人

随着改革开放的加速，我国有不少企业募股上市。那么，招股说明书由谁来写？在这里需要加以澄清。从理论上来说，招股说明书应该是上市公司自己撰写。但看招股说明书中对公司的释义，“本公司、公司、发行人”均指“××股份有限公司”，在特殊地方，会有“发行人保荐机构认为……”“发行人律师认为”，因此，从这个角度来说，这些文件都应该是拟上市公司撰写。但不论是内地还是香港，招股说明书都由中介机构协助撰写，内地是券商投行部门，香港是律师事务所。

（二）写作的原则要求

1. 信息披露原则

第一，不论准则是否有明确规定，凡对投资者决策有重大影响的信息，均应披露；第二，准则的某些具体要求对发行人确实不适用的，发行人可根据实际情况，在不影响披露内容完整性的前提下作适当调整，但在申报时应作书面说明；第三，发行人有充分依据证明准则中要求披露的某些信息涉及国家机密、商业秘密及其他因披露可能导致其违反国家有关保密法律法规或严重损害公司利益的，发行人可向中国证监会申请豁免并核准披露。

2. 信息真实、准确、完整原则

发行人在招股说明书中披露的所有信息都应真实、准确、完整。这里的信息除了指一次性披露外，还包括流动信息的披露。

3. 信息提示原则

所谓信息提示，是指发行人应针对实际情况在招股说明书首页作“重大事项提示”，提醒投资者需特别关注的公司风险及其他重要事项，并提醒投资者认真阅读招股说明书“风险因素”一章的全部内容。

4. 其他原则

招股说明书还应符合下列一般性要求：

(1) 引用的数据应有充分、客观的依据，并注明资料来源；

(2) 引用的数字应采用阿拉伯数字，货币金额除特别说明外，应指人民币金额，应以元、千元或万元为单位；

(3) 招股说明书应使用事实描述性语言，尽量采用图表或其他较为直观的方式进行披露，保证其内容简明扼要、通俗易懂，突出事件实质，不得有祝贺性、广告性、恭维性或诋毁性语言。

三、招股说明书的写作内容与格式

(一) 招股说明书封面

招股说明书的封面应载明下列事项：(1) 发行人的名称及公司住所。(2)“招股说明书”字样，送交证监会审核的稿件，必须标有“送审稿”的显著字样。(3) 说明发行股票的类型，例如普通股、优先股或者境内上市外资股等；如果同时发行认股证，还须列明认股证与股票的比例。(4) 重要提示，必须按照规定的文字列示。(5) 发行量、每股面值、每股发行价、发行费用、募集资金，采用上网竞价方式发行股票的，应标明发行底价。(6) 发行方式及发行期。(7) 拟上市证券交易场所。(8) 主承销商。(9) 推荐人。(10) 签署日期。招股说明书必须用幅面为 209×295 毫米规格的纸张（等于 A4 纸规格），封面必须为浅色，除可以印有发行人的标志之外，不应当有其他图案。

(二) 招股说明书目录

目录在招股说明书的封二上排印，包括每一节的标题及相应的页数。

(三) 招股说明书正文

1. 主要资料

本部分是以 2～3 页的较少篇幅，把招股说明书中的关键内容摘要刊印在招股说明书之首，以使投资人尽快了解该说明书提供的主要信息。但是“主要资料”不得误导投资人，同时应当采用下述文字提醒投资人阅读全文，以正确了解招股说明书的完整内容：“以下资料节录自本招股说明书。欲购买本次发行股票的投资者，在做出投资决策前，应该认真阅读招股说明书全文。”本节包括以下内容：

(1) 发行人简介：设立情况、主营业务、资产规模、经营业绩、股权结构（以图表示意）、职工人数等。

(2) 本次发行：①本次发行的一般情况：股票种类，每股发行价，每股面值，本次公开发行数量（股），发行总市值，盈利预测（注明所得税税率），每股盈利（分别按加权平均法与全面摊薄法计算，加权平均法应注明预计股金到位时间），预计市盈率，发行前每股净资产，发行后每股净资产（扣除发行费用）；②本次发行前已发行的股票及本次发行后的股权结构变化；③募股资金的运用：简单说明募股资金的用途；④股利分配：分配间隔时间，预期首次分配是何时间、新股东是否享有公司本次股票发行完成前的滚存利润等；⑤风险因素：涉及哪些方面的风险；⑥发行地区、发行对象、承销期的起止日期；⑦拟上市证券交易场所。

(3) 主要会计数据（采用列表式）：①资产负债表数据：营运资金，总资产，长期负债，股东权益；②利润表数据：销售收入，营业利润，利润总额，净利润。上述数据应摘自本招股说明书“财务会计资料”一节中所列会计报表。发行人在招股说明书“财务会计资料”一节中应提供其不少于最近三年的利润表、不少于最近两年末的资产负债表以及不少于最近一年的财务状况变动表或现金流量表数据。最近一期会计数据的有效期为六个月。因此在必要时，发行人还应提供自最后一个会计年度终止后，到编制招股说明书之前最近可行的月份终了的会计数据。会计期间的排列应当自左至右，最左侧为最近一期数据，每个期间均应予以注明。上述会计数据应选自经有资格从事证券相关业务的会计师事务所审计过的财务报表。

(4) 预计时间表。根据不同的发行方式，披露发行上市过程中各个相应的重要日期。例如，在上网定价方式下应披露的重要日期如下：①申购期；②摇号日期；③摇号结果公布日期；④划款期；⑤预计挂牌交易日期；等等。

2. 释义

对招股说明书中具有特定含义的词汇做出明确的定义、解释和说明。

3. 绪言

在绪言中必须声明：本说明书的编写所依据的法规，发行人董事会成员（或股份有限公司筹备组成员）已批准该招股说明书，确信其中不存在任何重大遗漏或者误导并对其真实性、准确性、完整性负个别的和连带的责任。下列文字必须载入绪言：“新发行的股票是根据本说明书所载明的资料申请发行的。除本发行人和主承销商外，没有委托或授权任何其他人提供未在本说明书中列载的信息和对本说明书作任何解释或者说明。”本招股说明书应当提醒投资人自行负担买卖该发行人股票所应支付的税款，发行人、推荐人和承销商对此不承担责任。

4. 发售新股的有关当事人

本节列出下列有关当事人的机构名称、所在地、电话、传真以及这些当事人中负责本次发行销售有关事项的联系人姓名：(1) 发行人及其法定代表人；(2) 财务顾问；(3) 承销商；(4) 推荐人；(5) 发行人的律师事务所和经办律师；(6) 主承销商的律师事务所和经办律师；(7) 会计师事务所和经办注册会计师；(8) 资产评估机构和经办评估人员；(9) 资产评估确认机构；(10) 收款银行；(11) 股票登记机构；(12) 其他与发售新股有密切联系的机构和个人。

5. 风险因素与对策

本节介绍投资风险和股市风险。投资风险介绍可能对发行人发展前景、产品销售、市场份额、财务状况、经营效益等方面产生不利影响的重要因素。本节开始时应采用下列提示：“投资者在评价本发行人此次发售的股票时，除本招股说明书提供的其他资料外，应特别认真地考虑下述各项风险因素。”

风险因素包括（但不限于）下列各项：

（1）经营风险。指发行人在生产经营过程中可能存在的风险因素，例如：①对重要原材料或者供货渠道的依赖，进口材料的限制，原材料价格占制造成本的比例；②对主要客户的依赖；③能源或者交通方面存在的制约；④产品价格方面的限制；⑤产品外销的限制；⑥产品的生产与销售是否有任何补贴；⑦产品或业务结构过度集中或分散的风险；⑧主要产品或者主要业务所采用技术的先进程度以及同类的最新产品、最新技术和替代产品的简况；⑨融资能力的局限性；⑩外汇风险（包括汇率风险），主要适用于收入或支出中相当部分需以外汇结算的发行人；⑪自然条件的限制；等等。

（2）行业风险。指发行人所在行业的行业特点、发展趋势中可能存在的不利因素以及行业竞争情况，例如：①产业政策的限制；②环保因素的限制；③严重依赖其他行业；④严重依赖有限的自然资源；⑤行业内部竞争的情况；⑥行业发展存在的其他限制因素；等等。

（3）市场风险。指发行人是否会受到经济周期的影响，市场的发育情况，以及与发行人密切相关的行业的情况，例如：①发行人是否存在某种经济周期或受经济周期的影响；②市场不够发达或存在市场分割的情况；③主要市场所在的国家和地区属于经济、政治不稳定的地区；④密切相关的行业存在各种制约因素；⑤发行人所在行业生产能力、市场容量的限制，发行人生产能力、市场占有率的限制；⑥对海外市场的依赖；等等。

（4）政策性风险。指国家政策、法律（包括税务法规、进出口政策等）是否对发行人不利或存在某种限制，国家政策、法律是否在可见的将来有可能发生变化，并因其变化而对发行人产生不利影响。

（5）其他风险。指对发行人存在除上述各方面风险之外的风险，例如：①本次募股资金投向新项目的风险；②现有股东的控制，即公司控股股东（包括绝对控股与相对控股）通过行政干预，行使投票权或任何其他方式对公司经营决策、人事等方面的控制；③发行人设立或发行股票，存在哪些法律上的欠缺；等等。在全部陈述完各项风险之后，还可说明发行人采取或准备采取哪些措施减少上述风险的影响。股市风险介绍股票市场价格变化的基本原因，说明股市风险与投资风险的联系，提醒投资人对股价波动应有充分了解。

6. 募集资金的运用

本节说明对所募集资金的运用计划，包括（但不限于）以下几方面：（1）通过发行股票所募集资金的计划用途、投资项目的立项审批。（2）如果所募集的资金准备用于投资项目，应对项目的情况作简单介绍，包括其投资预算；如果用于收购或新建企业，则应对被收购或新建企业情况予以说明；如果根据投资计划，在一定时期有资金闲置的情况，则应说明该时期如何利用资金。（3）投资项目使用资金的计划时间表、项目效益的产生时间、投资回收期。（4）如果投资项目不止一项，还应说明这些项目的轻重缓急。（5）在采用代销方式发行股票的情况下，如果不能募集到预计的全部资金，对可能取得资金的使用计划加以说明。（6）如果发行人尚未确定募集资金的用途，必须予以说明，并详细陈述发行的理由。（7）如果所筹资金尚不能满足规划中的项目的资金需求，应说明其缺口部分的来源及落实情况。（8）增资发行的发行人必须说明前次募股所筹资金的运用情况。

7. 股利分配政策

本节叙述发行人关于股利分配的各项政策：（1）发行人股利分配的一般政策；（2）发行人在发行股票后第一个盈利年度是否准备派发股利，如果准备发放，发放几次，大约在何时发放；(3) 不同类别股票在股利分配方面的权益，如公司拟发行或已发行境内或境外上市外资股，应明确在扣除法定公积、公益金后，未分配利润按中国有关会计制度与国际会计准则计算的累计未分配利润数字中较低者为最大限额进行分配；(4) 如果暂不准备派发股利，简要说明原因；(5) 新股东是否享有公司本次股票发行完成前的滚存利润；(6) 其他应说明的股利分配政策。如果发行人的决策机构为股份有限公司筹备组，无法确定股利分配政策，需等发行之后由首届股东会选举出的董事会予以确定，则本节须将此情况如实披露。如果发行人为业已存续的股份有限公司，还应披露历年分红派息情况。

8. 验资报告

本节是注册会计师对发起人根据法规规定投入股份有限公司筹备机构的股本及其他净资产项目进行验证后出具的验资报告。

9. 承销

本节说明与本次承销和发行有关的事项，包括（但不限于）下列项目：(1) 承销方式（包销或代销）；(2) 如果为代销，应该达到的最低发行量；(3) 承销期的起止日期；(4) 发行方式；(5) 发行地区；(6) 发行对象；(7) 发行股票的种类（普通股、优先股、可转换股等）、面值、数量；(8) 发行价格及其确定价格的方法；(9) 本次发行预计实收金额；(10) 全部承销机构的名称及其承销量（一般应当按承销量的大小为序排列，主承销商排列在最前面，并予以说明）；(11) 发行费用，包括承销费用、注册会计师费用（包括审计、验资、盈利预测等费用）、评估费用、律师费用、公关及广告费用、印刷费用、其他费用等。

拟成立股份有限公司采用代销方式发行股票的，应说明：根据《公司法》第八十九条，发行的股份超过招股说明书规定的截止日期尚未募足的，认股人可以要求发起人按照其所缴股款并加算银行同期存款利息予以返还。

10. 发行人情况

本节简要介绍发行人的全面情况，包括（但不限于）下列内容：(1) 发行人的名称。(2) 发行人成立的日期。(3) 发行人的住所。(4) 发行人的历史情况简介，包括隶属关系的演变、改制重组的有关情况以及与原改制主体的关系等。(5) 以方框图的形式披露发行人的组织结构和内部管理结构、关联企业以及发行人对其他企业的持股情况，并以文字简要介绍主要股东及其他关联企业的基本情况。如果发行人属于某一集团，应介绍该集团的情况及发行人在该集团中的地位。如果发行人为一母公司，还应介绍其下属企业概况。对下属有重大影响的非控股公司，应说明其控股方权益（控股方名称、所占权益等）的有关情况。(6) 本准则所说关联企业，至少包括发行人的母公司、子公司以及其他具有20%以上股权关系的企业、发行人董事、高级管理人员在其中任主要职务的企业等。(7) 发行人的职工人数，职工的专业构成如生产人员、销售人员、技术人员、财务人员、行政人员等，职工的教育程度和年龄情况以及有关职工的其他情况，例如福利、劳保、失业保险、养老金等。(8) 发行人的业务经营范围。(9) 发行人实际从事的主要业务。(10) 发行人的主要产品品种、生产能力、主要市场及其市场占有情况和销售额、销售方式等（包括海外市场）。(11) 主要原材料的供应、自然资源的耗用情况，如果涉及外汇平衡问题，还应予以说明。(12) 对发行人业务有重要意义的工业产权和其他类似无形资产的有关情况。(13) 新产品、新项目研究开发的有关情况。(14) 正在进行或计划进行的投资项目、技术改造、产品更新的一般情况，包括对机器设备、土地、厂房及研究开发项目的投资。

(15) 国家的政策、法规、制度等对发行人改制前的生产经营条件（如原料与能源的供应和价格、产品或服务的销售和价格、税收、员工的聘用及工资水平、产品或业务的专营与垄断等方面）是否有任何限制或优惠，这些限制或优惠在公开发行股票之后是否仍然存在。(16) 发行人在过去三年内如果发生过重大改组、变更、收购、兼并、清理整顿行为以及重大投资行为，需予以详细说明，并说明对发行人财务状况经营情况的影响。(17) 关联交易，说明发行人与其关联企业、董事、监事、高级管理人员之间的关联交易——供、产、销、服务、管理、资金融通等方面的情况，例如，主要交易方、业务性质、定价政策等。(18) 不要求提供合并会计报表的发行人披露纳入合并报表企业之间的交易。(19) 如大股东有放弃竞争和利益冲突的承诺，应披露。本节内容中的某些部分如果属于发行人的重要商业秘密，可适当简化。

11. 发行人公司章程或公司章程草案的摘录

本节摘录发行人公司章程或章程草案中的部分主要内容，包括（但不限于）下列各项：(1) 股东的权利、义务；(2) 股东大会的职权和议事规则；(3) 公司法定代表人及其职权；(4) 董事会的组成、职权和议事规则；(5) 经营管理机构的组成、职权和议事规则；(6) 监事会的组成、职权和议事规则。

12. 董事、监事、高级管理人员及重要职责

本节介绍发行人的董事、监事、高级管理人员及重要职员的简单情况，包括（但不限于）下列各项：(1) 姓名、性别、年龄、学历、职称；(2) 正在担任和曾经担任的重要职务及任期；(3) 主要业务简历；(4) 在其他公司的任职情况；(5) 薪资报酬、福利待遇、责任补偿及其他与公司的对价协议（如借款、担保等）；(6) 其他。高级管理人员是指发行人日常管理的最高负责人及其主要助手，例如总经理、副总经理、总会计师、董事会秘书等或者与这些职务相当的主要负责人。重要职员是指除高级管理人员之外的对发行人具有一定程度控制权或者对发行人的生产经营至关重要的人员。

13. 经营业绩

本节介绍发行人在过去至少三年中的经营业绩，包括（但不限于）下列内容：(1) 生产经营的一般情况；(2) 每年销售总额和利润总额的情况；(3) 发行人业务收入的主要构成，如果发行人有两种以上（含）主要业务或主要产品，说明每种主要业务或产品在收入中所占的份额，如果发行人收入的部分来源于投资收益，应予以相应说明；(4) 完成的主要工作，包括完成的重大项目和科研成果等；(5) 产品或者服务的市场情况；(6) 产品性能、质量方面的情况；(7) 筹资与投资方面的情况；(8) 生产经营设备、主要固定资产增加、改进的情况；(9) 职工数量与业务水平方面的变化；等等。

14. 股本

本节介绍发行人股本的下列有关情况：(1) 注册股份（设立发行的公司披露拟注册股份)。(2) 已发行的股份。(3) 超过面值缴入的资本及其用途。(4) 如果发行人已进行过股份制改组、定向募集或本次发行不是首次公开发行，列表说明发行人股权结构的历次变动情况及原因。定向募集公司可首先按发起人股、募集法人股及内部职工股划分大类，然后按持股人类别细分国家持股、法人持股、外资持股等。(5) 如果已发行过内部职工股，内部职工股是否严格地限制在本企业职工范围之内，是否已全部按照要求集中托管，托管单位及确认部门，以及根据有关规定，内部职工股不得上市交易的截止日。(6) 本次为设立发行时，发起人认购股份数额，并按持股人类别划分为国家持股、法人持股、个人持股、外资持股等。(7) 本次发行后公司股份的结构，包括公司职工股的有关情况。(8) 本

次发行后净资产总额。(9) 本次发行前每股净资产。(10) 本次发行后每股净资产。(11) 本次发行前持有发行人5%以上(含)股权的股东名单及其简要情况，如果股东总数超过10名，但持股5%以上的股东不足10名，则应提供按持股比例排列的前10名股东的名单及简要情况。(12) 董事、监事、高级管理人员及重要职员持有股份数额及比例，包括持有本发行人及其他关联企业股份的情况。

15. 债项

本节陈述发行人本身在特定日期(不得早于本招股说明书所载最新一期财务报表截止日)的主要借款情况，包括银行贷款、公司债、对内部人员和关联企业负债等以及或有负债(如对外担保、票据贴现等)、主要合同承诺。下列资料的报告日期须载明：

债项类别	金额		利率	债务期间	抵押及担保的情况	其他限制条件
	短期	长期				
银行贷款 公司债 对内部人员及关联企业负债						
合计						

或有负债、主要合同承诺。所有债项均应区分有无担保、有无抵押、不同期间、不同利率分别列示。如果因为发行人的股票公开发行和上市而导致对其担保的改变，应予说明。发行人如果有逾期未偿还的债务，应当对其金额、利率、贷款人、资金用途、未按期偿还的原因、预计还款期等做详细说明。对内部人员及关联企业负债应说明成因。内部人员是指发行人的董事、股东和雇员。主要合同承诺指发行人与其他机构或个人订立合同，在未来期间以规定价格购买合同对方的劳务、产品，或以约定金额对外进行投资等。

16. 主要固定资产

本节介绍发行人拥有或者占有的主要固定资产的种类、原值、用途、折旧情况和所在地等。

主要固定资产包括：(1) 各种房地产(包括土地使用权)、建筑物、厂房等；(2) 各种矿产等自然资源；(3) 主要生产、经营、运输、办公设备等；(4) 由原企业改制设立的发起人，如不将原企业固定资产中的非生产性、福利与服务性项目，例如食堂、医院、学校、职工宿舍、礼堂俱乐部等转移到股份制企业中，应经有关部门批准，并在招股说明书有关章节中说明发行人在以后的生产经营中如何使用这些非生产性资产。如果发行人将非生产性、福利与服务性资产转移到股份制企业中，应对这部分资产的有关情况予以披露。

发行人还应披露其所占用的土地使用权的处置方式、经由批准的部门等。

17. 财务会计资料

本节应全文引用有资格从事证券相关业务的会计师事务所出具的审计报告及发行人编制的财务报表及附注。本节对财务报表的有关要求与本招股说明书正文第一节第三条“主要会计数据”的要求相同。

财务报表附注参照《公开发行股票公司信息披露的内容与格式准则第2号——年度报告的内容与格式》中的《财务报表附注指引(试行)》及其附件《对财务报表项目附注内

容的要求》编制。另外，发行人还应在报表附注中披露关联交易情况，可分项逐年列示，并注明最近一年各项关联交易占当年各该类交易的比例。

发行人为业已存续的股份有限公司的，应对各期财务报表项目出现非正常变动的情况在附注中加以说明。未提供利润分配表者还应在附注中披露历年利润分配情况。发行人为新改制企业的，应在附注中就财务报表模拟编制的情况予以说明，包括对报告主体的模拟情况和对所采用的会计政策的模拟情况。如果因为报告主体的模拟而无法提供报告期内利润分配情况的，可以省略。申请公开发行股票的发行人设有子公司的，应当提供合并报表及其发行人单独的报表。在此情况下，发行人应根据上述要求对合并报表进行注释，并且对母公司报表的重要项目（如长期投资、固定资产）予以必要的说明。上述数据应以人民币元或者千元为单位。以元为单位的，原报表中的分、角通过四舍五入略去。本节还应当提供下列信息：

（1）计算下述各项财务指标：

流动比率＝流动资产/流动负债×100％

速动比率＝（流动资产－存货）/流动负债×100％

资产负债率＝负债总额/资产总额×100％

应收账款周转率＝主营业务收入/应收账款平均余额×100％

存货周转率＝主营业务成本/存货平均余额×100％

净资产收益率＝净利润/期末净资产总额×100％

每股净利＝净利润/期末股本总额

（2）如果有正在进行或者计划进行的重大资本支出项目，说明资本支出项目对企业财务状况和经营成果的影响及其资金来源。

（3）说明发行人在最近三年中资产流动性的情况及变化的趋势，包括营运资金和流动比率的增减变动及其原因。

（4）说明发行人最近三年利润构成、盈利水平变化趋势及原因。

（5）说明发行人最近三年股本及其他净资产项目的变化情况。

18. 资产评估

本节介绍发行人根据国家有关法规要求，聘请有资格从事证券相关业务的评估机构对其资产进行有效评估的情况，包括（但不限于）下列各项：（1）公司各类资产（按资产负债表大类划分）评估前账面价值及固定资产净值；（2）公司各类资产在资产评估后净值；（3）各类资产增（减）值幅度；（4）各类资产增（减）值的主要原因。本节还应该简单介绍资产评估时采用的主要评估方法，并说明是否进行相应账务处理。另外，增资发行的公司还应简要介绍本次发行前历次法定资产评估及调账的有关情况。

19. 盈利预测

如果发行人或其财务顾问或其承销商认为提供盈利预测数据将有助于投资人对发行人及其所发行的股票做出正确判断，且发行人确信有能力对最近未来期间的盈利情况做出比较切合实际的预测，则发行人可在招股说明书中提供盈利预测数据。提供盈利预测的发行人应提醒投资者，鉴于盈利预测所依据的种种假设的不确定性，进行投资判断时不应过于依赖该项资料。预测的数据包括会计年度净利润总额、每股盈利、市盈率、预测实现后每股净资产。发行人如果享有优惠税率，应披露其依据及批准机关。如果发行人有需要编制合并报表的子公司，本节还应提供合并盈利预测。

预测应是在对一般经济条件、营业环境、市场情况、发行人生产经营条件和财务状况等进行合理假设的基础上，按照发行人正常的发展速度、本着审慎的原则做出的。盈利预测表后应附有与本预测相关的背景及分析资料。例如：（1）预测中包括尚未投入使用的项目的收益时，介绍项目情况并提供项目可在预测期间投入使用并产生预期收益的依据；（2）各假设条件与过去几年相比有重大变动时，予以相应说明；（3）盈利预测与历史数据相比增减幅度较大时，分析差异产生的原因；（4）发行人为本次发行而进行重组时，分析重组行为对预测产生的影响；等等。

预测期间的确定：（1）如果预测是在发行人会计年度的前六个月做出的，则为自预测时起至该会计年度结束时止的期间。（2）如果预测是在发行人会计年度的后六个月做出的，则为自预测时起至不超过下一个会计年度结束止的时间，但最短不得少于12个月。

盈利预测所采用的各项假设必须加以说明。注册会计师必须对盈利预测依据的假设基准的合理性、基础数据的真实性、所采用的会计政策和计算方法及其与招股说明书所载财务报表所采用的会计政策的一致性进行审核并做出报告。

20. 公司发展规划

本节介绍发行人已经制定的、有一定依据、比较切实可行的发展计划与安排，包括（但不限于）以下内容：（1）发行人的生产经营发展战略；（2）发行人的发展目标和规模；（3）发行人的市场发展计划；（4）发行人的销售计划；（5）发行人的生产经营计划；（6）发行人的固定资产投资计划及设备更新计划；（7）发行人的人员扩充计划；（8）发行人的资金筹措和运用计划；等等。

21. 重要合同及重大诉讼事项

本节简要介绍发行人已签订的重要合同和作为一方当事人的尚未做出判决的重大诉讼事项。重要合同是指对发行人生产经营活动、未来发展或者财务状况具有重要影响的合同。重要合同中对发行人经营有重大影响的附带条款和限制条件应在此披露。重大诉讼事项是指其对发行人的财务状况、经营成果、声誉、业务活动、未来前景等可能产生较大影响的诉讼或者发行人的董事、监事、高级管理人员受到的刑事起诉。

凡发行人及其母公司、子公司、并行子公司、控股公司、联营公司，发行人的董事、监事、高级管理人员，持有发行人5%以上（含）的主要股东作为重大诉讼一方当事人的，都应予以披露。本节还应当对所列示的资料做出必要说明，说明的内容应包括（但不限于）以下方面：（1）受理该诉讼的法庭的名称；（2）提起诉讼的日期；（3）诉讼的主要当事人和代理人；（4）提起诉讼的原因；（5）请求何种赔偿，可能赔偿的数额或者受到的处罚；（6）证监会要求予以披露的其他事项。

22. 其他重要事项

本节披露发行人认为对投资者做出投资判断有重大影响的其他事项。

23. 董事会成员及承销团成员签署意见

（四）附录

附录至少应包括以下各项：（1）财务报表差异调节表；如果发行人既发行境内社会公众股，又发行境内上市外资股或者境外上市外资股，由于会计准则的不同导致不同类型的股票同期财务报表数据不完全相同的，应当对其差异编制调节表，说明产生差异的原因；（2）资产评估报告（如果土地单独评估，还需提供土地评估报告）；（3）盈利预测报告和注册会计师的意见；（4）验资报告；（5）法律意见书；（6）发行人的公司章程和细则；（7）发行人的营业执照；（8）关于本次发行的股东大会公告及决议。

（五）备查文件

备查文件至少应当包括以下各项：（1）审计报告、财务报表及附注；（2）发行人成立的注册登记文件；（3）主管部门和证券交易所批准发行上市的文件；（4）承销协议；（5）国有资产管理部门关于资产评估的确认报告；（6）发行人改组的其他有关资料；（7）重要合同；（8）证监会要求的其他文件。同时还应当说明备查文件的查阅期间（不应短于发行期间）和查阅地点。这些地点应当是投资公众较易到达的地点，例如发行人、承销商、证券交易所的所在地。

四、需要重点关注的事项

证监会对招股说明书已经作了明确要求，但是随着保荐制度的实施和审核的最新要求，证监会的理念有所调整，主要是要求中介机构独立发表意见，不要动辄参照、引用发行人的意见。此外，证监会对发行人本身的独立运营要求详细披露。值得注意的事项主要有：

1. 关于释义

根据要求，释义本来用于简称或者对一些难以了解的专业术语进行解释。因此，释义应加强对专业术语的解释，而没有必要对类似人民币元、WTO等名词进行解释。

2. 发行方案

根据目前规定，新股发行募集资金还是受2倍净资产的限制。实施询价后，由于发行价格不定，发行股份不定（但流通股应不低于总股本的25%），募集资金总额也不定，因此，在制定发行方案决议时，募集资金数量尽管不确定，但要确定一个上限（可以按照项目投资量确定，同时略高于2倍净资产），发行股份最好也确定一个上限（例如“不超过××万股”等字样，但由于受25%的限制，实际上也确定了发行下限）。

3. 关于风险分析

除证监会要求的风险外，近年来，由于原材料涨价和煤电油运紧张，相关因素对发行人影响较大，证监会对此相当关注，可能要求进行风险或者特别风险提示。此外，证监会对竞争对手和未来市场竞争加剧也十分关注，可能要求进一步披露未来市场竞争情况并作特别风险提示。风险因素切合公司实际，对策适当、可行，忌空对空。特别风险提示反映了公司面临的现实或可能的重大问题。

4. 关于发行人基本情况

除发行人的一般情况外，目前证监会越来越关注控股股东的业务发展历程以及设立发行人时的出资资产、剩余资产以及研发、生产、销售、采购的独立性。

5. 关于业务与技术

对采购和销售，还要关注其是否存在网络共用情形。同时，如果公司前五大客户和供应商所占比例达到或超过50%，可能要求详细披露客户名单及其性质（如生产商或者经销商等）并作风险或特别风险提示。此外，对销售渠道、销售方式和销售过程十分关注，尤其对销售过程中存在的回扣、让利行为要求说明其合法性和会计处理。如果数据资料及其来源有限，发行人应提早组织相关人员写作文章，经审阅后在权威杂志发表以便于招股说明书写作，好的招股说明书不是简单数据和专业术语的堆砌，而是通俗易懂，能够引起投资者的兴趣和投资欲望。

6. 关于公司治理结构

三会一层依法履行职责，大股东有稳定收入，独立生存，公司独立运作，三分开，五独立。“三分开”是指上市公司与大股东应实行人员、资产、财务分开；“五独立”是指资产独立、业务独立、人员独立、财务独立和机构独立。

7. 关于财务

一定要做好以下内容分析：

（1）关于主营业务收入。主营业务收入增加是由于销量增加还是价格提升，或者二者兼有。如果是销量增加，则要说明公司的生产能力如何提升，近年来的在建工程、固定资产和项目投资是否配比；如果是受提价影响，说明公司的定价能力较强，则要说明公司的核心竞争能力究竟在哪里以及核心竞争能力是如何形成的。

（2）关于主营业务成本。重点关注原材料是否提价或者为国家控制物资。此外，如果主营业务收入同比增长率和主营业务成本同比增长率差异较大，也要求说明原因。

（3）关于三项费用。如果三项费用同比异常，一定要说明原因。财务费用相对简单，管理费用比较复杂，有时候管理费用激增可能是由于减值准备计提增加，尤其要关注存货减值准备是否增加，这涉及发行人的产品是否有积压情形，又可能与产销率、存货周转率、产品合格率等指标相关。

（4）关于其他业务利润。对于同比大幅增长（30%以上）的科目，需要说明原因。另外，材料销售、生产过程中的废旧物资、次品变卖等涉及成本核算和毛利率变化，在分析时应一并考虑。

（5）关于投资收益。对于证券投资，应该在辅导期之前予以处理。对于实业投资，如果其比重占利润总额较大，应提早建议发行人增加持股比例以达到合并报表目的。

（6）关于营业外收支。对于大额项目要说明原因，如果为事故或者重大固定资产处置，还要关注其对生产经营的影响，这和产能、产量联系在一起。

（7）关于所得税。主要关注税收优惠政策及其对公司可持续发展的影响。因此，一般分析税前利润总额的变化。如果税前利润同比有所增长，说明公司的可持续发展能力较好。但是，对于发行人享受了对利润有较大影响的税收优惠政策，建议将其列为特别风险提示。

（8）关于同行业上市公司财务分析。这本是对定价分析报告和盈利预测的要求，但在目前的询价制度下，对此作比较分析也很重要。建议对资产质量、盈利能力等内容进行同比分析。在寻找同行业上市公司时，最好是竞争对手或相似产品的企业，如果分行业难以获得，就发掘大行业的上市公司。

8. 关于募集资金

保荐制和询价制下对募集资金投资项目越来越关注。在描述时，既要结合行业与技术的内容，更要加强对市场容量和市场营销的比重。尽量不要对项目作精确或者较高的盈利预测。

9. 关于滚存利润分配

尽管证监会没有明确要求，但倾向于新老股东共享。同时，由于股东大会决议为12个月，故决议最好是“发行前产生的利润由新老股东共享”。如果由于从申报到发行周期较长（超过12个月），发行人虽然确实想作分配，但此时决议已然失效，发行人可以重新召开股东大会，或者届时按照证监会的意见处理。

10. 关于重大合同

发行人的合同包括购销合同，借款/抵押/担保合同，商标/专利技术转让、许可合同，土地使用权转让合同等具有重大影响的合同。同时，在收集发行人重大合同时，一般要确定一个截止期，建议合同截止期限与审计报告基准日一致，以确保这些合同已经注册会计师审阅。此外，合同描述应该与律师描述一致，可以直接套用律师的相关描述。

11. 关于签署注册

为了加快速度，建议尽可能采用签字页，日期最好空白。同时，一次可以出具若干签字页以备用。

五、创业板招股说明书的几点说明

根据以往中小板的经验，对创业板招股说明书需要注意的地方做了尝试性思考。

1. 企业的盈利模式亮点要写透

优秀企业的盈利模式应具备以下几个特点：有门槛、大市场、可复制（产品线延伸的可复制性及销售区域的可复制性）、难模仿、可延伸（产业链的延伸，即由制造环节向服务延伸或向特许权外包延伸等）。要从以上五个方面来写明盈利模式的亮点。门槛可能有多种，可能是技术门槛，也可能是渠道门槛，还可能是认证周期门槛，甚至可能是消费习惯门槛（如携程）。如果没有技术门槛，则至少这个企业应具备明确的先发优势。

2. 企业盈利模式的结构要分析清楚

销售方面，可以分为内销模式、外销模式，贴牌模式、自有品牌销售模式，一般出口模式、加工贸易模式，直销模式、经销模式，多而散的众多小客户模式、少而大且相对集中的客户结构模式，产品面向最终消费者模式、产品面向工业消费者模式，等等。

生产方面，也可按不同角度细分为：自主制造模式、制造部分外包模式、制造全部外包模式，先产后销模式、以单订产模式，生产集中化通过物流外销模式、生产分散化通过销地生产模式，自主生产设备型生产模式、外购生产设备型生产模式，等等。

收款及确认收入方面，可以分为三六一模式、预收款模式、现货两清模式、放账模式，发货确认收入模式、验收确认收入模式、安装确认收入模式等。

采购方面，可以分为以产订采模式、批量采购赚存货升值钱模式、零存货管理法模式，国内采购模式、国外采购模式，向强大供应商采购模式、向弱小供应商采购模式，采购中的账期政策（预付款模式、放账模式、现货两清模式）。

创业板企业盈利模式的合规性，也要讲清楚。比如有些企业赚取的是资金占用的利息（如淘宝网占用资金），有些赚取的是银行的手续费（如贷款中介公司），有些赚取的是数据库延伸服务的钱（为政府部门做数据库然后利用数据库赚取额外的收入）。

3. 创新分析手段

（1）运用杜邦分析法来分析财务数据。杜邦分析法（Du Pont analysis）是利用几种主要的财务比率之间的关系来综合地分析企业的财务状况。具体来说，它是用来评价公司盈利能力和股东权益回报水平，从财务角度评价企业绩效的一种经典方法。它的基本思想是将企业净资产收益率逐级分解为多项财务比率的乘积，这样有助于深入分析比较企业经营业绩。由于这种分析方法最早由美国杜邦公司使用，故称为杜邦分析法。

（2）运用波特五力分析模型，增加重大风险及对策分析。五力分析模型是迈克尔·波特（Michael Porter）于20世纪80年代初提出的，对企业战略制定产生了全球性的深远影响。该模型用于竞争战略的分析，可以有效地分析客户的竞争环境。波特五力分别是：供应商的讨价还价能力、购买者的讨价还价能力、潜在竞争者进入的能力、替代品的替代能力、行业内竞争者现在的竞争能力。五种力量的不同组合变化最终影响行业利润潜力变化。

4. 创业企业的法人治理

多数有风险投资介入资金支持但不参与管理，因此比较大的风险是内部人控制风险，同时也存在股权战争风险，大股东背信的风险反而不大。

5. 创业企业的历史沿革

企业处于创办初期，不规范的做法可能比较多，因此写作时应加以注意。

6. 创业板的资金募集

创业企业的募投资金项目章节的要求与主板相同。

7. 创业企业多是专一化策略，致力于某一小的细分市场经营

按照创业板招股说明书编写时的分析套路，即新创企业所具备的核心竞争力主要表现在：一是行业前三；二是客户已经高度分散；三是销售区域已经高度分散；四是对上下游均具备一定的议价能力；五是能参与制定行业标准；六是已经具备品牌溢价。

六、招股说明书与招股意向书的区别

（1）从形式上讲，招股说明书的结构主要由各个“节”按顺序构成；而招股意向书的结构则主要由各个“章”组成。从内容上讲，最大的区别在于本次发行概况的披露。以往的招股说明书在发行概况中直接披露了发行价格，并根据发行价格确定了发行市盈率和预计实收募股资金；招股意向书则不能确定发行价格、相应的市盈率、预计实收募股资金，但是，招股意向书增加了对询价对象的要求和披露。按照中国证监会《关于首次公开发行股票试行询价制度若干问题的通知》的规定，发行人及其保荐机构应向不少于20家询价对象进行初步询价，公开发行股数在4亿股（含4亿股）以上的，参与初步询价的询价对象应不少于50家。值得注意的是，对于预计实收募股资金，投资者可以比照参考发行方募集资金投向各个项目所需资金的总和。虽然预计实收募股资金和募投项目所需资金的总和并不一定完全一致，但大概可以了解和推算发行方预期的发行价格、发行市盈率以及募资额度。

（2）招股说明书与招股意向书在发行上市的重要日期方面也有重要差异。在招股说明书中，发行方在“预计上市日期”一栏承诺将在发行结束后向交易所申请，而招股意向书则干脆取消了有关“预计上市日期”的相关内容。有关人士认为，在询价发行中，由于发行人需要等待被询价人做出是否参与以及参与价格的回应，因此虽然在实践中发行人可能最终都实现了股票成功发行上市，但是在理论上确实存在发行失败的可能，因此不能明确披露“预计上市日期”。

（3）招股意向书虽然与招股说明书具有同样的法律效力，但由于招股意向书需要询价，它更类似于发出“不可撤销的要约”，等待各方面对其做出“承诺”的意思表示，也就是说，招股意向书虽然已经生效，但发行程序仅仅是刚刚启动，市场被询价各方的选择权也才开始发挥，这根本区别于招股说明书确定好一切、市场只能被动参与的发行方式。

例文分析 **深圳××（集团）股份有限公司招股说明书概要（摘要）**

本招股说明书概要的目的仅为尽可能广泛、迅速地向公众提供有关本次发行的简要情况。招股说明书概要本身不是发售股票的法律文件。投资人在作出认购本公司股票的决定之前，应首先仔细阅读招股说明书全文，并以全文作为投资决定的依据。

发行人保证本招股说明书全文之内容真实、准确、完整。深圳市证券管理办公室对本次发行所作的任何决定，均不表明其对发行人所发行的股票价值或者投资人的收益作出实质性判断或者保证，任何与此相反的声明均属虚假不实陈述。为方便投资者，本公司在本股票发行期间特设咨询电话。

一、释义

在本招股说明书中简称具有如下意义：

市政府：指深圳市人民政府。

原公司：指本次股份制改组前的深圳××联合发展公司。

本公司：指根据深圳市人民政府深府函（××××）13号文件批复由原公司改组设立的深圳××（集团）股份有限公司。

新股：本公司股份中，本次新增发行的股份。

发起人：指中国××技术进出口深圳公司等24家企业。

发行人：指本公司。

筹委会：指本公司为本次股份制改组及股票发行事宜而组建之筹备委员会。

市证管办：指深圳市证券管理办公室。

元：指人民币元。

二、绪言

本招股说明书系根据《深圳经济特区股份有限公司条例》、《股票发行与交易管理暂行条例》、《深圳市上市公司监管暂行办法》及《公开发行股票公司信息披露实施细则（试行）》等国家和深圳市政府公布的现行有关股票发行的法规、规定，参照国际惯例，为本次公开发行股票而编写，并经筹委会审议通过，旨在向各社会公众提供本公司的基本情况和有关详细资料。本公司筹委会各成员愿就本招股说明书所载资料的真实性、准确性和完整性负共同和个别责任，并确信其中不存在任何重大遗漏或者误导。

本公司本次发行的股票是根据本说明书所载明的资料申请发行的。除本公司和主承销商外，没有委托或者授权任何其他机构或人士提供未在本招股说明书中列载的信息和对本招股说明书作任何解释或者说明。

三、发售新股的有关当事人

1. 发起人：共24家。

2. 最大股东。

法人代表。

地址。

电话。

传真。

联系人。

3. 发行人。

筹委会主任。

地址。

电话。

传真。

联系人。

4. 包销商及上市推荐人。

5. 分销商。

联系人。

6. 律师事务所和经办律师。

7. 会计师事务所和经办注册会计师。

8. 资产评估机构和经办评估人员。

9. 评估确认机构。

10. 财务顾问。

11. 股票登记机构。

12. 收款银行。

四、股票发行的条件

1. 原公司经深圳市人民政府深府内复（××××）××号文批准成立，并经深圳市工商管理局注册登记。原公司原名为深圳××大厦实业有限公司，后经深圳市人民政府深府办（××××）××号文同意，更名为深圳××××发展公司。

2. 原公司董事会20××年×月×日作出发起人协议，一致决定进行股份改组并发行新股。

3. 原公司截至20××年××月×日的所有资产已经评估和验证，并获深圳市投资管理公司深投确认字（××××）××号文确认。

4. 原公司改组为公众股份有限公司的申请已经深圳市人民政府深府办复字（××××）××号文批准，本公司章程经深圳市人民政府原则同意。

5. 本公司本次公开发行股票已获深圳市证券管理办公室深证办复（××××）第×××号文批准。

6. 本公司本次公开发行股票已委托中国银行深圳××咨询公司作为主承销商，并已签订承销协议。

7. 本公司本次公开发行股票已由深圳市××律师事务所出具法律意见书。

五、发行事宜

股票种类：人民币普通股（A股）；

发行数量：2 028 万股；

每股面值：1.00 元；

发行价格：5.50 元；

发行总市值：11 154 万元；

发行地区：深圳市；

发行方式：申请表抽签限额认购；

承销日期：20××年×月×日至20××年×月×日；

交款办法：详见新股认购缴款通知；

上市日期：20××年×月或稍后日期。

六、风险因素与对策

投资者在评价本发行人此次发售的股票时，除本招股说明书提供的其他资料外，应特别认真考虑以下各项风险因素。

本公司目前主要从事××大厦、××大厦等自有房产租赁和物业管理，经营以××大酒店为龙头的酒店服务业，以医药、电子等为主的高科技行业，以及工业贸易行业等。上述产业符合深圳经济特区大力发展第三产业和高科技企业的产业结构要求。本公司经营的风险主要表现在：

1. 政策风险。

本公司所从事的房产租赁经营和酒店服务业易受整个经济环境的影响，国家宏观政策的调整将影响到房产出租率和客房开房率及餐厅上座率。

2. 行业风险。

随着深圳经济特区房地产业的蓬勃发展，近年新建了酒店和可供租赁的房产，行业竞争激烈。同时，国家产业政策的调整，亦影响本公司业务的开展。

3. 本公司所经营的高科技企业，一方面受到产品开发周期长、开发及推销成本高、产品更新换代快的影响；另一方面受到知识产权政策保护的影响，特别是在加入关贸总协定之后，这种影响更加突出。

鉴于上述风险的存在，本公司采取以第三产业为基础，高科技企业和其他工业企业为主导，多元化经营，全方位发展的方针，努力降低风险程度。

七、募集资金的运用

本公司本次发行人民币普通股 2 028 万股，扣除发行费用后将募集资金 10 740 万元，主要用于以下项目：1. 环保项目；2. 高科技新材料项目等。

八、股利分配政策

本公司股利分配将按本公司章程（草案）所载之利润分配政策进行，该政策需待本次发行之后由首届股东大会予以确认。按本公司章程（草案）第八章所载之利润分配政策，公司缴纳所得税后的利润，按下列顺序分配：

1. 弥补上年度亏损；

2. 提取公积金 10%～50%；

3. 提取公益金 5%～15%；

4. 分派股息或红利 35%～85%。

以上各项具体分配比例及股利派付方式由董事会根据当年的具体经营情况提出分配方案，并报股东大会审定。

本公司在股利分配中实行同股同权。

九、验资证明

根据深圳市资产评估事务所“深资评估报字（××××）第××号”文，至 20××年××月××日止经审计及评估后的资产净值为 170 142 155.03 元。经市政府“深府函（××××）××号文”批复，原公司以评估后净资产之 7 072 万元折为 7 072 万股，由公司法人股东持有，其余 99 422 155.03 元转为资本公积金。

十、发行人情况

（一）公司历史沿革

20××年×月×日由中国××技术进出口深圳公司，联合国内 24 家有实力的大中型企业共同发起，并经深圳市政府深府办复（××××）××号文批准，以集资入股的方式组建全民内联企业“深圳××大厦实业有限公司”。后经深圳市深府办（××××）××号文同意，更名为深圳××××发展公司。经深圳市人民政府深府函（××××）××号文批准，原公司改组为公众股份有限公司，并已获深圳市证券管理办公室深复字（××××）第×××号文批准，公开发行本公司股票。

（二）组织架构

本公司是一个紧密控制型集团股份公司，拥有 6 家全资子公司和 7 家控股参股企业。

（三）附属企业及参股、联营企业概况

（四）主要业务

十一、公司筹委会成员简介

十二、股本

新股发行前，原公司资本存量折股 7 072 万股，每股面值 1 元，计 7 072 万元。

20××年×月，深圳市人民政府深府函（××××）××号文批准公司进行公众公司改组。20××年×月，深圳市人民政府证券管理办公室深证办复（××××）××号文批准本公司向社会公开发行 1 670 万股人民币普通股（A 股）。本公司本次新股发行后，总股本为 9 100 万股。

十三、经营业绩

十四、债项

十五、物业、设备及权益

十六、资产评估及调整后净资产

十七、财务会计资料

十八、盈利预测

根据本公司经深圳××会计师事务所审计之盈利预测报告，若无不可预测事件发生，本公司 20××年税后利润预计不少于 5 800 万元，每股税后盈利按新股发行后加权平均股数 80 860 000 股计算，每股盈利（预扣 10%的公益金）为 0.65 元，按发行价计算的市盈率为 8.5 倍。

附注：本公司在适当时期发售 2 000 万股 B 股，届时将作出相应调整。

十九、重大合同及重大诉讼事项

二十、公司发展规划

附录：

1. 财务报表及其注释和审计报告
2. 资产评估报告
3. 盈利预测报告和注册会计师的意见
4. 法律意见书
5. 公司章程（草案）
6. 公司股份制改组立项批复
7. 原公司成立注册文件

备查文件：

1. 主管部门和证券交易所批准发行上市的文件
2. 承销协议
3. 国有资产管理部门关于资产评估的确认报告
4. 重要合同
5. 其他

深圳××××（集团）股份有限公司筹备委员会

20××年×月×日

点评：这是一份比较完善的上市公司招股说明书。按照《公司法》的要求，上市公司要求的各个项目全部具备，该披露的消息都按照要求披露，投资者关心的要点都能及时满足。“发行人情况”所包括的内容非常详尽，包括“公司历史沿革”“组织架构”“附属企业及参股、联营企业概况”“主要业务”。对“股本”，本次募集资金的运用、股利分配政策、盈利预测等都能详细列出，层次井然有序，且结构严谨。附录部分也都按要求放在正文后。行文中，术语的使用值得借鉴。

本章小结

本章主要讲解的是财务分析报告和招股说明书。首先介绍财务分析报告的概念和特点、写作格式及要求，以及注意事项等内容，其中选取很多经典的例文进行分析，除了要求掌握的知识要点，还将财务分析报告的相关术语进行讲解。内容要求简洁明了，条理清晰；所选取的例文结构严谨，分析方法得力。其次介绍招股说明书的概念和特点等相关知识，表达准确，并介绍知识点的比较及写作中需要注意的问题，能够将主板知识延伸到创业板，讲求知识的连续性和相关知识的逻辑性。语言表述要求严谨、朴实、准确，数据引用真实可靠。

关键术语

财务分析	财务分析报告	定性定量分析方法	结构分析法
边际分析法	招股意向书	招股说明书	首次公开募股

习　题

一、选择题

1.（　　）是企业依据资产负债表、利润表、现金流量表、会计报表附表、会计报表附注及财务情况说明书、财务和经济活动所提供的丰富且重要的信息及其内在联系，运用一定的科学分析方法，对企业的经营特征、利润实现及其分配情况形成的书面报告。

A. 综合分析报告　　B. 专题分析报告
C. 市场调查报告　　D. 简单分析报告

2.（　　）是由上级主管部门或企业内部规定的每隔一段相等的时间应予编制和上报的财务分析报告。

A. 不定期分析报告　　B. 专业分析报告
C. 定期分析报告　　D. 定期检查报告

3.（　　）(IPO)，是指企业透过证券交易所首次公开向投资者增发股票，以期募集用于企业发展资金的过程。

A. 首次公开募股　B. 私募　C. 公募　D. 招股意向

4.（　　）虽不能确定发行价格、相应的市盈率、预计实收募股资金，但可增加对询价对象等的要求和披露。

A. 招股说明书　B. 公募基金　C. 招股意向书　D. 私募基金

5.（　　）是利用几种主要的财务比率之间的关系来综合地分析企业的财务状况。

A. 杜邦分析法　　B. 趋势线分析
C. 市盈率分析　　D. SWOT 分析

6.（　　）分别是：供应商的讨价还价能力、购买者的讨价还价能力、潜在竞争者进入的能力、替代品的替代能力、行业内竞争者现在的竞争能力。五种力量的不同组合变化最终将影响行业利润潜力变化。

A. 波特五力　　B. 议价能力　　C. 替代能力　　D. 竞争能力

二、判断题

1. 财务分析报告按其分析的时间，可分为定期分析报告与不定期分析报告两种。

2. 边际分析法是把追加的支出和追加的收入相比较，二者相等时为临界点，也就是投入的资金所得到的利益与输出的成本相等时的点。

3. 凡在中华人民共和国境内公开发行股票的发行人，在申请公开发行股票时，都应当编制招股说明书。

4. 招股说明书应使用华丽抒情的语言，尽量采用图表或其他较为直观的方式进行披露，保证其内容简明扼要、通俗易懂，突出事件实质，不得有祝贺性、广告性、恭维性或诋毁性语言。

5. 发行人在招股说明书中披露的所有信息不一定真实、准确、完整。这里除了指一次性披露外，还包括流动信息的披露。

6. 招股说明书的有效日期为6个月，自招股说明书签署之日起计算。

三、简答题

1. 综合分析报告的作用有哪些？
2. 创业板招股说明书的创新分析手段有哪些？
3. 何谓信息披露原则？
4. 招股说明书与招股意向书的区别有哪些？
5. 简述招股说明书的写作原则。
6. 简述财务分析报告的写作内容及格式。
7. 财务分析报告写作的注意事项有哪些？

四、写作题

1. 请结合案例写一篇财务分析报告。
2. 请结合实际案例，写一篇上市公司招股说明书。

部分习题答案

一、答案：1. A；2. C；3. A；4. C；5. A；6. A。

二、答案：1. √；2. √；3. √；4. ×；5. ×；6. √。

第五篇
国民经济计划（财经项目）收尾过程

财经项目的收尾过程常常以完成项目工作与可交付成果的竣工报验为标志。收尾阶段，往往是追求最终产品的完成、评价与项目的验收、清算最后的账务，项目评估、文档总结、资源清理、转换终极产品责任者和经营者。收尾阶段不是项目走到了尽头，是要开始新的阶段，赋予财经项目以新的生命。所以说在这个承上启下的时刻，财经应用文的一些文书发挥着极其重要的职能作用。

第十一章 财经工作总结类日常文书

本章要点

1. 掌握总结与述职报告的概念、种类和特点；
2. 理解总结与述职报告的写法及写作要求；
3. 正确运用总结与述职报告的格式进行写作。

导入案例

古人最讲究总结，总结不仅可以“温故而知新”，还可以找到事物的规律。2016 年 11 月 30 日，中国申报的“二十四节气——中国人通过观察太阳周年运动而形成的时间知识体系及其实践”正式通过评审，列入联合国教科文组织人类非物质文化遗产代表作名录。二十四节气是中国古代劳动人民在长期生产实践活动中总结出来的。农历二十四节气就是中国古代劳动人民总结的天文气象历法。

财经工作，最讲究的就是最终的结果。结果怎样，过程怎么来，是依靠什么取得的成功，都需要全面的总结。现代社会，年终岁尾，无论是政府部门，还是企事业单位都要做年终总结。如何通过总结来带动来年的工作和员工士气？有位老总这样说：成绩要讲透，问题更要讲明；来年计划要清晰，要起到鼓舞人心的作用。成绩要写，报喜也要报忧，不要回避挫折和影响绩效的地方；要分析出原因并简明扼要地表达，目的是改进下一年工作。总之，要通过总结达到举一反三的目的。

第一节 财经工作总结

一、总结的概念

总结是机关、团体、企事业单位，或某一项目竣工时一个团队需要做的一项重要工作，或者说个人对一定时期内的某项工作、学习或活动情况，进行系统、全面的回顾检查、分析研究、评价工作、思考探索，并从中找出带有规律性的东西，以更好地指导今后实践的一种文书。也就是对过去工作的回顾、反思，找出成绩与问题、经验与教训，即由实践到认识，再实践，再认识，每一个循环都有所提升的思维活动过程。

总结在财经活动中具有重要的作用。项目实施的每一阶段，都需要进行必要的总结。这样做，可以通过回顾，发扬好的做法，少走弯路，可以降低经济损失，有助于经济规律的探索；同时，有助于有效地推广成功的经验，避免失败或提高经济效益与效率；有助于上级部门全面地掌握团队的工作情况，积累资料，促进团队建设。总之，财经工作总结适用范围很广，财经主管机关、部门乃至个人都要对一个预算计划期或一个项目周期的工作状况进行检查回顾。其根本的目的就是：总结经验，树立典型，弘扬先进，吸取教训，解决现实问题，推动日后的工作。

二、财经总结的种类

古语道："温故而知新"。总结就是要"前事不忘，后事之师"。总结从内容、性质、时间、形式等角度可分为以下不同的类型。

（一）根据内容划分

总结可分为工作总结和典型经验总结。工作总结是对某一阶段或某一专项工作进行回顾、检查的文种；典型经验总结的主要功能是对工作的特点、典型做法、心得体会等进行提炼、归纳，概括出规律性的东西，以指导今后的工作。它与专题总结有所不同，它的写作重点不在情况汇总，而在提炼出对工作规律的认识，升华为理论，因此理论性较强。

（二）按性质划分

总结分为全面总结和单项总结。全面总结也称为综合性总结，要求对某一时间段内某一单位和部门各方面的工作情况全面地进行回顾分析；单项总结也称为专题总结，是就单位某一项工作或工作中某一方面的内容或某一个问题所做的总结。

（三）按内容划分

总结可分为财经工作总结、销售工作总结、绩效工作总结、出口创汇工作总结、电子行业工作总结、生产运营工作总结等。

（四）按时间划分

总结可分为年度总结、半年总结、季度（月份）总结等。

（五）按范围划分

总结还可以分为地区总结、部门总结、个人总结等。

三、财经总结的特点

（一）客观性

总结是以客观实际为基础，通过客观的回顾、认识、评价、分析得出具有指导性、规律性、上台阶的认识。总结对象和材料来自过去的工作，观点也是从过去的工作实践中提炼出来的。因此总结的写作必须忠于事实，不能添枝加叶、无中生有或避重就轻、报喜不报忧，否则就失去了总结的价值和意义。

（二）经验性

总结不是对已完成工作事实的简单复述，也不是对实践过程和情况的表面反映。总结的目的在于得出浓缩的、经典的规律性的东西，以便在今后的工作中正确把握事物的客观规律，提高工作业绩和成功率。这是一个把零星的、肤浅的感性认识升华为全面的、系统的理性认识高度的过程。应当从取得的成绩中提炼出经验，从失败中分析出教训，因此总结具备一定的经验性。

（三）回顾性

总结是回顾过去，对以前一段时间内的工作计划进行回顾、检验，具有较强的工作任务的解读性，其目的是顺利进行下一阶段的工作，能够起到展望未来的作用。

（四）自我性

总结是对自身过去的工作、社会实践进行回顾的产物，它以个人的亲身工作实践为主要材料，采用的是第一人称的写法，或者说以个人所在的团队为主体来写作，其中的工作业绩、先进而科学的做法、具有典型意义的经验以及个人或团队存在的问题和教训，都具有鲜明的自我特征。

（五）简明性

总结的语言简明扼要，条理清楚，忌长篇大论，要以提炼规律为目的，忌说空话、大话。总结需要做许多指标性的解释，尤其是财经指标，需要用数据说话，这样既简练，又不落入俗套。

四、财经工作总结的写法

财经工作总结与计划一样，其结构由标题、正文、落款构成。

（一）标题

财经工作总结的标题有多种拟写形式，常见的有以下几种。

1. 公文式标题

公文式标题由“单位名称＋时段＋内容＋文种”组成，如《××局 2015 年度生产经营工作总结》《××市 2015 年财税工作总结》《××省 2016 学年职业教育工作总结》《××市 2016 年文化工作总结》。有的标题还可省略“单位名称”或“时段”，如《2016 年大学生暑期实践活动总结》《关于组织职工参加省运会比赛的工作总结》。

2. 文章式标题

文章式标题围绕总结的主题拟订，以单行标题概括主要内容或基本观点，不出现“总结”字样，但对总结的内容有提示作用，如《创新技术是玉柴提升核心竞争力的重要法宝》《产、学、研相结合是我们办学发展的方向》《我们是如何提高绿色农业科研融资工作的》。

3. 双行式标题

双行式标题分别以文章式标题和公文式标题为正副标题，正标题揭示观点或概括主要内容，副标题则点名单位、时限、性质和总结的种类。例如：《面对挑选，敢于迎战——××职业学院毕业生实习总结》

（二）正文

正文分为前言、主体、结尾三部分。

1. 前言

前言又称导言，一般介绍总结写作的背景、依据、基本概况等，也可交代总结主旨并做出基本评价，为引入总结主体作铺垫和提示，让读者一开始就对总结内容有个初步印象。前言力求简明，开宗明义。它有多种写法。

（1）概括式。

概括式也叫概述式，即概括介绍基本情况，分清主次，为下文的叙述奠定基础。例如：

一年来，在市委、市政府的领导下，在市工信局的直接指导下，全集团上下团结一心，圆满完成全年工业产值50亿元、产品销售收入60亿元、利税8亿元的总目标。在市场销售不景气、竞争激烈的情况下，我们迎难而上，集团不仅顺利完成新厂扩建任务，而且提前完成“十二五”出口创汇3 000万美元的目标，在全国机械行业的排名由过去名不见经传，一跃进入到前三十名，受到同行的青睐和上级部门的褒奖。我们集团的核心技术公司已经顺利上市，融资融券工作已经迈上了新台阶，这为我们集团明年的发展，乃至“十三五”的发展，奠定了良好的基础。现将主要工作总结如下。

（2）结论式。

开门见山提出总结的结论，引发人们对总结过程的兴趣。例如：

经过三个月集训队的培训，我们的业务水平和技能有了显著的提高。我们得出一个重要的结论——刻苦掌握科学有效的学习方法，能够使我们快捷地掌握知识，提高学习成绩。

结论式的开头，开门见山地总结出所得到的结论成果，引发读者对总结过程的兴趣。

（3）揭示式。

揭示式也叫提问式，以设问开头，即对总结内容提示、直接点名出题，引发思考、激发联想的兴趣。例如：

财经干部培训是开展市场经济活动的重要一环。没有边实践边培训，我们遇到的新问题、新情况，就很难解决，就不能因势利导，与时俱进，走在时代的前列。财经干部培训，给我们带来了哪些益处？现在我就以个人的参训经历，谈点儿收获。

这段开头在点明主题的同时，以提问的方式设置悬念，引起读者的兴趣。

（4）对比式。

用前后、新旧或先进与落后进行对比，从而分出优劣，引出下文。例如：

2008—2011年我公司平均每年亏损200余万元人民币。市政府进行产业链整合，我公司成为汽车总公司最直接的发动机供应商。不仅管理费用降低，而且生产成本大幅削减，尤其是通过引进战略合作伙伴后，新技术、新工艺被我公司不断采用，新产品不断地推出，不仅扭亏为盈，而且经济效益连续两年增长超过百分之十，利润超过5 000万元人民币。我公司一举成为行业的排头兵。

这段开头用前后两组差别显著的数据作为对比，以引起读者对所总结的经验和所取得的成绩的兴趣。

2. 主体

主体部分按顺序概括说明主要工作基本情况、指标分析、成绩及评价、经验和体会、存在的问题或教训，以及今后的打算。这些内容是总结的核心部分，一般按纵式或横式结构形式撰写。

（1）纵式结构。

财经项目运作或者财经工作，一般都是按阶段安排的，因此，纵式结构也叫阶段式结构，可分为两个类别。

根据工作发展过程中的几个阶段，按时间先后分成几个部分来写，对每个阶段的工作，都要既讲情况、做法，又要讲经验教训和存在的问题。这样写便于看出整个工作各个阶段的特点和经验，周期较长又有明显阶段性的工作，无论是专题总结还是全面总结，都适宜采用这种方法。

按材料提供内容的相关顺序划分工作阶段，表现为某一项工作的前后部分有顺承关系，逻辑顺序性明显。例如，××集团的工作总结标题为《从成本核算到加强企管和市场的有效考核》，其主体分三个部分：制定一线成本考核标准；严格绩效考核，加强企业管理；面对竞争激烈的市场，运用销售包干成本核算的办法进行奖惩。这种写法具有环环相扣的特点，也称为因果式或层递式结构。

（2）横式结构。

横式结构也叫并列式结构。它将一项工作的做法和体会从不同的角度进行总结，各个部分之间并无明显的时间顺序，而是以主次为序，或以轻重为序。

（3）纵横式结构。

纵横式结构即综合运用上述两种写法。这种结构往往适合篇幅较长、内容量大、涉及面广的总结，其中有些部分采用纵式结构，有些部分采用横式结构，从而构成了交错式结构特点。

上述是总结主体较常见的三种结构方法。

另外，值得注意的是，总结主体部分的写作中，经常要用“主旨句——支持句（点面结合）——小结句”的模式构成某段，这类“常用段”的运用规律是：第一部分开门见山，提出主旨句，点名全段要表达的意思；第二部分由几个支持句构成，用点面结合的事实材料说明、解释、论证主旨句所提出的观点；第三部分一般是小结句，照应主旨，但不重复主旨。

3. 结尾

可用一句话归纳呼应主题，指出努力方向，提出改进意见或用表示决心、信心等用语作结语，要求简短利索。例如：

> 一年来，我们在市委、市政府的正确领导下，取得了一些成绩，集团内没有发生违反党纪国法的事件，保持了工作的正常运转和稳定，保证了上级组织方针、政策的贯彻落实，为我市的经济发展作出了贡献。

这段结尾既综述全篇，又增强主题，简洁明了。又如：“以上经验值得认真研究并在以后的工作中加以运用。”

（三）落款

总结的落款和计划相似。以机关单位名义写的总结，如单位名称已在标题中或标题下方出现，文后不另署名，否则文后应署名和时间。

五、财经工作总结的写作要求

（一）找出规律，忌罗列材料

总结忌材料堆砌，搜集整理材料、分析材料是关键。通过分析归纳材料，找出事物发展的规律性，是总结的目的，也是衡量一篇总结质量高低的重要标志。

如何从材料中揭示出规律性的东西呢？可以从工作的不同阶段研究事物发展的特点，并找出它的内部联系；也可以从各个不同的具体经验中找出共同的因果关系，还可以从多种不同典型事例的对比中找出存在共同点和差异点的原因，从而既揭示一般规律性，又揭示特殊规律性。

（二）精选材料，忌写流水账

写总结不是记流水账，忌面面俱到，没有主次。专题总结要突出重点，全面总结也不能缺乏重心。写总结时要对材料进行归纳、定位，具体表达时要详略得当，泾渭分明。

（三）写出新东西，忌老生常谈

写总结，是经常要做的常规性工作，最容易老生常谈、缺乏新鲜感。因此，构思时要认真研究材料，挖掘出恰当又有特色的主题和材料，不能搞套路化、公式化、一般化、千篇一律、观点材料缺少新意的总结。

总结需要时代感，需要标新立异，切忌哗众取宠，必须建立在正确反映客观实际发展变化的基础上。

（四）要实事求是，忌文题不符

总结的目的是发扬成绩，纠正错误，找出可推广的先进经验，促进工作。因此，一定要实事求是，不能搞形式主义，弄虚作假，编造数字；还要防止片面性，只讲成绩与经验，不讲问题与不足；或者出现差错后只从客观上找原因，不从主观上找原因；得过且过，意图蒙混过关；内容和形式严重不符；或文不对题。

六、总结与计划的联系与区别

（一）联系

总结是对前一阶段计划执行情况的检查、评价以及规律性认识，也是制订下一阶段计划的依据。

（二）区别

（1）时间上，计划是事前就完成某项任务提出的安排，总结则是事后对计划执行情况的总检查、总评价。

（2）内容上，计划主要回答在某一时期“要做什么，怎么做，做到什么程度”，总结主要回答在某一时期“做了什么，怎样做的，做到了什么程度”。

（3）性质上，计划是总结的前提和依据，总结是计划落实后的认识和评价。通过总结，找出失误和偏差，才能使人类的实践活动不至于偏离目标方向。

例文分析　**玉柴工业园2012年工作总结和2013年工作计划（摘要）**

今年以来，玉柴工业园在玉林市委、市政府的正确领导下，在玉州区、福绵区和市直有关部门的关心支持下，认真贯彻落实科学发展观，按照“12345”工作思路，以“服务玉柴，拉长产业链，提高本地配套率”为服务宗旨，以“创先争优”和“三年”活动为契机，全力推进“强柴兴玉”和“统筹城乡发展，加快推进城乡一体化”战略的实施。园区创新思路，强化措施，加快项目建设，加大招商引资力度，扎实推动了经济平稳较快发展，现将园区2012年度工作总结如下：

一、2012年主要工作回顾

（一）2012年经济指标完成情况

2012年园区预计完成工业总产值362.01亿元、工业增加值75.02亿元、税收10.81亿元、固定资产投资28.01亿元、工业项目实际投资27.01亿元、基础设施投资1.81亿元．分别完成目标任务的100%、100%、100%、100%、100%、100.6%，与去年同期相比分别增长24.7%、23%、1.5%、0.7%、7.1%、20.7%。

（二）项目建设情况

1. 自治区层面重大项目建设加快推进

(1) 广西玉柴机器股份有限公司铸造中心项目分三期建设，项目总投资13.65亿元。(2) 广西玉柴机器股份有限公司船用柴油机基地建设项目总投资6.19亿元，建成后形成年产6 800台船用柴油机的生产能力。

2. 市层面重大项目进展顺利

(1) 玉林国家内燃机及零部件产品质量监督检验中心项目已基本完成。(2) 广西玉柴职业技术学院一期教学楼、宿舍楼、会堂等已基本建成。

（三）加大投入力度，基础设施建设进一步完善

今年园区基础设施预计完成投资1.82亿元。预计平整土地约69.66公顷，铺设5 000米给排水管；修建约3 500米供水主干道；平整土地约1 500亩；修建道路约2 000米等；投资1 749万元的城市电网改造项目110KV新桥变电站工程项目已基本建成。

（四）招商引资成果大，入园建设项目多

2012年，我园区共新签招商引资合同项目16个，合同总金额21.24亿元。

（五）加强领导，精心组织部署2012年创先争优活动和基层党组织建设

根据市委的有关会议和文件精神，我园区迅速召开会议，全体动员，依据《玉林市深入开展创先争优活动2012年工作要点》、《中共玉林市组织部2012年工作要点》、“三个年”活动、“六个示范”活动要求开展活动。

（六）创新机制，细化职责，扎实有效开展“绩效提升年”活动

今年以来，我园区继续认真贯彻落实玉林市开展“绩效提升年”活动，把绩效建设纳入园区工作，制订印发了活动实施方案，明确了活动的具体目标、工作重点、关键措施和进度要求。

（七）加强社会管理

园区管辖范围涉及玉州区、福绵管理区、陆川县，我园区与玉州区南江街道办事处、福绵管理区新桥镇和福绵镇、陆川县珊罗镇协同合作，以为群众办实事解难题为着力点，加强社会管理。

（八）依法依规有序推进征地拆迁工作

征地拆迁工作是加快推进项目建设的基础和关键，今年园区征地拆迁工作按照“任务目标化、目标责任化、责任考量化”要求，依法依规推进征地拆迁工作。在人民政府批准征地之后，张贴征地公告，明确被征地块，公开补偿方案。

二、主要工作经验和做法

（一）领导重视是加快推进玉柴工业园建设的重要保障

（二）多方努力，积极争取，园区建设资金取得新突破

（三）积极争取用地指标，项目用地取得新突破

（四）依法严厉打击“两违”，征地拆迁取得新突破

（五）积极引进培育新兴产业，招商引资取得新突破

（六）加强园区基础设施建设

三、园区目前存在的主要问题

（一）资金紧缺，运转困难

（二）“两违”现象较普遍，征地拆迁困难

（三）土地储备不足，项目用地紧缺

（1）广西玉柴机器股份有限公司配件制造中心项目，该项目总投资9.4亿元，占地900亩（包括玉柴第三柴油发动机厂扩建）。

（2）广西玉柴机器股份有限公司气体发动机建设项目，该项目总投资5亿元，占地300亩，该项目已利用玉柴公司的存量土地开工建设，而新增土地未组织上报。

四、2013年工作思路和计划

2013年玉柴工业园在市委、市政府的领导下，深入学习贯彻党的十八大精神，我们将按“12345”的工作思路，以“五个突破”为抓手拉开园区框架，以“四个毫不动摇”推动新区产业结构转型升级，策划“五大项目”提升新区竞争力，深化统筹城乡综合配套改革，加快创建“六个示范”，奋力推进富民强市新跨越。把玉柴新区建设成以发动机产品和工程机械两个产业链为主，多个产业群于一体的世界级柴油机生产基地、工程机械制造出口基地及国家级新型工业化机械产业示范基地，打造统筹城乡发展的“区城同建”示范区。

（一）创新园区建设管理模式，破解资金难的“瓶颈”

（二）坚持工业化主导方向，推动产业结构转型升级

1. 毫不动摇地支持玉柴机械板块做强做大

2. 毫不动摇地支持玉柴调整产业结构，实现转型升级

3. 毫不动摇地支持玉柴探索新的发展板块

（三）策划“五大项目”，夯实新区发展基石，提升新区竞争力

1. 玉柴新兴产业创业城

2. 金属材料交易中心

3. 七一村新社区建设项目

4. 新兴塘风情园

5. 玉柴新区基础设施建设项目

（四）做好招商引资工作，保障新区产业集聚发展

（五）做好2013年土地指标报批工作，保障园区用地需求

（六）加大打击“两违”及征地拆迁力度，保障园区顺利开展用地及用电工作

（七）抓好落地项目开工建设，保障园区经济增长需要

点评：这是一篇企业性质的总结与计划。标题简洁明了，一目了然。总结完全是按照上年的计划要求和工作任务撰写的，其中不乏工作目标、数据。整个总结由过往一年的回顾、工作经验及做法、存在的主要问题和下一年的工作思路及计划四部分组成，按照主次顺序，先交代了过去一年取得的成绩，总结成功的经验，反思存在的问题，提出下个阶段的工作任务。整个文章层次分明，每部分用小标题点明该部分的核心内容，一边叙述一边分析，文章点面结合，语言朴实简明。

例文分析

贵港国家生态工业（制糖）示范园区管委会 2014年工作总结及2015年工作计划（摘要）

2014年11月14日

今年以来，生态工业园区管委会认真贯彻落实党的十八届三中全会精神，围绕市、区提出的“1010”工程和“三年目标任务行动计划”工作部署，以开展党的群众路线教育实践活动为契机，以“招商引资、投资建设、项目管理、提高服务”为主线，全力推进三个“园中园”建设，全面完成市、区下达园区的各项工作任务。现将园区2014年工作情况汇报如下：

一、2014年园区建设工作推进情况

（一）各项指标完成情况

1. 园区经济指标完成情况

2. 项目推进情况

（二）园区10项重点工作完成情况

1. 粤桂（贵港）热电循环经济产业园

(1) 征地工作任务及完成情况。(2) 完成园区规划工作。(3) 完成园区公共服务公司注册工作。

2. 钢材加工贸易产业园

3. 有色金属新材料高新技术产业园

4. 华电贵港电厂二期建设工作

5. 土地收储和土地指标争取工作

(1) 完成土地收储2 000亩。

(2) 土地指标争取完成情况。

6. 路网建设工作

7. 西江科技创新产业城污水处理厂建设工作

8. 招商引资工作

年度任务：完成引进10个投资超亿元的工业项目。

9. 新开工建设10个项目

10. 竣工投产10个项目

二、工作亮点

（一）提前2个月完成粤桂（贵港）热电循环经济产业园征地工作

（二）我园区2014年被自治区工信委列为25个重点园区之一

（三）我园区管委会被评为港北区2014年度安全生产工作先进单位

三、承担自治区、市绩效考评指标任务完成情况

四、存在的困难和问题

一是融资难问题制约企业发展；二是项目用地指标落实难制约项目建设。

五、下一步的工作计划

一是增强服务意识，确保工业增速、企业增效、财政增收；二是强力推进项目建设，掀起项目建设新高潮，特别是抓好“三个园中园”建设工作；三是狠抓安全生产工作，促

进园区安全稳定。

六、2015 年工作计划

（一）抓好贵港国家生态工业（制糖）示范园区建设投资有限公司的运行工作

（二）做好园区的规划建设工作

（三）积极推进招商引资工作

（四）强力推进项目建设，掀起项目建设新高潮

（五）加大土地储备力度及土地指标争取工作

（六）抓好基础设施配套建设工作

（七）抓好安全生产工作

点评：这是一篇既有总结又有计划，两种文种合并撰写的典型例文。总结部分是按照总结的要求谋篇布局，计划部分则是按照计划文种要求写作，这样做的好处是提高工作效率。在实际工作中，总结与计划也经常是一起撰写。既总结上一年度的工作情况，也部署下一年度的工作任务，承上启下，简洁实用，避免拖拉冗长的文山会海，干练紧凑。

第二节　述职报告

一、述职报告概述

述职是近年来人事制度改革的产物，是上级组织和人力资源管理部门用来考察干部和企业经营者任职期间履行职责情况的一种具体形式。通过述职报告，可使组织、人力资源管理部门较全面地掌握所属干部的“德、能、勤、绩”方面的情况，预测干部今后发展的潜力，克服凭个人经验、主观印象评定干部的做法，使党的干部考察工作进一步制度化、科学化。述职报告成为任职者自我总结的一种制度，它可以增强任职者的责任感和使命感，正确处理“责、权、利”的关系，创造性地完成任期内的工作任务。

（一）述职报告的概念

述职报告是担任一定领导职务的干部和专业技术人员，向自己的选举任命机构、上级领导、专家组、本单位的职工群众，汇报个人在一定时期内守职尽责和施政情况、“德、能、勤、绩”素质的自我评述性书面文书。

（二）述职报告的种类

（1）从时限上，可分为任期综合性的述职报告（现任职位以来的总体情况报告）、年度述职报告（报告本年度履行职务的情况）、临时性述职报告（担任某项临时职务的报告）或专题性述职报告。

（2）从表达形式上，可分为口头述职报告、书面述职报告。一般任职时间较短且在较小的基层单位工作的可以采用口头述职报告。

（三）述职报告的特点

1. 主体的特定性

述职报告是特定任职者工作业绩的汇报，是以第一人称的方法来叙述，主要突出个人的、特定的领导岗位的领导风貌，表述为工作有哪些突出表现，为老百姓做了哪些实事，以及个人品行、工作效率等值得称道的方面，切忌空泛的说教和抽象的论证。

2. 内容的规定性

报告人要明确自己的身份，按上级规定的具体要求和述职内容，实事求是地做履行职责的工作报告。被考核的每一项工作内容，不仅要逐条说明白，而且要语言平实得体，不得浮夸，以岗位目标为依据进行述职。处于决策层陈述的重点放在组织效率上；处于管理层，主要陈述执行与管理的效率，真实、可靠地考核个人的工作业绩。

3. 表达的述评性

述职人应以严肃、认真、慎重的态度，进行自我评估、自我鉴定、自我定性，评述个人的“德、能、勤、绩”。以对个人负责、对组织负责、对人民群众负责的态度，对工作走向、发展趋势进行恰当的评价，不得弄虚作假。

二、述职报告的写作格式

述职报告由标题、称谓、正文、落款四部分组成。

（一）标题

标题常用的有两种：一是“任职期限＋所任职务＋文种”；二是只写文种名称。

（二）称谓

称谓也叫抬头。在正文上方顶格书写主送单位和听取报告的人员的称呼，如“×××组织部”“×××领导”“×××人力资源部”；如果是在一定的场合述职，则应用“各位领导”“各位评委”等称呼。

（三）正文

正文一般由开头、主体、结尾等部分组成。

（1）开头。即前言部分，一般包括两方面内容：一是任职简介，说明自己担任某项职务的任职期间、岗位职责的目标任务，并对述职的内容和范围作必要交代；二是简要概括评价任职以来的工作情况。

（2）主体。这是述职报告的核心内容。根据上级布置的述职要求，在回顾自己任现职以来或某一阶段全面工作情况的基础上，从“德、能、勤、绩”四个方面具体地、有条理地陈述自己的岗位职责，履行岗位职责的基本情况，取得的成绩和实践经验，工作指导思想，存在的问题和缺点，经验、体会、教训及努力方向等，属于陈述性文体，以叙述为主，附以说明和议论。

（3）结尾。

（四）落款

述职报告的落款，写明述职人员的姓名和述职日期或成文日期。署名可位于标题之下，也可放在文末。

三、述职报告的基本结构形式

1. 工作项目归类式

即把一年或工作任期所做的工作按性质加以分类，如生产管理、市场销售、后勤、行政管理、人力资源、技术开发等方面，归类作为一个层次依次进行阐述。自己主持的工作和协助别人完成的工作要分开写。另外，对自己做出突出成绩的工作、有创造性及开拓性的工作要重点写，即在反映一般成绩时突出重点。一般性的日常事务性工作归纳起来要简单一点。

2. 时间发展顺序式

即把任期内的时间按先后顺序分成几个阶段来写。这种形式在任期述职报告中经常采用，因为任期内涉及面广，所做的工作和存在的问题较多，不能只讲漂亮话，而应该一分为二，归纳总结，除了展现工作业绩，还要将问题剖析或提出来；一个时期的主要工作按时间段分，这样也便于在各个阶段中详细叙述所取得的成绩和经验。

3. 内容分类集中式

即把德、能、勤、绩按照考核标准实事求是地一一作出回答。任期主要做了什么？怎么做的？群众满意度如何？分几步做？做到什么程度？成绩予以肯定，问题界定清楚。经验教训是什么？以后的整改措施是什么？分段分块写，泾渭分明。自己清楚，上级组织部门清楚，达到预想的考核效果。

四、述职报告与报告、总结的区别

（一）述职报告与报告的区别

（1）目的不同。报告的写作目的是反映所在单位、部门或所辖系统工作的全貌或某方面工作情况；述职报告的写作目的是向自己的选举任命机构、上级领导、专家组、本单位的职工群众汇报个人在一定时期内守职尽责和施政情况、德能素质。

（2）内容不同。报告的内容涉及面很广，有关整体工作、单项工作及其新情况、新问题、新举措都可以报告；而述职报告的内容要求从任职以来或某一阶段本人的“德、能、勤、绩”四个方面述职，具有比较严格的规定性。

（3）制作主体不同。报告的制作主体是党政机关、社会团体和企事业单位；述职报告的制作主体只限于担任一定领导职务的干部或专业技术人员。

（二）述职报告与总结的区别

（1）总结与述职报告的写作结构不同。总结一般由标题、正文、落款三部分组成；而述职报告由标题、称谓、正文及落款组成。

（2）总结与述职报告的内容涉及面不同。单位总结内容涉及面很广，在工作、学习、思想等各方面有了心得体会都可以总结；述职报告中的所谓总结，是围绕所任职务进行的总结。

（3）总结与述职报告的主体不同。单位总结是总结回顾整个单位的工作，着眼于整体事迹，以集体为主体，也可以是公民个人；述职报告的制作主体只限于担任一定领导职务的干部或专业技术人员，以个人为主体。

例文分析

××区政府副区长年度述职报告（摘要）

2010 年 4 月，我被区人大常委会任命为××区政府副区长，至今已经有四个年头。自任职以来，我在区委、区政府的正确领导下，在市人大常委会各位主任、委员的督促、指导和支持下，团结带动分管的财经系统的全体工作人员、职工，认真学习政治理论，努力把握邓小平理论、“三个代表”重要思想、科学发展观以及习总书记“一带一路”倡议的伟大构想，以改革的思想为前提，以为基层服务为宗旨，开拓进取，埋头苦干，扎实工作，较好地履行副区长的工作职责，为全区经济社会全面、协调发展，为我区经济再上台阶做出了努力，尤其是 2012 年，区长离职参加党校学习，我代理区长，主持全面工作，能力得到全面的锻炼，并取得了一定的成绩。现在就任职以来的工作，特别是本届任期三年的工作情况，向区人大常委会述职，请予评议。

1. 主要工作情况

××区是××市中心区，地理位置优越，不仅是政治、文化的中心区，也是商贸经济的繁华区，我在这样一个区域任职，深感责任重大，组织重托，来自各方的压力也很大，唯有尽心尽力，不辞辛苦，兢兢业业地埋头苦干，才能不辜负领导的期望和群众的信任。

(1) 积极贯彻执行市委、市政府和区委、区政府所制定的各项政策，忠于职守，几年来我区的财政预决算达到有史以来的最好水平，并且没有一起违反财经纪律的问题。这一成绩的取得，一方面是本人严于律己、起到表率作用的结果；另一方面是系统内的同志努力配合、大力支持的结果。

(2) 加强调研、信息和管理工作，敢于担当，一级带着一级干，当好区委书记和区长的参谋和助手。财税等部门是我投入精力最大的部门，每年的税收、决算，都要召开多次座谈会，甚至带领基层负责人和相关部门的人员去发达省份开展调研，找差距，落实预算和区域民生问题。

(3) 改变机关工作作风，服务到基层，大力发展区街经济。××区底子好，经济发展有实力。但要保持长期的发展优势，必须开源，必须动脑筋增收。我经常深入到基层，为区街经济再发展出谋划策，个人的力量不足，就寻找专家帮助论证。三年来我们建成23个项目，每个项目的投资都超过1亿元，目前已经进入收获期，有7个项目已经达到预期效果。

(4) 招商引资一站式服务，亲临现场指导，无论国内国外合资合作项目，都要做到最佳，即：提供投资环境最佳；提供配套硬件设施最佳；提供软件服务最佳。协调各种问题，将各种难题化解在基层。同时，招商时，按照思路提升价值链、供应链和产业链。

(5) 开拓进取，带好队伍。坚持带头举行每月的财经专家论坛讲座，提升区街财经管理干部的素质。三年来，举办40期经济论坛讲座，财经管理干部的素质得到普遍提高。而且也有不少辖区内的企业管理人员免费参与我们的培训，工作效率大幅提高。

2. 存在的问题

回顾我的工作，虽然取得了较好的成绩，但由于工作能力和学习时间还很有限，取得的成绩与市委、市政府和区委、区政府的要求还有很大差距。

问题一，由于性格比较急躁，有时批评下属不分时间场合；

问题二，由于工作繁忙，较少参加机关或下属单位的活动，有些问题交流得太少；

问题三，由于工作中总想早出成绩，导致下属单位的领导也跟着急，很多工作人员得不到充分休息。

3. 今后努力方向

(1) 注意个人修养，需要强化个人的学习；

(2) 加强与同事和基层单位领导的交流；

(3) 注意劳逸结合，注意关照下级生活。

各位主任、委员，这次区人大常委会安排我述职并对我进行评议，给我提供了一次难得的学习机会，对此我将万分珍惜。

×××
2014年4月21日

点评： 这是一份××区政府副区长年度述职报告。因篇幅原因略去了文中详细陈述部分。这份述职报告全面地反映了述职履行岗位职责情况。述职报告的标题使用单行式，正文由称谓、前言、主体、结尾四部分组成。前言部分介绍了任职期间的工作成绩。主体部分以存在的主要问题和不足及今后的打算为序，一一陈述分析，事例典型，内容翔实，数据具体，分析问题的实质及要害，给人留下了深刻的印象。

本章小结

1. 总结是机关、团体、企事业单位，或某一项目竣工时一个团队需要做的一项重要工作，根据内容、性质、时间、形式等角度可分为不同的类型。总结具备客观性、经验性、回顾性、自我性及简明性的特点。总结由标题、正文、落款构成，与计划这个应用文体既相互区别又相互联系。

2. 述职报告是担任一定领导职务的干部和专业技术人员，向自己的选举任命机构、上级领导、专家组、本单位的职工群众，汇报个人在一定时期内守职尽责和施政情况、"德、能、勤、绩"素质的自我评述性的书面文书。从时限上，可分为任期综合性的述职报告、年度述职报告、临时性述职报告，另外还有专题性述职报告。从表达形式上，可分为口头述职报告、书面述职报告等。其具备主体的特定性、内容的规定性和表达的述评性等特点。

述职报告由标题、称谓、正文和落款构成，同时要注意述职报告与总结和报告的区别。

关键术语

工作总结	典型经验总结	全面总结	单项总结
年度总结	地区总结	部门总结	个人总结
公文式标题	文章式标题	双行式标题	纵式结构
横式结构	纵横式结构	任期综合性的述职报告	年度述职报告
临时性述职报告	专题性述职报告	口头述职报告	书面述职报告

习　题

一、选择题

1. 根据内容划分，总结可分为（　　）。

A. 全面总结和单项总结　　B. 工作总结和典型经验总结

C. 财经工作总结和销售工作总结　　D. 地区总结和部门总结

2. 下列不属于总结特点的是（　　）。

A. 客观性　　B. 经验性　　C. 特定性　　D. 回顾性

3. 总结的正文由（　　）组成。

A. 引言、主体、结尾　　B. 前言绪论、结尾

C. 前言、主体、致谢　　D. 前言、主体、结尾

4. 财经项目运作或者财经工作，一般都是按阶段安排的，因此要使用（　　）。

A. 纵式结构　　B. 横式结构　　C. 纵横式结构　　D. 平行式结构

5. 从表达形式上，述职报告可分为口头述职报告和（　　）。

A. 综合性的述职报告　　B. 书面述职报告

C. 临时性述职报告　　D. 专题性述职报告

6. 述职报告与报告的区别不包括（　　）。

A. 目的不同　　B. 内容不同　　C. 制作主体不同　　D. 结构不同

二、判断题

1. 总结是以客观实在为基础，通过客观的回顾、认识、评价、分析得出的具有指导性、规律性、上台阶的认识。

2. 总结是对自身过去的工作、社会实践进行回顾的产物，它以个人的亲身工作实践为主要材料，采用的是第三人称的写法。

3. 总结的目的是发扬成绩，纠正错误，找出可推广的先进经验，促进工作。因此，一定要实事求是，不能搞形式主义，弄虚作假，编造数字。

4. 财经项目运作或者财经工作，一般都是按阶段安排的，因此，横式结构也叫阶段式结构，可分为两个类别。

5. 述职报告是特定任职者工作业绩的汇报，是以第三人称的方法来叙述，主要突出个人的、特定的领导岗位的领导风貌。

三、简答题

1. 请简述总结与计划的区别与联系。

2. 请简述述职报告与报告的区别。

3. 总结的正文由哪几部分构成？

4. 简述述职报告的写法。

部分习题答案

一、答案：1. B；2. C；3. D；4. A；5. B；6. D。

二、答案：1. √；2. ×；3. √；4. ×；5. ×。

第十二章

资产评估报告专用文书

本章要点

1. 掌握资产评估报告和投资项目评估报告的概念、格式和内容；
2. 理解资产评估报告和投资项目评估报告的写法及写作要求；
3. 正确运用资产评估报告和投资项目评估报告的格式进行写作。

导入案例

个人留学收益评估

王明同学是一位20多岁的在校大学生，主修经济学，大三时，他就开始为自己的未来做职业生涯规划，其中的一个关键就是选择出国读研究生还是继续留在国内。本评估小组根据王明同学的实际情况，把去英国留学作为一个投资项目，并且通过对去美国读硕士研究生和本科毕业就参加工作进行对比。为王明同学出国留学决策做参考。

项目具体评估：

第一步：计算投资支出与回报现金流。

投资项目A：到英国留学；投资项目B：到美国留学；投资项目C：本科毕业后，在国内直接就业。

第二步：计算折现率。

无风险利率的选择。小组选择银行的存款利率作为无风险利率。首先选择了1993—2016年一年期存款利率，然后求出其算术平均值为R_f。

市场收益率的计算。小组选取了1992—2016年深证综合指数的年度数据，计算出1992—2016年的平均增长率，作为有风险的市场收益率R_m。

β系数的计算。留学项目的收益率是很难确定的，因此利用市场的无风险利率作为行业收益率，求行业收益率和股票市场的有风险利率的相关系数得出β。

通货膨胀率 π。选择 1993—2016 年的城市居民消费价格指数，计算它们的平均通货膨胀率，这就是要求的未来预期的通货膨胀率 π。

用三种评估方案评估三项投资决策。

计算过程省略。由 NPV 方法得出的结论是出国留学未来 20 年的收益现值会大于本科毕业直接工作未来 20 年的收益现值。并且去美国留学未来收益的现值会大于去英国留学未来收益的现值。虽然去英国留学的 IRR 略大于去美国留学的 IRR，但是这两个 IRR 都远大于折现率，所以认为去英国留学和去美国留学的投资风险是差不多的。建议王明同学到美国留学两年再回国工作，对他以后的发展会更有好处。

第一节 资产评估报告概述

一、资产评估报告的概念

（一）资产评估

所谓资产评估，就是对资产进行评议估价。资产评估是在一定经济环境中进行的一项经济活动，同一资产在不同的时空环境中具有不同的价值。

（二）资产评估报告

资产评估报告是资产评估机构与注册资产评估师完成对资产作价后针对被评估资产在一定条件下的价值所发表的意见，即评估机构履行评估合同情况的总结。资产评估报告也是评估机构与注册资产评估师遵照相关法律、法规和资产评估准则，为资产评估项目承担相应法律责任的证明文件。

（三）资产评估报告的基本要素

资产评估报告的基本要素包括委托方、资产占有方及评估报告的其他使用者，评估范围和评估对象的基本情况，评估报告类型，价值类型，评估目的。因其要经过国有资产管理部门或有关主管部门确认后才能生效，撰写过程中调查取证的资料要真实可靠，必须依据客观、公正、实事求是的原则，如实反映评估工作的情况，包括如实反映评估目的、程序、假设、依据、标准、方法、结果及适用条件等基本状况。

二、资产评估报告的特点

（一）公证性

资产评估报告工作是由委托方和被委托方签订资产评估委托协议，然后由资产评估机构指派评估小组，对被评估资产进行调查、核实、评定。评估机构及工作人员要遵守国家法律，遵守《国有资产评估管理办法》等法规，这就决定了资产评估机构出具的资产评估报告具有公证的作用和法律效力。资产评估机构不仅要对委托方负责，而且要对经济活动利益各方负责。

（二）科学性

资产评估报告具有科学性、专业性的特点。在资产评估中，要根据不同的评估对象各自的特点，选用恰当的评估方法与标准，以获得准确、合理的评估结果。资产评估报告是一个评判、估算、推测资产现值的过程，具有较强的预测性。资产评估从业者的专业化水平与能力、经验与环境等，会对评估结果产生很大的影响。这就要求工作人员在评估中采用科学规范的评估标准、程序和方法，以确保结论的合理、准确。

（三）有效性

资产评估报告应是可信的、具有法律效力的。这就要求评估机构具有合法资格，评估人员具有合格身份、条件，评估工作中运用的数据资料真实可靠，评估程序规范、方法合理，且形成的报告结论能经得起国有资产管理部门或其他监管机构的审核、验证。

（四）独立性

为保证资产评估报告的客观、公正，评估机构和评估人员要依据国家有关法规、政策和可靠的数据资料，对被评估资产的价值站在独立的立场上做出完全独立的评定。为了保证资产评估报告的独立性，资产评估机构的收益不应与被评估资产的价值挂钩，而应以评估工作所付出的劳动和实际支出为依据，防止人为提高评估项目的价值。

（五）客观性

资产评估报告涉及相关各方的切身利益，因此不得有任何马虎。这就要求评估报告实事求是，所使用的数据资料必须客观真实，唯有如此，评估结果才能客观、公平、正确。

三、资产评估报告的作用

（一）依据作用

资产评估报告是资产评估机构完成评估工作之后，针对委托评估的资产所提供的价值意见。它既是国有资产管理部门验证、确认评估过程和结果，对所评估资产做出处理决定的重要依据，又可作为被评估单位进行产权交易、以现有资产入股经营等经济活动的依据。

（二）责任作用

资产评估报告作为评估机构承担资产评估项目相应法律责任的证明文件，是公众投资者得以了解公司情况、充分发挥市场约束效力的重要途径，也是反映和体现资产评估工作情况，明确委托方、受托方及有关方面责任的根据。

（三）管理作用

资产评估报告是有关职能部门对资产评估报告书进行审核，进而完善资产评估管理的重要手段。有关职能部门进行审核的过程，可以使被评估单位的上级主管部门了解掌握有关情况，进一步完善资产管理机制。

（四）资料作用

资产评估报告是各级有关职能部门建立评估档案、积累重要信息资料的来源渠道。它所提供的有关资料，对财政、税务、金融、其他公司等了解现有资产价值状况有着重要的参考价值。

四、资产评估报告的种类

（一）按资产评估的范围性质划分

资产评估报告可分为综合性资产评估报告和专项资产评估报告两种。

（二）按评估对象划分

资产评估报告可分为资产评估报告、房地产评估报告和土地评估报告三种。

（三）按报告书内容的详细程度划分

资产评估报告可分为完整评估报告和简明评估报告。

一般来说，无论哪一种资产评估报告，都应说明评估范围和对象的基本状况、评估程序及实施过程，并且要清晰、具体地表述评估目的。

第二节 资产评估报告的基本内容与格式

资产评估报告的基本内容与格式，对某些项目和企业来说一项都不能少，但对某些具体评估项目确实不适用，可以根据委托方的需求和实际情况进行适当修改，增减相关内容，以使阅读者能够全面掌握该企业或项目资产的基本情况。

一、资产评估报告的基本内容

（一）评估说明

凡按现行资产评估管理有关规定所进行的各类资产评估，都要依照国家财政部所规定的内容与格式要求撰写评估说明。评估说明旨在描述注册资产评估师和评估机构的评估程序、依据、方法、参数选取与计算过程，充分显示委托方、资产占有方对资产评估行为和结果构成重大作用的事项等，并要说明评估操作符合行政法规、相关法律和行业规范的要求，从而在一定程度上证实评估结果的公允性，保护评估行为相关各方的合法利益。评估说明是资产评估报告申请审查确认材料的必备部分，其内容要与评估报告所阐述的相关内容一致。评估说明是资产评估主管机关审查确认评估报告的重要文件，原则上不提交给有关当事人。

评估说明由以下要件构成：评估说明的封面及目录、关于进行资产评估有关事项的说明、关于评估说明使用范围的声明、评估依据的说明、资产及负债清查核实情况说明、整体资产评估收益现值法评估验证说明、各项资产及负债的评估技术说明、评估结论及其分析。

评估说明的具体内容包括：

1．委托方与资产占有方概况

委托方与资产占有方概况应包括（但不限于）下列内容：

①企业名称及简称、注册地址及总部地址、注册资本、法定代表人；

②企业性质、企业历史沿革，包括隶属关系的演变、股份企业设立重组情况或拟进行的重组情况；

③经营业务范围及主要经营业绩；

④近三年来企业的资产、财务、负债状况和经营业绩，已经审计或正在进行审计的，应说明注册会计师发表的意见；

⑤主要产品品种、生产能力，近年实际生产量、销售量，主要市场及其市场占有率，本企业产品在同类产品市场的地位，主要原材料、能源供应情况，环境污染及治理情况；

⑥形成企业主要生产能力的投资项目简况；

⑦执行的主要会计政策，生产经营是否存在国家政策、法规的限制或优惠，生产经营的优势分析，各种因素的风险。

2．关于评估目的的说明

这部分具体包括：说明评估内容以及评估活动的进展情况，评估目的的实现后预计产生的影响；已经获得有关部门批准的，应说明批件名称、批准日期及文号，并收录于评估说明附录的资料清单之中。

3. 关于评估范围的说明

这部分需要说明进行评估的具体资产范围，明确需要评估的账面金额及资产状况、资产和负债的类型；对于租赁或特许使用的资产以及没有会计记录的无形资产应特别予以说明。

4. 关于评估基准日的说明

首先要明确评估基准日，其次要适当说明选取评估基准日的理由，如受特殊情况的约束应说明相关文件的名称、批准日期及文号。

5. 可能影响评估工作的重大事项说明

委托方和资产占有方有责任写明所有对评估结果产生重大影响的事项。对列入评估范围的资产如有存在抵押、负债及其他影响评估工作的重大事项，应说明担保、负债金额等。

6. 资产及负债清查情况的说明

资产委托方和占有方对本企业情况作出说明，主要应包括：列入清查范围的资产及负债的账面金额、种类，产权状况，实物资产分布地点及特点；清查工作的组织、时间计划、实施的方案等；清查核实所采取的措施，待处理、待报废设备，高、精、尖设备和特殊建筑物以及毁损、变质存货检测与鉴定的情况；清查中发现的盘盈、呆坏账、盘亏、报废、毁损、无须偿付的负债情况及其原因分析；根据有关规定对发现的问题进行账务调整的情况，并列出调整前后比较表。

7. 资料清单

评估说明需要列出资产委托方、占有方提供的评估资料的名称，主要包括资产评估、清查登记表，负债与资产清查结果，相关经济行为的批文，产权证明文件，会计报表，重大合同、协议等，生产经营统计资料，其他与评估资产相关的资料。

（二）清查核实情况

评估机构对委托评估的企业所占有的资产（含应评估的相关负债）进行清查核实的情况，具体包括以下基本内容：

（1）资产清查核实的内容。写明评估人员对委托评估声明中确定的评估范围进行抽查复核的情况，介绍进行资产清查的具体内容，并说明对可能影响资产评估的重大事项进行的了解。

（2）实物资产的分布情况及特点。简要说明待评估实物资产的分布情况、特点。

（3）影响资产清查的事项。简要说明可能影响资产查勘核实的有关事项。对于不能直接清查的资产，应说明原因及涉及的资产范围，并逐一列出。

（4）资产清查的过程与方法。在说明资产清查的过程与方法时必须注意：清查过程应反映清查工作的组织安排、时间计划、实施方案；清查方法应反映对主要资产清查核实采取的措施，对待修理、待报废以及高、精、尖的重要设备和特殊房屋建筑物进行检测的技术，鉴定变质存货的手段等。

（5）资产清查结论。概括说明资产清查结论时，需要说明资产清查结果是否与账面记录存在差异，并说明差异程度及原因。对于产权不清晰的资产应逐一列出，说明原因，并说明委托方与资产占有方应承担的责任；对是否存在无形资产的情形应特别予以说明。

（6）清查调整说明。这部分主要说明依照有关会计政策等规定应进行的调整。调整事项应说明已与资产占有方取得一致意见，对于双方有异议的事项，要具体说明调整的原因。

（三）评估依据

这部分主要说明评估工作所遵循的具体法规依据、行为依据、产权依据和取价依据，主要包括如下内容：

（1）主要法律法规。列出国家公布的与资产评估有关的主要法规、规章、法律、制度及国家有关政策。

（2）经济行为文件。说明实施经济行为必须取得的有关部门批件。

（3）重大合同、协议、产权证明文件。列出由委托方、资产占有方提供的与资产评估有关的重大合同、协议、产权证明文件。

（4）采用的取价标准。列出由评估人员所选择的确定资产评估价值的技术标准。

（5）参考资料及其他。列出由评估人员所选择的确定资产评估价值的参考资料，以及评估人员认为需要列出的其他评估依据。

二、资产评估报告的格式

（一）封面及目录

1. 封面

评估报告封面一般包括下列内容：资产评估机构出具的评估报告的标号（该编号需注明年度及报告书序号）、评估项目名称、评估报告提出日期、资产评估机构全称、评估机构的业务商标（即图形标志）。

2. 目录

目录在评估报告书的封面后排印，包括每一章节的标题及相应的页码。

（二）摘要

评估机构应以简短的篇幅提炼出评估报告书的关键内容即摘要，并置于正文之前，以便各有关方面了解该报告书所提供的主要信息，同时也便于企业在注册等情况下使用。

（三）正文

资产评估报告的正文应依照以下基本内容和格式撰写：首部、序言、委托方与资产占有方简介、评估目的、评估范围和对象、评估基准日、评估原则、评估依据、评估方法、评估过程、评估结论、特别事项说明、评估基准日期后重大事项、评估报告法律效力、评估报告提出日期、尾部。

1. 首部

（1）标题。标题应简洁清晰，含有“×××（评估项目名称）资产评估报告书”字样。

（2）报告书序号。报告书序号符合公文的要求，包括评估机构特征字、公文种类特征字、年份、文件序号。

2. 序言

序言应写明该评估报告委托方的全称、受委托评估事项以及评估工作整体情况，一般采用包含下列内容的表达格式：

> ××（评估机构）接受×××的委托，根据国家有关资产评估的规定，本着客观、独立、公正、科学的原则，按照公认的资产评估方法，对为×××（评估目的）而涉及的全部资产和负债进行了评估工作。评估人员按照必要的评估程序对委托评估的资产和负债实施了实地查勘、市场调查与询证，对委估资产和负债在20××年××月××日所表现的市场价值做出了公允反映。现将资产评估情况及评估结果报告如下。

3. 委托方与资产占有方简介

本章节应分别介绍资产占有方、委托方（两者合一的可作为资产占有方介绍）的情况，如资产占有方为多家企业，则应逐一介绍。

4. 评估目的

本部分应写明本次资产评估是为了满足何种需要。

5. 评估范围和对象

本部分应简要写明纳入评估范围的资产在评估前的资产类型及账面金额。

6. 评估基准日

评估基准日的确定应由评估机构根据经济行为的性质与委托方协商确立，并尽可能与评估目的的实现日接近。这部分应写明：

（1）评估基准日的具体日期，式样为：本项目资产评估基准日是20××年××月××日；

（2）确定评估基准日的理由或成立的条件；

（3）确定评估基准日对评估结果的影响程度；

（4）评估中所采用的价格是否以评估基准日为标准，如不是，则说明原因。

7. 评估原则

本部分要写明评估过程中应遵循的各类原则、国家及行业规定的公认原则，并对特殊原则予以适当阐述。

8. 评估依据

评估依据一般可划分为法规依据、行为依据、产权依据和取价依据等。

9. 评估方法

本部分应写明评估过程中的评估方法，简要说明选择评估方法的依据，并说明该资产评估价值确定方法，适当介绍特殊评估方法及其原理与适用范围。

10. 评估过程

评估过程应体现评估机构自接受评估项目委托起至提交评估报告的整个工作过程，具体包括接受委托、评估汇总、评定结算、资产清查、提交报告等。

11. 评估结论

评估结论应包括评估结果汇总表、评估后各资产占有方的份额和评估机构针对评估结果给出的意见，须使用表述性文字完整地叙述负债、资产、调整后账面价值、净资产的账面价值、评估价值及其增减幅度，并含有“评估结论详细情况见评估明细表”的提示。评估机构如对所揭示的评估结果尚有疑义，则应在评估报告中充分揭示实际情况并发表自己的看法，以提示使用资产评估报告的人注意。

12. 特别事项说明

本部分是指评估人员在已确定评估结果的情况下，揭示可能影响评估结论的特别事项，提示评估报告使用者应注意特别事项对评估结论的影响，或者揭示评估人员认为需要说明的问题。

13. 评估基准日期后重大事项

这部分旨在揭示评估基准日至评估报告提出日期之间发生的重要事项及其对评估结论的影响，并要说明发生在评估基准日期后不能直接使用评估结论的事项。

14. 评估报告法律效力

本部分要具体写明评估报告成立的前提和假设条件，写明评估报告所依照的法律法规的有关规定、评估结论的有效期限。还要写明评估结论仅供委托方为达到评估目的、送交资产评估主管机关审查使用，并申明评估报告书的使用权归委托方所有，未经委托方许可，评估机构不得随意向他人提供或公开。

15. 评估报告提出日期

本部分要写明评估报告提交委托方的具体时间。评估报告原则上应在确定的评估基准日后3个月内提出。

16. 尾部

本部分要写明出具评估报告的评估机构名称并盖章；写明评估机构法定代表人姓名并签名；应至少有两名注册资产评估师盖章并签名；还要注明备查文件。备查文件至少包括如下内容：被评估企业前3年会计报表（至少包括企业资产负债表、利润表）及有关经济行为文件、参加本评估项目的人员名单及其资格证书复印件、产权证明文件复印件、资产评估立项批准文件、委托方与资产占有方营业执照复印件、资产评估人员和评估机构的承诺函、委托方与资产占有方的承诺函、资产评估机构资格证书复印件、评估机构营业执照复印件、资产评估业务约定合同、重要合同和其他文件。

上述资产评估报告的基本内容与格式，对某具体评估项目确实不适用的，可根据实际情况进行适当修改，增减相关内容。

第三节 资产评估报告的写作

一、资产评估报告的写作要求

资产评估活动应独立、客观、公正，报告书不得带有任何诱导、恭维和推荐性的陈述，正文不得出现介绍评估机构的内容。资产评估报告应以中文报告为准，外文评估报告的内容和结果应与中文报告一致，其中数据应当使用阿拉伯数字。下面列举撰写资产评估报告的具体要求。

（一）流动资产的评估说明

流动资产评估说明包括货币资金、应收票据、应收款项、短期投资、待摊费用和递延资产、存货评估说明等。评估过程或方法相同的，在撰写时可以适当组合、分类。在分类说明流动资产评估之前，应按会计科目列出账面值并予以汇总，要注意与资产负债表相对应。

1. 货币资金的评估说明

货币资金的评估说明一般包括银行存款、现金及其他货币资金等方面，具体要求是：

（1）对银行存款应说明是否查阅了银行对账单、银行余额调节表，应说明对数量较大的银行账户函证情况及不合实情下的处理方式；

（2）现金存放地点、盘点方式和过程；

（3）其他货币资金的存在形式、形成原因；

（4）如存在未达账项，应说明未达账项是否影响净资产，以及影响程度如何。

2. 应收票据的评估说明

应收票据的评估说明要写清楚应收票据的变现能力、种类、信用程度，具体要求是：

（1）说明已查阅票据凭证及查阅结果；

（2）对可能坏账的应收票据，应说明原因；

（3）对于在评估现场工作日已变现的应收票据数额进行说明；

（4）已坏账的应收票据，应说明原因，并说明所取得的证据。

3. 应收款项的评估说明

应收款项的评估说明一般包括应收账款、股利、利息及其他应收款项的评估说明。首先要分析说明发生时间、原因，并对回收的可能性进行判断；其次要说明清查核实的方法及结果；再次是对可能坏账、已坏账的项目，说明原因及取得的证据。

4. 短期投资的评估

短期投资的评估，具体要求是：

（1）说明投资种类、变现能力；

（2）非上市的有价证券应列示票面利率或约定利率及评估计算过程；

（3）上市的有价证券应列示评估基准日的收盘价、持有量及评估计算过程。

5. 待摊费用和递延资产的评估

待摊费用和递延资产的评估，具体要求是：

（1）说明待摊费用和递延资产的原始发生额、摊销期、所形成的资产或权利是否已在其他类型的资产中反映，如有所反映，应说明不另计评估值；

（2）递延资产包括开办费、长期待摊费用；

（3）应结合待摊费用和递延资产的具体内容说明是否存在尚存的资产或权利。

6. 存货的评估

存货的评估，具体要求是：

（1）应分别按库存商品、在库低值易耗品、在产品与半成品、产成品，主要材料与辅助材料、委托加工材料、包装物（库存物资）、在用低值易耗品，委托代销商品、受托代销商品进行说明；

（2）外购存货应说明账面价值构成，分析价值构成的合理性，并说明已查询的市场价格；

（3）自制存货应说明销售成本率、销售费用率及相关的税费额或比率的确定方法与数额；

（4）自制存货的适销程度应说明并列举依据；

（5）在用的存货应具体说明如何确定成新率；

（6）委托代销商品、受托代销商品应当说明代销费用的结算方式，并结合代销费用的结算方式选择适当的评估方法；

（7）对于存在失效、残损、变质、无用的存货，应说明对其价值的影响程度，需要技术鉴定的，应说明鉴定方法及鉴定结论。

（二）长期投资的评估说明

长期投资的评估说明，具体要求是：

（1）对于有特殊约定的长期投资，应详细说明约定的内容，并简要介绍对投资人权益的影响；

（2）必须说明长期投资的种类、形成原因及对企业自身经营状况的影响；

（3）对于非上市证券，应说明已查明票面利率或约定的利率，如存在可预计的收益，应说明已按收益现值法评估；

（4）对于上市的证券，应说明已查询评估基准日的收盘价以及证券市场指数；

（5）对于控股的长期投资，应写明投资比例，并说明已对被投资企业进行整体资产评估（类似单独的项目进行说明）；

（6）对于非控股的其他投资，应简要介绍投资背景、投资对象的概况。

（三）机器设备的评估说明

机器设备的评估说明，具体要求是：

（1）应说明评估原值的构成及其来源与依据；

（2）应总体介绍机器设备的特点、购置日期、类别、工艺流程、技术水平状况、日常管理制度；

（3）对于精密、大型、高价的设备，应说明已进行技术检测，并介绍检测情况；

（4）应说明设备成新状况，或增值贬值因素，并介绍进行量化的方法及依据；

（5）对于待修理设备，应说明修复的可能性及预计费用；

（6）对于报废的设备，应特别提示，并说明检测的状况及继续使用的可能性；

（7）举例说明应选择金额大、技术典型的设备；

（8）举例设备应包括进口设备、国产设备、专用设备，国产设备应包括一般生产设备（机器）、运输设备、电子设备等不同类型；

（9）大型或重型设备的建筑基础，按房屋建筑物的评估要求进行；

（10）对于能够用于独立经营并可单独计算获利的机器设备，一般应说明其收益状况及收益额，如有自制设备，应举例说明。

（四）房屋建筑物的评估说明

房屋建筑物的评估说明，具体要求是：

（1）应说明房屋建筑物成新状况，或增贬值因素，并介绍进行量化的方法及依据；

（2）总体介绍房屋建筑物的类型、建造日期、面积及特点、日常管理状况；

（3）应具体说明评估对象原值的构成；

（4）对于国家强制报废房屋建筑物，应特别提示，并说明查勘的状况及继续使用的可能性；

（5）对于待修理房屋建筑物，应说明修复的可能性及费用；

（6）对于复杂、大型、独特、高价的房屋建筑物，应说明已进行现场查勘，并介绍查勘情况；

（7）应选择金额大、典型的房屋建筑物举例说明，举例房屋建筑物应包括各种结构；

（8）对于能够用于独立经营并可单独计算获利的房屋建筑物，一般应说明其收益状况及收益额；

（9）列举参照物（比较案例），应全面介绍比较因素；

（10）房屋建筑物中含附属设备的，应按设备评估的要求进行说明。

（五）工程物资和在建工程的评估说明

工程物资的评估，应当说明工程物资应用的工程项目。

在建工程的评估，首先要总体介绍在建工程的开工日期、项目内容、预计完工日期及对企业生产经营的影响；其次可参照房屋建筑物、机器设备的评估说明要求；再次，应说明在建工程账面明细构成，并分析合理性。

（六）土地使用权及资源性资产的评估说明

一是介绍土地的一般因素、区域因素、个别因素。二是说明土地使用权评估价值的结构，详细说明费用确定的依据，并反映影响条件。三是列举参照物（比较案例），应全面介绍比较因素；资源性资产的评估，要依据政府相关部门的规定进行。

（七）其他无形资产的评估

其他无形资产包括商标、专利技术、专有技术、商誉、软件、特许经营权等，具体要求是：

(1) 介绍无形资产的种类、名称、存在形式、发生费用状况、形成过程、存在期限以及有关权属的具体内容；

(2) 从经济、法律、技术及获利能力等角度分析说明所申报的无形资产是否存在，提供已通过年检的证明；

(3) 具体说明无形资产获利能力、特征、获利期限；

(4) 已实际应用的无形资产，说明其应用、效益状况；

(5) 具体说明对未来收益预测的依据；

(6) 对于所选择的评估方法，应适当说明选择原因；

(7) 反映法律法规、技术进步、宏观经济环境、企业经营管理、行业发展状况、市场销售、产品更新换代等因素对其造成的影响。

(八) 负债的评估说明

1. 短期借款、长期借款的评估

(1) 介绍借款的种类、还款期限、贷款银行名称、发生日期、贷款利率；

(2) 根据清查核实情况确定其真实性、完整性；

(3) 写明借款条件对企业资产状况及价值的影响及影响程度；

(4) 应说明利息支付情况，并分析利息支付情况对评估值的影响。

2. 应付票据的评估

(1) 介绍应付票据的种类、发生与偿还日期；

(2) 根据清查核实情况确定其真实、完整性；

(3) 对于带息票据，应说明利息率及支付情况，并表示已考虑利息支付对评估值的影响；

(4) 写明逾期未付票据的原因，并表示是否已查明确实存在债权人。

3. 应付账款、预收账款和其他应付款的评估

(1) 简要介绍预收账款、应付账款和其他应付款发生日期及形成原因；

(2) 根据清查核实情况查明其真实性、完整性；

(3) 说明未达账项对企业负债的影响；

(4) 对于预提性质的其他应付款，参照预提费用评估的说明要求。

4. 预提费用的评估

(1) 介绍预提费用的明细内容、计提依据；

(2) 对于长期未转销的预提费用，应说明原因，并说明已查证存在的债权人；

(3) 说明已查明预提费用系应付未付的费用；

(4) 对于非实际负担的项目，应逐一说明。

5. 应交税金、其他应交款的评估

(1) 介绍应交税、其他款项的具体内容；

(2) 介绍被评估单位的税费政策，特别提示被评估单位所享受的税费政策；

(3) 对于长期未缴的款项，要说明原因。

6. 应付工资、应付福利费的评估

(1) 简要介绍应付工资及福利费的具体内容；

(2) 简要介绍被评估单位相关的工资福利政策；

(3) 说明已对工资和福利费的计提、发放或使用进行了核实。

7. 应付利润（股利）的评估

（1）简要介绍被评估单位利润（股利）分配政策；

（2）说明已对应付利润（股利）按合同、协议进行了清查核实；

（3）对于长期未付的利润（股利），应说明原因，并说明已考虑可能需要支付逾期利息对企业负债增加的影响。

8. 用房周转金的评估

（1）介绍被评估单位用房周转金的形成途径和用途；

（2）说明已对被评估单位用房周转金的形成、使用进行了清查与核实；

（3）对于评估基准日用房周转金为借方且余额较大者，应适当说明原因。

二、资产评估报告制作的注意事项

1. 资产评估报告的制作步骤及相关要求

（1）实事求是地整理有关资料，切忌不负责任、出具虚假报告。

（2）对各种明细表中的数字进行汇总，应坚持原则，切忌出现实际资产与评估报告表不一致的现象。

（3）进行数据分析和论证，要反复审核，注意对有关数据进行调整，力求准确无误。

（4）评估人员分头撰写出各自负责评估部分资产的评估报告，再由负责人形成一个全面的资产评估报告初稿，力求结构严谨、内容完备。

（5）将资产评估报告初稿的初步结论与委托方交换意见，听取委托方的反馈意见后，在坚持独立、客观、公正的前提下认真分析委托方提出的问题和建议，及时修正有关错误，补充遗漏因素。修改完毕而形成正式的资产评估报告，要做到格式齐全、内容完整、语言表达准确。

（6）资产评估报告书的签发与送交，要及时、齐全并保密。

2. 资产评估报告的打印与装订

资产评估报告须按照统一格式进行打印和装订，报告的标题应简洁醒目，一般含有“××××（评估项目名称）资产评估报告书”字样，位置应在封面居上的中间位置。评估机构名称及报告提交日期应在封面下方居中位置。

资产评估报告要采用幅面209毫米×295毫米规格的纸张（A4纸规格）印刷，文中采用字体均应符合公文行文格式。

资产评估机构应在评估报告封底或其他适当位置注明评估机构名称、地址、联系电话、传真及邮政编码。

资产评估报告须按评估报告、说明、明细表分册装订（注明评估报告的总册数）。

例文分析

××资产评估报告

一、序言

××资产评估有限公司接受××公司的委托，根据国家有关资产评估的规定本着独立、客观、公正、科学的原则，按照公认的资产评估方法和必要的评估程序，对委托资产实施了实地查勘、市场调查与询证，对委托资产在20××年××月××日所表现的市场价值进行了评估，现将其报告如下。

二、委托方、产权持有者和委托方以外其他评估报告使用者（说明法）

三、评估目的（说明法）
四、评估对象和评估范围（说明法）
五、价值类型及其定义（说明法）
六、评估基准日（说明法）
七、评估依据（说明法）
八、评估方法（说明法）
九、评估程序实施过程和情况（说明法）
（一）评估前期准备工作阶段
（二）现场评估阶段
（三）评估汇总阶段
（四）提交报告阶段
十、评估结论
十一、特别事项说明
十二、评估报告使用限制说明

××资产评估有限公司（公章）

法定代表人：×××
注册评估师：×××
地址：×××××
电话：×××××

20××年××月××日

点评： 这是一份资产评估报告的最基本格式，包含资产评估报告最基本的构成要素，从序言开始，将评估涉及的各个方面工作和方法都做了必要的陈述与说明。整个框架清晰，内容完整。实践中是可以借鉴的。

例文分析

资产评估报告（摘要）

本人接受××市××新能源开发有限公司的委托，根据国家有关资产评估的规定，本着独立、客观、公正的原则，按照公认的资产评估方法，对该公司全部资产和负债进行了评估。本人按照必要的评估程序对委托评估的资产和负债实施了实地查勘、市场调查与询证，对委估资产和负债在评估基准日 2014 年 11 月 30 日所表现的市场价值作出了公允反映。

现将资产评估情况及评估结果报告如下：

一、委托方简介
企业名称：××市××新能源开发有限公司
住所：××市招商局
法定代表人：××
注册资本：壹仟万元整
实收资本：壹仟万元整
企业类型：有限责任公司
营业执照注册号：××××

发照机关：北流市工商行政管理局

成立日期：2006年5月26日

经营范围：新能源的开发与管理，生物质能源林基地投资和建设，有机农业基地建设

截至评估基准日2014年11月30日，××市××新能源开发有限公司各股东出资金额及所占股本比例情况如下所示：

××市××新能源开发有限公司股东表（略）

二、评估目的

根据需要，本次评估目的是量化××市××新能源开发有限公司全部资产和负债于评估基准日2014年11月30日的市场价值，为企业自我资产清理提供价值参考依据。

三、评估对象和评估范围

（一）评估对象

本项目评估对象为2014年11月30日××市××新能源开发有限公司拥有的全部资产和负债，具体包括公司的流动资产和负债等。

（二）评估范围

根据《资产评估业务约定书》和××市××新能源开发有限公司填报的资产清查评估明细表，本次评估的范围为××市××新能源开发有限公司于2014年11月30日的全部资产和负债。

截至2014年11月30日，纳入本次资产清查评估明细表的委估资产和负债具体情况如下：

（1）非流动资产合计8 970 426.67元，其中：无形资产8 970 426.67元；

（2）资产总计17 193 777.63元；

（3）流动负债合计7 565 368.60元，其中：其他应付款7 565 368.60元；

（4）负债合计7 565 368.60元；

（5）所有者权益合计9 628 409.03元。

本次申报评估的资产范围与委托评估的资产范围一致。

四、价值类型及其定义

依据本次评估目的和评估对象，委估资产采用的价值类型为市场价值。

市场价值是指自愿买方和自愿卖方在各自理性行事且未受任何强迫的情况下，对在评估基准日进行正常公平交易中某项资产应当进行交易价值的估计数额。

五、评估基准日

本项目的评估基准日为2014年11月30日。

为保证评估所需资料的真实性、完整性、公允性以及评估报告的时效性，经与委托方商定，以2014年11月30日作为本次评估基准日。评估中所有取价标准均为评估基准日有效的价格标准。

六、评估报告的使用者

本评估报告的使用者为：委托方及与本次经济行为有关的主管部门。

七、评估原则

根据国家资产评估的有关规定，本次资产评估中主要遵循以下国家及行业规定的公认原则：

（1）遵循独立性原则。作为独立的社会公正性机构，评估工作始终坚持独立的第三者立场，不受外界干扰和委托者意图的影响。

(2) 遵循客观性原则。评估人员从实际出发，通过现场调查，在掌握翔实可靠资料的基础上，以客观公正的态度，运用科学的方法，使得评估结果具备充分的事实依据。

(3) 遵循科学性原则。评估人员根据各类资产的特点确定了科学的评估方法，使资产评估结果科学合理。

(4) 遵循产权利益主体变动原则。即以委估资产的产权利益主体变动为假设前提，确定其在评估基准日的现行市场价值。

(5) 遵循资产持续使用的原则。即委估资产按目前的用途和使用的方式、规模、频度、环境等情况继续使用或者在有所改变的基础上使用，确定相应的评估方法、参数和依据。

(6) 遵循替代性原则。评估作价时，如果同一资产或同种资产在评估基准日可能实现的或实际存在的价格或价格标准有多种，则选用以较低的价格为基准，不充分考虑由于特殊交易行为、交易背景对交易价格的影响。

(7) 遵循公开市场原则。即评估的作价依据和评估结论在公开市场存在或成立。

(8) 维护产权持有者及投资者合法权益的原则。

八、评估依据

本次评估工作中所遵循的具体法律法规依据、准则依据、经济行为依据、权属依据、取价依据和其他依据主要包括以下内容：

(一) 法律法规依据

(1) 参照国务院〔1991〕91号令《国有资产评估管理办法》；

(2) 国家国有资产管理局国资办发〔1996〕23号文《资产评估操作规范意见（试行）》；

(3) 财政部颁发的财评字〔1999〕91号《关于印发〈资产评估报告基本内容与格式的暂行规定〉的通知》；

(4)《中华人民共和国证券法》(2014年8月31日第十二届全国人民代表大会常务委员会第十一次会议修订)；

(5) 其他相关法律、法规、通知文件等。

(二) 准则依据

(1) 中国注册会计师协会会协〔2003〕18号《中国注册会计师协会关于印发〈注册资产评估师关注评估对象法律权属指导意见〉的通知》；

(2) 财政部令第33号《企业会计准则——基本准则》；

(3) 财会〔2006〕3号《财政部关于印发〈企业会计准则第1号——存货〉等38项具体准则的通知》及财政部制定的《企业会计准则——应用指南》；

(4)《中华人民共和国土地管理法》；

(5) ×省实施《中华人民共和国土地管理法》办法。

(三) 经济行为依据

委托方与本人签订的《资产评估业务约定书》。

(四) 权属依据

(1) ××市××新能源开发有限公司的营业执照、税务登记证复印件；

(2) ××市××新能源开发有限公司申报的资产清查评估明细表；

(3) ××市××新能源开发有限公司提供的有关协议、合同、土地使用权证、会计报表、会计凭证及与评估有关的其他资料；

(4) ××市××新能源开发有限公司出具的《委托方承诺函》;

(5) 其他有关产权证明文件。

(五) 取价依据

(1) 本人实地勘查、调查所获得的资料;

(2) ××市××新能源开发有限公司提供的资产评估申报资料、有关原始凭证等账务资料;

(3) 本评估机构掌握的其他价格资料;

(4) 关于发布省征地年产值标准的通知(省政办发〔2005〕47号);

(5) 市人民政府关于印发《市征地拆迁补偿安置办法》的通知(市政发〔2006〕20号)。

(六) 其他依据

(1) ××会计师事务所有限责任公司出具的××市××新能源开发有限公司的审计报告;

(2) 国家有关部门发布的统计资料、技术标准及价格信息资料;

(3) 其他资料。

九、评估方法

根据资产评估有关规定，遵循独立、客观、公正、科学的原则及其他一般公认的评估原则，我们对××市××新能源开发有限公司委估范围内的资产和负债进行了必要的核实及查对，查阅了有关文件、资料，实施了我们认为必要的程序，在此基础上，根据资产评估目的和委估资产的具体情况，由于××市××新能源开发有限公司盈利状况较差，不具备采用收益法的条件，此次主要采用了资产基础法(成本法)的评估方法进行评估。

资产基础法是指在合理评估企业各项资产、负债价值的基础上确定评估对象价值的评估方法。根据××市××新能源开发有限公司各项资产及负债的构成，采用的具体评估方法如下:

(一) 流动资产的评估

流动资产包括货币资金、预付账款，评估人员根据各项资产的具体情况，采取了相应的现场清查办法和评估方法，现将其简述如下:

1. 货币资金的评估

纳入本次评估范围的货币资金主要为银行存款。

对于银行存款，评估人员采用不同币种分别计算的方法，按照××市××新能源开发有限公司开户行提供的评估基准日2014年11月30日的银行对账单或收到的询证函，对公司拥有的不同币种的银行存款余额进行核实，对于银行对账单与公司银行存款日记账之间存在的未达账项，在逐笔了解核实的情况下，由公司财务人员编制银行存款余额调节表，在确定了公司财务账户与开户银行账户两者金额调整一致的情况下，最终按照公司财务账户余额确定银行存款评估值。

公司账面余额与开户银行账面余额调节公式如下：评估基准日公司账面余额+公司已付银行未付金额−公司已收银行未收金额=银行对账单账面余额+银行已付公司未付金额−银行已收公司未收金额。

2. 预付账款的评估

评估人员首先了解预付账款形成的原因，并与账务记录和会计报表进行核对，确认该项业务的真实性。

对于预付账款，以清查核实后的账面价值作为评估值。

（二）无形资产（土地使用权）评估

根据评估对象土地实际情况，并结合此次评估目的，土地使用权评估采用成本逼近法进行评估。

成本逼近法计算公式为：地价＝土地取得费用＋土地开发费用＋土地税费＋利息＋利润＋土地增值收益。

（三）负债的评估

纳入评估范围的负债为流动负债，其中流动负债为其他应付款；非流动负债为零。

对于负债，评估人员首先查询了企业的历史资料，调查负债形成的具体情况，重点分析欠款数额、欠款时间、欠款原因、欠款清理等情况，在核实了解基础上，对负债科目中金额较大的款项进行抽查核实并发放询证函，抽查核实主要通过核实项目的往来款项和相关的合同、协议或原始凭证等资料对各项负债进行核对。在核对各项负债账、账实一致基础上，以调整后的账面值确定评估值。

十、评估过程

具体过程如下：

（一）接受委托及评估准备

（1）根据本次评估目的和有利于减少事后调整事项的原则确定评估基准日。

（2）通过调查了解，制定评估方案和工作计划。

（二）现场清查核实

（1）听取产权持有者有关人员对企业的历史及现状、企业目前的经营状况和评估对象情况介绍。

（2）指导××市××新能源开发有限公司有关人员清查资产与搜集相关资料。

（3）组成项目评估组，拟定资产评估工作方案。

（4）根据××市××新能源开发有限公司填报的资产清查评估明细表，评估组成员在现场对各类资产和负债进行清查核实。同时通过现场勘察，对重点资产状况作了深入了解。

（5）搜集评估资产的产权证明文件、购置合同、发票等资料。

（6）根据资产状况和现场核查情况完善和充实工作底稿。

（7）现场查询和搜集委估资产的价格信息。

（三）评定估算

（1）根据资产的实际状况和特点，确定各类资产和负债的评估方法。

（2）开展市场调研、询价工作。

（3）根据工作底稿和搜集到的资料、价格信息对有关资产和负债进行评定估算，起草评估报告及评估说明草稿。

（四）评估汇总

（1）初步汇总资产评估结果。

（2）分析评估结果，确认有无重复和漏评，进行必要的调整、修改和完善。

（3）项目负责人汇总、撰写资产评估报告。

（4）三级复核资产评估报告及评估说明。

（五）提交报告

经与委托方及相关当事方进行必要交流后，提交正式评估报告。

十一、评估假设

由于产权持有者各项资产和负债所处宏观经济环境、企业经营环境的变化，必须建立一些假设以充分支持所得出的评估结论。在本次评估中采用的评估假设如下：

(1) 公开市场假设，假设委估资产处于一个充分活跃的公开市场中，市场中的交易各方有足够的时间和能力获得相关资产的各种信息，并作出合理的决策。

(2) 持续经营假设，假设××市××新能源开发有限公司之资产在2014年11月30日后能够继续以目前的经营范围、规模、方式在合理投入的基础上持续经营。

(3) 产权主体变动假设，即以委估资产的产权利益主体变动为假设前提。

(4) 国家宏观经济政策、金融政策无重大变化，委估企业所在的电子产品制造行业不出现重大变化和波动。

(5) 无不可抗拒因素及不可预见因素造成对委估资产的重大不利影响。

本人根据资产评估的要求，认定这些前提条件在评估基准日时成立，当未来经济环境发生较大变化时，本人将不承担由于前提条件的改变而得出不同评估结果的责任。

十二、评估结论

十三、特别事项说明

(1) 本评估结果是反映评估对象在本次评估目的下，根据公开市场原则确定的现行价格，未考虑国家宏观经济政策发生变化以及遇有自然力和其他不可抗力对资产价格的影响。当前述条件以及评估中遵循的持续经营原则等发生变化时，评估结果一般会失效。

(2) 本次评估是在独立、客观、公正的原则下由本人作出的，本人与委托方或其他当事人无任何利害关系，本人在评估过程中恪守职业道德和规范，并进行了充分的努力。

(3) 由委托方和产权持有者提供的与评估相关的行为文件、营业执照、产权证明文件、财务报表、会计凭证等，是编制本报告的基础；针对本项目，本人进行了必要的、独立的核实工作，委托方和产权持有者应对其提供资料的真实性、合法性、完整性负责。

(4) 本人执行资产评估业务的目的是对评估对象价值进行估算并发表专业意见，对评估对象法律权属确认或发表意见超出评估师的执业范围。在评估过程中，本人已对产权持有者提供的评估对象法律权属资料和资料来源进行了必要的查验。本次评估主要是对委估资产在合法存在的前提下，对其价值进行评估，而非对委估资产完整产权的界定和确认。

(5) 对企业存在的可能影响资产评估值的瑕疵事项，在企业委托时未作特殊说明而本人执行评估程序一般不能获知的情况下，本人不承担相关责任。

(6) 评估结论是本人给出的，受本人的执业水平和能力的影响。

(7) 报告中的分析、意见和结论只在报告阐明的假设前提及限制条件下有效，它们代表本人不带有偏见的专业分析、意见和结论。

(8) 评估基准日后，若资产数量及作价标准发生变化，对评估结论造成影响时，不能直接使用本评估结论，须对评估结论进行调整或重新评估。

(9) 本报告含有若干附件，附件构成本报告重要组成部分，与报告正文具有同等法律效力。

上述事项，提请报告使用者予以关注。

十四、评估报告使用限制说明

(1) 本评估报告的评估结论是根据前述的原则、依据、评估假设、方法、程序得出的，并只有在上述原则、依据、评估假设存在的条件下方能成立。

（2）本评估报告及相应的评估结论系对委估资产于评估基准日市场价值的反映，只能用于评估报告载明的评估目的和用途。

（3）评估报告只能由评估报告载明的评估报告使用者使用。

（4）本评估报告仅供委托方为本次评估目的所对应的经济行为使用和送交相关主管部门审查使用。本评估报告的所有权归本人所有，未征得本人同意，评估报告的内容不得被摘抄、引用或披露于公开媒体，法律、法规规定以及相关当事方另有约定的除外。

十五、评估报告提出日期

本评估报告形成评估结论的日期为 2014 年 12 月 15 日。

评估人员：×××

2014 年 12 月 15 日

点评：这是一份完整的资产评估报告，对被评估企业的全部资产做出了评估结论。评估说明部分，简洁概括了进行评估的指导思想、依据、范围、方法和过程；企业概况说明了被评估企业的基本情况。用分条列项的方法就企业的资产、财务、企业环境、存在问题等进行了分析；本文符合资产评估报告客观公正、逻辑严密、表达准确的要求。

本章小结

本章主要内容为财经专用文书，在概括了财经专用文书专属性、业务性、知识性、市场性等特征之后，以财经专用文书的资产评估报告为例，介绍了资产评估报告的概念及特点，按评估范围、评估对象、评估内容的详细程度，可以将资产评估报告划分成不同种类。

资产评估报告的基本内容由评估说明、清查核实情况和评估依据组成。基本格式包括封面及目录、摘要及正文。其中正文应依照以下基本内容和格式撰写：首部、序言、委托方与资产占有方简介、评估目的、评估范围和对象、评估基准日、评估原则、评估依据、评估方法、评估过程、评估结论、特别事项说明、评估基准日期后重大事项、评估报告法律效力、评估报告提出日期、尾部。

关键术语

资产评估　　评估说明　　评估目的　　函证

投资评估　　评估依据　　评估基准日

习　题

一、选择题

1. 下列不属于资产评估报告作用的是（　　）。

A. 依据作用　　B. 计划作用　　C. 责任作用　　D. 资料作用

2. 资产评估报告书按照评估范围，可分为专项资产评估报告和（　　）。

A. 综合性资产评估报告　　B. 资产评估报告

C. 完整评估报告　　D. 土地评估报告

3. 不属于评估说明主要内容的是（　　）。

A. 评估范围说明　　B. 资料清单

C. 评估人员说明　　D. 评估基准日说明

4. 资产评估报告作为证明文件，体现出评估报告的（　　）作用。

A. 依据　　B. 管理　　C. 资料　　D. 责任

5. 资产评估报告撰写过程当中，必须依据（　　）原则。

A. 客观、公正、实事求是　　B. 简约、简洁

C. 主观、创造　　D. 利润最大化

二、判断题

1. 资产评估是在一定经济环境中进行的一项经济活动，在不同的时空环境中具有相同的价值。

2. 评估机构及工作人员要遵守国家法律，这就决定了资产评估机构出具的资产评估报告具有公证的作用和法律效力。

3. 资产评估的收益应与被评估资产的价值挂钩。

4. 资产评估报告涉及相关各方的切身利益，要求评估报告实事求是。

5. 按评估对象划分，资产评估报告可分为完整评估报告和简明评估报告。

三、简答题

1. 资产评估报告的作用有哪些？

2. 资产评估报告的种类有哪些？

部分习题答案

一、答案：1. B；2. A；3. C；4. D；5. A。

二、答案：1. ×；2. √；3. ×；4. √；5. ×。

第十三章
经济活动类专用文书

本章要点

1. 了解经济活动分析报告的基本概念、特点；
2. 明确经济活动分析报告的写作格式及注意事项；
3. 掌握商业广告的基本概念、特点、写作格式及应用；
4. 熟悉商品（产品）说明书的写作格式及应用。

导入案例

中铁××局电务电化公司召开2016年经济活动分析会议

2016年10月28日，中铁××局电务电化公司2016年第三季度经济活动分析暨清收清欠会议在六楼会议室召开。会议对今年前三季度经济运行情况进行了通报，分析了存在的问题，确定了下一步经济运行工作的重点。

公司董事长、党委书记在讲话中说，本次会议达到了预期效果，对公司第四季度施工生产运营起到了积极的促进作用。同时他强调了三点要求：一是要提高看齐意识，加强纪律性，正确对待问题；二是要提升风险意识，增强执行力，认真立整立改；三是要提高整体意识，合力冲刺任务，完成全年任务指标。

总经理在讲话中客观分析了公司经济运行工作中存在的综合毛利率不高、项目管理水平不平衡、应收款项和存货居高等薄弱环节和突出问题。他还就下一步公司的经济工作提出了四点要求：一是强化项目精细化管理，着力从根本上赢得效益。二是刚性清理应收账款，积极从回收中获取效益。三是加强作业层建设，向专业化管理要效益。四是发扬勤俭办企作风，坚持从节约中增加效益。从预算和决算上严格控制管理费。上下一心，努力奋战最后两个月，为全年产值目标奋力冲刺。

公司副总经理、总会计师在讲话中肯定了公司今年前三季度经济活动工作取得的成绩，分析了截至今年第三季度公司经济运行情况，并对各项目部的指标完成情况进行了通报。

会上，通报了财务大检查情况，对各项目存在的相关问题一一作了列举。公司兰渝项目、津保项目、襄阳北项目依次作了经济状况汇报及经验介绍。

第一节　经济活动分析报告

一、经济活动分析报告概述

经济活动分析是企业以价值形式运用会计报表及其他核算资料，采用一系列的分析方法，对一定期间经济活动的过程和结果进行研究和评价，借以认识经济活动规律，促进企业提高经济效益的企业管理活动。因此经济活动分析报告是对企业经营状况、资金运作的综合概括和高度反映，在企业管理中发挥着重要的作用。

（一）经济活动分析的定义

经济活动分析是以科学的经济理论和经济政策为指导，以计划指标、会计核算数据、统计资料以及调查研究所掌握的实际情况为依据，对某财经部门、工商企业或某地区的财经活动过程和结果进行深入分析和研究，从而做出正确评价的财经业务工作。分析研究后写成的书面材料叫作经济活动分析报告。

（二）经济活动分析的步骤

经济活动分析工作一般由四个步骤组成，即比较找出差距、研究查明原因、计算确定影响、总结提出建议。

1. 比较找出差距

一般情况下，通过比较找出差距是经济活动分析工作的起始点。在实践中，作为比较标准的主要有：预定目标和计划、上期或历史最好水平、国内外先进水平。比较时用到的指标数据可以是绝对数，但多数情况下是用相对数或相关比例数。在运用对比找差距方法时，必须注意经济现象或经济指标的可比性。

2. 研究查明原因

在找出差距的基础上，研究查明差距产生的原因，是经济活动分析工作的重要一环。每项经营活动的结果，都可能由很多原因造成，或者受到多种因素的影响，这些原因或因素有些是密切联系的。因此，我们可以根据其内在联系，经过逻辑判断和推理，确定经济指标间相互关系的模式，形成固定的公式，在分析中加以运用。

3. 计算确定影响

查明影响经济指标的原因之后，计算各种因素的变动对经济指标的具体影响，以明确其影响的方向（有利或不利）和影响程度。确定各种因素影响的方向和程度，便于在进行决策和制定措施时抓住主要矛盾，有重点地解决问题。在实践中，计算影响常常是和查明原因同时进行的，因此，也可以把两个步骤结合起来，称为确定影响的因素。

4. 总结提出建议

根据分析的结果，总结企业的工作，提出改善经营管理的建议，作为进行决策、制定措施的参考，以充分发掘企业的潜力，不断提高生产经营的经济效益。因此，总结提出建议是整个分析工作的重中之重。

（三）经济活动分析的方法

倘若没有科学的分析方法，经济活动分析就会变成现成材料的生硬堆砌，难以深刻剖析情况，说明不了问题，更是无法从理论上讲清道理。只有恰当运用各种分析方法，才能得出使人信服的科学结论。下面介绍常用的分析方法。

1. 比较分析法

比较分析法是最基本的分析方法，它是把两个或两个以上同一基础（时间、内容、项目、条件等）上具有可比性的数字加以比较，借以确定比较对象之间的差异，并根据比较结果来分析探究经济活动状况及差距成因的一种分析方法。在进行比较分析时用到的数据一般是相对数，如倍数、百分数等。运用这种方法，常从以下三个方面着手：

（1）与计划比，即用本期的实际指标和计划指标相比较，以检查计划的执行情况，找出差距，分析造成差距的原因及影响因素，以求挖掘潜力，完成甚至超额完成计划。

（2）与前期比，即以本期实际指标，与前期完成指标或历史最高水平、历史最低水平、平均水平相比，揭示经济活动的发展速度或变化趋势，以求采取有效措施，提高经济效益。

（3）与行业比，同本行业中的先进企业有关指标相比较，找出差距，明确目标。这种比较可以拓宽视野、激励干劲，有利于同类企业之间展开竞争。

运用比较分析法，必须注意指标之间的可比性，通常需要对指标的含义、计算口径、范围等进行审核，使之在时间、计量标准、指标构成内容、计算方法等方面保持一致，否则将导致错误结论，甚至产生不良后果。

2. 因素分析法

所谓因素分析法，就是将分析对象或综合指标分解为各个因素进行分析研究的方法，这是一种化整为零的分析方法。它着重于事实的说明和特点、成因的剖析。失误的发展变化往往受多种因素的影响和制约，运用因素分析法，可以较为深入地剖析构成某种经济现象的各个因素，探究各因素的发展变化对经济现象的总体影响。

运用因素分析法要注意三点：一要注意辨清主要、次要因素，抓住具有本质意义的决定性因素做重点分析，不必面面俱到；二要善于抓住带有倾向性的因素；三要既重视客观因素的分析，又重视主观因素的分析，正确处理两者之间的关系，不能以客观因素掩盖主观因素，也不能以主观因素代替客观因素。

3. 综合分析法

综合分析法又叫综合评价法，它是对各项经济指标的执行情况进行综合比较、计算和评价，从整体上权衡利弊得失，全面判断经济效益的一种方法。例如，某个商业性批发企业在分析利润和利润率时，就要对商品流转额、劳动效率、费用、资金占用等多项经济指标进行综合比较、计算和评价。如果单纯为了减少占用资金，加速资金周转，减少利息支出而片面地、不合理地压缩商品库存，就会导致商品流转额的减少。而商品流转额减少，必然影响企业进货和市场供应，带来总体利润的减少。这种方法的优点是全面可靠，但在运用中应力避主观性、片面性，要注意防止把非主要因素当作主要因素，把偶然因素当作必然因素。

4. 调查分析法

调查分析法是通过集体座谈、个别交谈等方式广泛听取各方面意见，收集充分、必要的数据和实际情况，并在此基础上进行分析研究，对指标数据的分析结果加以验证、纠正和补充。

以上几种分析方法通常需要结合运用，从而为提出切实可行的措施、建议奠定基础。

二、经济活动分析报告的特点

经济活动分析报告具有定量性、说明性、目的性、指导性四个特点。

1. 定量性

经济活动分析报告，是经营者或相关部门掌握企业财经活动的重要手段。经济活动分析是运用已搜集到的财经统计、会计报表资料，对企业生产经营活动中人力、物力、财力的消耗指标的分析研究，对企业取得的生产经营成果和经济效益进行有效分析，以便更为合理地安排生产和经营活动。经济活动分析报告的最大特点是对企业的微观和宏观形势及搜集的各种数据进行定量、定性、定时的分析，以找出经营运作中的不和谐因素，有的放矢地对症下药。经济活动分析报告需要从不同侧面、角度对全面和局部的、有利和不利的、主观和客观的因素进行“量”的分析，这样才能综合反映出一个时期以来的经济形势，以及企业的经营活动情况。因此，定量性是经济活动分析报告立论的重要依据。

2. 说明性

经济活动分析报告是以经济活动历史、现状的分析说明为主要内容的书面报告，其关键不仅在于分析，还要对过去、现在的经济情况加以说明，因此具有说明性特点。为了搞好国民经济建设，主管部门经常需要通过它了解下情，总结工作，制定经济政策，采取调控手段，指导企业改善生产和经营管理；企业更要依靠它来预测经济发展趋势，决定投资方向，调节经营管理行为。因此，报告中必须对所涉及的经济现象、特征、指标、数据等进行详细的说明，以此揭示经济活动的变化规律，为决策提供科学依据。

3. 目的性

撰写经济活动分析报告，目的是正确分析、评价经济活动运营状况，总结经验教训，强化管理，使下一步的经济活动开展得更为顺利，更有效率。它需要通过对一系列经济技术指标、数据、图表及有关资料的分析，对已完成的一定时期的经济活动给出正确的认识和恰当的评价，并通过分析情况，评价得失，总结经验，找出差距，预测发展方向，提出改进措施和建议，以利于进一步改善管理，组织好下一步的经济活动，或决定下一步的经济策略。撰写经济活动分析报告的最终目的，是准确指出经济活动中的得失，解决制约经济发展的瓶颈问题，使当前的经济工作沿着正确的道路可持续地发展下去。

4. 指导性

一个科学的经济活动分析报告有着重要的借鉴价值和指导意义，通过许多实证分析总结，找到影响计划指标完成或未完成的主要因素和影响总体经济效益的薄弱环节，进而引起财经主管部门和企业经营者高度重视，其中给定的意见与建议部分，就是企业经营或调整经济发展的重要部署和行动指南，以及时地采取相应的行动，使企业步入良性循环的快车道。经济活动分析报告被各级财经部门、企业经常性地使用，它强大的指导作用是一般报告无法相比的，经济活动分析报告的应用范围十分广泛，这也是它所具有的普遍指导意义的价值所在。

三、经济活动分析报告的作用与分类

(一) 经济活动分析报告的作用

1. 对企业的作用

经济活动分析报告的基本任务，就是帮助企业发展生产，改善经营，加强管理，寻求合理、有效地利用人力、物力、财力的途径，挖掘企业内部潜力，在优质、低耗的条件下，提高企业经济效益。它主要包括：指导企业制定正确的经营方针，提高经营决策水平；督促企业执行国家政策、法令，完成国家计划，提高自觉执行政策和计划的水平；促进企业完善以经济责任制为主的各项经营管理制度，提高管理水平；帮助企业挖掘内部潜力，提高经济效益水平。简言之，经济活动分析报告有利于企业改善经营管理，提高经济效益。其作用具体表现在如下几个方面。

（1）提供决策的依据。

经济活动分析是企业实行科学管理的一种重要方法，在分析企业的经济活动中，往往要联系企业的素质，从经营决策、指挥调度、人员设备保证方面，研究其对取得生产经营成果和效益的影响，并针对存在的问题，采取有效措施提高企业素质。经济活动分析报告通过周密的计算和分析，用数据和科学管理知识来提出问题、分析问题和解决问题，从而为企业决策提供依据。例如，通过对计划指标和统计资料的计算分析，可以检查各项计划指标的完成情况，有利于有针对性地调节生产，促进计划全面完成；为下一步制订计划提供重要依据，使计划建立在客观实际的基础上，通过财务状况分析，可以检查、评价企业管理的基本状况，分析原因，降低成本，挖掘潜力，进而有针对性地采取改进措施，提高经营管理水平。

（2）促使生产经营计划全面完成。

由于经济活动分析报告是周密计算和深化分析的结果，这项工作做好了，就能及时发现管理的薄弱环节，及时提出改进措施，推动企业各项基础性工作的发展和完善；就能促进企业从原始记录、计量定额、统计分析到数据的传递、整理、贮存、使用等一整套基础管理工作的加强，使管理走上科学化的轨道；就能促进企业生产经营的全面改善，使企业生产经营的各个环节紧密衔接，协调发展；尤其是通过对计划完成情况的检查，可以促使企业的各部门和职工加强计划观念，提高执行计划的自觉性；提出完成计划的保障性措施，使企业的生产经营计划能够顺利执行；还可以了解企业在制订和执行计划中，是否存在预测不准、计划不周、执行失控、监督不严等现象，借以总结经验，改进计划管理工作，从而全面完成生产经营计划。

（3）督促经营活动遵守国家政策法令和规章制度。

分析市场经营活动，必然要了解企业的市场经营活动是怎样进行的，并对其合理性、合法性、效益性作出评价。因此，经济活动分析报告能够增强企业遵纪守法的观念，对企业遵守国家政策法令和规章制度能够起到一定的监督作用。

（4）推动经济责任制的建立健全。

经济活动分析报告能否真正发挥作用，效果如何，同企业经济责任制的完善与否有很大关系。企业可借助经济活动分析报告，把生产经营目标分解落实，使之成为各部门的具体目标，并通过建立健全经济责任制，把责、权、利密切结合起来，充分调动全体职工的积极主动性，进而加强企业内部各部门的责任心。

2. 对经济管理部门的作用

（1）为经济管理部门制定经济政策提供参考资料。

由于经济管理部门承担着指导企业经济活动和研究、调控宏观经济的双重任务，只有全面了解现实情况，及时把握市场动态，才能够把微观经济管理与宏观经济管理更好地结合起来，做出正确的决策。经济活动分析报告，是以客观的经济活动为对象，以经济理论为指导所进行的实事求是的分析研究，因此可作为经济管理部门做出正确决策的参考资料。它不仅有助于了解经济活动的现实情况、预测经济发展的基本趋势，而且有助于从全局和长远利益出发来检验现行经济政策是否切合实际，有无疏漏，还有哪些方面需要改进、完善和加强，进而制定出合乎实际的经济政策。

(2) 使经济管理部门的服务职能得到更好的体现。

政府的财政、税收、金融、统计等部门都是国民经济的重要管理部门，其职能作用的发挥，会对企业经济活动产生重大影响。经济活动分析报告有利于经济管理部门了解企业和市场情况、把握经济动态，通过对企业经济活动及行业经济活动的分析，帮助企业合理使用资金和正确履行对国家的义务，促进和监督生产经营活动的正常进行，从而更好地体现其服务职能。

(3) 使经济管理部门的管理职能得到更好的发挥。

经济活动分析报告兼有总结过去和预测未来的双重任务。只有认真总结过去，才能在未来的生产经营活动中避免过去犯过的错误；也只有认真总结过去，才能对未来做出科学预测。因此，经济管理部门如果善于运用经济活动分析报告总结过去、预测未来，就能更为有效地指导企业的工作，更为有效地实施对企业的管理，从而更好地发挥其管理职能。

(二) 经济活动分析报告的种类

经济活动分析报告的使用十分广泛，选取的角度、所写的内容及涉及的时间跨度等都具有较大的灵活性，因此种类繁多。

1. 按分析的时间划分

经济活动分析报告可分为定期分析报告和不定期分析报告，而定期分析报告又可分为年度、季度、月度分析报告。

2. 按分析的对象划分

经济活动分析报告有财务分析报告、统计分析报告、生产形势分析报告、市场分析报告、成本分析报告、库存结构分析报告、资金运用情况分析报告等。

3. 按分析的范围划分

经济活动分析报告有地区分析报告、单位分析报告、部门分析报告，或厂部分析报告、车间分析报告、班组分析报告等。

4. 按分析的视角划分

经济活动分析报告可分为宏观经济活动分析报告和微观经济活动分析报告。

5. 按分析主体所属行业划分

经济活动分析报告可分为工业活动分析（如成本分析、利润分析、销售分析）报告、商业经济活动分析（如财务分析、库存分析、市场动态分析）报告、农业活动分析报告等。

6. 按目的和内容划分

经济活动分析报告可分为全面分析报告、专业分析报告和专题分析报告三种。这是最常用的划分标准。

(1) 全面分析报告。全面分析报告也叫综合分析报告，或称系统分析报告，一般属于定期分析报告。它是把一个企业或一个地区的经济活动作为一个整体，根据各项主要经济指标的完成情况及与之关联的各方面因素进行系统、综合的分析研究后提出的书面报告。全面分析报告往往在全面总结、检查和评价各项计划执行情况和经营成果的基础上，着重抓生产经营中带有普遍性和关键性的问题，并找出改进工作的途径和措施，因此具有指导全局工作的意义。全面分析报告一般由掌握全面生产经营情况的综合部门，如厂长办公室、经理办公室或财务部门在年末提供。

（2）专业分析报告。专业分析报告也叫部门分析报告，是由专业职能部门对本身分管的业务活动进行分析后提出的报告，如财务部门的年度财务分析报告、季度财务分析报告，计划部门的定期生产分析报告等。如果将此类分析形成一种制度，则有利于充分发挥各专业部门的职能作用。

（3）专题分析报告。专题分析报告是针对生产经营中某项突出问题或关键性问题进行专门、深入、具体的分析研究后所提出的报告。专题分析报告的针对性很强，如企业针对产品质量问题而组织的产品质量分析、针对原材料消耗过高而组织的主要原材料消耗分析、针对生产经营亏损所进行的亏损原因分析，以及事故分析、能源单项消耗分析、库存状况分析等，都是常见的专题分析课题。专题分析报告通常是一事一题，内容集中，分析问题具体而深刻，并且形式灵活，迅速及时，作用显著，是使用频率较高的一种不定期经济活动分析报告。

7. 按金融业务的性质划分

（1）经济、金融形势分析报告。经济、金融形势分析报告，就是对某一地区某一时期的经济、金融形势进行简析，反映出工农业生产成效、市场动态、消费变化、现金信贷计划执行情况等，着重从统计数据的趋势变化及工作的开展方面确定经营策略和方向。

（2）工商企业经济活动分析报告。工商企业经济活动分析报告，就是银行对工商、乡镇等企业生产经营、商业流通、库存结构以及资金活动情况进行分析后写成的报告。一般可以对一定时期内企业各项重要经济指标完成情况，以及经营管理的全面情况进行综合分析，也可以对企业生产、经营管理中的突出问题进行重点分析。如对企业资金运用情况的分析、对企业业绩状况的分析、对企业产成品资金的分析等。

（3）银行资金活动分析报告。银行资金活动分析报告和资金营运情况的分析报告大多是定期分析，如月度、季度、年度的现金、信贷计划执行情况的分析报告、银行资金营运情况的分析报告等。如果是专题分析报告，则是对中心工作中出现的问题进行分析而写的报告，多为不定期报告，如逾期贷款的分析报告、城镇储蓄存款的分析报告等。

（4）银行财务状况分析报告。银行财务状况分析报告，就是评价银行财务收支计划的执行情况、考核银行的业务经营成果、分析财务收支和损益情况的报告。一般在年中、年末写，有时在月份、季度末也要写财务状况分析报告或简要分析报告。

四、经济活动分析报告的格式与写法

经济活动分析报告的格式与写法，由分析目的和分析内容决定，没有固定的格式。但一般来说，主要包括标题、正文、落款三个部分。

（一）标题

经济活动分析报告的标题通常有单行标题和双行标题两类。

1. 单行标题

单行标题比较多样，主要有公文式标题和论文式标题两种。

（1）公文式标题。这种标题是全面分析报告习惯采用的标题样式，常由四个因素构成，即报告主体名称、分析时限、分析内容（事由）和文种。例如，《×××厂2012年度上半年生产成本分析报告》。在实际应用中，这些构成因素既可以灵活组合，又可以省略其中某项，如《上半年工业品购销情况分析》。此外，由于分析的目的、角度及着重点各有不同，标题并不苛求一律。有的标题并不明确出现“分析”的字样，而是把分析的特点隐含在"建议""意见""情况汇报"中，如《××商店第三季度经营情况的汇报》《关于节支增收、扭亏增盈的意见》《关于克服市场疲软、加强促销工作的建议》等。

(2) 论文式标题。这种是用议论式语句作为标题，并在标题中点明主旨，如《陕西省消费品市场运行特征与成因分析》。

2. 双行标题

双行标题又称双标题、复合式标题，又可分为正、副题配合与引、正题配合两种，以前者较为多见。正、副题配合式标题，常以论文式标题为正题，以公文式标题为副题，如《有效控制稳定发展——2011 年西安房地产市场发展形势分析》。

(二) 正文

正文一般包括前言、主体和结尾三个部分。

1. 前言

前言是经济活动分析报告的总概述，或概括介绍贸易经营情况，或交代一些背景材料，或用一系列统计数据进行对比。

多数经济活动分析报告，开头部分主要介绍分析对象的基本情况，为分析部分作铺垫，使读者对分析对象有一个概括的了解。一般采用文字概说与数字（或图表）相结合的说明方法。有的分析报告开头简要说明分析目的、起因或提出分析的内容和范围；有的概述生产经营形式，交代分析背景；有的简要说明目的，或写出结论。写法不拘一格，但是无论怎么开头，都要力求简洁概括，紧扣分析的内容。开头部分的介绍与说明要有针对性，还应注意与正文主体的配合，起到提纲挈领、启示下文的作用。

2. 主体

主体部分要紧承开头的概况介绍展开具体分析。如果说开头部分主要回答"怎么样"的问题，那么这一部分则要回答"为什么这样"和今后该"怎么办"的问题。主体部分是集中体现文体性质特征的中心环节，要从分析报告的目的、要求出发，对所掌握的经济活动资料，尤其是能反映经济活动本质和症结的若干重要指标，进行深入而有条理的分析。内容上，可以分析现状与趋势、矛盾与差距，可以分析现状及矛盾的形成原因，也可以分析经济活动的动态轨迹、发展趋势及各种因素的相互关系，找出经济活动的经验及内在规律。一般来说，把发现问题、找差距、找原因作为重点。分析时，应根据需要运用典型数据和事例说明问题。

主体部分的撰写虽然往往是从数据入手，建立在数据的基础之上，但它绝非数据资料的简单罗列和文字注释，而是要运用正确的观点和科学的方法，结合实际，如实肯定成绩，揭露问题，找出主要矛盾，分清主客观原因，进而得出科学、准确的结论。分析部分要材料充实，条分缕析，透彻清晰，有理有据，恰如其分。

3. 结尾

结尾部分应针对分析结果，对分析对象经济活动的成绩和问题做出恰当评价，归结出结论。评价、结论可以不放在结尾，可以提前在分析时写，也可以放在开头部分写。不管安排如何灵活，评价、结论的内容不可少，否则经济活动分析报告就显得主旨意图含混不清。

多数分析报告的结尾是根据分析评价有针对性地提出改善经营管理、提高经济效益的建议或措施。建议、措施应注意从实际出发，增强其可行性。切忌华而不实、高谈阔论，最终无法落到实处。

结尾也可补充正文中未涵盖但又有必要提及的相关事宜。

五、经济活动分析报告应包含的基本内容

经济活动分析报告一般应当包含以下基本内容：

（一）企业经营方针和经营决策

企业经营，需要有正确的经营指导思想。各个时期的经营活动，取决于经营的方针和决策，这就要求在对企业的生产经营活动进行分析时，结合企业的经营方针和经营决策，了解各项方针的成功率，以及决策或成功或失误的原因，以帮助企业采取改善措施，提高经营管理的水平。

（二）人员配备和劳动效率

在撰写经济活动分析报告时，应当对企业人员配备、职工队伍的素质、工作时间的利用、劳动和工作的效率等进行分析，寻找以较少的人力或工作时间完成或超额完成生产经营和管理工作任务的途径。

（三）占用资金及资金运用

在撰写经济活动分析报告时，应当对企业资金的占用情况、资金的使用方向和使用效果进行分析，研究企业占用资金的合理性，取得资金的合法性，使用资金的效益性，寻找减少资金占用量、提高资金使用效益的途径。

（四）生产耗费和成本升降

在撰写经济活动分析报告时，应当对生产耗费和经营支出进行分析，研究生产耗费和经营支出是节约成本还是超支及其原因，寻找减少生产耗费、经营支出以降低成本的有效途径。

（五）企业收入和经济效益

在撰写经济活动分析报告时，应当对企业取得收入、实现利润的情况进行分析，研究影响企业收入和利润的原因，提出增加收入和利润的对策。

六、撰写经济活动分析报告应注意的问题

经济活动分析报告具有很强的专业性，写作时应力求做到客观、准确地反映经济活动的现象及其规律。为此，应注意以下问题：

（一）对象集中，主旨明确，资料准备充分

经济活动分析报告的分析对象应相对集中，并要紧紧抓住影响对象的关键性问题，确立主旨，深入分析，进而有针对性地提出解决方案，切忌模棱两可。主旨要突出，针对性要强，要能抓住企业经济活动的主要矛盾和主要方面。这样才有助于解决经济活动中具有普遍性、关键性、典型性、倾向性的问题，有助于提高经营管理水平和经济效益。

同时，要充分做好资料准备工作。需要搜集的资料包括：一是计划资料；二是统计资料，即各项经济指标的实际数据；三是会计核算资料，即资金、成本、利润等完成情况数据；四是有关可比资料，如上年同期、历史最好水平、同行业先进水平等资料；五是影响分析对象的其他有关资料，包括不见于账表的各种事实、情况及主客观因素的相关“活资料”。

（二）数据精确，分析科学，判断推理合乎逻辑

经济活动分析主要是定量分析，“从数字出发，靠数据说话”是经济活动分析的主要特点。选用数据时，要力求精确、科学。既要注意查阅计划、报表、账表或其他书面材料，又要核查清理实物，力求核准真实情况，搞清数据，使分析建立在实事求是的基础

上。而且要注意不能只罗列数据或现象，更不能盲目堆砌数字，或将数字分散化，影响主旨的明确性。数字视实际需要可散见于文字之间，也可集中列表。

经济活动分析报告要坚持实事求是的态度。报告的写作要力求做到有观点，有数据，有事实，观点和材料统一。整个分析报告要有理有据，分析科学中肯，推理合乎逻辑，充分体现判断的正确性和准确性，万不可主观臆断。分析原因时，既要说明有利因素，又要说明不利因素；既要分析客观因素，又要分析管理者的主观因素；既要肯定成绩，又要找出差距，切忌片面性。还应既重视账面数据，又重视数据中隐含的情况；既要看“死材料”，又要重视“活材料”；既要揭示矛盾，又要探明矛盾转化的条件；既要从本单位的角度分析情况，又要站在国家政策的高度看待事物；尤其要善于发现成绩掩盖下的问题，繁荣中隐含的危机。总之，不可孤立静止地就事论事，只看现象不看本质，只看眼前不看发展趋势，这些都是不可取的。

（三）建议和措施具体可行

撰写经济活动分析报告的目的是切实解决实际问题，因此，需要有针对性地提出合理的建议和改进措施，而且，建议和措施要具体可行，具有可操作性。如果用抽象笼统的口号来代替具体的建议、措施，就有悖于经济活动分析报告的初衷，起不到应起的作用。

（四）及时完成和提交报告

撰写经济活动分析报告是为了找出问题、明确方向，为未来的经济活动提供必要的参考资料，以求更好地提高经济效益。因此，它的时效性是很强的。如果不能及时完成、提交，问题得不到及时纠正，措施不能及时发挥作用，其价值就会大大降低。

（五）语言简明，思路清晰

经济活动分析报告是分析研究工作的结果，必须经过精心构思、严密组织、准确表达的“精加工”过程才能最终完成。文字表达上要力求精练、准确、详略得当。基本情况的叙述应简明扼要，高度概括；分析和说明要周详清晰，理据相宜；结论和评价要准确而恰当，简明又深刻。

例文分析

××智能印刷公司上半年经济活动分析报告（摘要）

一、基本情况

××智能印刷公司以智能激光打印等新技术为主要业务。今年上半年，由于受经济危机的影响，出口订单大幅减少，导致激光照排印刷业市场变化较大，大量物资价格提高，致使印刷成本提高。今年上半年完成利润109万元，比上年同期下降30.7%，仅完成年度利润计划35%。采用绿色生态型印刷技术的新建车间，虽然达产，但生产不能满负荷。新员工操作新设备，劳动生产率极其低下，能耗上升，致使一些原材料造成了不必要的浪费。

二、上半年成本情况分析

（一）生产成本大幅增加。上半年每千印成本为××元，百元产值成本为××元；4月份每千印成本为××元，百元产值成本为××元，生产成本大幅增加。S597型纸张每张由单价为××元上升到6月份每张单价为××元，每千印成本增加××元，百元产值成本增加××元。新车间能源、物料耗费大，亏损严重。

（二）生产用设备零配件增加。生产一部有三台设备没有到保养期便更换零配件，生产三部更换生产供电系统增加支出×万元，大型工具领用增加，设备备件购置费增加，生产辅助费用也有大幅增加。

（三）办公用品、车辆维修费用增加。

三、改善经济情况的建议

（一）降低一般千印油墨消耗定额，把千印油墨消耗控制在每千印 0.1 公斤左右，绿色生态新车间暂时停产。

（二）建立健全设备的维修、保养新规定，重新核定生产工具、设备备件出库使用定额。

（三）企业管理费的支出要严格控制，合理格式要规范。降低办公车辆的使用费用，二线部门人均办公费用 10%。

××智能印刷公司财务部

二〇一四年四月十九日

点评：这是一篇针对性很强的生产活动分析报告，全文就××智能印刷公司的智能激光打印业务展开分析，对上半年成本情况做了客观总结和科学分析，并对未来改善领域给出建议。文章行文缜密，结构清晰，利用事实和数据说明问题，透彻地分析了成因，提出了可行性很强的解决方案，语言简洁。

例文分析

××市电力局 2005 年上半年经济活动分析（摘要）

半年来，在××的正确领导下，经济态势运行良好，各种营销经济指标较去年均有较大幅度的增长，经济效益明显增强。然而由于受各种条件的限制，尤其是受经济环境和买方市场的约束，我局部分经济指标离系统的要求仍有差距，未能达到预期目标。为了更好地总结经验，找出差距，现将我局 1—6 月营销活动综合分析如下：

一、上半年各项指标完成情况及分析

（一）购电量完成情况

2005 年 1—6 月购网电量完成 7 512 384 千瓦时，较 2004 年 1—6 月完成电量 7 515 552 千瓦时，少购电量 3 168 千瓦时，基本与去年持平。

（二）购电平均单价

今年 1—6 月完成平均电价××元/千瓦时，与去年同期完成××元/千瓦时相比上升了××元/千瓦时，完成内部利润××万元。

（三）电费收缴完成情况

1—6 月实现电费结零，收回陈欠电费 13.2 万元。

（四）节能降损工作

2005 年 1—6 月综合线损率完成 24.33%，与去年同期 25%相比下降了 0.67 个百分点。

二、上半年主要工作

全面清查，共查出窃电户 11 户，追回损失××元，查出表计烧坏 75 户。

一是狠抓用电管理，大力降低线损。

二是提高经济效益，普查商业用电。

三是动力用户及商服用户的计量装置到位。

四是加大清欠工作，确保上级电费月月结零。

五是落实服务承诺，提高服务质量。

三、目前工作中存在的问题和不足

(1) 线损达标率仍不尽人意，部分公变低压线损依然较高，离“两改”后的标准差距较大，用电检查和反窃电力度不够，因此降损工作仍有潜力可挖。

(2) 10千伏安以上台区及用户端没有电容补偿（林业局没有这方面的资金投入），对功率因数存在较大的影响，致使线损增加。

(3) 营业管理体制有待按农电系统进行全面改革，规章制度有待进一步完善。

(4) 长期以来，我们虽然狠抓员工队伍建设，在这方面也投入了大量财力、物力，但员工的整体素质仍不高。

四、下半年工作思路

××市电力局

二〇〇五年×月×日

点评：这是一篇完整的经济活动分析报告，该篇报告主要针对电力局作出了1—6月营销活动综合分析。报告主要从上半年各项指标完成情况及分析、上半年主要工作、目前工作中存在的问题和不足、下半年工作思路这四个方面展开。运用逐条分析方法，使文章结构严谨，条目清晰。该报告的客观性使得其更具有实践意义和借鉴意义。

第二节 商业广告

一、商业广告概述

（一）广告的含义

广告是为了某种特定的需要，通过一定形式的媒体，公开而广泛地向公众传递信息的宣传手段。广告有广义和狭义之分，广义广告包括非经济广告和经济广告。非经济广告指不以营利为目的的广告，又称效应广告，如政府行政部门、社会事业单位乃至个人的各种公告、启事、声明、公益广告等，主要目的是推广宣传。经济广告，又称商业广告，是指以营利为目的的广告，通常是商品生产者、经营者和消费者之间沟通信息的重要手段，或企业占领市场、推销产品、提供劳务的重要形式，主要目的是扩大经济效益。

商业广告是指商品经营者或服务提供者承担费用，通过一定的媒介和形式直接或间接介绍所推销的商品或提供的服务的广告。

（二）商业广告的基本要素

一则具体的广告，要具备四个基本要素。

1. 广告主

所谓广告主，即进行广告的主体，是指提出发布广告的企业、团体或个人，一般是商品经营者或服务提供者。广告主出资进行广告的制作和发布。

2. 广告信息

广告信息是指广告的主要内容，包括商品信息、劳务信息、观念信息等。商品信息包括产品的性能、质量、产地、用途、购买时间、地点和价格等。劳务信息包括各种非商品或半商品形式的服务性活动消息，如文娱活动、旅游服务、理发、浴室、照相、饮食以及信息咨询服务等行业的经营项目。观念信息是指通过广告活动倡导某种意识，使消费者树立一种有利于广告主推销其商品或劳务的消费观念。诸如旅游公司印发的介绍世界各地异国风情的宣传小册子、大型企业的企业形象广告等，观念信息实质上也是为了推销其劳务或商品，只是采取了不同的表现手法。

3. 广告媒介

广告活动是一种传递信息的大众传播活动，其信息要运用一定的物质技术手段才能得以广泛传播。广告媒介就是传播广告信息的中介物，它的具体形式有报纸、杂志、广播、电视等，它们被称为广告的四大媒体。此外，户外广告牌、交通工具、邮政、电话、橱窗、表演等都可能成为广告的媒介。

4. 广告费用

广告费用就是从事广告活动所需付出的费用。广告活动需要经费，比如制作广告要支付制作费，利用媒介要支付各种印刷费、版面费、时段费、播出费等费用。广告主进行广告投资，支付广告费，其目的是要扩大商品销售，获得更多利润。为了降低成本，取得最大的经济效益，要编制广告预算，有计划地进行广告活动，以节约广告费开支，获取最佳广告经济效益。

（三）广告的分类

由于分类的标准不同，看待问题的角度各异，因此广告的种类很多。

（1）以广告性质为标准来划分，广告分为经济广告（具有营利性质）、社会广告（非营利广告，如公益广告）。

（2）以广告目的为标准来划分，广告分为产品广告、品牌广告、观念广告、公益广告等。

（3）以广告传播范围为标准来划分，广告分为国际性广告、全国性广告、地方性广告、区域性广告等。

（4）以广告所指向的传播对象为标准来划分，广告分为工业企业广告、经销商广告、消费者广告、专业广告等。

（5）以传播媒介为标准来划分，广告分为报纸广告、杂志广告、电视广告、电影广告、网络广告、包装广告、广播广告、招贴广告、POP 广告、交通广告、直邮广告、车体广告、门票广告、餐盒广告。随着新媒介的不断增加，依媒介划分的广告种类也会越来越多。

二、商业广告的作用

（一）促进竞争，开拓市场

大规模的广告是企业的一项重要竞争策略。当一种新商品上市后，如果消费者不了解它的名称、用途、购买地点、购买方法，就很难打开销路，特别是在市场竞争激烈、产品更新换代大大加快的情况下，企业通过大规模的广告宣传，能增加消费者对本企业产品的兴趣，这对于企业开拓市场是十分有利的。提高商品的知名度是企业竞争的重要内容之一，而广告则是提高商品知名度不可缺少的武器。精明的企业家总是善于利用广告来提高企业和产品的“名声”，从而抬高“身价”，推动竞争，开拓市场。

（二）激发需求，增加销售

一则好的广告，能起到增加消费者的兴趣，使消费者产生购买该商品的欲望，直至促进消费者的购买行动。曾有这样一个事例：某国烟草公司派一名推销员去海湾旅游区推销该公司的“皇冠牌”香烟，但该地区的香烟市场已被其他公司的品牌所占领，该推销员苦思无计，在偶然间受到“禁止吸烟”牌子的启发，他就别出心裁地制作了多幅大型广告牌，广告牌上写上“禁止吸烟”的大字，并在其下方加上一行字：“‘皇冠牌’也不例外”。结果大大引起了游客的兴趣，游客竞相购买“皇冠牌”香烟，为公司打开了销路。

（三）介绍知识，指导消费

现代化生产门类众多，新产品层出不穷，由于分散销售，人们很难及时买到自己需要的东西。而广告通过产品知识介绍，就能起到指导消费的作用。消费者购买某些产品以后，由于对产品的性能和结构不是十分了解，在使用和保养方面往往会产生问题。通过广告对产品知识的介绍，可以更好地指导消费者做好产品的维修和保养工作，从而延长产品的使用时间。

（四）传递信息，沟通产需

广告的最基本功能就是认识功能。广告能帮助消费者认识和了解商品的商标、性能、用途、价格、使用和保养方法、购买地点和购买方法等各项内容，从而起到传递信息、沟通产销的作用。俗话说，货好还得宣传巧。实践证明，广告在传递经济信息方面是最迅速、最节省、最有效的手段之一。

（五）丰富生活，陶冶情操

好的广告实际上就是一件精美的艺术品，不仅真实、具体地向人们介绍商品，而且让人们通过对作品形象的观摩、欣赏，产生丰富的生活联想，树立新的消费观念，增加精神上美的享受，并在艺术的潜移默化之中产生购买欲望。好的广告还可以帮助消费者树立正确的道德观、人生观，培养人们的精神文明，并且给消费者以科学技术方面的知识，陶冶人们的情操。

三、广告创作的要领

广告活动是一个复杂的动态过程，由市场调查与研究、广告策划、广告创作、广告发布后的调查总结四个环节组成。通过市场调查与研究，可以了解和掌握消费者的需求及影响购买行为的种种因素，为广告的策划打下基础；广告策划是根据广告主的营销策略对广告运作和广告活动的内容和步骤所进行的规划活动，包括广告决策和广告定位等，广告决策是指导广告创作的原则性意见，广告定位要解决广告的诉求对象、诉求方式和诉求角度等问题；广告发布后的调查总结是为了日后能更加有效地进行广告宣传。而广告创作是四个环节的核心，是市场调查的归结和广告决策的具体实施与体现。广告决策一旦确定，广告工作的中心就应放在广告的创意即广告的构思上。

四、商业广告的创意

广告是打破成规的艺术，而非建立定律的科学。广告定位是广告创意的前提，广告创意是广告定位的表现。广告要想成功，一定要有创意，只有这样才能将广告信息有效地传递给目标受众。广告创意，是一个广告人的立身之本和广告人的生命所在。

（一）商业广告的定位

商业广告针对目标市场的受众，可获得产品使用者、购买决策者及潜在消费者的普遍关注。它是以销售为导向，介绍商品的质量、功能、价格、品牌、生产厂家、销售地点以及该商品的独到之处，给人以特殊的利益和服务等有关商品本身的一切信息，追求近期效益和经济效益。商业广告既是一种经济现象，具有功利性；也是一种文化现象，具有思想性。因此，商业广告一方面具有促进销售、指导消费的商业功能；另一方面也应服务于社会，传播适合社会要求、符合人民群众利益的思想、道德、文化观念，即具有社会功能。

（二）商业广告设计与创意的关系

创意是广告设计的核心，它源于人类的生活需求，产生于人的思想，设计师创意的过程，就是在思考和寻找解决人的需要的方法。从创意的源流来看，广告所体现的是人与人之间、人与所生存环境之间的价值的实现问题。它具有特定的对象——居住在某一地区或属于某个民族的特定消费者。为了使广告在目标受众中引起好感，产生共鸣，广告制作者必须了解目标受众的民族文化。在广告创意时，恰当地运用民族文化有助于创作出消费者喜欢并乐意接受的广告。一个国家、一个民族的文化传统、美学观念以及特有的文字、图案、色彩，都能体现出跨文化广告的鲜明个性。

（三）创意在商业广告设计中的表现

影响广告定位的因素有很多，其中民族文化因素是不容忽视的，它的作用是在广告中突出、渲染一种具有个性的、独特的、与受众文化和谐的气氛，它的目的是吸引潜在的消费者，在公众中树立起自己企业的形象。纽约国际银行的广播广告就一反常规，变传统的垂直思考法为水平思考法，打破了旧有的以现存的理论、经验为基础，从某一问题的正面角度垂直深入分析研究的方法，而采用从另一新的角度对纽约国际银行的广播广告进行创意的水平思考法。他们别出心裁地买下了纽约市各广播电台播放广告的最后十秒钟做一反常规的广告诉求。电台播音员在一开始即说："从现在开始，播放由纽约国际银行提供的沉默时间。"然后电台播音沉寂了十秒，未播出任何关于银行的具体信息。这种花广告费买"空白"时间的奇特做法在广大市民中引起了强烈反响，成为大家谈论得最不"沉默"的话题。这一商业广告创意突破了旧有的思维规则：广告不管表现方式如何奇特，总要传播明确的信息。不传播任何明确信息的纽约国际银行的"沉默"广告却正是因为其在这个"传播过多"的媒介广告的海洋中保持"沉默"，才赢得受众的好感，树立了企业关爱、体谅受众的形象，收到了良好的广告效果。

（四）创意在商业广告设计中的重要性

商业广告会对社会文化造成广泛而深远的影响。不管有意无意，很多广告都表达、折射了某种思想观念，体现出某种价值评判和价值追求，人们接受广告的过程就是一个被诉求、被感染、被影响的过程。而广告的传播速度快、传播范围广、重复频次高，每天充斥于广大受众的生活时空，日积月累，潜移默化。可见，广告的确可以影响受众的文化心理，改变受众的思维方式和价值取向。麦斯威尔、雀巢等速溶咖啡在美国上市之初，生产商以自己产品的主要特点——"方便""快捷"为商业广告创意的主要诉求点，但他们发现速溶咖啡就是卖不掉，即便是加大广告投入，还是不见成效。于是他们仔细进行了市场调研，深入了解消费者的消费心理。广告专家发现，速溶咖啡的目标市场——家庭主妇们原来都是煮咖啡豆的。在她们的观念里，给客人们冲速溶咖啡是懒惰的表现。针对受众这样的消费心理，为速溶咖啡进行商业广告创意的专家们对广告诉求重新定位，放弃了原来"方便""快捷"的诉求主题，转而以速溶咖啡的"口味"为广告诉求点，麦斯威尔提出了"滴滴香浓，意犹未尽"的广告语；雀巢公司也不失时机地为自己的产品贴上了"味道好极了"的标签。这样，在消费者心目中，速溶咖啡并不只是"方便""快捷"，没有"好味道”，又有失体面的产品了。在同样“味道好极了”的前提下，主妇们当然选择体面、方便、快捷的速溶咖啡，而不是煮咖啡豆了。东西方在价值观、民族心理和审美情趣等方面千差万别，这是中西方文化差异中最隐蔽的一部分，也是文化交流过程中最易造成冲突的原因。广告创作一定要遵从受众民族的文化特色和价值观念，尽力消除文化差异对广告宣传的负面影响，从中西方文化中找到人们对某一事物认识的契合点，只有定位和创意都顺应文化传统与风情习俗的广告才能打动目标受众，达到广告的真正目的。

五、广告创意主要考虑两方面的问题

（一）内容方面

在广告内容方面，应注意确定商品个性与广告的主题。商品的个性是商品在市场上生存的依据和竞争的力量，广告要突出宣传商品的个性，这样才能为商品塑造一定的形象，争得一定的市场地位。因而，确定商品个性的问题，直接关系到广告作品本身在竞争中是否有竞争力。商品的个性要在市场调查的基础上将商品的原料、加工、性能、构造、外观、效用、档次、价格、在市场上的竞争地位等情况综合考虑，在与同类产品的比较分析中提炼和确定下来。

广告主题，通俗地讲，就是向消费者告知说明的问题。确定主题要考虑广告目标、商品个性和消费心理三个方面，既要集中突出商品个性，又要有鲜明的针对性，从消费者最关心的问题入手来激发消费者的兴趣。

成功的广告都有鲜明、突出的主题。有的突出经济实惠，有的突出安全可靠，有的突出传统风格，有的突出高效低耗，有的突出舒适高雅等。例如两面针牙膏广告的主题，突出该牙膏的药用价值；五粮液酒的广告主题，突出其历史悠久，酒味醇香；美国柯达照相机的广告语为“你只要按一下按钮，其余的事由我负责”，突出其操作简便。它们都使自己的产品在众多产品中脱颖而出。

（二）形式方面

广告的主题是一种理性的观念和认识，主题确定之后，就要运用一定的艺术手段，通过一定的艺术形式把主题表达出来。博览古今中外的广告大千世界，表现形式异常丰富。由于所借助的媒介不同，有的诉诸人的听觉，有的诉诸人的视觉，有的同时诉诸人的听觉和视觉；有的以文为主，有的以图为主，有的图文并茂；有的是动态，有的是静态；还有的把内容与舞蹈、歌曲、快板、对话、诗歌、动画、雕塑、音乐等艺术形式相结合，以增强对消费者的吸引力。尽管表现手法多种多样，但从总体上分，不外两种类型。

1. 理性诉求广告

理性诉求广告又称客观报道式广告，主要运用客观、求实、简明的语言向消费者介绍商品的名称、规格、用途、特点、价格等。这类广告诚实朴素，带有很少主观色彩，无夸饰之词，使人感到真实可信。此类广告适宜于生产资料、机电产品、交通工具、家电产品、建筑材料、医药用品等内在技术性能要求严格的商品使用。

2. 感性诉求广告

感性诉求广告又称为情绪诉求广告。这种广告侧重于表现人和商品的关系，其作用目标是消费者的情感。创作这种广告，往往要调动多种艺术手法，通过渲染背景、设置氛围、创造意境等来暗示、诱导、启发人们的潜在意识，激起人们的购买欲望，此类广告适宜于食物、饮料、服装、玩具、化妆品、饰品等日常生活消费品使用。

当然，这两种类型的表现方式在同一广告中使用并不矛盾，可以互为补充。

六、广告文案

广告的形式十分丰富，但无论哪种形式的广告，都离不开文字，而且文字越少，越能起点睛作用。有资料显示，广告效果的50%～70%来自广告的语言文字部分，因此，广告文案素来被广告创作者所重视。广告文案的结构形式比较灵活，从一般规律看，大致分为标题、正文、广告语、附文四部分。

（一）标题

广告的标题具有揭示广告主题、传达信息内容、引人注意、诱读正文的作用，但最重要的是要引起消费者的“即刻注意”。消费者有了这个“即刻注意”，才可能转为“持续注意”，阅读广告正文的内容，才可能唤起购买欲望。因而能否引起人的“即刻注意”是广告标题成败的标准。

为了达到使消费者“即刻注意”的目的，广告设计者有时采用直接正面冲击的方式迫使消费者注意；有时采取含蓄、委婉、渲染、衬托的方式，靠劝导、暗示来间接吸引消费者注意。

直接冲击式标题一般在语言上多采用名称式和陈述式，例如“云南白药膏”“颈痛灵——颈椎病患者的福音”“神州热水器”“厦门夏季人才招聘会”等。这种标题直接明快，庄重严肃，但易于落入平庸。

间接吸引式标题语言表达方式灵活，常见的有：

（1）设问式。这种方式往往结合产品特点和人们潜在的需求，有针对性地提出问题。靠问答的配合来达到推荐商品的目的。例如“你想快速致富吗？请订阅《××信息报》”“你失眠了吗？多邦胶囊为您解决烦恼”。

（2）祈使式。用请求、希望、劝勉、叮咛、忠告等语气向消费者表达厂家和经营者的意愿，意在催促消费者采取相应的购买行动。例如“欢迎订阅《小说月报》”“别忘了脚下的风采”“要找好工作，请看《华商报》”“怕胖的女孩，跟我来!”这种广告应注意语言的谨慎与诚恳，否则容易导致人们的逆反心理。

（3）新闻式。以新闻报道的形式设题，将最新经济消息告知消费者。这种标题多用于新产品上市、新店开张、企业及经销者采取新举措、参评获奖等。例如“××肉联厂隆重推出啤酒火腿，德国红肠”“2017年闽台图书展销”。

（4）描写式、渲染式。用文学艺术的描写、渲染手法，创造与商品有联系的意境，在意象的陪衬中宣传商品。例如某绢花生产厂的广告“巧手留住春，绢酿满园花”，以百花竞放的满园春色来陪衬绢花之美。这种手法可使人们在了解商品的同时获得美的享受。

在实际生活中，我们所遇到的广告标题并不限于以上几种，还有颂扬式、寓意式、悬念式等。无论采用哪种方式的标题，都以吸引消费者“即刻注意”为目的。广告的标题和新闻的标题一样重要，是全文的“眼睛”，需要下功夫琢磨。好的广告标题，能够作用于消费者的心理，引起消费者的兴趣，进而激发购买动机、促成购买行动。

（二）正文

广告的正文由开头、主体和结尾三部分组成。

（1）开头。

广告开头常见的写法主要有三种：一是与广告标题相呼应，或承接标题继续叙述，或对标题的设问作出回答，或解释标题含义并进一步强调标题。二是概括全文，以精练的语言点明主旨，此种写法由借鉴新闻导语而来。三是简介企业情况。

广告正文的开头，语言一定要概括精练，富于衔接性，能很快过渡到广告的主体部分，而且要与标题、主体部分相互配合。例如陕西西凤酒广告文案的标题为《凤凰展翅，酒香万里》，正文的开头写道："中国老牌名酒之一——西凤酒，始于周秦，盛于唐宋，至今已有二千四百多年的历史。"这个开头紧承标题，点出所推销产品的生产厂家、产品名称，强调了其悠久历史的优势，语言简明扼要，既提纲挈领，又便于过渡到主体对该产品的具体介绍，在赞誉中暗含了酒味醇香是其历史悠久的主要原因。

不是所有的广告都需要开头，尤其是篇幅短小、信息集中的广告，常常直言中心内容。另有一些广告，由于标题已经起到提纲挈领的作用，或主体部分的内容与标题本身衔接紧凑，也不必专门设立一段开头。

(2) 主体。

主体是广告内容的中心，这一部分要对广告标题及开头所提挈、许诺的事项加以说明和证实，是广告主题的具体化。一般多用有力的事实和根据来说明商品的特点、优势及推荐购买的理由。在手法上，要灵活多样，突出个性特色，并与内容有机结合，相得益彰地体现广告的宣传意图。

仍以西凤酒的广告文案为例，正文主体写道：

> 西凤酒醇香典雅，诸味协调，甘润挺爽，尾净悠长，风味独特，在全国第五届评酒会上被列为"凤型"。其不上头，不干喉，回味舒畅，被赞为"三绝"。目前，西凤酒已从传统的65°发展到60°、55°、45°、39°及西凤大曲、雍城、凤灵酒、柳林春五类九种系列产品。西凤酒畅销全国，远销日本、俄罗斯、罗马尼亚、加拿大、美国、西班牙、厄瓜多尔、东南亚诸国，深受中外用户青睐。

主体突出介绍了西凤酒的酒味特色、品种类型和市场销售优势，融进了较多的广告信息。

(3) 结尾。

广告的结尾要干净利落，或公布服务的宗旨，或强调广告的信息焦点，或呼应标题、照应开头。例如，以宣传意大利旅游消费价廉为主题的意大利航空公司广告的结尾："比你梦想到的享受要多，比你所想到的花费要少。"

当然，简短的广告也可不要结尾。

(三) 广告语

广告语又称"广告标语""广告口号"，指在广告中用来概括服务宗旨、强化核心信息的文字，常使用简明扼要的标语口号式语句来表达。广告语一般简明易记，特点突出，体现广告主较长时间的宣传宗旨，所以广告正文的内容尽管多变，而广告语常常是相对稳定的。广告语的反复出现，使广告宣传系列化，具有增强印象、强化特点的作用。广告语的位置比较自由，它可以灵活出现于广告的任何位置，既可与广告标题合一，代作标题；也可放在广告的结尾处；还可出现于广告正文的中间。

广告语的内容多样，常以宣传企业形象、商品优势、服务特点和精神文化多见。如：

海尔电器广告："真诚到永远。"

麦斯威尔咖啡广告："滴滴香浓，意犹未尽。"

好记星学习机广告："学好英语，当然'好记星'。"

农夫山泉矿泉水广告："农夫山泉有点甜。"

人头马XO广告："人头马一开，好事自然来。"

（四）附文

附文又称随文，指在广告结尾之后出现的附属内容，主要标明企业或经营者的名称、地址、购买商品或接受服务的方法、通信联络方式、联系人、银行账号等，以方便销售。

七、广告文案写作应注意的事项

（一）立意新颖，重点突出，简明易记

能否引起消费者注意，是广告是否有效的最朴素、最基本的标准。现在的许多广告之所以使人听而不闻、视而不见，就是因为过于平庸、空泛、陈旧，缺乏重点和特色，语言也冗长无味。当今社会是信息社会，信息数量之多和传递速度之快是前所未有的。据有关资料统计，美国人平均每天受到 1 500 条广告的冲击，而能引起注意的仅有 76 条；中国人平均每天受到 300 条广告的冲击，能引起注意的仅有 7 条，比例很小。信息超载，使人们在接收信息时有所选择。如果一则广告宗旨不集中，特点不鲜明，冗长难记，势必淹没在广告的汪洋大海中，难以达到预期目的。而好的广告，则注意选择优于其他商品的长处作为重点宣传，以不同凡响的立意吸引消费者。例如，在“康师傅”“统一”等众多方便面陷入牛肉、鸡肉、香菇口味的口水大战时，“五谷道场”提出“非油炸，更健康”的理念，使“五谷道场”从一个名不见经传的小品牌一夜之间火爆全国。又如美国“艾略特博士小书架”的书刊广告：“读，每天读十五分钟的伟大文学作品，五年您就大学文科毕业。读，会使您不断进步，不断提高；要读，就读艾略特博士小书架上的书。”这则广告立意新颖，突出了“艾略特博士小书架”善于引导、长于推荐的特点，并把坚持读其推荐的书将会取得的效果亲切而自信地道出。其中“十五分钟—五年—大学文科毕业”几个阶段性进步引人注意。像这样立意新颖、特色突出、简明易记的广告就容易拨动人的购买欲，其效果远比那些看上去振振有词、实则空泛无物的“选料上乘、制作精良”“驰名中外、誉满全球”的“八股”广告好得多。

（二）要实事求是

广告是优质商品的“伯乐”，但广告不允许弄虚作假，搞脱离实情的“牛皮广告”。真实是消费者购买商品的依据，是广告写作的基础，是广告的力量所在。它关系到企业信誉和社会公德。广告宣传一定要实事求是，不得以任何形式欺骗顾客。广告的信息要真实准确，内容要有科学根据，数据应确凿。介绍商品性能和评价商品时，用语要讲究分寸，合乎实际。一些价格昂贵又需要一定使用知识的商品，在介绍商品的性能、长处和使用方法时，应将商品的缺陷、注意事项等也介绍给消费者，这样才能提高消费者对其广告的信任程度。与同类产品进行对比说明时，也实事求是。对比要公正，不恶意攻击，不贬低对比对象，对比的资料要有权威性。如国家有关产品的评比鉴定资料、产品检测部门和科研部门的鉴定意见、国际上的获奖等，让消费者感到你的评价和介绍是真实、可信的。

（三）形式生动活泼，讲究艺术性

广告是说服艺术，形式是否生动活泼，是否具有艺术性，直接关系到广告的实际效果。因此在形式美上，广告设计者应独具匠心，发挥出超凡脱俗的创造力和表现力，使自己的广告脱颖而出。例如《文化与生活》的广告：“如果你不读改版后的《文化与生活》，本刊将失掉一个读者，而你将失掉一个世界。”运用对比的手法，将刊物“失掉一个读者”和读者“失掉一个世界”进行对比，使读者感到不订此刊物将损失惨重。

创作广告文案，还应注意所用的媒介，不同的媒介有不同的特点。电视广告，融多种艺术形式于一体，有声有形，富于动态，设计者应力求在几秒钟之内“既见物又见人”，把人对物的评价、赞赏及使用后的效果等表现出来，还可运用音乐、舞蹈、动画等艺术手段，把广告做得生动新颖、引人入胜。广播广告有声无形，转瞬即逝，因此用语要简洁明了，通俗易懂，还可采用对话、快板、相声、歌唱等形式，增强艺术感染力。报刊广告，不仅要求立意新颖，语言优美，而且应注意图文相符。

广告的形式要在求“新”、求“异”上下功夫，要使人感到生动别致，饶有趣味。例如“蜜蜂”牌保险箱的广告，利用谐音，婉转揭示产品“密封”的性能。鞋油广告“红鸟牌鞋油愿为足下增光”，利用“足下”一词的双关含义，既指鞋，又指人，含蓄而俏皮。法国的印刷广告“除了您省下的钞票外，承印一切”，幽默地表达自己不但业务范围广泛，且价格低廉。日本丰田车的广告，利用中国的俗语加工而成：“车到山前必有路，有路必有丰田车。”简明生动，妙语生辉。

只要善于发掘，充分调动各种艺术表现手段，并注意满足人们的审美需要和审美习惯，就能创作出好的广告文案，获得良好的宣传效果。

（四）注意消费者心理

广告是通过启发、诱导、说服的方式来向消费者推荐商品的。能否准确地把握消费者心理进行宣传，是广告有无成效的重要因素。消费者购买商品的动机十分复杂，存在自尊、求实、求新、求美、求廉、求乐、求荣、求名和求速等各种心理。所以制作广告，一定要掌握各种不同心理，注意站在广告对象的角度去考虑广告的内容。措辞要准确、生动、感人。例如，上海三菱电梯有限公司的广告语：“我们推销电梯产品，增加的不仅是利润，更多的是朋友”。在广告宣传中融进了浓郁的互相信任、互相理解的情感，用户就乐于接受。现在有些广告，溢美之词过多，反倒使人产生逆反心理。然而有人却十分巧妙地利用消费者对溢美广告的这种逆反情绪，写出了“揭短广告”。例如《电子报》的征订广告：“《电子报》的主要缺点：印刷质量较差，文字排校和技术性差错间或出现（今年以来虽有显著改善，但仍未杜绝）；版面有限，无力刊登系统性基础理论教材和系统性科普文章。”这则广告看似“揭短”，实际上透过文字人们会感到，此报重视印刷质量，差错较少，内容也丰富生动。广告设计者以谦恭的口吻介绍情况，却使订数上升20%。

广告要针对消费者心理进行构思。美国一则推销牛奶的广告写道：“只要您连续1 200个月里每天都喝上一杯牛奶，您准能活上100岁。”有意将100年折算成1 200个月，旨在劝告消费者长期饮用他们的牛奶，并将其与消费者讲究营养、追求长寿的心理相联系。广告要准确把握消费者的心理，有针对性地解决消费者最关心的问题。用名牌、豪华商品，能够满足有些人的“身价感”；物美价廉的商品，又可以使购买者获得实惠的快意感。年青女士购买化妆品时往往有“爱美不怕花钱多”的心理，如果对她们宣传价格低廉，就会产生“便宜没好货”的想法。台湾一则压力锅的广告画面是一个微笑着把双手合十的年轻主妇，边上附有图解文字：“给太太一份安全感。”这则广告把人们购买压力锅时最关心的安全问题作为主旨，介绍了这种产品在安全方面的优势，包括特殊的安全阀、防爆装置、投保使用25年等。由于注意了消费者心理，打消了消费者的疑虑，所以取得了良好的效果。在众多学习机竞争激烈、广告满天飞的情势下，“诺亚舟”把主打方向放在攻克消费者心理上，其广告标题是：“放心选择诺亚舟‘新状元’的十大理由”，正文列出：①权威认证；②技术领先；③专业品质；④质量可靠；⑤售后无忧；⑥英语五大同步；⑦九门功课名师教；⑧海量课件下载；⑨精英教育资源；⑩功能强、内存大。某药店的宣传广告写道：“但愿人间人无病，何愁架上药生尘。”语言恳切，充满关心之情，读来颇为药店主人的善意所打动。

例文分析

红牛的广告策划

14 年前，风靡全球的红牛饮料来到中国，在中央电视台春节联欢晚会上首次亮相，一句“红牛来到中国”的广告语，从此中国饮料市场上多了一个叫做“功能饮料”的类别，金色红牛迅速在中国刮起畅销旋风。

红牛功能饮料源于泰国，至今已有 40 年的行销历史，产品销往全球 140 个国家和地区，凭借着强劲的实力和信誉，红牛创造了奇迹。作为一个风靡全球的品牌，红牛在广告宣传上的推广，也极具特色。

红牛饮料广告创意特点分析：

一、独特性

红牛是一种维生素功能型饮料，主要成分为牛磺酸、赖氨酸、B 族维生素和咖啡因(含量相当于一杯袋泡茶)。“汽车要加油，我要喝红牛”，产品在广告宣传中就将功能型饮料的特性即促进人体新陈代谢，吸收与分解糖分，迅速补充大量的能量物质等优势以醒目、直接的方式传达给诉求对象。让大家通过耳熟能详、朗朗上口的广告语，接受“红牛”作为功能型饮料能够提神醒脑、补充体力、抗疲劳的卓越功效。

二、广泛性

红牛的消费群体为需要增强活力及提升表现的人士。特别适合长时间繁忙于工作的商务人士、咨询服务业人士、需要长时间驾驶的专业司机、通宵达旦参加派对的休闲人士、正在进行运动或剧烈运动前的运动爱好者和需要保持学习状态的大中学生。

目标对象较为广泛，供不同职业、不同年龄段人群饮用。

三、树立品牌形象，注重本土化

红牛初来中国时，面对的是一个完全空白的市场。引用营销大师的观点而言，那是一片彻底的“蓝海”。因为在当时的中国市场上，饮料品牌并不多，知名的外来饮料有可口可乐和百事可乐，运动类型饮料有健力宝，几大饮料公司的广告宣传力度都非常强，各自占据大范围的市场。红牛饮料要想从这些品牌的包围中迅速崛起，不是一件容易的事情。

因此，红牛饮料“中国红”的风格非常明显，以本土化的策略扎根中国市场。这正体现了红牛饮料树立品牌形象的意图，了解中国市场消费者的购买心理后，将红牛的自身特点与中国本土文化完美结合。

四、多媒体、大冲击、深记忆

红牛在 1995 年春节联欢晚会之后的广告上首次出现，以一句“红牛来到中国”告知所有中国消费者，随后红牛便持续占据中央电视台的广告位置，从“汽车要加油，我要喝红牛”到“渴了喝红牛，困了累了更要喝红牛”，利用大量黄金时段广告进行宣传轰炸。并配合以平面广告的宣传，在短短的一两年里，汽车司机、经常熬夜的工作人员、青少年、运动爱好者，都成为红牛的忠实消费群体。红牛一举成名，给中国消费者留下很深的记忆。后来出现了大量模仿甚至假冒红牛的饮料，如蓝狮、金牛、红金牛、金红牛等。

五、一句广告词，响彻十余年

一个来自泰国的国际性品牌——红牛，以功能型饮料的身份挟着在当时看来颇为壮观的广告声势向人们迎面扑来。一直以来，“困了累了更要喝红牛”这句带有明确诉求的广告语使得人们对红牛不得不行注目礼。

广告创意中，红牛的宣传策略主要集中在引导消费者选择的层面上，注重对产品功能属性的介绍。

由于当时市场上的功能型饮料只有红牛这一个品牌，所以红牛在宣传品牌的同时要用最简单的广告语来告知消费者功能型饮料的特点——在困了累了的时候，提神醒脑，补充体力。

就这样一句简单、明确的广告语让消费者清晰地记住了红牛的功能，也认可了红牛这个品牌。

第三节　商品说明书

一、商品说明书的概念

在日常生活中，我们购买或接触到新的商品，一般都是通过阅读该商品的附带说明书，获得该商品的有关知识及正确的使用方法，因此商品说明书与我们的生活密切相关。商品说明书又称产品说明书或使用说明书，是对商品的性能、构造、功能、使用、保养等进行说明或介绍，让人们了解其特点，获得商品的有关知识，以便正确地使用和保养商品的书面材料，是一种指导消费的说明文。

二、商品说明书的作用

（一）介绍商品特点，促进商品销售

商品说明书是专门用于生产厂家对其产品的性能、规格、用途、保养和使用方法等知识的说明性文字资料。有时消费者由于对某一商品缺乏全面、深入的了解，购买时就会犹豫不决。说明书让消费者加深了解，扫除疑虑，下定购买的决心，增加销量。在引导消费方面，商品说明书的作用有时胜于广告，因此商品说明书还能起到产品促销的作用。

（二）建立经营者与消费者的沟通渠道

商品说明书是生产厂家、商店和消费者之间互相沟通的桥梁。说明书的正文能与消费者沟通，其附上的厂址（店址）、电话号码、电子邮箱、联系人等，也为彼此间的联络提供了方便。

（三）指导消费者正确使用商品

商品说明书是消费者使用商品的向导。它帮助消费者认识商品的性能、结构、使用方法和维修保养储存方法，告诉消费者应该怎样，不应该怎样。消费者对一件商品有什么疑问，往往首先要在说明书中寻找答案。

（四）保护消费者权益

法律规定生产经营者负有保证产品内在质量的义务，作为确定生产经营者的质量保证义务的根据，商品说明书是生产经营者的明示担保义务事项之一，是商家对消费者的一种承诺。商品说明书向消费者约定该商品应有的质量、性能，就意味着必须保证商品的质量、性能与此约定的内容保持一致，否则消费者有权要求降价、退货、赔偿损失等。比如，羊毛衫标签上标明含绒量100％，即俗称“纯羊毛”，那么就应当承担所约定的质量义务，如果羊毛衫含绒量只有50％，尽管也是羊毛衫，但消费者可以要求降价、退货。而消费者如果未按使用说明书使用商品，便可能是使用不当，因此所造成的损失一般由消费者

自负。

三、商品说明书的特点

商品说明书作为一种独特的应用文体，有五大特点。

（一）知识性

商品说明书的目的是正确指导消费者认识和使用商品，它必须介绍商品有关知识，帮助消费者认识、了解和使用商品，客观上，商品说明书起到普及商品知识的作用。

（二）实用性

商品说明书毕竟不是商品广告，目的是帮助消费者了解商品，掌握商品的使用方法，因此商品说明书要实用，要围绕商品的性能、特点、功用、使用方法、注意事项、维护保养等方面进行介绍说明。

（三）科学性

商品说明书的实用性决定着对产品的介绍要翔实可信，实事求是，客观实际，不能为了推销而弄虚作假、有意夸大商品的功用。商品的功能和各项指标应符合国家质量标准，说明书上附有的技术参数、构造、图纸等，是科学性的要求。

（四）条理性

说明书的实用性很强，内容可能涉及商品的多个方面，因此必须条理清晰、层次分明，使消费者一目了然。

（五）通俗性

商品说明书的阅读者多为不具备专业知识的普通消费者，因此要用通俗浅显的语言，甚至可以结合相关的图画、表格，把商品各方面的情况介绍清楚，尽量不用或少用不易理解的专业术语。

四、商品说明书的分类

商品说明书可根据不同的标准划分成不同的种类。

（一）根据篇幅的长短来划分

（1）完整式。把商品各方面的知识情况全面介绍给消费者。

（2）简约式。只介绍与消费者使用该商品有关的知识或快速入门知识。

（二）根据写法来划分

（1）条款式。把有关事项按一定顺序分条列项地说明。

（2）叙述式。用短文把有关事项综合说明阐述。

（三）根据表达方式来划分

（1）说明式。对商品自身情况进行平实的解说。

（2）文艺式。采用对话、讲故事、连环画以及音像等形式对商品进行说明，较有趣味性。

（四）根据包装角度来划分

（1）包装式。将说明的文字图示直接印在外包装物上，一目了然。

（2）内装式。将说明书单列，印成单页或多页，封在包装内部。

五、商品说明书的表现形式

商品说明书最常见的形式有四种。

（一）手册式说明书

这类说明书以手册形式向用户提供从几页到几十页不等的文字说明材料，有些还带有照片和插图，能详细而全面地提供与商品有关的信息。许多家电产品的说明书（如手机、电视机、洗衣机、冰箱、空调的使用说明书等）通常就是一本手册。

（二）插页式说明书

一些商品的包装盒或包装袋里附带一页纸，纸上印着商品的有关信息，这页纸就是一份插页式说明书。药品说明书常以这种形式附在药盒里，提供有关该药品的成分、药理作用、适应症、剂量及其他注意事项等。

（三）标签式说明书

标签式说明书是指附在产品包装或直接附在产品上的纸张或由其他材料制成的标签。最常见的是成衣上的标签，上面标有衣物名称、面料成分、尺码、颜色和洗涤说明等。

（四）印在包装上的说明书

有些商品的文字说明直接印在其外包装（包装盒、包装罐、包装瓶等）上，例如许多食品和饮料的文字说明就属此类，其中包括产品名称、商标、成分、净重、贮存及保质期等。

六、商品说明书的结构和写法

由于各种商品的特点、功能、用法不同，商品说明书的结构和写法也不尽相同。就结构而言，常见的商品说明书一般包括标题、正文、落款三个部分。

（一）标题

商品说明书常见的标题有三种。

（1）直接以文种作标题，如《产品说明书》《使用说明书》《服用说明》《使用指南》等。

（2）以商品名称作标题，如《三九胃泰》《紫光扫描仪》等。

（3）以商品名称加文种作标题，如《盖中盖口服液产品说明书》《步步高DVD使用说明书》等。

有时可将商品生产的批准部门名称、批准文号、专利证号等写在标题的上方或下方。

（二）正文

正文是商品说明书的核心部分，商品不同，需要说明的内容也不同。有的说明商品的用法，有的说明商品的功能，有的说明其构造，有的说明其成分等，千差万别，各有侧重。例如，食品说明书重在说明其成分、食用方法及保质期限；药物说明书重在说明其构成成分、基本效用及用量；电器说明书重在说明其使用和保养方法等。一般情况下正文包括以下几个方面的内容：

（1）产品的概况（如名称、产地、规格、发展史、制作方法等）；

（2）产品的性能、规格、用途；

（3）安装和使用方法；

（4）保养和维修方法；

（5）附件、备件及其他需要说明的内容。

以上内容可以根据实际需求取舍详略和变动前后顺序。正文的写法多种多样，如说明文式、条文式、对话式、表格式、故事式、解释式等，比较常见的有概述式、短文式、条款式和复合式。

(1) 概述式。概述式一般只有一两段文字，简明扼要地对商品作概括介绍。

(2) 短文式。短文式用简短叙述的方法对商品的性质、性能、特征、用途和使用方法作简要介绍，其优点是内容完整，意思连贯，多用于介绍性的内容说明，常用商品多采用这种方法。

(3) 条款式。条款式是详细介绍商品的写法。它分条列项地将有关商品的规格、构造、主要性能和指标参数、保养方法、保修方式等逐一说明。其优点是内容具体，层次分明，条目清楚。常用的家用电器说明书多采用这种方式。

(4) 复合式。复合式综合使用条款、短文、图表等形式，既有详细的文字说明，又有照片和图示解说，辅之以电路图、构造图、分子式（药物）等，图文并茂地介绍商品。

某些商品使用方法复杂，需要向消费者进行全面详细的说明，其说明书往往印成小册子，包括封面、目录、概述、正文、封底等。例如，某些软件的使用说明书往往像一般图书一样分章分节地指导消费者如何运用该软件。

（三）落款

落款要写明商品的制造厂家和经销单位的名称、地址、联系方式及产品的批号、生产日期、质量级别等。不同的商品说明书，落款的项目有所不同，应根据实际需要落款。

七、商品说明书写作注意事项

（一）内容通俗易懂

商品说明书应起到引领消费的作用，说明书介绍的内容应通俗易懂，不能笼统含混或不具体，不能泛泛而谈，关键、重点问题要解释清楚，具体数据一定要界定清楚、规范，不得有一点马虎。

（二）语言表述要准确

商品说明书要求行文简洁洗练，语言精准，用词要恰当，不能语义含混而影响表达效果，也不能唯恐消费者不明白，赘赘而谈，语句重叠。不能随意扩大商品的适用范围，也不能缩小商品的用途，表述一定要准确无误。

（三）关键内容不得遗漏

商品标明出厂日期或保质期、批准文号、品牌等，不得模糊或者遗漏，影响商品销售。

例文分析

金嗓子喉片说明书

请仔细阅读说明书并按说明使用或在药师指导下购买和使用。

【药品名称】

通用名：金嗓子喉片

汉语拼音：Jinsangzi Houpian

【成分】薄荷脑、金银花、两青果、桉油、石斛、罗汉果、橘红、八角茴香油。辅料为：蔗糖、葡萄糖浆。

【性状】本品为黄棕色至棕褐色的半透明扁圆片；气味异，味甜，有凉喉感。

【功能主治】疏风清热，解毒利咽、芳香辟秽。适用于改善急性咽炎所致的咽喉肿痛，干燥灼热，声音嘶哑。

【规格】每片重2克。

【用法用量】含服，一次一片，一日6次。

【不良反应】尚不明确。

【注意事项】

1. 忌烟酒、辛辣、鱼腥食物。
2. 不宜在服药期间同时服用温补性中药。
3. 孕妇慎用。糖尿病患者、儿童应在医师指导下服用。
4. 脾虚大便溏者慎用。
5. 属风寒感冒咽痛者，症见恶寒发热、无汗、鼻流清涕者慎用。
6. 服药3天无症状者无缓解，应去医院就诊。
7. 对本品过敏者禁用，过敏体质者慎用。
8. 本品性状发生改变时禁止使用。
9. 儿童必须在成人监护下使用。
10. 请将本品放在儿童不能接触的地方。
11. 如正在使用其他药品，使用本品前请咨询医师或药师。

【药物相互作用】如与其他药物同时使用可能会发生药物相互作用，详情请咨询医师或药师。

【贮藏】密封、置干燥处。

【包装】药品包装用铝箔/聚氯乙烯固体药用硬片，6片×2板/盒。

【有效期】36个月

【执行标准】国家食品药品监督管理局药品标准，WS—5973(B—0973)—2012Z

【批准文号】国药准字B20020993

【说明书修订日期】2012年12月27日

【生产企业】

企业名称：广西金嗓子有限责任公司

生产地址：广西柳州市跃进路28号

邮政编码：545001

电话号码：(0772) 2825718

传真号码：(0772) 2821456

网址：www.goldenthroat.com

如有问题可与生产企业联系。

点评：这是一份完整的商品说明书，金嗓子喉片作为具有药物作用的商品，需要严格地对商品自身客观的成分、性状、规格和用法用量等信息作出清晰准确的表述，该说明做到了规范与清晰的写作要求，内容通俗易懂，关键内容没有遗漏，语言表述准确无误。

本章小结

本章主要讲述经济活动分析报告、商业广告和商品说明书等经济信息及调研文书。

经济活动分析是以科学的经济理论和经济政策为指导，以计划指标、会计核算数据、统计资料以及调查研究所掌握的实际情况为依据，对某财经部门、工商企业或某地区的财经活动过程和结果进行深入分析和研究，从而做出正确评价的财经业务。经济活动分析报告具有定量性、说明性、目的性、指导性四个特点。经济活动分析报告的格式与写法，由分析目的和分析内容决定，没有固定的格式。但一般来说，主要包括标题、正文、落款三个部分。

商业广告是指商品经营者或服务提供者承担费用，通过一定的媒介和形式直接或间接介绍所推销的商品或提供的服务的广告。一则具体的广告，要具备广告主、广告信息、广告媒介和广告费用四个基本要素。广告分类标准包括以广告性质为标准来划分，以广告目的为标准来划分，以广告传播范围为标准来划分，以广告所指向的传播对象为标准来划分以及以传播媒介为标准来划分等等。广告文案写作应立意新颖，重点突出，简明易记，坚持实事求是；形式上生动活泼，讲究艺术性。同时要注意关注消费者的心理。

商品说明书又称产品说明书或使用说明书，是对商品的性能、构造、功能、使用、保养等进行说明或介绍，让人们了解其特点，获得商品的有关知识，以便正确地使用和保养商品的书面材料，是一种指导消费的说明文。商品说明书具有如下作用：介绍商品特点，促进商品销售；建立经营者与消费者的沟通渠道；指导消费者正确使用商品；保护消费者权益；等等。商品说明书的写作要求内容通俗易懂，语言表述准确，关键内容不得遗漏；内容客观真实，准确清晰，书写规范等。

关键术语

经济活动分析	商业广告	理性诉求	商品说明书
比较分析法	广告主	设问式	手册式
因素分析法	广告信息	祈使式	插页式
综合分析法	广告媒介	新闻式	标签式
调查分析法	感性诉求	描写式	

习　题

一、选择题

1. 经济活动分析报告具有定量性、说明性、指导性、（　　）四个特点。

A. 目的性　　B. 启发性　　C. 创造性　　D. 总结性

2. 按分析的对象划分，经济活动分析报告有统计分析报告、生产形势分析报告、市场分析报告、成本分析报告、库存结构分析报告、（　　）、资金运用情况分析报告等。

A. 单位分析报告　　B. 财务分析报告

C. 部门分析报告　　D. 厂部分析报告

3. 按分析的范围划分，经济活动分析报告有地区分析报告、单位分析报告、部门分析报告，或厂部分析报告、班组分析报告、（　　）等。

A. 财务分析报告　　B. 成本分析报告

C. 车间分析报告　　D. 市场分析报告

4. 一则具体的广告，要具备广告主、（　　）、广告媒介和广告费用四个基本要素。

A. 广告信息　　B. 广告公司　　C. 广告创意　　D. 广告审核

5. 以广告目的为标准来划分，广告分为产品广告、（　　）、观念广告、公益广告等。

A. 地方广告　　B. 品牌广告　　C. 区域广告　　D. 经销商广告

6. 以广告传播范围为标准来划分，广告分为国际性广告、（　　）、地方性广告和区域性广告等。

A. 消费者广告　　B. 品牌广告　　　C. 全国性广告　　D. 经销商广告

二、判断题

1. 经济活动分析是以科学的经济理论和经济政策为指导，不需要具体会计核算数据、统计资料作为依据。

2. 经济活动分析报告的格式与写法，是由分析目的和分析内容决定的，因此有固定的格式。

3. 商业广告是指商品经营者或服务提供者承担费用，通过一定的媒介和形式直接或间接介绍所推销的商品或提供的服务的广告。

4. 广告文案写作应立意新颖，重点突出，简明易记，坚持实事求是；形式上生动活泼，讲究艺术性，不需要关注消费者的心理。

5. 商品说明书具有介绍商品特点、促进商品销售，建立经营者与消费者的沟通渠道，指导消费者正确使用商品的作用，但并不能保护消费者权益。

三、简答题

1. 经济活动分析报告的特点有哪些?

2. 简述经济活动分析报告应注意哪些问题?

3. 简述商业广告设计与创意的关系。

4. 商业广告的作用有哪些?

5. 简述商品说明书的特点。

部分习题答案

一、答案：1. A；2. B；3. C；4. A；5. B；6. C。

二、答案：1. ×；2. ×；3. √；4. ×；5. ×。

第六篇
国民经济计划决算后（财经项目报竣）运营过程

在财经项目报竣后，企业或项目开始运营，这个时候就产生了许多财经信息，如财经消息、财经通讯、财经评论等，多见于各种媒体和报端；当然，无论企业还是项目运营，都会遇到许多新问题，财经诉讼或仲裁也时有发生。为了尽快解决问题，除了通过财经会议协调解决，诉诸法律也是常见的，因此需要各种法律文书。财经预算计划和项目执行有许多经验教训需要总结，为了更好地交流，探索经济规律，就需要学者和实践者撰写财经学术论文。在这一篇中，将分章节介绍这些应用文的写作技巧和格式。

第十四章

财经信息

本章要点

1. 了解财经信息的重要性；
2. 明确财经消息、财经通讯、财经评论的基本概念；
3. 掌握财经新闻、评论、通讯的写作特点及应用；
4. 熟悉述评的写作格式及应用。

导入案例

“小巷总理”

在广州市黄埔区南岗街南岗社区，有这样一位居委会副主任，她的名字在南岗社区里无人不知无人不晓。居民没有工作的上门找她，子女没钱读书要求减免学费的找她，“五保”老人三更半夜送医院救治的找她，计生清查挨家挨户检查的找她……八年“芝麻官”，身高1米67的她，体重从原来的130多斤瘦成现在的90多斤。她叫徐绮梨。

“三头六臂”

加班对于徐绮梨是家常便饭。在记者采访徐绮梨的一个小时内，办公室的门不断被推开，不同的人进来找她办事：开户口证明、寻找文件、计生政策……记者发现，徐绮梨办公室门口的地砖比其他办公室的地砖颜色深很多，那都是前来办事的居民们踩出来的。

“我有三个手机，每天找我的居民很多，白天、晚上、凌晨都会找。”为什么徐绮梨的工作如此繁忙？因为南岗社区有常住人口9 800多人，外来人口20 000多人，徐绮梨和同事才十来号人，超过1∶2 000的服务比例，要完成民政、计生、残联、妇联、出租屋管理、网格化等多项工作。徐绮梨说，居委会工作者要有“三头六臂”的能耐才行。

“天下第一难”

“别问我什么是追求，既然是一只鸟，当然要展翅翱翔。别问我什么是目标，既然是一粒沙，当然要经得住海水的力量。别问我苦与痛，既然是计生人，当然要呕心沥血，无怨无悔。”

这是黄埔区南岗街计生办卢玉梅参加黄埔区人口计生系统演讲比赛时的一段话，卢玉梅最终获得一等奖，而她演讲内容的主角却是徐绮梨。

有人不理解徐绮梨：丈夫是生意人，有吃有穿，不在家好好享福，吃这份苦干什么？徐绮梨的回答很简单：“群众的信任成为我坚持下去的动力。”

第一节　财经消息

简明扼要、迅速及时地报道发生在财经领域的新闻事实的消息，就是财经消息。

一、财经消息的主要特点

（一）擅用事实说话

各种新闻体裁都需要用事实说话，而消息写作则更强调这一点。消息在新闻体裁中就是承担着传达事实的作用。所谓“擅用事实说话”，是指消息写作最需要力避主观色彩、力避抒情议论，只需把新闻事实告诉受众即可。之所以如此，主要是源于受众的接受心理，即了解“消息”就是为了解事实，而不是为了解其他。在这里，“消息”其实就是新闻事实的同义语。

（二）表述简明概括

新闻传播者希望在第一时间把新闻传播出去，新闻受众也希望在第一时间知晓新闻事实，这就是消息最大的用武之地。消息的传播要讲究一个“快”字，从写作的角度看，“快”无疑来自表述的简明概括。也就是说，消息对新闻事实的表述必须做到简要、概括。这也是消息有别于其他新闻体裁的本质特征。消息不讲究娓娓道来，但必须讲究简明概括，这是传播者和受众对新闻的“急需”使然，也是新闻媒体受到的时空限制使然。

（三）结构方式独特

消息的结构方式是倒叙，而且是格式较为固定的倒叙，这就是俗称的“倒金字塔式”。消息的写作与其他新闻体裁最大的不同之处就在于，必须首先把新闻事件的结果、新闻事实的精要呈现出来，即把最能吸引受众、受众最为关心的内容首先呈现出来，然后再展开叙述。表现在结构上就是：标题就把新闻事实中最重要的内容亮出来，接着在消息的开头部分（导语）再一次重复最重要的内容并加以补充，然后才在消息的主体部分展开对新闻事实的叙述。由于最“重”的内容在最前面，而在叙述中“分量”依次递减，故称之为“倒金字塔式”。

（四）外在标志鲜明

消息的外在鲜明标志，就是有“消息头”。所谓的“消息头”是指在新闻稿件开头处专门标出的，用于标明消息来源等信息的简短文字。如“新华社 9 月 9 日电”“新华社莫斯科9月8日专电”“本报讯”“本报特派记者专讯”“本台消息”等。这样的标志最初来自报纸，因为当时主要是通过电报、电传、电话发稿，故称“电头”。后来，随着广播、电视、互联网的使用，叫法也就随之发生了变化。

二、财经消息的格式与写作

消息是一种规范性很强的新闻文体，具有相对固定的格式，主要由标题、导语、主体、背景、结尾构成。

（一）标题

消息的写作需要采用“倒金字塔式”，这就决定了它的标题具有特别重要的地位，决定了它的标题应该具有较大的容量，并且可以收放自如。表现在格式上，消息标题有单标题式、双标题式与三标题式之分。

消息标题例文：

（1）借问酒吧何处有，幽幽小街三二家（《文汇报》）

（2）雨水来得好吝啬，200余万亩庄稼仍叫“渴”（《长江日报》）

（3）出访三次花了一亿，克林顿真会花钱（《楚天都市报》）

（二）导语

在新闻体裁之中，导语是消息独具的元素，它位于文章的开头部分，是用以推出新闻事实的结果或高潮，提示其中的要点或精华，从而具有导读作用的段落。消息之所以需要导语，当然也是为了满足受众对新闻“尽快知晓”“把握要点”的心理要求。这样，导语就需要具备开门见山、吸引力强的特点，包括：内容要具体，要具有新闻价值，而且要概括凝练、特色鲜明。

常见的导语主要可以分为概述型、描述型、评述型、引述型等几种类型。概述是指概括叙述，即以简约的语句提纲挈领地概括新闻要点；描述是指带有形象色彩的叙述，可以给人以画面感、镜头感，甚至大特写；评述是指带有品评色彩的叙述，虽然侧重点仍在于“叙”，却具有“品”的意味；引述是指通过引用新闻人物或相关人士的原话来突出新闻要点的叙述。导语可以使文章更加精辟，更加耐人寻味。当然，导语的写法绝不限于以上内容，写得既符合规范又富有新意，能够吸引受众，就是好导语。

导语引入例文：

（1）引语式导语。

“我现在不是资本家，你最好把我说成是一个商人”，荣毅仁说，“人们称我为资本家是因为我引进了资本主义的经济管理方式。”

（2）提问式导语。

江南今夏一片酷热，仍挡不住无数都市人涌到水乡古镇寻找一份心灵的清凉。周庄、乌镇、西塘……江南六大古镇，游人如织。江南古镇旅游之热，超乎人们的想象——周庄共接待游客263万人次，乌镇，215万人次，同里，150万人次……

（3）倒金字塔式。

本报讯 “广告上写着买套餐得腕带，没想到腕带却收了2元钱。”本月12日，郑世忠一纸诉状递到重庆市渝中区人民法院，状告四川麦当劳食品有限公司解放碑店广告误导消费者。

（4）描述式导语。

这几天上海街头积雪不化，春寒料峭，最低温度下降到零下7.4摄氏度，上海人感到了有气象记载的80多年来罕见的严寒。10月和11月，这里出现了晴天下雪的现象，晴日高照，雪花在阳光中飞舞，行人纷纷驻足仰视这瑰丽的奇景。

（三）主体

主体是消息的主干部分，它位于导语之后，是对导语中已经显示的新闻要素的展开、丰富、深化、细化。例如，它可以将导语中较为抽象的叙述具体化，可以补充导语中难以提及的情节、细节，可以对导语中提出的问题进行解释和回答，可以为导语中流露出的意味添加“佐料”，等等。

消息主体部分的写作，要求表述到位，脉络清楚，详略得当。就其结构来说，常见方式主要有：按时间顺序组织材料的纵向式、按空间顺序组织材料的横向式、按主次顺序组织材料的倒金字塔式、按典型性程度组织材料的点面结合式，等等。

（四）背景

新闻事实的发生，总有赖以发生的环境，这就是新闻背景。新闻背景是对人物和事件起到作用或部分起到作用的历史的、现实的因素，往往具有潜在性，处于新闻事实之外。因此，如果在一篇消息中不对背景进行必要的介绍和解释，就会使其新闻价值大打折扣乃至丧失殆尽。因此，背景在消息写作中占有非常重要的地位，万万不可小觑。

新闻背景对于消息写作的作用是多方面的。例如，它可以帮助揭示新闻事实的意义，引起社会关注；它可以对新闻事实进行解释、说明，使所传达的信息通俗易懂；它可以为新闻事实注入知识性、趣味性内涵，增强消息的可读性；它可以对新闻事实进行衬托、暗示，以传达难以明言的倾向、情绪等。

在消息写作中运用背景材料，应该视具体情况而定。使用方法无非三种：或集中，或分散，或集中与分散相结合，但是无论怎样，背景材料都要随着对新闻事实的叙述而加以使用，使人们对消息内容的了解、掌握更清楚、完整，背景根据需要穿插得合理、巧妙，就称得上得当。

第二节　财经通讯

一、财经通讯概述

（一）财经通讯的概念

在各种新闻体裁中，通讯也是常用的一种。那些综合运用多种表达方式，深入细致、形象生动地报道发生在财经领域的现象、情况、问题，报道财经人物、财经事件的通讯，就可以叫作财经通讯。财经通讯与财经消息都属于新闻的范畴，两者具有共同性，讲究新闻的真实性，研究追求新闻价值。

（二）财经通讯与财经消息的区别

通过比较可以看出财经通讯具有不同于财经消息的特点。财经通讯主要可分为财经人物通讯、财经事件通讯、财经工作通讯、财经风貌通讯、财经专访等几种类型。从取材、立意、行文三个方面进行比较：

1. 取材

在取材上，财经消息更执着于用理性目光对新闻素材进行过滤和挑选，而一旦完成这种过滤和挑选，就会大量舍弃感性材料，呈现出叙述简括的面貌；财经通讯也使用理性目光，但是过滤和挑选却不以舍弃感性材料为目的，而是大量保留感性材料并把它们写进作品之中。例如，写人物的言谈举止，写事件的情节细节，等等，这些在消息中极难见到的东西，在通讯中却极为常见。

2. 立意

在这一方面，财经消息讲究报道的客观性，同时也有作者的主观感情倾向，但这种主观感情倾向的传达主要是通过选择报道的侧重点来实现的。如同样是报道民营企业贷款难的情况，侧重于“难”的程度与侧重于“难”的破解，所形成的立意就会大不相同。与之相比，财经通讯尽管也遵循新闻报道的真实性原则，但又同时强调主题突出、鲜明，因而根据现实需要去提炼主题，是通讯写作的一项重要的基本功。也就是说，用选择报道侧重点的方法来展示主旨，是消息的特点；用从素材中进行提炼的方法来展现主题，是通讯的特点。

3. 行文

财经消息和财经通讯在行文方面的不同，可以从行文结构、行文手法、行文的表达方式等几个方面看：首先，在行文结构上，一如上文所说，财经消息的结构是有着较为严格的规范的，标题、导语、主体、背景、结尾等部分，应有什么要素就要有什么要素，该怎么表现就怎么表现；而财经通讯却没有这样严格的规定，结果、形式，结构、方法都可以根据内容的需要而定，其自由度远远高于财经消息。

其次，在行文手法上，财经消息主要是使用倒叙，把新闻事实的结果或高潮放在开头部分，提示其中的要点或精华；而在财经通讯中则没有这样的限制，运用顺叙、倒叙、插叙、补叙都可以，任由作者确定。

最后，在行文的表述方式上，由于财经消息写作的着力点在于报道新闻事实，这就决定了它所使用的表达方式主要是描写、抒情、叙述并兼用议论和说明；通讯的许多写法是从文学作品那里借鉴过来的，用意也在于增强新闻作品的文学性、可读性，这也正是使通讯与消息产生区别的重要原因之一。

二、财经通讯的类型及写作

根据报道对象与写作内容的不同，财经通讯主要可分为财经人物通讯、财经事件通讯、财经工作通讯、财经风貌通讯、财经专访等几种类型。

(一) 财经人物通讯

以具有新闻价值的财经人物为报道对象，并通过对其相关生活和事迹的报道，展现其精神性格、生存状态，从而能给人以某种启示的通讯，可称为财经人物通讯。财经人物通讯的报道对象，可以是个人，也可以是群体。

例文分析

围绕黄花梨树，种植养殖双开发

自2008年起，黄晓芳就不断地在广西钦州市钦南区沙埠镇的一片山上栽树。现在，黄晓芳已经在这片三百多亩的山上种下了三万多棵树。这些小树已经长了五年，虽然现在看起来还不起眼，但在黄晓芳眼里，这三万多棵树在十五年后将价值惊人。

黄花梨树上的惊人价值

按照黄晓芳的说法，成活下来的1.5万棵树将来的价值有10亿元。那么，黄晓芳种的是什么树？而这些树会如她所说的那样有那么惊人的价值吗？

在被誉为“红木之都”的广西凭祥市，我们找到了黄晓芳种的树种价值如此之高的原因。凭祥市汇集了各式各样名贵的红木家具，用黄晓芳种的树种做成的家具标价至少上千万元。现在，这种家具不仅数量极少，而且售价最为昂贵，是红木家具里的顶级产品。

月月上涨的家具就是用海南黄花梨做的。而黄晓芳种的树正是海南黄花梨树。虽说黄花梨树贵比黄金，可它的生长周期非常漫长，少则一百年，多则几百年才能成材，这在业界是人尽皆知的事情。由于黄花梨树需要几百年才能成大材，因此当黄晓芳种下黄花梨树的时候，遭到的是铺天盖地的不解和嘲笑。

别人都说黄花梨树不能种，要孙子辈才能受益，但黄晓芳却说，自己种的树二十年就能成材。可就算二十年能成材，现在也见不到效益。可谁都没想到，黄晓芳仅仅种了五年时间，就已经从黄花梨树上赚到了钱。

黄晓芳能折腾，从轮胎店到种树，折腾得很欢乐。

1997 年 10 月，当时 27 岁的黄晓芳和丈夫来到了人生地不熟的钦州，开了一家轮胎店。到 2006 年，黄晓芳已经拥有七家轮胎店，年销售额达到了五千多万元。2006 年 8 月，黄晓芳一边开着轮胎店，一边投资五十万元在钦州承包了八十亩地，做起了盆景。结果，做了一年盆景，黄晓芳以赔了三十多万元而告终。2007 年，黄晓芳又养起了鸭子，结果鸭子死了五千多只。由此，黄晓芳也被称为爱折腾的女人。

既然做盆景和养鸭子都赔了钱，大家觉得，这下黄晓芳该老老实实做轮胎了。可是 2008 年 8 月起，黄晓芳陆续关闭了自己经营了十年的五个轮胎店，只留下了两个轮胎店，然后花了二十多万元又包下一片三百多亩的荒山。黄晓芳当时想，一条腿走路不如两条腿走路，两条腿永远比一条腿安全。既然有精力又有能力，再选择一条与传统行业不一样的路。

2008 年 9 月，黄晓芳和丈夫就这样吃住在了山上。两个月后，大家发现，黄晓芳已经在这片地上栽了四千多棵树，而且是一种谁都不种的树。海南黄花梨树，学名降香黄檀，是一种原产地在海南的热带树种，在我国福建、广东、广西、云南的一些亚热带地区也可种植。可是，野生黄花梨树需要上百年时间才能成材。

黄晓芳为什么偏要做这件自己这辈子可能都看不到收益的事情呢?

2013 年 7 月 12 日，记者跟随黄晓芳来到位于广西凭祥的中国林业科学院热带植物实验中心，这里有一棵 1984 年种下、树龄近三十年的海南黄花梨树。这里的高级工程师郭文福正在用生长锥取这棵黄花梨树的芯材，这也是近三十年来在这棵黄花梨树上第二次取芯材，极为难得。

黄花梨树的芯材是制作红木家具的材料。而这棵 36 厘米粗的黄花梨树，其中的芯材仅有 26 厘米，因此，一棵黄花梨树中能做成红木家具的木材非常有限。此时，一旁的黄晓芳不停地拍照，对这棵树极为眼红。2008 年，就是因为看到了这棵树，黄晓芳拜访了几位林木专家，才知道人工种植黄花梨树不仅已经有了先例，而且生长周期要比野生黄花梨树短。

黄晓芳发现，黄花梨树可以人工种植，并且一株黄花梨苗只有十多元。因此，2008 年 8 月，黄晓芳就种下了四千多株黄花梨苗。黄晓芳说：“一个原因就是价格高，价格非常诱人，很眼红的价格。另外一个原因，人工种植真的非常少，因为它刚刚才实验成功。这两个原因足够让我下定决心去种植黄花梨，种上十几二十年嘛，那很简单。”

虽然从种树那天起，很多人就不停地在嘲笑黄晓芳，但黄晓芳却不断扩大种植面积。2010 年，黄晓芳的黄花梨树达到了三万多棵，还在当地率先成立了黄花梨树种植合作社。

2013 年 7 月 2 日，最大风力达八级的强热带风暴“温比亚”来袭。台风刚小了一点，黄晓芳和丈夫在屋里就坐不住了，他们冒雨跑进了黄花梨树林，把树木绑起来。

每年台风来袭是黄晓芳一家最害怕的时刻。2011 年 10 月，台风启德登陆广西钦州，这场五十年不遇的台风，最大风力达到了十二级。当时的情景至今还让黄晓芳和家人心惊胆战。整夜的台风刮塌了农场的房屋，等黄晓芳夫妇赶到黄花梨树林里时，眼前的景象让他们的心彻底凉了。“98%的树全倒了。我的第一反应是它们会死。假如那片树死了，可能我的黄花梨事业就会结束。”黄晓芳夫妇从头凉到脚。前前后后投入了三百多万元，辛辛苦苦种了三年多，还没等到成材，三万多棵黄花梨树，就倒了两万多棵。

台风虽然过去了，但雨一直没有停。黄晓芳带着几个人，冒着雨把倒下的两万多棵黄花梨树挨个扶了起来。可黄晓芳心有余悸，她拜访了一位林业专家，向专家咨询。专家说，黄花梨有一个特点，它的前期生长比较快，所以根扎得还不是很深。如果倒下来，只要把它扶直，再压紧，最好固定住，用竹竿将树支撑起来，只要在三五天内能够完成这项工作，应该影响不大。听了专家的话，黄晓芳不禁松了口气。本以为树扶起来就应该没事儿了，可让黄晓芳没想到的是，树扶起来一周后，更可怕的事情出现了，很多黄花梨树叶子不仅逐渐变黄，还不停地往下掉。

原来，黄花梨树被扶起来时，已经在水里泡了一周，很多树由于泡水时间过长已经感染了真菌。雨过天晴后，黄晓芳和丈夫赶紧给树喷药。幸运的是，由于抢救及时，黄花梨树保住了，但有半年的时间都没有生长，直到 2012 年春天才恢复生机。

发展产业链，养殖黄花梨鸡

2012 年春，黄晓芳做了一件让大家觉得很奇怪的事，原来害怕掉叶子的黄晓芳，现在却开始经常剪断树枝，撸掉叶子。

而就是这个剪叶子的惊人举动，让黄晓芳从黄花梨树上赚到了钱。那么，她为什么要执意剪掉树叶呢?

黄晓芳正在用剪下来的黄花梨树叶搅拌饲料。搅拌完树叶的饲料装车后，黄晓芳特地挂上了一个收音机，推着饲料车，开着音乐，一路神采飞扬地奔向了黄花梨树林。黄晓芳要去干嘛？搅拌了黄花梨树叶的饲料又有什么作用呢？令人惊奇的场面出现了：听见音乐，一大群鸡蜂拥而至。原来，在黄晓芳的这片黄花梨树林里养着两万多只鸡。

自从种上黄花梨树起，黄晓芳一直在用两个轮胎店的销售资金苦苦支撑这片农场。而 2011 年的那场台风，光救灾的费用就达七万元，这让黄晓芳开始为资金问题忧虑了。

一个偶然机会，黄晓芳发现，自己散养在黄花梨树下，本来留着自己吃的鸡，居然吃光了低矮的黄花梨叶子。而吃了黄花梨叶子的鸡，肉质特别鲜美。既然鸡喜欢吃黄花梨叶子，那么能不能剪掉黄花梨树叶当饲料呢?

2012 年 8 月起，黄晓芳干脆剪掉黄花梨树叶做鸡饲料，在自己的黄花梨树林里养了两万多只鸡。而 2013 年初，黄晓芳在钦州开了一家专卖店，把黄花梨当卖点，销售自己的黄花梨鸡和鸡蛋，售价 20 元一斤的黄花梨鸡蛋刚一上市就很受欢迎。

在黄花梨树林里养鸡，用黄花梨树叶当饲料，这让很多人感到好奇。随着黄花梨鸡在钦州名气的打响，一些饭店也来预定黄晓芳的黄花梨鸡。

黄花梨树叶不仅可以喂鸡，目前黄晓芳还在研制黄花梨茶。一棵黄花梨树能结出三斤黄花梨茶叶，未来这将是一笔比黄花梨鸡更为可观的收入。至今，黄晓芳已经从黄花梨鸡上获得了五十多万元收入。现在，望着自己那成片的黄花梨树林，黄晓芳信心满满。

黄晓芳：心态要很平静，真的不能浮躁。树也给我打气，每天树都会有变化，每天看着它们长大，一片叶一片叶地长，一年一年地长大。我知道，有一天，它们会给我一个圆满的答复，给我的是我意想不到的收获。

点评：《围绕黄花梨树，种植养殖双开发》这篇通讯，写了一个有血有肉能折腾的女人黄晓芳。人物通讯中穿插着她的事迹，广西女人能干而且有头脑，生意经念得好。遇到台风，她不退缩，种黄花梨树，信心满满，收益满满。无论写作笔法，还是选择角度，都值得称道和借鉴。

（二）财经事件通讯

所谓财经事件通讯，是指详细报道发生在财经生活、财经工作中的新闻事件的通讯。这种通讯可以通过对财经新闻事件发生、发展过程相对完整的记述，反映值得关注的经济现象，表现时代精神。财经事件通讯的几个注意事项：

（1）事件通讯是以事件为中心的通讯，可大可小。《为了六十一个阶级兄弟》写的就是引起全国人民关注的重大事件，它是比较长的事件通讯，超过万字。短的通讯比消息还短，可写正面事件，也可写反面事件。

（2）财经事件通讯应注意的要点。一是写作前要迅速详尽地了解并熟悉事件情况，如赶赴现场收集第一手材料，采访当事人和目击者等，做到完整地掌握新闻事件的各种要素，包括时间、地点、人物、事件的起因和结果等，为写作奠定坚实的基础；二是写作中应注意清晰地展现事件的来龙去脉，突出主要情节和关键场景，尤其是要善于捕捉带有戏剧性的因素，写好矛盾冲突；三是写事不忘写人，做到既要见事更要见人，以使描述富有内涵；四是对新闻事件进行深入的思考研究，进而从中提炼最有新闻价值的主题，以起到启发心智的社会作用。

例文分析

苏州千万元放进“菜篮子”

“菜篮子”工程建设又有新进展。今年我市将投入320万元，重点扶持建设一批链接基地、辐射市场、调控有效的农产品产地配送中心和专业化市场营销配送中心。目前，市农委“菜篮子”办公室正在对16家申报企业进行审批，最后将选择8家企业列入扶持对象。同时，我市还将采用“以奖代补”的方式扶持相关企业，扩大生产能力建设。据了解，预计今年用于“菜篮子”建设的专项资金总额达1 000万元。

目前，我市“菜篮子”产品还存在着产量不足、结构不合理、地区发展不平衡等问题，尤其是蔬菜、生猪等“菜篮子”主产品的自给率还不高。目前，全市34个基地被确定为“菜篮子”产品直供基地，对接苏州城区市场，这些基地总面积11.44万亩，蔬菜年产能16万吨，年出栏生猪4.25万头、肉禽168万羽。在苏州城区范围内，共有40多个“菜篮子”直供门店、社区直供店和农贸市场直供店。

记者在市农委“菜篮子”办公室了解到，今年我市将扶持“菜篮子”基地新建、改扩建面积500平方米以上，年配送能力5 000吨以上的产地配送中心3～4个；扶持具有连锁经营能力的农产品营销企业建设规模500平方米以上，年配送能力10 000吨以上的专业化配送中心3～4个。同时，优先扶持市区规划万亩、千亩蔬菜基地、市级“菜篮子”直供基地、直供网点建设配送中心。

市农委相关负责人说，根据规划，到2017年，本市将建成5 000亩以上的蔬菜基地16个，总面积12.88万亩，其中，市区范围内有5个，总面积3.77万亩。

（三）财经工作通讯

财经工作通讯，是指报道财经工作的成功经验或存在的问题，以引起人们的重视或警觉，从而帮助推动财经工作发展进步的通讯。这种通讯尤其关注工作中出现的新情况、新矛盾、新经验等，便于同党和政府的中心工作紧密结合，所以历来都为社会重视，占有重要的地位。

采写工作通讯的目的是宣传先进经验、揭示存在问题、推动工作发展等，这与其他内容的通讯有所不同，所以，应该格外注意把握好以下几个关键问题：一是选题要从社会生活实际出发，要有鲜明的现实针对性；二是取材要具有典型性，具有指导意义；三是在生动细致地报道新闻事实的同时，必须注意理性思考，并把两者很好地结合起来、展现出来，做到对受众既有吸引力又有启发性。

（四）财经风貌通讯

风貌通讯，也称“概貌通讯”“旅行通讯”，往往是以旅行者的视角讲述某个地域、某个行业、某个单位等的发展变化以及相关的风土人情。在媒体上常见的“巡礼”“纪行”“见闻”等，大都属于这种类型的通讯。风貌通讯用于财经生活领域，即可称作财经风貌通讯。风貌通讯与人物通讯、事件通讯还被称为一是写地，一是写人，一是写事。尽管这种概括不甚准确，倒是也说出了风貌通讯的某种基本特征。特征就是优势，风貌通讯的写作，当然也要把握这种特征，突出这种优势。首先，要运用好“旅行者”的视角，凸显报道的新鲜感、新颖性；其次，要善于捕捉社会经济生活中的新风貌、新气象，从而展示其发展变化；最后，风貌通讯是散文化色彩最为浓重的一种通讯样式，因此要发挥好这种特长，把文章写得鲜活灵动、优美隽永。由于风貌通讯是一种“旅行通讯”，这就决定它主要依赖感受来写，采用轮廓式的概括描述，所以，写作这种通讯难度较大，对于作者的要求相对较高。

（五）财经专访

专访，是新闻记者就公众关心的某种社会现象、社会问题、社会人物、社会事件等，对相关人员进行专题访问，然后根据谈话实录，穿插一些现场实况和背景材料而写成的访问记。由于专访也具有描述细腻的特点，所以许多人也把它归入通讯这一体裁之中。专访用于表现财经内容的情况也很普遍，不妨就称之为财经专访。换言之，财经专访是专指关于财经内容的访问记。财经专访的内容还可细分，主要包括关于财经人物的专访、关于财经事件的专访和关于财经问题的专访三种。

财经专访写作应注意的关键点：一是做好专访的准备工作，包括选好专题、根据专题确定受访者、对背景材料和受访者有所了解、选择好访问时机等，而如果是要写以财经人物为内容的专访（受访者就是写作内容），就更要在事先对受访者有较为深入的了解和研究；二是要做好访问记录，并根据访问内容确定好行文的基本体式，例如是采用问答体还是陈述体或者实录体等；三是在行文中要始终不忘文体的实录性，运用好记者的视角（记者直接出场是专访的特点之一），并采用相应的写作手段突出现场感。

三、财经通讯的特色

（一）生动性

通讯尤其是人物通讯具有一定的文学色彩。通讯较多借助文学手段，如描写、抒情、对话，可用比喻、象征、拟人等修辞，语言和表达方法上都具有一定的文学性，在报道真实的人和事的过程中，善于再现情景，平添许多生动和形象，给人以立体感和现场感。通讯一般以第三人称叙述为主，但在见闻、采访这一类通讯中，也采用第一人称。不过其中的“我”主要起见证人或采访线索的作用。在效果上，第一人称的使用也增加了一些亲切感。

（二）完整性

通讯须相对完整、具体地报道人物或事件的过程。通讯可写人物也可写事件，其材料丰富、全面，其容量厚实、充足。它要求详尽、具体地报告事件的经过、演绎人物的命运，充分展开情节，甚至描写细节和场面。这些既是生动性的表现，同时也是内容完整性、具体化的要求。

（三）评论性通讯可运用夹叙夹议的方法对人或事作出直接的评论

通讯在报道人物或事件的同时，表露记者的感情倾向。通讯的评论不同于议论性文体的论证，它必须时时紧扣人物或事件，依傍事实作适时的、恰到好处的评价。因此通过描写、叙述、抒情等表达手段进行议论，它的特点是以情感人，理在情中。

第三节　财经评论

一、财经评论概述

（一）财经评论的概念

财经评论是对当前财经领域、财经活动、财经工作中出现的问题或现象，以及人们广为关注的财经方面的事件，有针对性地发表意见、看法的一种议论性较强的应用文体。财经评论是与时俱进的评论，是内容新闻的叙述与评论。财经评论虽然有“述”有“评”，但其重心在“评”而不在“述”。所以，就其性质而言，财经评论属于新闻评论的范畴。

（二）财经评论的特点

第一，财经评论具有新闻性，是与时俱进的财经新闻述评；它的所述所评都需要具有比较震撼的新闻价值，是纳入社会公众当前普遍关心视角的现实财经问题。针对有新闻价值的财经事件，进行解释、评判，揭开其真实面纱。

第二，财经评论具有理论性，是基于现实社会财经问题研究探讨、辨明是非的理论认识与实践活动，它需要站在国家与政府的立场上，站在一定理论高度上，把握一定财经标准与尺度，推动与促进党和国家路线方针政策的执行。评论者能够提出让社会认同的高深见解，或者具有推动社会进步、经济发展的理论及新观点，要有高度、论中要害、有广泛的深度。

第三，财经评论具有通俗性。面向广大的社会公众，告诉人们现在的财经状况，指出新近发生的问题，总结经验教训，提出解决问题的有效办法。每一句评论，都掷地有声，引起社会关注与共鸣。财经述评吸引众多有识之士参与评论，读者都能弄懂弄通评论语言所表述的问题，以及所评论问题的症结所在。

（三）财经评论的种类

目前，国内财经评论的分类有很多，这些评论都在所应用的领域和行业中发挥着巨大的引领作用，比较常见的分类有这样几种：

（1）按评论的角度分为立论性评论、解释（解读）性评论、驳论性评论、特约性评论等。

（2）按媒体的评论形式分为报刊社论（编辑按语评论）、广播电视媒体专业评论员评论、报刊专栏漫谈、杂谈等。

（3）按评论的长短分为财经短评、财经时评、财经述评、财经热评等。

财经评论源于新闻评论，是整个社会发展的一个重要组成部分。财经评论要求评论员具有较强的财经理论知识储备和广泛的实战经验，还要具有洞察宏观经济变化的火眼金睛，以及解决微观经济瓶颈问题的利器和办法，如此所参与评论的财经问题，才能让公众津津乐道，弄懂弄通所评论的财经问题的经济价值，才有经典意义。

例文分析

洋品牌的傲慢与偏见

直到几年前，外资企业及其产品在某种程度上都还是信誉与高品质的代名词。但眼下，一连串的外资企业因为产品质量问题，频频遭遇信任危机。

由于产品中含有致癌物质“苏丹红一号”，亨氏美味源公司的两款调味品被清查，亨氏公司对全国范围内的问题产品实施召回。近日肯德基也停止销售“香辣鸡腿堡”等数种产品，并向消费者致歉。另外两家全球知名的食品公司——卡夫食品有限公司和金宝汤公司遭受指责，它们生产的乐之三明治饼干和金宝金黄玉米汤，被检出含有转基因成分，但其外包装中并未注明。

多年来，中国市场对外资企业一直“宠爱有加”———国家给予税收优惠（比内资企业的有效税率低10～12个百分点），消费者信任其产品质量和优良服务。一方面是外资企业繁荣了中国的经济市场，另一方面，它们也逐步利用自己的强势地位，对国内市场施加影响。

今年初，就中国统一内外资企业所得税问题，50多家在华跨国公司就曾联名上书，要求延长税收政策优惠期。而随着自身地位的日益增强，在面对中国市场和中国消费者时，外资企业也有意无意地制造着“傲慢与偏见”。

即便有确切证据证明产品有缺陷，在随后的处理方式上，也往往是内外有别。亨氏公司在召回其含有“苏丹红一号”的问题产品时，烦琐的手续及严格的条件与国际通行的召回方式大相径庭。而肯德基在停止销售问题食品的同时，却坚持不收回相关产品的广告。因误食“苏丹红一号”而受害的消费者想要获得赔偿，几乎不可能。

如果说企业自身的强大是“洋品牌”“傲慢与偏见”的支撑力，那么国内市场规则与法律的缺失，则在某种程度上助长着这种“恶习”。比如召回制度，尽管作为一种国际通行的制度，召回制度在世界上很多国家中已经被写入法律。

在中国市场，外资企业必然依据中国的法律规章行事。如果本国的法律都让消费者处于弱势地位，使其维权困难重重，也就难怪别人会对你“另眼相看”。

点评：《洋品牌的傲慢与偏见》是一篇非常有见地的财经评论。短小的篇幅精辟地议论崇洋问题、剖析人为地制造了“傲慢与偏见”。“洋品牌”的支撑力，究其原因是国内市场规则与法律的缺失，这在某种程度上助长了这种“恶习”，使消费者被“另眼相看”。短评虽短但笔法老到，达到写此文的目的。

二、财经评论的写作格式及注意事项

（一）财经评论的写作格式

1. 标题

财经评论的标题要有“神”，这个“神”就是神采飞扬，即简洁生动，有针对性。好的标题等于财经评论写好了一半。要想出彩，就需要生动的标题，生动的标题显示出精气神，生动的标题打动人心，吸引人们的眼球。重点要放在鲜活上，赞成什么，反对什么旗帜鲜明；形象上，拿捏准确，诙谐风趣，刻画得入木三分；生动上，字斟句酌，有穿透力和感染力，忌平淡。如新华社记者李光茹的《不再只以GDP论英雄》，单就题目就很吸引人。过去考核地方官员，一直以GDP增长为主，现在不仅要考核GDP，而且要考核生态环保、就业等。再如《西方经济生病了，美国的创新优势为何正在丧失》一文，让人有一睹为快的冲动。

2. 导语

导语应对标题，承上启下，主要是为了引出要评论的财经事件和财经问题。导语开门见山，切忌大话、空话、套话，言简意赅，引入正题，恰到好处。如时政热点评论《市民睡“水床”折射城市防涝短板》，编辑就写了这样一段导语：

> 老赵夫妻俩，在杭州东新路的华驰汽车修理市场里经营一家汽修店面。7日夜里，老赵看着店门外陆陆续续下个不停的雨水开始担忧，8日一大早，他醒来时转头一看，果然，自己已经睡在了“水床”上，店里早已经汪洋一片。不少商户都和老赵一样，被这场降雨给淹了个措手不及。(6月9日《钱江晚报》)

导语就是以精练的语言，将问题或事件引出来的评论。

3. 正文

导语之后是正文，正文就要抓住主要矛盾，一事一议。其中立论准确、论据充分，引经据典，论证过程严谨，无懈可击。在议论中论理，在论理中议论，用事实说话，用数据说话，通过现象看本质，用恰如其分的理论作支撑。动之以情，晓之以理，梳理人们关注的热点、难点、焦点问题或事件。

例文分析

农村税制改革能否挣脱“黄宗羲定律”

2000年，中共中央、国务院下发《关于进行农村税费改革试点工作的通知》，决定率先在安徽省进行试点。4年多来，安徽的农村税费改革进展如何？能否摆脱以往税制改革“改革——加重农民负担——再改革——再加重农民负担”的怪圈？

不能触碰“高压线”

在安徽，与“农民负担”同时出现的频率最高的词汇是“高压线”。安徽省农村税费改革办公室以此告诫基层干部，“以任何方式加重农民负担，都如触碰‘高压线’，必遭惩罚”。

近5年来，安徽共取消面向农民的行政、事业性收费、集资、政府性基金和达标项目近百个。2003年1月1日开始实施的《安徽省村内兴办集体公益事业筹资筹劳条例》，是全国农村税费改革中第一部地方法规，意味着今后在“一事一议”中一旦出现乱集资、乱开口子，将是违法行为。

安徽已基本确立由农业税和村内兴办公益事业“一事一议”筹资筹劳为主要内容的新税费制度，农民负担持续下降。今年元旦起，在取消农业税附加1.4个百分点的基础上，降低农业税税率2.2个百分点，农业税的总体负担从8.4%降低到4.8%，减轻农民负担15亿元。人均负担由改革前的109.4元减至38.5元。经济状况较好的马鞍山、铜陵、芜湖、池州等4个市的部分县、区和乡镇，提前实现全面免征农业税。

配套改革防反弹

然而，反弹压力还是很大。支出不减少，减负造成的乡村财政收支缺口只能由原来的“软缺口”变成乡村的“硬伤”。这也就是“黄宗羲定律”起作用的深层次原因。

以前的“窟窿”怎么还？今后的“缺口”谁来补？如何兼顾农民和农村基层组织的利益和要求，瓦解乱收费的源头？安徽尝试从解决“三乱”现象产生的制度困境入手，超越税费改革本身，进行包括县乡财政体制、农村义务教育投入机制及农村政治体制在内的全方位的深刻变革。

安徽制定出台《关于进一步完善乡镇财政体制的若干意见》，提出财权与事权相结合，统筹兼顾、财力适当向乡镇财政倾斜，区别对待、分类指导三大原则。全面实行“乡财县管”和“省直管县”财政体制改革，13个市38个县开展了乡镇区划调整和村级规模调整。全省村级数量由3.3143万个减少为2.8513万个，减幅达13.97%。

减法过后的加法运作

安徽试点的经验在于阶段性目标的实现：崭新的农村税费制度框架基本确立，农村各级组织、部门之间的关系进一步改善，农村基层民主政治建设加快。作为农业大省，单纯的“减法”作用有限，要巩固改革成果，让农民得到更多实惠，在把农民负担减下去的同时，要让农民收入升上来。“加法”运作显得更困难，政府不但要面对自身内部调整，还得直面市场经济大环境的挑战。

“改革的目的无非两个，一个是公平，一个是效率。”何开荫说，“税费改革作为一次利益大调整，不仅将成为今后一系列农村改革的突破口，也将为这些改革的顺利进行扫清道路，避免改革成果被其他力量蚕食。从这个意义上说，现在评估农村税费改革还为时尚早。”

（《华东新闻》，2004年12月7日第一版）

4. 结尾

评论的结尾照应开头，结论引发重要思考，发人深省。结尾的写法多种多样，或提出如何解决问题的办法与对策，或一咏三叹，再次强调观点或论点的重要，呼吁、号召，或提出希望，或提出要求，即使暂时不能马上解决，至少也要提上议事日程，在不远的未来加以解决。有的评论不需要结尾，但依然有声有色，依然达到评论的预期效果。

（二）财经评论写作的注意事项

1. 把握好现象与本质的关系

经济活动本来就纷繁复杂，所以处在我们这样一个建立和完善社会主义市场经济的变革时期，经济现象的复杂和多变更是层出不穷。这就需要我们于纷繁中理清头绪，透过表面现象看到事物的本质。

2. 要把握好局部与总体的关系

在经济活动中，并非1+1就一定等于2，经济学研究也证明了这一点。有时候我们会假定对局部来说是正确的东西，对总体来说也正确。然而在经济学中，我们经常发现总体并不等于局部之和。如果你认为对局部来说成立的东西，对总体也必然成立，那就犯了“合成谬误”。如果某一农场主获得丰收，他的收入会增加；但如果所有农场主的收成都打破纪录，他们的农场收入将会下降。这是获得过诺贝尔经济学奖的美国经济学家保罗·萨缪尔森在《经济学》（第十六版）中讲的一个著名的例子。道理很简单，猪多肉贱。

3. 把握好敏感与冷静的关系

搞评论没有时代敏感性不行，但光有时代敏感性也不行，尤其是写经济评论，不能见风就是雨。有些事情一下子看不准可以先放一放，但不能因此而不去关注。

4. 把握好知识面与知识点的关系

写经济评论需要专业知识，比如，宏观经济知识、工业经济知识、农业经济知识、商贸经济知识、新经济知识等，不掌握专业知识，就会说外行话，甚至写不好文章。要想搞好经济报道、写好经济评论，需要有关的经济知识。但是，经济的范围太广，不可能方方面面的知识都掌握。怎么办？这就要把握好知识面与知识点的关系。简单说，就是平时掌握的知识面要尽可能广；在具体写某项内容时，知识点要尽可能深。

5. 材料的占有与选择的关系

写经济评论需要占有大量的材料，因为你的思考、你的观点、你的发现都来自大量的材料。占有材料好比挖掘和收集含金的矿砂，如果没有这些含金的矿砂，你就不可能提炼出黄金来。占有大量材料对于经济评论的写作来说，就是在挖掘和收集含金的矿砂。但是，并非你占有的所有材料都能用到你所写的经济评论之中，还有一个筛选过程，这就是材料的选择。就是说，论点和论据之间一定要有极强的内在逻辑联系。论点一定来自这些论据，只有这些论据才可能产生这个论点。这样的经济评论才能使人信服，才能产生较强的影响力。

6. 要把握好深入与浅出的关系

新闻媒体的经济评论与专业杂志的经济论文不同，因为它面对的是广大的群众。它既不能太深奥，使广大读者看不懂；又不能太浅显，使经济界读者觉得读了没有意思。如何使专业化与通俗化相结合、指导性与可读性相结合、理论的光辉与实践的魅力相结合，是经济评论写作中始终要注意的问题。经济评论所讲的道理（表达的观点）要有相当的深度，总要说一些别人没有想到、没有说过的话；而用来表述这些道理（观点）的文字要尽可能直白，尽可能让最广大的读者看得懂。只有这样，经济评论的影响面才有可能更广、影响力才有可能更大。

三、财经评论的写作

财经评论的种类很多，但多数不游离财经事实、财经事件、财经政策以及财经趋势的评价与议论。财经评论有长有短，有报纸刊物上的短小评论，也有长篇大论。集体评论一件事的情状也屡见不鲜。很多公众也都喜欢看，通过辩论的形式，不仅可获得专业知识，而且可做认识和价值观上的判断。在本部分主要介绍财经短评、财经时评和财经述评等的写作特色。

（一）财经短评

1. 财经短评的概念

财经短评，顾名思义，就是篇幅短小精悍，切中要害说明问题，立论充分，论证过程严谨的财经评论。主要用于新的财经政策出炉，特约经济评论员三言两语对相关政策进行解说性的评论、提示性的评论、引领性的解释或评判式的解读，以达到预期效果。其基本特征：一是一事一议，立意精准；二是旗帜鲜明，观点独到；三是脉络清晰，语言精练；四是引经据典，风格诙谐，恰到好处。

2. 财经短评的特色

（1）财经短评，短得精巧，立论有价值。虽说构架不够完整，但日常经济生活中随处可见，而且为广大公众喜闻乐见。一是应对财经政策、财经事件、财经问题等具有普遍性意义或方向性的问题，用敏锐的洞察力、深刻的思考来提醒公众关注；二是带有倾向性导向，预估财经形势未来的走势，对具有财经价值的议题展开必要的议论，引发公众关心；

三是针对当前财经的热点、难点、焦点问题，进行具有借鉴意义的财经短评和解读，引起共鸣，使是非越辩越明。

(2) 针对财经新闻中最有探讨意味的部分进行发人深省的议论。最大的价值是有社会意义和社会进步的驱动力，无论是政府财经职能部门的思考，还是企业经营决策者的思考，往往具有前瞻性，给社会发展带来新思路。话题具有民众关注的核心价值，需要有分析论点，更需要给定一个正确的结论。

例文分析

以诚信擦亮中国外贸“金字招牌”

2016年11月1日新华社北京

在外部需求放缓、内部竞争优势弱化等因素共同影响下，近期中国经济“三驾马车”之一外贸面临严峻挑战。今年前三季度，进出口总值同比下降1.9%。逆境之下，中国外贸尤需苦练“内功”，以诚信擦亮“金字招牌”。

人无信不立，业无信不兴，国无信不强。进出口企业身处外贸第一线，对于良好的进出口贸易秩序有着切身感受。如果放任偷报漏报、造假欺诈的不良企业“横行无阻”，不仅将极大伤害诚信守法企业的积极性，恶化进出口管理秩序，更可能产生“劣币驱逐良币”的消极效应，对于外贸行业的健康发展有百害而无一利。

同时，货物贸易是中国企业与世界接触的一扇窗口，在某种程度上代表着中国企业的形象。一些投机取巧的外贸企业扰乱贸易秩序的行为，不仅影响自身声誉，更是对中国企业、中国形象的重大伤害。

40部门联手对海关高级认证企业实施联合激励，其核心意义就在于按照“褒扬诚信、惩戒失信”的原则，以差别化监管降低高信用企业贸易成本，为诚信企业提供更多制度便利，形成越诚信、越便利的良性循环，激励更多市场主体加入高信用企业群体行列。

可以想见，一个守信企业“关通天下”、失信企业“处处受限”的进出口管理格局，必将为我国外贸回稳向好提供强大动能，为中国经济转型升级作出更大贡献。

(二) 财经时评

1. 财经时评的概念

针对财经新闻报道的内容加以必要的评论，借以强调文章或内容的重要性，以“社论”“评论员”或“编者按”发表简短评论，称作财经时评。

2. 财经时评的特点

财经时评具有时间性、新闻性、评论性和通俗性四个特点。

(1) 财经时评的时间性。财经时评几乎是在第一时间，针对财经报道的最新内容进行评论。这个第一时间评论往往是反应最快、最及时，而且是最出彩的评论。能够给公众带来最好的视觉和听觉感受，印象深刻。

(2) 财经时评的新闻性。财经时评是针对财经新闻展开评论，若脱离财经新闻事实，就是无的放矢，无稽之谈。

(3) 财经时评的评论性。财经时评需要用理性思维展开视角，要合理地安排论点、论据、论证三要素，事实确凿，论证充分，结构严谨，从理论高度启发认识财经问题，同时要结合实际进行分析。

(4) 财经时评的通俗性。财经时评被广大公众所接受，除了评论的财经事实出彩，另外就是通俗易懂，文种多用成语、俗语、歇后语等，或者一些名人的经典名句，或时尚话语，以引发普通公众的共鸣。财经时评也经常对比较深奥的专业术语进行浅显化解读，让公众易于接受。

例文分析

把杠杆的老虎彻底关进笼子
股票市场去杠杆化又迈出实质性一步

12日晚，证监会发布《关于清理整顿违法从事证券业务活动的意见》，要求整顿机构或个人借助信息系统为客户开立虚拟证券账户、借用他人证券账户、代理买卖证券等行为。

股市尤其是中小盘股票大涨之际，证监会此举明显是为了严防场外配资死灰复燃，再度陷入疯狂的杠杆牛。

6月30日，证券业协会对外公布数据，现在股市中恒生电子HOMS、上海铭创和同花顺三大系统接入的客户资产规模合计5 000亿元。HOMS系统近两周强制平仓金额150亿元。

根据财联社的报道，7月13日上午，证券监管当局突访恒生电子杭州办公大厦，约谈多位高管，负责恒生HOMS系统的相关高管是本次重点约谈对象。证券监管当局此行和规范配资相关。而恒生电子早间则公告称，HOMS只是一个为私募基金开发的技术工具，从6月15日到7月10日，沪深两市单边交易总量约为288 649亿元，而同一时期HOMS总平仓金额仅为301亿元，占两市单边总交易比为0.104%。HOMS被称作引发股市震荡主力的说法是不客观的，也是非理性的。

A股当前需要的不一定是马上揪出黑手，而是进行准确而及时的反思并堵上漏洞。当一切蒙上烟雾时，要拨开烟雾寻找到真相。

关于期指没有助涨助跌功能的说法是不客观的。股指期货市场的异动早有征兆：6月16日，IF1507成交放大至23.6万手，成交362亿元。6月17日，成交增至39万手，成交额暴增至5 933亿元，相比5月15日巨幅增加150%。6月18日，IF1507的成交再次巨幅增长，总成交增加至107万手，成交金额1.6万亿元。

6月19日拖动A股实盘下挫近7%那一天，IF1507下跌7.6%，总成交192万手，成交金额为2.78万亿元。而这一天，A股实盘中的沪指跌幅为6.42%，成交金额仅为区区6 854.6亿元。从此日开始直至7月3日，IF1507的日交易金额一直在2.5万亿元至3.2万亿元之间波动。

这样的市场异动绝不是套保套利交易可以解释的，最有可能的解释是投机盘披着套保的外衣进入市场，或者高频交易的数量与次数超过了绝大多数人的理解范围。

《21世纪经济报道》7月9日发布《救市新政"驱逐"投资者》的文章，指出从多个不同信源获知，7月2日当天确有多个机构接到中金所电话窗口指导，要求"不要做空，对于300手以上空单持仓者，亦要求尽快平仓，两项口头通知期限是周五（7月3日）前"。

中金所的信息控制系统是有效的，才会发出这样的信息。此后期指空头没有掀起大浪。而场外配资系统到底如何进入股市？在市场疯狂之时，笔者路过的街边报亭也举出一个小牌子，问需要资金吗？需要获得高额利润吗？民间资金通过各种渠道进入有较高收益的市场，处于野蛮生长无人管控的状态。HOMS 系统是一个技术手段，就像一把刀，可以切菜也可以杀人。

一账多户、伞形信托、场外配资蜂拥而起形成合力，对市场的疯狂“功不可没”，不找到杠杆源头，不掌握技术使用技巧，建立健康市场是无从谈起的。

钱龙官方如此评论伞形信托商业模式：“一个交易权限的开通仅仅需要配资公司在 HOMS 系统中做一个简单的操作，他的交易就会像过江之鲫一样掩盖在同一账户下其他人的交易中完成，达成目的后，悄无声息地离开，而他所待过的房间将立刻焚毁（资金清算、账号注销），配资公司将搭建一个新的房间（产生一个新的分仓单元）等待新人”。雁过不留声。

到底伞形信托、P2P 配资、高频交易等在杠杆市中起到了多少作用，有待于清晰的调查，而后清理，形成量化数据，找到心脏附近的软肋，才能防止闭着眼睛过河。

（三）财经述评

1. 财经述评的概念

财经述评是指关于财经新闻的叙述与评论。财经述评根据内容细分的种类比较多，主要有财经形势述评、财经工作述评、财经事件述评、财经思想述评、财经活动述评。

2. 财经述评的特色

财经述评具有自己的特殊性，既有叙述，又有评论，自然要有针对性，如立论的观点，论证过程，重心要放在“评”上，而不是财经新闻的叙述上。财经述评的主要特色如下：

（1）财经新闻内容具有评论的价值。财经述评要充分结合新闻事实或事件发表议论。财经新闻内容与述评之间存在一个契合点，给予评论者一个特有的评价、做文章的机会。公众关注的焦点问题、难点问题、热点问题等，都在涉猎范围内。这种述评，论点、论据、论证过程恰到好处，达到预期的时效。

（2）财经述评的立意需要采取一定的论证方法。有述有评需要看火候，这个火候是财经新闻事实。述评是一个提升价值的过程。规律性的总结源于夹叙夹议的述评；上升到理性认识也依赖于述评；透过现象看本质，也仰仗有血有肉的述评。这就是立意，就是论证的方法。

（3）财经述评要求全面，而不能断章取义式地评论，否则就失去了评论的意义。有理有据是述评的根本，不切中要害，述评就没有力度，当然也就没味道。

例文分析 **发展与保护并举，海洋经济才能真正走向“蓝海”**

【导读】国务院发布《全国海洋主体功能区规划》，全国海洋被分为“优化开发区域、重点开发区域、限制开发区域和禁止开发区域”四大类。经济之声《央广财经评论》本期观点：发展与保护并举，海洋经济才能真正走向“蓝海”。

央广网北京 8 月 21 日消息　据经济之声《央广财经评论》报道，走出竞争激烈的已有市场空间“红海”，走入全新的市场空间“蓝海”，这是目前 IT 界的一句流行语。对海洋经济开发来说，虽然海水还是蔚蓝色，但过度开发也在某种程度上把海洋变成了“红海”。国务院昨天发布《全国海洋主体功能区规划》，指出随着用海规模扩大和用海强度提高，我国的海洋空间面临开发方式粗放、开发不平衡、环境污染问题突出、生态系统受损较重、资源供给面临挑战等诸多问题和严峻挑战。

为进一步优化海洋空间开发格局，《海洋功能区规划》中将全国海洋分为四大类，对海洋既有不同类型的开发，也有层次不同的保护。四大类包括优化开发区域、重点开发区域、限制开发区域和禁止开发区域。优化开发区域针对现有开发利用强度较高、产业结构亟须调整和优化的海域。重点开发区域指的是对沿海经济社会发展较为重要、可以进行高强度集中开发的海域。限制开发区域包括用于保护海洋渔业资源的海域。而禁止开发区域是指对保护典型海洋生态系统具有重要作用的海域，禁止开发区域实行强制性保护。

蔚蓝色的大海是我国战略资源的重要基地。发展海洋经济，既要提高海洋资源开发能力，又要保护海洋生态环境，发展与保护并举，海洋经济才能从盲目开发的“红海”，真正走向全新的“蓝海”。

为什么不同的海域资源环境承载能力和发展潜力会各不相同？四大类区域根据什么原则进行开发和保护？中国海洋大学经济学院教授朱意秋对此进行了分析与解读。

经济之声：规划要求根据不同海域资源现有开发强度和发展潜力，合理确定不同海域主体功能，调整开发内容。为什么不同的海域资源环境承载能力和发展潜力会各不相同？

朱意秋：刚刚公布的《全国海洋主体功能区规划》将我们国家的主权海域划分成两大空间，第一个就是内水和临海，第二个就是专署经济区和大陆架。内水指河流和湖泊，临海指沿海的海湾，滩涂与陆地相连的区域，内水与临海很明显是人类陆地经济活动的延伸，也是我们人类海洋经济活动的主要承载地区，很可惜也是目前海洋污染的主要区域，也就是说，内水和临海区域目前对海洋环境的承载能力已经很小了。因此，该主体功能规划区域的主旨就是保护和开发并举，对于这个区域就应该以保护为主，开发为辅。另一个空间就是专署经济区和大陆架，因为我国沿海往外的200海里区域较大，我们的技术水平目前也有所提高，这块海域的资源丰富，海洋环境的承载能力也更大，所以发展潜力也更大，因此此项功能区规划根据承载力和发展潜力将我国的主权海域分成这两大区域，这是非常具有历史意义的。

经济之声：很多人在夏天会到海边去度假，有一些小城市的污水是直接排入大海的。另外，山东临海的浒苔也非常严重，甚至影响了整个山东地区，尤其是沿海地区的旅游开发。这个问题该如何解决？

朱意秋：山东受浒苔的困扰已经有八九年了，尤其是青岛，青岛有很多成片的美丽沙滩，初夏时经常是一片绿色，绿色海洋虽然也不错，但是有腥臭气。这就是牧渔的有机物质向大海过度排放的结果，所以青岛人确实都很痛心，但是这种情况不仅仅发生在青岛，山东沿海都出现了这种情况。如果我们不对牧渔的污染物进行控制，中国可能还会有更多的海域受到污染，这是我们必须要警醒的问题。

经济之声：大家都很喜欢吃海鲜，海水养殖对海洋会造成不利的影响吗？

朱意秋：海水养殖对于解决中国对海产品的需求当然是非常重要的，但在养殖的过程中，例如为保持水产品的存活，或加快水产品的生长，养殖人员会使用一些药物或食料，而这些对大海都是有污染的。

经济之声：规划的优化开发区域要控制开发强度，严格实施围填海总量控制制度；推进海洋经济绿色发展，严格控制陆源污染物排放，提高海洋生态服务功能。目前在开发的过程中环保的现状如何？今后如何对海洋进行绿色开发？

朱意秋：我们既要利用海洋，又不能伤害海洋，从而使得海洋经济成为一个循环的经济。例如对老百姓来讲，我们应该如何从海洋当中获取食物？第一，海洋本身就有水产资源，我们不能竭泽而渔，关键是要让它们休养生息，当然滴漏也是不可避免的。除此之外，现在很多的海洋产品都是养殖的，所以我们应该在保护海洋环境的基础上进行养殖，比如少放药等，这些都是对海洋进行绿色开发的科学方法。如果我们想要获取海洋石油，同样也不能伤害海洋，尤其是要避免海洋石油的泄漏。

经济之声：禁止开发区域包括各级各类海洋自然保护区等，具体应该如何禁止开发？禁止些什么？

朱意秋：这些区域主要是指我国各级各类海洋自然保护区，其中主要有一些我们国家独有的海洋生物或海洋生态，我们不能对这些区域进行过度的开发，甚至不能进行海洋经济活动。

经济之声：我国现有国家级海洋自然保护区 34 个，总面积约 1.94 万平方公里。这是一个什么样的概念？

朱意秋：我们禁止开发的区域总面积达到了 1.94 万平方公里，实际上我个人认为，这个面积还不够大，因为我国主权海洋的面积有几百万平方公里，禁止开发的区域不仅仅是对于保护我国特有的海洋生物资源，甚至是对整个人类或世界都做出了贡献。

国家信息中心经济预测部世界经济研究室副研究员张茉楠认为，我国海洋资源非常丰富，但海洋在经济中的战略地位一直没有得到足够重视，本次出台的《全国海洋主体功能区规划》正是对我国海洋开发的整体统筹。我国目前一些已开发的海洋区域本应属于限制或禁止开发区域，而且主体功能区划定的界限应随着经济、产业、人口以及自然承载力的变化而动态变化，更大范围的统筹势在必行。

本章小结

财经消息、财经通讯、财经评论是财经信息的主要类型，是整个财经运营过程中涉及的几种财经应用文文体。

财经消息是对发生在财经领域的新闻进行迅速的、简明扼要的报道。报道的内容涉及财经活动、财经现象、财经政策、财经管理等财经领域的情况和问题；涉及工业、农业、商业、财政、金融、消费及国内外市场等多个方面。财经消息具有擅用事实说话、表述简明概括、结构方式独特、外在标志鲜明几大特点。

财经通讯和财经消息一样属于新闻体裁，财经通讯是综合运用多种表达方式，深入细致、形象生动地报道发生在财经领域的现象、情况、问题，报道财经人物、财经事件的通讯。财经通讯可以分成财经人物通讯、财经事件通讯、财经工作通讯、财经风貌通讯和财经专访 5 种类型。财经通讯具有生动性、完整性的特点。

财经评论是对当前财经领域、财经活动、财经工作中出现的问题或现象，以及广为人们关注的财经方面的事件，有针对性地发表意见、看法的一种议论性较强的应用文体。财经评论是与时俱进的评论，是财经新闻的叙述与评论。财经评论虽然有“述”有“评”，但其重心在“评”而不在于“述”。所以，就其性质而言，财经评论属于新闻评论的范畴。财经评论包括财经时评、财经短评、财经述评三种。

关键术语

财经消息　　财经新闻　　财经通讯　　财经评论　　财经述评

习　题

一、选择题

1. 简明扼要、迅速及时地报道发生在财经领域的新闻事实的消息，就是（　　）。

A. 财经消息　　B. 财经时评　　C. 财经短评　　D. 财经通讯

2. 短小精悍，切中要害，立论充分，立竿见影，论证过程严谨的财经评论就是（　　）。

A. 财经消息　　B. 财经时评　　C. 财经短评　　D. 财经通讯

3. 综合运用多种表达方式，深入细致、形象生动地报道发生在财经领域的现象、情况、问题，报道财经人物、财经事件的通讯，就可以叫作（　　）。

A. 财经消息　　B. 财经时评　　C. 财经短评　　D. 财经通讯

4.（　　）是对当前财经领域、财经活动、财经工作中出现的问题或现象，以及广为人们关注的财经方面的事件，有针对性地发表意见、看法的一种议论性较强的应用文体。

A. 财经评论　　B. 财经信息　　C. 财经通讯　　D. 财经新闻

5. 以财经内容为新闻的叙述与评论是（　　）。

A. 财经短评　　B. 财经述评　　C. 财经时评　　D. 财经信息

二、简答题

1. 财经消息有哪些特点？

2. 财经消息的导语有哪几类？各自有什么特点？

3. 财经评论的特点有哪些？

4. 什么是财经通讯？财经通讯和财经消息有什么异同点？

5. 财经评论写作的注意事项有哪些？

三、思考题

1. 财经通讯主要包括哪些类型？从媒体上找三篇不同类型的财经通讯，对其特点作出分析。

2. 财经短评有哪些特点？写作时应注意哪些问题？

四、写作题

请结合本市实际，写一则财经消息。

部分习题答案

一、答案：1. A；2. C；3. D；4. A；5. B。

第十五章

财经诉讼与财经仲裁

本章要点

1. 了解财经诉讼文书的相关概念和特点；
2. 明确财经诉讼文书的写作格式及注意事项；
3. 掌握财经仲裁文书的基本概念和特点；
4. 熟悉财经仲裁文书的写作格式和注意事项。

导入案例

××集团新上任的董事长陈大伟，刚上任三天，“三把火”还没烧，就被外边的“三把火”烧得坐不住老板椅子了。集团法律顾问和财务总监拿着三份法律文书来到陈总的办公室，要求汇报当前最棘手的三桩经济纠纷案。第一桩经济案是集团与供应商合作单位项目担保300万元，逾期没能归还的问题，银行已经将供应商，也就是集团的合作单位告上了法庭，因为连带担保关系，集团成为第二被告，需要马上解决。第二桩经济案是产品索赔案，集团2年前生产的小型电机销售给了一个经销商，因为一场火灾导致产品被烧，所欠货款一直没有下落。最近相关部门才找到当事人，该当事人异地再做老本行，据调查，该当事人有能力偿还所欠货款。第三桩经济案是一产品协作单位，因为该公司协作销售的产品配件被不法商人诈骗，货款被挥霍一空，而协作单位与集团合作已经接近30年，愿意用自己企业的产品顶账，而该产品也是集团所需要的。法律顾问建议，第一桩担保案可由律师发函督促合作单位尽快还贷给银行，否则将起诉对方，并购该公司；该公司有一地块临近闹市区，可做地产，潜在经济升值空间较大。第二桩经济案，马上起诉，以免造成经济损失。第三桩经济案，法律顾问建议实施仲裁，之后继续加强合作……陈总听完法律顾问的建议，又听了财务总监的汇报，让他们回去写成书面报告，交由董事会讨论，然后作出处理。

第一节　经济纠纷起诉状

一、经济纠纷起诉状的含义和特点

（一）起诉状的含义

起诉，就是指公诉机关或当事人向法院提起诉讼，要求法院对提起的案件进行审理的行为。不管是民事起诉，还是行政起诉，都要使用起诉状。所谓起诉状，就是公民、法人或其他组织为提起诉讼而使用的书状。

诉状分为民事诉状、刑事诉状和行政诉状。经济纠纷起诉状属于民事诉状。经济纠纷起诉状，又称经济诉状，是经济纠纷案件的原告认为自己的权益受到侵犯而向法院陈述纠纷事实、阐明起诉理由、提出诉讼请求的书状。

民事起诉状，就是指民事诉讼案件的原告或其合法代理人，为维护原告的民事权益，针对所受到的侵害或者所发生的争议，向人民法院依法提起诉讼时所使用的书状。要素完备的民事起诉状，其结构包括标题、首部、正文、尾部四个部分。

行政起诉状，就是公民、法人或者其他组织，在认为行政机关和行政机关工作人员的具体行政行为侵犯其合法权益时，依法向人民法院提起诉讼的书状。

（二）经济纠纷起诉状的特点

（1）请求诉讼性。任何国家机关、社会团体、企事业单位和公民个人或其法定代理人向人民法院递交经济纠纷起诉状便是提出了诉讼请求。

（2）适用范围的特定性。经济纠纷起诉状针对的是归人民法院管辖而未被审理过的案件。

（3）处理案件的参政性。诉状本身就是一种处理案件时的证据。

二、经济纠纷起诉状的结构和内容

经济纠纷起诉状一般由七部分内容构成：标题、状头、案由或事由、诉讼请求、事实和理由、结尾、附项。

1. 标题

在文书上部正中写“经济纠纷起诉状”或“起诉状”，不能写成“起诉书”。后者是人民检察院对涉嫌犯罪的被告人进行指控、要求法院依法审判时所制作和使用的一种法律文书。

2. 状头

状头即当事人的基本情况，包括原告人、被告人、第三人（不一定每案都有），要写明当事人的情况，或单位的全称、性质、所在地，法定代表人姓名、性别、职务、开户银行及账号；有诉讼代理人时，应写明代理人的姓名和所在单位、代理权限和其他情况。实践中，除了要写清楚法律规定的项目外，还要求写具体的出生年月日或身份证号码、电话号码等。

3. 案由或事由

案由或事由即概括写明因何事起诉。

4. 诉讼请求

诉讼请求即概括写请求人民法院依法裁决的具体事项，或诉讼要达到的最终目的。民事争议案件性质复杂多样，故诉讼请求也要因案而异，但总的要求是所要达到的诉讼根本目的必须明确、具体；文字上又必须做到简明扼要，让人一目了然。一般一个事项用一句话列为一条表述。最后，还应写明诉讼费用由被告承担等。

5. 事实和理由

这部分是起诉状的核心部分，它关系到人民法院是否受理此案。主要包括事实经过、证据、理由和法律依据。

一般先写事实部分，即双方争议的具体问题。要把争议的起因、经过、现状，特别是争议的焦点具体写清楚。比如，针对买卖合同纠纷，一般应写明订立合同的时间、地点、当事人，合同履行的情况，合同产生纠纷的原因，合同纠纷给原告造成的损失后果，原告向被告主张权利的经过等。写起诉状的事实部分，应做到“六要六不要”：一要实事求是，不要夸大缩小；二要具体、清楚，不要抽象、空洞；三要把关键的地方交代清楚，不要含糊其词；四要和请求的事项一致，不要相互矛盾；五要心平气和地摆事实，不要刻薄、挖苦；六要有理有据，不要捕风捉影。

然后另起段落写明理由。一般包括请求理由的合理性和合法性两个方面；并应具体引证相关的法律条款，分清是非，明确责任。起诉状的理由部分，应该注意“三要三不要”：一要讲道理，不要强词夺理；二要提供证据，不要空口无凭；三要引用法律法规，不要没有法律依据。写完事实和理由，在行文上，可写“为此，特向法院起诉，请求依法判决”，或者写“据上所述，要求……，请求依法判决”。要注意的是，事实和理由两部分内容要相互衔接呼应，不能自相矛盾或相互脱节。

6. 结尾

结尾包括以下内容：

（1）起诉所提交的人民法院名称：要求按信函格式写，如“此致”“××××人民法院”。

（2）落款：起诉人签名或盖章并写明年月日。起诉人是法人的，需法定代表人签名。

7. 附项

起诉状最后一页的左下角写附项，包括本状副本份数（应按被告人的人数）、物证件数、书证件数等。这些都要在附项内一一注明，不能省略或遗漏。

三、经济纠纷起诉状的写作要求

1. 证据确凿，实事求是，理直气和

在撰写经济纠纷起诉状时，一定要严格按照“以事实为依据，以法律为准绳”的原则选用材料。做到提出事实，有根有据，真实可靠；提出理由，充分有力，突出重点；提出请求，合情合理，明确具体；提出证据，说服力强，经得起检验；分析是非，理直气和，合乎情理。

2. 依法为准，援引条文，准确恰当

诉状是把具有法律意义的事实陈述清楚，并依法提出诉讼请求，因而，在分析案件和追究被告人应承担的法律责任时，必须以法律为准绳，准确、恰当地引用法律条文。切忌断章取义，更不能凭感情用事，强词夺理。要以事实说话，以理服人，以法服人。

3. 陈述分析，有理有据，观点明确

事实和理由是诉状的重要内容，诉讼理由充分有力，合情合理合法，诉讼请求就能成立，诉讼目的就能达到。在陈述分析事实和理由时，观点要明确，论据要充分，抓住重点，抓住要害，提出主要情节，写明因果关系，使事实和理由符合事物发生发展的规律。

4. 结构严谨，层次清楚，合乎逻辑

提出请求事项，一定要具体明确，不能模棱两可，含糊其词。陈述案情要有针对性，抓住中心问题，开门见山，少叙案情经过，着重写有争议的焦点，侧重阐明主要理由，切不可面面俱到，全面铺开。应做到层次清晰，分析推理合乎逻辑。

5. 文体鲜明，用语准确，格式规范

诉状有特定内容、专业范围、适用对象和特有功能，又有完备的格式和鲜明的文体特色。在材料选取、语言运用、表达方式、文章风格、行文格式、章法结构等方面，都要体现其特殊的要求。遣词造句要准确无误，简练严肃，要恰当运用规范的法律专业术语。在制作时要按统一格式，符合规范要求。

四、撰写经济纠纷起诉状的注意事项

(1) 提出请求事实要具体、全面，不得笼统或含糊不清。数字必须准确无误。

(2) 诉讼理由要建立在确实充分的证据和明确清楚的事实基础之上，说清楚案件事实与理由之间存在的因果关系。引用的法律条文要准确、完备。

(3) 注意人称的一致性。在陈述事实与理由时，叙述的人称要前后一致，如用第三人称时就要称原告与被告。

(4) 语言做到准确、严谨，表述富有逻辑性。

例文分析

啤酒货款拖欠起诉状

原告人：××市××区××××公司

地址：××市××区××路××号

法人代表：×××，公司经理

被告人：××市××区××××超市

地址：××市××区××大街××号

法人代表：×××，超市经理

案由：追索货款，赔偿损失

诉讼请求：

1. 责令被告偿还原告啤酒货款×××万元。

2. 责令被告赔偿拖欠原告啤酒货款15个月的利息损失。

3. 责令被告赔偿原告提起诉讼而产生的一切经济损失，包括诉讼费、律师费等。

诉讼事实和理由：

原告和被告20××年×月×日合同商定，被告从原告处购进啤酒××箱，价值×××万元。原告根据经销合同，于三个月后，去被告处××××超市拿回×××万元转账支票。原告在第二天去银行转账时，被告开户银行告知，被告账户上只有××万元存款，不足清偿全部货款。由于被告透支，支票被银行退回。当原告再次找被告索要啤酒货款时，被告推脱说，最近超市货款周转不好，请谅解，再过三个月后，肯定全部清偿。原告急于扩展市场，陆续又送了第二批货。三个月后，原告再次向被告索要货款。超市经理手机关机，驻店经理说超市经理出差不在，以后再追要时，超市都以经理不在为由推脱。

根据《中华人民共和国民法通则》第 106 条第 1 款和第 134 条第 1 款第 7 项的规定，被告应当承担民事责任，原告有权要求被告偿还啤酒货款，并赔偿由于被告拖欠货款而给原告带来的一切经济损失。

证据和证据来源：

1. 被告收到货后签收的收条×份。

2. 银行退回的被告方开的支票×张。

3. 法院和律师事务所的收费收据×张。

此致

××区人民法院

起诉人：××市××区××××公司（公章）

20××年×月×日

附：

1. 本状副本×份（略）

2. 书证×份（略）

点评：这是一份典型的经济纠纷引起的起诉状，案由是拖欠啤酒货款。法律依据、事实、诉求都陈述得很清楚，格式完全按照固定的法律文书要求去做。

第二节 经济纠纷上诉状

一、经济纠纷上诉状的含义和用途

（一）经济纠纷上诉状的含义

所谓上诉，就是当事人不服人民法院的第一审判决或裁定，在规定的期限内，依照法定程序，向上一级人民法院提出撤销、变更原审判决或裁定，而进行重新审理要求的行为。为上诉所撰写、使用的书状，就是上诉状。

经济纠纷上诉状是指经济纠纷诉讼当事人或其法定代理人不服人民法院的第一审判决或裁定，依照法定程序，在法定期限内，向上一级人民法院提起上诉，请求撤销、变更原审裁判，或重新审理而提出的诉状。

（二）经济纠纷上诉状的用途

经济纠纷上诉状是第二审法院受理案件，并进行审理的依据。第二审法院可以通过上诉了解上诉人不服第一审裁判的理由。因此，经济纠纷上诉状对于第二审法院全面了解案情，审理案件，保护当事人的合法权益，提高办案质量，具有重要的作用。

二、经济纠纷上诉状的特点

（1）直接性。有权提出经济纠纷上诉状的必须是当事人或其诉讼权利承担人、法定代表人、特别授权委托代理人。

（2）针对性。经济纠纷上诉状是针对法院第一审判决和裁定而写的，因此要直接指出原判理由的不充足或适用法律的错误，并有针对性地写出不服一审判决意见、看法及自己的请求。

（3）时限性。上诉有时间限制。上诉人必须在法院规定的有效时间内进行上诉，超过了规定时间则会被视作服从一审判决。

三、经济纠纷上诉状的结构和内容

经济纠纷上诉状的结构和经济纠纷起诉状的结构基本相似，也由七部分内容组成：标题、状头、案由、上诉请求、上诉理由、结尾、附项。

1. 标题

标题需写明“经济纠纷上诉状”或“上诉状”。

2. 状头

状头需写明上诉人与被上诉人的基本情况，书写项目与顺序同起诉状。

3. 案由

案由即不服第一审判决或裁定的缘由。案由需概括写明上诉人因何案，不服人民法院于何时、以何字号（×字第×号）发出的判决或裁定而提出上诉。大致写法是简要点明：“上诉人因××一案，对××人民法院20××年×月×日×字第×号×事判决（裁定）不服，现提出上诉。”

4. 上诉请求

这是上诉的目的所在。上诉请求必须概括写明请求第二审法院撤销或变更原审判决或裁定，或请求重新审理。

5. 上诉理由

这是上诉状的关键所在。上诉状的理由与起诉状不同，它必须完全针对原审判决的内容，先一一指出其错误、失实和不当之处，接着或叙事，或引证，或援引法律条文，或说理，要一一作出合乎逻辑的辩驳和结论。上诉状通常从四个方面写理由：

（1）针对原审判决和裁定对事实的认定有错误、出入和遗漏，或证据不足，而提出纠正或否定之事实和证据；

（2）针对原审判决或裁定对事实的定性不当，而提出恰当的定性判断；

（3）针对原审判决或裁定引用的法律条文不准、不对，而提出正确适用的法律根据；

（4）针对原审判决或裁定不合法定程序，而提出纠正的法律依据。

6. 结尾

经济纠纷上诉状的结尾与起诉状的结尾基本相同。

7. 附项

经济纠纷上诉状的附项与起诉状的附项基本相同。

四、撰写经济纠纷上诉状的注意事项

（1）针对性要强，要有的放矢。

（2）语言要明晰、简洁，做到条理清楚，逻辑性强。

（3）在限期内将上诉状送交上级法院。经济纠纷判决的上诉期限为15天，逾期上诉无效。

例文分析

经济纠纷上诉状

上诉人：××市××乡镇银行

住址：××市西北区联合路×号

法定代表人：肖××，男，50岁，××市××乡镇银行分理部经理

代理人：王××，女，××市西北区××律师事务所律师

被上诉人：××省××市××银行

地址：××市西湖区西湖路×号

上诉人因不服××市××区人民法院20××年×月×日［20××］法经判字第9号判决，返还银行贷款一案，现依法提起上诉。

上诉请求：

1. 要求撤销一审法院判决，重新查清事实，保护我方合法权益。

2. 要求判令被上诉人承担相应的经济责任。

上诉理由：

1. 一审法院判决认为，我方采取胁迫手段清贷，致使民营木材公司老板赵某不得不到××省××市××银行骗取贷款。我方认为，银行有权对逾期贷款进行催要，必要时可以采取强制措施收贷。如果银行对拖欠贷款的借贷者催收严紧一些，就被认为是"胁迫"，银行就无法如期收贷，银行合法的收贷权就得不到保障。况且，我方如期催要贷款与民营木材公司到××省××市××银行骗取贷款没有因果关系。我方既没有明示也没有暗示民营木材公司老板赵某到××银行骗取贷款。所以，我方认为一审法院在这方面认定事实不清，证据不充分，要求二审法院进行重新认定。

2. 我方在收贷时，没有查问借贷者的款项是如何筹措来的。借贷还钱，天经地义，只要借贷者如数归还贷款，我方就理应如数收贷。这是××银行信贷规章制度所承认的。

3. 民营木材公司老板赵某在我区搞不法经营被查封，我方正催促他偿还贷款，而此时某区正把赵某作为"人才"引进并聘用，而忽略了对赵某资信状况和人品的政审，没要求借贷方提供担保人，也没有去监控赵某在西北区所办公司的经营状况，而是盲目放贷，所以，××市××银行贷款×××万元是不符合法律规定的。

为此，特向贵法院上诉，请求依法撤销原判决，以实现上述请求。

此致

××省高级人民法院

附：本上诉副本一份

一审判决书

上诉人：××省××市××乡镇银行（盖章）

20××年×月×日

第三节 经济纠纷申诉状

一、经济纠纷申诉状的含义和用途

申诉状，又称申诉书、再审申请书，是指经济案件的当事人或法定代理人认为已经产生法律效力的判决裁定有错误而向原审人民法院提出申诉，请求复查纠正或重新审理的书状。

经济纠纷申诉状是保护当事人合法权益的诉讼文书，但是，提交申诉状后并不能停止已生效的判决和裁定的执行。

二、经济纠纷申诉状的特点

（1）不受限制性。申诉人不论裁判是否经过上诉，也不论这些裁判是否已执行完毕，都可以不受时间限制而提交申诉状，提交申诉状不影响判决、裁定的执行。

（2）效应难测性。申诉状只能被视作决定是否引起重新审判程序的参考材料，它不一定就能引起重判程序的发生。

三、经济纠纷申诉状的结构和写法

经济纠纷申诉状的结构和写法与起诉状基本相同，可参见本章第一节经济纠纷起诉状。两者的不同之处主要有：

（1）标题应标为“申诉状”或“经济纠纷案申诉状”；

（2）因为申诉状是针对原审法院判决、裁定有误而要求复审改判的，所以状头可不写“被申诉人”一项；

（3）尾部送达法院应写原审人民法院院名；

（4）具状人应称“申诉人”；

（5）附项应附上原审判决书、裁定书的原件和复印件。

四、撰写经济纠纷申诉状的注意事项

（1）对申诉的事实务必求全、求真。原审裁判如果不是依据全面事实裁判的，申诉状应从案情事实、原来的处理经过及处理结果进行归纳叙述，阐明原审裁定的不当之处。

（2）要实事求是。对原审裁定中正确的、属实的处理，应承认其恰当而不应反驳，做到实事求是。

（3）尽量列示例证。应将与请求目的相符的人证、物证、书证等在申诉状里明确列示，并以实证服人。如能提供有助于说明申诉事实的新证据，将更具说服力。

例文分析

申诉状

申诉人：（原审被告）：××市××百货商店

法定代表人：×××，店经理

委托代理人：×××，该店副经理

男，××岁，××族

原籍××市，现在××市××区××街××号

被申诉人（原审原告）：××市××厂

法定代理人：×××

该厂厂长委托代理人：×××，该厂副厂长

申诉人因货款纠纷一案不服××人民法院（20××）法经裁字××号民事裁定书，认为该裁定书事实不准，裁定不公正，特提起申诉，请求改判，其事实与理由如下：

申诉人和被申诉人于20××年×月×日签订购销合同两份：一份是申诉人向被申诉人

订购××男型×凉皮鞋××双，另一份是订购各式男女皮夹克××件。因这些商品具有很强的季节性，双方协议确定：必须于20××年×月×日前，将上述商品发至××市，以满足市场需求。

可是，上诉人未按协议约定将上述商品按时发至××市。其中，皮夹克于20××年×月×日才到达，拖期达一个半月之久，大大错过了××市市场的销售旺季，致使这些商品积压于仓库，严重影响了申诉人的资金周转，至今尚有男凉皮鞋××双、各式皮夹克××件卖不出去，共折合人民币××万余元。

尽管如此，为照顾彼此之间的商业信誉，申诉人曾于20××年×月×日出具《××问题答辩书》，说明了拖欠货款的原因，主动提出偿还货款的计划。不料，贵院在未进行调查研究的情况下，公然判令"……依法采取诉讼保全措施……冻结××百货商店在××市××区××路信用社的银行存款××万元"，这是不合理的。申诉人重申：仍然按照20××年×月×日提出的还款计划执行。对于目前库存积压的商品，积极采取削价处理措施，将实收货款付给被上诉人，或将积压的商品退回给被上诉人，退回中发生的运杂费，可由申诉人负担。

此致

××人民法院

申诉人：××市××百货商店

法定代表人：×××

20××年××月××日

第四节　经济纠纷答辩状

一、经济纠纷答辩状的含义和用途

经济纠纷答辩状是指被告针对原告的起诉状，或被上诉人针对上诉人的上诉状向人民法院递交的进行辩护、反驳或答复的书状。

经济纠纷诉讼中，原告有权递交起诉状起诉，被告也有权写答辩状抗辩反驳。被告或原告不服判决，就可以递交上诉状进行上诉，被上诉人也可以针对上诉状提出自己的"被上诉答辩状"。因此，被告人或被上诉人通过答辩状针对原告或上诉人提出的事实、理由以及请求事项，进行有针对性的答辩，阐明自己的理由和请求，维护自身的合法权益，它是被上诉人维护自己合法权益的重要手段。经济纠纷答辩状又分为一审答辩状和二审答辩状。经济纠纷答辩状还有助于法院兼听双方当事人陈述的理由和请求，以便全面掌握案情，准确判断是非曲直，恰当地行使审判权，以求公正地审理案件。

二、经济纠纷答辩状的特点

（1）使用对象的特定性。经济纠纷答辩状只能由被告或被上诉人提出。

（2）答辩内容的针对性。经济纠纷答辩状必须针对起诉状或上诉状的内容有的放矢地进行答辩。

（3）行文方式的论辩性。经济纠纷答辩状通过摆事实、讲道理，通过运用有利的论据和有关的法律条文，通过论辩和反驳，以求驳倒对方的观点和论据，从而证明自己观点的正确。

三、经济纠纷答辩状的结构和写法

经济纠纷答辩状一般由七部分内容构成：标题、答辩人基本情况、案由、答辩理由、答辩意见、尾部、附项。

1. 标题

标题需写“经济纠纷答辩状”或“民事答辩状”字样。如属二审程序的答辩，要写明“上诉答辩状”字样。

2. 答辩人基本情况

答辩人基本情况应依次写明答辩人的姓名、年龄、民族、籍贯、职业、住址、电话号码等。答辩人是机关、团体、企事业单位的，则应写明单位全称、性质、地址及电话、开户银行、法定代表人姓名、性别、年龄、职务等。有诉讼代理人的，则要写明诉讼代理人的姓名、性别、年龄、职务、所属律师事务所名称。对方当事人的基本情况不必写。

3. 案由

案由要概括写明对何单位或对上诉的何案进行答辩。一般写为：“答辩人于20××年×月×日收到××法院交来原告人（或上诉人）因××一案的起诉状（或上诉状），现答辩如下”。

4. 答辩理由

答辩理由是经济纠纷答辩状最关键的部分。要求针锋相对地明确回答原告人或上诉人所提出的诉讼请求，并明确阐明本方对争议事实的主张和理由。答辩状，顾名思义，就是既要“答”，又要“辩”。也就是说，写答辩状可以针对原起诉或上诉状提出的事实、论据、理由和法律依据，基本上作“答”，也可以不受其局限，另行提出自己的有关材料进行论辩，即注重“辩”。当然，新的材料必须能站得住脚，论辩也必须合乎事实和逻辑，以理服人。

5. 答辩意见

在有针对性且充分地阐明答辩理由的基础上，答辩人应提出自己的答辩意见。答辩意见可包括：根据确凿事实与证据，证明己方行为的合理性；依据有关法律条文，说明己方答辩理由的正确性；归纳答辩事实，揭示对方当事人法律行为的谬误；提出对本案的处理意见，请求人民法院予以合理的裁决。

写答辩状有时还可以据理反诉。所谓反诉，就是被告对原告提出相反的诉讼请求。但反诉要具备下列条件：一是反诉的当事人必须是原诉的当事人；二是反诉必须在本诉起诉之后，法庭辩论终结之前提出；三是反诉只能向审理本诉的法院提出，并由同一审法院审理；四是反诉的诉讼请求或理由必须同本诉的请求或理由互有牵连，不能绕开本诉。

6. 尾部

诉讼答辩状尾部的结构及写法与起诉状的尾部基本相同，但具状人应称“答辩人”。如是请人代写，则要写明代写人姓名、职务。

7. 附项

经济诉讼答辩状的附项与起诉状的附项基本相同。

四、撰写经济纠纷答辩状的注意事项

(1) 据理反驳。在撰写答辩状时，要依次抓好三个环节。第一个环节是紧紧抓住对方所陈述的错误事实或者所引用有关法律的错误，建立反驳的论点；第二个环节是列举客观真实的事实和恰当的证据作为反驳的论据；第三个环节即是经过分析论证，得出合乎逻辑的结论。

(2) 抓准关键，即找到双方当事人在纠纷案件中争执的“焦点”、问题的要害，针锋相对地答辩。

(3) 语言可较为尖锐犀利。答辩状具有的论辩性决定了其语言必然较为尖锐犀利，针尖对麦芒，且富有气势。无可争辩的事实加上尖锐犀利、富有气势的语言，必能有助于答辩人在诉讼中变被动为主动。值得注意的是，如果对方的诉讼请求合理、合法，也应实事求是地予以承认，决不能违背事实和法律。

(4) 注意答辩时限。我国民事诉讼法规定，被告在收到起诉状副本 30 日内提交答辩状，被上诉人在收到上诉状副本 30 日内提交答辩状。因此被告或被上诉人应在法定期内尽快提交答辩状，及时行使答辩权利。否则，过期就等于自动放弃自我保护或争取合法权益的机会。

例文分析

经济纠纷答辩状

答辩人：×××纸制品销售公司

地址：××区××街××号

法定代表人：陈××，男，××岁，经理

对原告××省××地区××贸易公司上诉的占用拖欠货款及第三人杜××纸箱货款一案答辩如下：

一、对××省××地区××纸制品公司诉告我方拖欠货款问题的答辩

1. 20××年××月××日××纸制品公司的刘××和许××来我公司，要求一次性购买纸箱×万个。原因是他们与××省××县××贸易货栈签订了×万箱复印纸购销合同，在合同行将到期的情况下，纸张生产出来，却拿不出包装箱，请我们帮助解决燃眉之急。我方答应了对方的要求，对方汇给我方人民币××万元整。除去×万个纸箱款×万元整之外，尚剩余××万元整。当时我方要求将余款退回，但对方的刘××和许××一再要求我方不要退款，要用这笔余款办理纸箱发运和其他业务。并请我方出具介绍信、公章等，为其向××铁路分局装卸公司办理了×千元的发运杂费汇款手续，将纸箱顺利发往目的地。一直到××月末这一段很长的时间内，刘、许等人几次往返于我市，都没有提起结算退款之事，我方多次提出结算问题，他们都以同对方发生合同纠纷和铁路装卸公司收费不合理为由，拒绝同我方结算。由此可见，对方诉我方拖欠货款是毫无根据的，也是缺乏起码的职业道德的。

2. 从一审法院的卷宗里可以查到，刘××和许××在调查记录中承认：准备用这笔余款在我市搞业务活动，直到20××年××月××日之前的调查中，他们都直言不讳，说准备在我市使用这笔钱办理其他事宜。因此，对方在上诉状中称“早已要求退款”和“占用拖欠款”等，纯属编造出来的假话。

从上述事实可以看出，我方与对方的经济往来，属于正常业务交往，而且我方为对方

的业务活动提供了诸多方便条件，对方这是以怨报德，我方根本不存在“占用拖欠”对方货款问题。一审法院判处我方支付余款，我方同意，但基于上述情况，我方不同意支付余款银行利息。

3. 原告违反国务院〔××××〕××号文件精神，利用经济合同买空卖空，应予以取缔。从表面上看，××纸制品公司购买××实业公司的纸箱，××实业公司欠××纸制品公司的剩余款，××纸制品公司催要款项是正确的；而实质上，××纸制品公司从根本上违背了国务院〔××××〕××号文件精神，利用经济合同买空。据××贸易货栈沈××提供，在纸箱这笔生意上，××纸制品公司一无资金，二无货源。××纸制品公司向××贸易货栈大吹有可周转的纸箱现货××万个，导致××贸易货栈上门订货，于20××年××月××日双方签订了纸箱5号合同。数量为××万个，总额××万元，执行日期是××月××日前完成，××贸易货栈付给××贸易公司××万元预付款。××纸制品公司拿着××货栈的预付款购买纸箱。随即又签订6号合同××万个。开始给××市××批发部××万元买纸箱未成，后又拿××万元给我方，买了××万个纸箱，仅就5号合同而言，只买了××万个纸箱，其余××万个纸箱全部落空，造成××纸制品公司同××贸易货栈的合同纠纷，而在本案一审判决时，××纸制品公司却隐瞒了××县经济合同仲裁调解书，提供了假证，致使一审判决我方“支付从20××年××月××日起到付款日止的银行存款日息”。根据××贸易货栈沈××提供的确凿证据，此××万元是××贸易货栈的预付款，而不是××纸制品公司的资金。××贸易货栈不要求付息，而××贸易公司要求付息是没有道理的。

以上事实可见，我方不但不应付给对方所谓银行存款利息，而且认为对方违反国务院文件精神应予取缔。

二、对第三人杜××的答辩

杜××原系我公司工作人员，此案发生时已调出。××纸制品公司从我公司购买的××万个纸箱，经××铁路分局装卸公司运送×车皮之后，剩余纸箱存放在装卸公司，而杜××不经原告同意，将剩余纸箱发往太原××公司。在本案运输纸箱短缺纠纷中，一审判决第三人杜××返还原告纸箱××万个，而杜××在一审法院的庭前调查及开庭中均一口咬定：在给××公司发纸箱时，曾多发×千个，并说我公司欠杜×××千个纸箱，以此×千个纸箱顶款。事实上我公司与杜××从未发生过买卖关系，也不存在纸箱顶款问题。据了解杜××是20××年××月××日将×千纸箱发往太原的，而事隔两个月之后，杜××于20××年××月××日，骗拉我公司库内的×千个纸箱，被我方发现后及时追回，此事纯属我公司内部管理问题，与××纸制品公司纸箱事件风马牛不相及，杜××硬把两件不相干的事件搅在一起是想浑水摸鱼，请二审法庭详查。

此致

××市中级人民法院

答辩人：××实业公司（盖章）

法定代表人：×××（签章）

20××年××月××日

点评：经历了一审后，情况变得比较复杂，但答辩状需要在一审判决的基础上找出对方的错误，并列举新的证据依法进行答辩。事实陈述、证人证言、法律条款，都需要在答辩状中陈述清楚。答辩需要有理有节，每一条款都要有理有据地辩驳。

第五节 仲裁申请书、仲裁答辩书、仲裁裁决书

一、仲裁申请书的概念、特点及写作要点

（一）仲裁申请书的概念

仲裁申请书是经济纠纷当事人为保护其合法权益，在与纠纷另一方达成协议后，向仲裁机构提交的要求帮助解决经济纠纷的申请文书。仲裁申请书的目的是为保证公正、及时地仲裁经济纠纷，保护当事人的合法权益，保障社会主义市场经济健康发展。所以，《中华人民共和国仲裁法》（以下简称《仲裁法》）第2条规定，平等主体的公民、法人和其他组织之间发生的合同纠纷和其他财产权益纠纷，可以仲裁。《仲裁法》规定了当事人申请仲裁应符合下列条件：（1）有仲裁协议；（2）有具体的仲裁请求和事实、理由；（3）属于仲裁委员会的受理范围。还规定当事人申请仲裁，应当向仲裁委员会递交仲裁协议、仲裁申请书及副本。由此可知，仲裁申请书是引发仲裁程序的必备文书。

（二）仲裁申请书的特点

（1）申请的时效性。仲裁申请书必须在时效期内写出并呈交，如果逾期，仲裁机构将不予受理。

（2）充分的依据性。申请人索赔要提出充分的证据，突出争议性，为仲裁机构依法裁定提出足够的依据。

（3）索赔的合理性。索赔要经过科学周密的计算，合乎情理，能为对方所接受，以期达到解决纠纷的目的。

（4）语言的平缓性。写作时，要避免过激性语言，讲究分寸，以免破坏良好的沟通和贸易伙伴关系。

（三）仲裁申请书的写作要点

仲裁申请书包括标题、首部、正文、尾部、附页五个部分。

1. 标题

在文书上端正中写上“仲裁申请书”字样。

2. 首部

首先写明申请人、被申请人的名称、住所、法定代表人等基本情况；其次要简明扼要地写明案由。案由是写明纠纷的事实，要提纲挈领地写明申请的事情和理由，包括合同签订的时间、编号、内容以及争议的内容等。

3. 正文

正文内容包括：仲裁请求、事实与理由、证据及其来源。

仲裁请求，就是申请人通过仲裁想要达到的目的和要求，应该写得具体、明白，不产生歧义。仲裁请求不止一项的，可以加序号分别列明。

事实与理由是指申请人提出仲裁请求所依据的事实、道理和法律根据。这是仲裁申请书写作的核心与重点所在。写作时，要把事实摆清楚，把道理讲明白，把法律依据搞准确。

证据及其来源是指需要向仲裁机构提供的各种证据及其获取的渠道。如果有证人，则需要写明其基本情况。

4. 尾部

仲裁申请书的尾部，首先需要写明“此致”“某某仲裁机构”的固定结语。“此致”需要退格书写，“某某仲裁机构”需要另起顶格书写。然后再在右下方书写落款和日期。

5. 附页

《仲裁法》规定，申请仲裁必须先由纠纷当事人达成协议，协议需要在附项中注明，所以仲裁申请书的附页就显得尤为重要。附项部分需要加序号列明仲裁申请副本的份数、仲裁协议书的份数、证据材料及其件数。

例文分析

仲裁申请书

致中国国际经济贸易仲裁委员会：

申请人：日本××物产株式会社××办事处

地址：中国××市××区××路××号

负责人：×××

被申请人：中国×××服装进出口公司

地址：中国××省××市××街××号

法定代表人：×××

申请人日本××物产株式会社××办事处，根据其与被申请人中国×××服装进出口公司于20××年××月××日签订的××号合同第16条仲裁条款的规定，就该合同项下关于男式西装付款问题向中国国际经济贸易仲裁委员会提起仲裁。现将仲裁要求及所依据的事实和理由陈述如下。

一、仲裁请求

1. 偿付男式西装货款，计为××美元。

2. 偿付逾期付款的利息损失××美元。

3. 其他损失总计××美元。

4. 律师费××美元。

5. 本案仲裁费。

二、本案案情

1. 20××年××月××日，申请人与被申请人签订了编号为×××男式西装买卖合同。合同规定由申请人卖给被申请人××型号男式西装×万套，单价每套×××美元；合同总价××××万美元，装运地日本××，卸货港中国××，装运期限为20××年××月底和××月底，每月交货数量必须一次交清，不得分批装运；买方应于装运前××天，通过××市××银行开立以卖方为受益人的不可撤销信用证，该信用证即期汇票及其他单据在开证行付款，争议应由双方协商解决，若协商无法解决，当事人向中国国际经济贸易仲裁委员会提请仲裁解决（见附件一）。

2. 合同订立后，申请人积极履行合同。

3. ××及××号提单项下男式西装于20××年××月××日运抵中国××（见附件四）。20××年××月××日被申请人以“正本提单未到，我方急于提货”为由出具保函（见附件六），并于同日用临时提货单（见附件七）将该提单项下全部货物提走。

4. 被申请人将合同项下全部货物提走后，一面承诺以××方式尽快付款，一面开始卖出货物，至20××年××月××日申请人派人调查，已卖出男式西装×千套，但对付款问题却一拖再拖，经申请人多次催要，被申请人虽几次提出付款计划，但每次均以不能兑现而告终（见附件八）。至20××年××月××日，经申请人多次努力，被申请人才向申请人支付了×××万美元贷款，剩余货款至今未付。

三、争议及索赔理由

1. 为了解决争议，申请人就付款问题多次与被申请人联系，并多次派人到被申请人单位催要货款，但被申请人虽表面同意付款，确认了此项债权关系，却借种种原因，不予兑现，严重地违反了双方合同的约定，同时违反了国际贸易活动的基本准则，这种丧失信誉、违反商业道德、违反法律的行为已经给申诉人造成了严重的经济损失。因此申请人不得不根据合同约定提出仲裁请求。

2. 根据《中华人民共和国涉外经济合同法》第19条的规定，并参照《联合国国际货物销售合同法》第25条、第53条、第58条第1款、第62条、第78条，《跟单信用证统一惯例》（国际商会第500号出版物）第13条×款、第14条×款，申请人要求被申请人立即支付全部剩余货款及有关部门费用。

根据《中国国际经济贸易仲裁委员会仲裁规则》第14条第3款和第24条的规定，申请人指定×××为仲裁员，并委托北京××律师事务所×××律师为申请人的仲裁代理人。

仲裁申请人：×××

负责人：×××

20××年××月×日

附：

授权委托书一份

附件一至附件十

点评：这是一份具有国际贸易性质的仲裁申请书，其标题、首部、正文、尾部、附页一应俱全。其中购销合同纠纷的案由、争议等陈述都比较突出，法律依据条款，关乎国际交易的公平准则，证明有理有据。

二、仲裁答辩书的概念、写作格式及案例

（一）仲裁答辩书的概念

仲裁答辩书是在经济纠纷仲裁过程中，被申请人针对申请人在仲裁申请书中提出的事项，向仲裁机构做出答复与辩解的文书。

（二）仲裁答辩书的写作格式

仲裁答辩书的写作格式，是参照民事答辩状、行政答辩状的格式而来，但在写法上却灵活得多。应用比较广泛的有劳动仲裁答辩书。

（三）仲裁答辩书案例

本教材选取比较常见的劳动仲裁答辩书。

例文分析

劳动仲裁答辩书

被申请人姓名或单位名称：××科技有限公司

法定代表人（或主要负责人）：××

职务：总经理

被申请人地址：海南路××号新世纪广场××

电话：××××××××

邮编：××××××

因××诉我（单位）解除劳动合同争议一案，现提出答辩如下：

答辩请求

请仲裁委员会依法裁决驳回申请人的仲裁请求。

事实与理由

一、申请人请求确认解除劳动关系违法理由不成立

1. 申请人于2015年4月1日进入被申请人处工作，任销售经理一职，共签订2次劳动合同，第二次劳动合同自2016年4月1日至2017年3月31日。

2. 自2016年5月份起，申请人销售任务一直未能达标，其中在2016年6月至2016年10月连续5个月销售额为零。对于申请人的工作情况，被申请人在部门内部会议上多次督促其改善工作状况，并且对其进行了相关销售辅助与指导，部门内部多次进行业务培训，申请人工作仍未见起色。故被申请人根据《劳动合同法》第40条（有下列情形之一的，用人单位提前三十日以书面形式通知劳动者本人或者额外支付劳动者一个月工资后，可以解除劳动合同：劳动者不能胜任工作，经过培训或者调整工作岗位，仍不能胜任工作的）及销售任务书的约定［连续三次处于不合格状态（月或季度），公司可以解除劳动合同］，决定依法解除与申请人的劳动关系，并提前一个月向申请人下发《劳动关系解除通知》，故被申请人为合法解除劳动合同关系。

二、申请人请求被申请人支付赔偿金无法律依据

《中华人民共和国劳动合同法实施条例》第34条规定："用人单位依照劳动合同法的规定应当向劳动者每月支付两倍的工资或者应当向劳动者支付赔偿金而未支付的，劳动行政部门应当责令用人单位支付"。也就是说，申请人如果认为被申请人没有按规定支付赔偿金，应该向劳动行政部门提出，而不是向劳动仲裁机构提出。因此该项请求不属于劳动仲裁的范围。

被申请人按照《劳动合同法》第46条、第47条的规定向申请人支付两个月的经济补偿金（而不是赔偿金）伍仟元整。

申请人在被申请人处前15个月的月平均工资为2 500元，工作时间为1年5个月，实际应为一个半月的经济补偿金，出于人道主义考虑，被申请人给予申请人2个月的经济补偿金，但申请人拒绝领取。

综上，被申请人已依约依法解除劳动关系并支付经济补偿金，申请人拒绝领取的行为，不能视为被申请人违法解除劳动关系及未支付经济补偿金。

三、申请人要求支付2015年、2016年年休假工资及额外赔偿金没有事实及法律依据

1. 按法律规定，申请人年休假应为每年5天，而申请人2015年（2015年4月1日—2015年12月31日）实际年休假应是3.76天。考虑到申请人是跨年度休假，准许申请人休5天，并全额支付了5天工资，有考勤记录、工资表为证。

因此，2015年的年休假，申请人实际上多休了1.24天，被申请人已实际向申请人多支付了1.24天的年休假工资。

2. 2016年的年休假，在给出解除通知后，被申请人曾提醒申请人休年假及调休，申

请人拒绝调休。

在最后离职月份工资结算中，将其年假时间视作后期多出勤处理，具体为：

被申请人于2016年8月5日发出劳动关系解除通知，申请人离职交接日期是9月4日（9月份实际上为4个工作日），工资结算为11个工作日（包含2016年年休假5天+调休2天）。

实际上，申请人2016年（2016年1月1日—2016年9月4日）年休假应为3.38天，出于人道主义考虑，被申请人已实际向申请人多支付了1.62天的年休假工资。

综上，2015年、2016年两年被申请人已事实上向申请人多发放了2.86天年休假工资。所以，申请人此项请求是无事实、无法律依据的。

四、申请人要求支付2015年、2016年拖欠奖金没有事实及法律依据

2015年、2016年两年，申请人的销售奖金共计4 350元，被申请人已于2016年1月22日、2016年6月16日分2次全部足额发放，被申请人不存在拖欠奖金问题。

综上所述，申请人的仲裁申请缺乏法律和事实依据，请求仲裁委员会查清事实，依法驳回申请人的仲裁申请，维护被申请人的合法权益。

此致

×××劳动争议仲裁委员会

被申请人：××科技有限公司

20××年××月××日

附件：1. 副本1份；

2. 物证0件；

3. 书证24件。

点评：这是一份完整的仲裁答辩文书，陈述事实理由比较清晰，如（1）申请人请求确认解除劳动关系违法理由不成立，有具体事实；（2）申请人请求被申请人支付赔偿金无法律依据；（3）申请人要求支付2015年、2016年年休假工资及额外赔偿金没有事实及法律依据；（4）申请人要求支付2015年、2016年拖欠奖金没有事实及法律依据。最后依据事实和法律条款，请求法院驳回申请人的仲裁申请，维护被申请人的合法权益。格式完整，所有资料证据均在附件中罗列清楚。

三、仲裁裁决书的概念、特点及案例

（一）仲裁裁决书的概念

仲裁裁决书是仲裁庭对仲裁纠纷案件作出裁决的法律文书。裁决书是劳动争议仲裁机关根据已查明的事实依法对争议案件作出裁决的书面文书。制作裁决书应做到事实表述要清楚，引用法律、法规和政策准确适当。

（二）仲裁裁决书的特点

《仲裁法》第49条规定，当事人申请仲裁后，可以自行和解。达成和解协议的，可以请求仲裁庭根据和解协议作出裁决书，也可以撤回仲裁申请。第51条规定，仲裁庭在作出裁决前，可以先行调解。当事人自愿调解的，仲裁庭应当调解。调解不成的，应当及时作出裁决。调解达成协议的，仲裁庭应当制作调解书或者根据协议的结果制作裁决书。调解书和裁决书具有同等法律效力。第55条规定，仲裁庭仲裁纠纷时，其中一部分事实已经清楚，可以就该部分先行裁决。这些都是制作仲裁裁决书的法律依据。

根据我国仲裁法的规定，仲裁实行一裁终局制度。裁决书自作出之日起发生法律效力，非经法定程序，任何人不得随意变更和修改。当事人就同一纠纷再申请仲裁或者向人民法院起诉的，仲裁委员会或者人民法院不予受理。

（三）仲裁判决书案例

例文分析

中国海事仲裁委员会裁决书

（××）外仲字第 15 号

申请人：中国×××××公司（收货人）

地址：×××南京东路××号

法定代表人：×××，董事长

被申请人：香港××道××路××号

法定代表人：×××，董事长

双方因承运人所运货物发生损失的责任发生争议，协议提交本会仲裁。本会依法受理此案，后根据双方的选定和委托组成仲裁庭，于 20××年 3 月 10 日至 3 月 15 日在北京进行了审理。被申请人申请首席仲裁员回避，本会认为其理由不成立，决定不予准许。申请人申请财产保全后，本会依法提交给××市第一中级人民法院，该法院已裁定冻结被申请人在××的资金 30 万港元。申请人认为货物的损失是被申请人的过失造成的，要求赔偿 30 万港元。被申请人则认为其不应负赔偿责任，理由是货物的损失是不可抗力原因所致。双方都提交了有关证据。

现查明：货物到达××港后，双方交验确认受损货物价值 28 万港元；该货物当时国际市场价格高于合同价格 30 万港元。

仲裁庭认为：货物损失系承运船舶不适合海上航行所致，被申请人的抗辩理由不成立。仲裁庭进行了调解，双方不能达成协议，现作出如下裁决：

被申请人承担全部责任，向申请人赔偿经济损失 290 000 港元。本案仲裁费 5 000 港元，由被申请人承担。本裁决为终局裁决。

首席仲裁员：×××

仲裁员：×××

仲裁员：××

20××年 3 月 15 日（盖章）

书记员：××

附件：略。

点评：此仲裁判决书是一份海事经济损失责任发生争议的仲裁判决书，由于损失保全措施得当，因此仲裁庭审理比较顺利。仲裁庭认为，货物损失系承运船舶不适合海上航行所致，被申请人的抗辩理由不成立，调解不能达成协议，仲裁庭作出终局裁决。

本章小结

在财经运营过程中，参与双方或多方不可避免地会出现种种纠纷，而解决纠纷的方法有三种：协商、诉讼、仲裁。本章主要介绍后面两种解决纠纷过程中使用到的财经应用文体，分别是经济纠纷起诉状、经济纠纷上诉状、经济纠纷申诉状、经济纠纷答辩状、仲裁申请书、仲裁答辩状、仲裁判决书。以上 7 类经济纠纷相关诉讼文书都由标题、状头、案由或事由、诉讼请求、事实和理由、结尾、附项（页）等组成，在细节上，不同的诉讼文书会有些微的不同。

起诉状（诉状），俗称“状子”，分为民事诉状、刑事诉状和行政诉状。经济纠纷起诉状属于民事诉状。经济纠纷起诉状，又称经济诉状，是经济纠纷案件的原告认为自己的权益受到侵犯而向法院陈述纠纷事实、阐明起诉理由、提出诉讼请求的书状。

经济纠纷上诉状是指经济纠纷诉讼当事人或其法定代理人不服人民法院的第一审判决或裁定，依照法定程序，在法定期限内，向上一级人民法院提起上诉，请求撤销、变更原审裁判，或重新审理而提出的诉状。

申诉状，又称申诉书、再审申请书，是指经济案件的当事人或法定代理人，认为已经产生法律效力的判决裁定有错误而向原审人民法院提出申诉，请求复查纠正或重新审理的书状。

经济纠纷答辩状是指被告针对原告的起诉状，或被上诉人针对上诉人的上诉状向人民法院递交的进行辩护、反驳或答复的书状。

仲裁申请书是经济纠纷当事人为保护其合法权益，在与纠纷另一方达成协议后，向仲裁机构提交的要求帮助解决经济纠纷的申请文书。

仲裁答辩书是在经济纠纷仲裁过程中，被申请人针对申请人在仲裁申请书中提出的事项，向仲裁机构做出答复与辩解的文书。

仲裁裁决书是仲裁庭对仲裁纠纷案件作出裁决的法律文书。裁决书是劳动争议仲裁机关根据已查明的事实依法对争议案件作出裁决的书面文书。

关键术语

经济纠纷上诉状　　仲裁申请书　　仲裁答辩状　　仲裁判决书

经济纠纷申诉状

习　题

一、名词解释

1. 经济纠纷起诉状
2. 经济纠纷上诉状
3. 经济纠纷申诉状
4. 经济纠纷答辩状

二、简答题

1. 经济纠纷起诉状的结构包括哪些内容？
2. 经济纠纷上诉状写上诉理由，通常可以从哪些方面考虑？
3. 经济纠纷申诉状的写作有何注意事项？
4. 起诉状、上诉状、申诉状有何区别？

三、写作题

自拟案由撰写一份经济上诉状。

第十六章

财经学术论文

本章要点

1. 了解财经学术论文的相关定义、分类及特点；
2. 明确财经学术论文的选题、材料搜集以及取舍；
3. 掌握财经学术论文的写作结构和写作方法；
4. 剖析本科毕业生学位论文。

导入案例

学位论文写作就像房地产楼盘开发

一个好的房地产开发楼盘需要精心策划，楼盘的名称就充满着商业价值和投资价值，如“兰亭山水”“威尼斯水城”等名字就很赫亮，就像做学术论文选题。好的选题，往往是学位论文成功的一半。搞房地产开发，是从地质勘探开始，要进行市场环境调研，再到楼盘建成竣工验收，是一个独具匠心的过程，也就是酝酿主题的过程。设计省工省料，造价低廉，造型美观，独树一帜，再加上开发地块有山有水，那便是许多投资买房人的首选。现代房地产开发，需要备好各种材料，除了钢筋水泥这些大宗采购，其他原材料也需要知道什么时候需要运送到建筑工地，这是房地产开发项目的保障，这就是搜集写作素材。无论开发的是都市高楼大厦，还是乡村别墅，都需要有开发计划方案，也就是制订写作计划。你是采用现场施工的传统做法，还是现代创新的模式，需要核算成本。如采用工厂化生产，现场板块组合；采用 3D 打印技术，将楼盘直接呈现在开发地块；采用新材料，保温隔热，冬暖夏凉……这些与众不同的新工艺、新做法，差不多就是我们的学术论文的创新创意。按照房地产开发的相关法律要求去做，也就是我们学术论文的写作规范。楼盘外观环境的优美，内在设置的人性化，冬日采光的舒适度，靠的是与时俱进的设计，优良的施工，先进的方法，也就是学术论文的理论、数据、案例的支撑，提出、分析、解决问题的方式方法……

第一节 财经学术论文的相关定义及特点

一、论文及学术论文的定义与分类

(一) 论文的定义

论文就是讨论某种问题或研究某种问题的文章。它的外延是文章，其内涵是讨论问题和研究问题，因此，它是一种说理文章。这里要着重理解“讨论”和“研究”，这是论文的本质属性。论文一般要求有论点、论据、论证过程；论文需要有理论分析、数据分析、案例分析等；论文需要有支持论文观点的材料和个人见解等。古典文学常见论文一词，谓交谈辞章或交流思想；当代，论文常用来指进行各个学术领域的研究和描述学术研究成果的文章。

(二) 论文的分类

按照论文本身探讨的内容和性质不同，以及写作规律和特点的不同，或研究领域、对象、方法、表现方式的不同，有不同的分类方法。按照论文的研究对象和功能分类，论文可分为综合型、论辩型、综述型和专题型 4 大类：

(1) 综合型论文。这是一种将综述型和论辩型两种形式有机结合起来写成的一种论文。

(2) 论辩型论文。这是针对他人在某学科中对某一学术问题的见解，凭借充分的论据，着重揭露其不足或错误之处，通过论辩形式来发表见解的一种论文。

(3) 综述型论文。这是在归纳、总结前人或今人对某学科中某一学术问题已有研究成果的基础上，加以介绍或评论，从而发表自己见解的一种论文。

(4) 专题型论文。这是在分析前人研究成果的基础上，以直接论述的形式发表见解，从正面提出某学科中某一学术问题的一种论文。

(三) 学术论文的定义

学术论文既是探讨问题进行学术研究的一种手段，又是描述学术研究成果进行学术交流的一种工具。学术论文是某一学术课题在实验性、理论性或观测性上具有新的科学研究成果或创新见解的知识和科学记录；或是将某种已知原理应用于实际中取得新进展的科学总结，用以在学术会议上宣读、交流或讨论，或在学术刊物上发表，或作其他用途的书面文件。

在社会科学领域，人们通常把表达科研成果的论文称为学术论文。学术论文应提供新的科技信息，其内容应有所发现，有所发明，有所创造，有所前进，而不是重复、模仿、抄袭前人的工作。

(四) 学术论文的基本分类

1. 按研究的学科分类

按研究的学科，可将学术论文分为自然科学论文和社会科学论文。每类又可按各自的门类进行细分。如社会科学论文，又可细分为文学、历史、哲学、教育、政治等学科论文。

2. 按研究的内容分类

按研究的内容，可将学术论文分为理论研究论文和应用研究论文。理论研究论文重在对各学科的基本概念和基本原理的研究；应用研究论文侧重于如何将各学科的知识转化为专业技术和生产技术，直接服务于社会。

3. 按写作目的分类

按写作目的，可将学术论文分为交流性论文和考核性论文。交流性论文，目的只在于专业工作者进行学术探讨，发表各家之言，以显示各门学科发展的新态势；考核性论文，目的在于检验学术水平，成为有关专业人员升迁晋级的重要依据。

4. 评审所需学位论文

评审用的学位论文，是表明作者从事科学研究取得创造性的结果，或学习到了一定阶段，需要对以往的学习效果进行检验，或产生新的见解，并以此为内容撰写而成、作为提出申请授予相应的学位时所需论文。它是学术论文的一种，是在导师指导下完成的、需要参加学位委员会组织的专场答辩用的论文，具体可分为以下 3 种：

(1) 学士学位论文应能表明作者确已较好地掌握了本门学科的基础理论、专门知识和基本技能，并具有从事科学研究工作或担负专门技术工作的初步能力。学士学位论文的写作，毕业生需要研读所写领域 40 篇以上的参考文献和资料，并在导师的指导下完成所研究领域或方向的学位论文，字数一般在 7 000～10 000 字。

(2) 硕士学位论文应能表明作者确已在本门学科上掌握了坚实的基础理论和系统的专门知识，并对所研究课题有新的见解，有从事科学研究工作或独立担负专门技术工作的能力。硕士学位论文的写作，需要研读 80～100 篇的参考文献和资料，在导师的指导下完成 3 万～4 万字的论文。

(3) 博士学位论文应能表明作者确已在本门学科上掌握了坚实宽广的基础理论和系统深入的专门知识，并具有独立从事科学研究工作的能力，在科学或专门技术上做出了创造性的成果。博士学位论文的写作，需要做长时间的文献、资料和相关知识的准备，一般需要阅读 200 篇左右的著作和文献资料，一般要完成 8 万～10 万字的论文。

5. 写作财经学术论文时常见的几种结构形式

(1) 并列式结构。

又称平列式结构或横式结构。其特点是围绕中心论点划分为几个分论点和层次，各个分论点和层次平行排列，分别从不同角度、不同侧面论证中心论点，使文章呈现出一种多管齐下、齐头并进的格局。

(2) 递进式结构。

又称推进式结构或纵式结构。其对需要论证的问题采取一层深于一层的形式安排结构，使层次之间呈现一种层层展开、步步深入的逻辑关系，从而使中心论点得到深刻透彻的论证。

(3) 混合式结构。

也称并列递进式结构或纵横交叉式结构。有些论文的层次关系特别复杂，不能只用一种单一的结构形式，需要把并列式和递进式结合起来，形成一种混合的结构形式。采用混合式结构，又有两种形式：一是在并列的过程中，在每一个并列的面上，又展开递进（并列中的递进）；一是在递进的过程中，在每一个递进层次上，又展开并列（递进中的并列）。这种方法比前两种更复杂，也更难掌握。

二、财经学术论文的定义及其特点

(一) 财经学术论文的定义

财经学术论文是学术论文的一种，是用来研究财经领域中的问题，并描述财经活动中的研究成果的文章。财经学术论文主要运用逻辑思维，通过说理辨析、推理论证，阐明客观财经活动的某些本质和规律。它是在专门对社会财经活动、现象进行深入研究的基础上，以议论的方式提出作者见解、探讨经济规律，并将研究成果用于指导经济工作实践的学术性文章。

（二）财经学术论文的特点

对于财经院校毕业或从事财经工作的人员，撰写财经学术论文是常有的事，而且都是在调研以后，即积累以后才开始财经学术论文写作的。财经学术论文的写作是衡量一个毕业生在某个学业阶段或财经工作岗位学术水平和科研能力的重要标志。在财经学术论文的写作中，选题与选材是头等重要的问题。一篇财经学术论文不仅要注意写作技巧，而且要注意研究工作本身，所选择的课题是否具有应用价值、实用价值和创新价值，并在这个特定主题下选择什么典型材料来表述具有更高经济价值的研究成果。科学研究的实践证明，只有选择了有深度意义的课题，才有可能收到较好的研究成果，写出较有价值的财经学术论文。财经学术论文一般具有以下四大特点：

1. 理论性

财经学术论文重点在议论，或立论与反驳，力求论点中肯、论据充足、论证严密、以理服人。财经学术论文是对经济社会现象、存在的问题进行理性的分析研究、总结与概括，把经济工作实践的感性认识上升为理性认识，因而具有浓厚的理论色彩，往往体现为在前人研究的理论基础上发扬光大获取的进展。

2. 科学性

财经学术论文是在深入研究的基础上，以科学的态度实事求是地揭示财经活动中的矛盾、揭示财经工作的规律，正确地指导财经活动和财经工作，注重研究方法的科学性和严谨性，并与时俱进地采用最先进的技术手段进行论证，因此，财经学术论文具有科学性。

3. 创新性

优秀的财经学术论文都会体现作者的独到见解。创新是财经学术论文的生命和价值所在。没有创新，财经学术论文就不可能独立存在。创新不仅要求发现某一经济现象，而且要求是那个领域理论的重大创新和发展。创新并非都是发明创造，凡在从事经济研究过程中有所发现，或在别人学术论文的基础上有所发展，都是创新。

4. 实用性

财经学术论文要研究客观经济发展，要使研究的结果成为人们从事财经工作的指南，就必须使论文能够结合专业实际，解决财经工作中的实际问题，具有一定的实用、推广价值。

下面选取的是一篇财经院校本科毕业生的学士学位论文，以供学生学习写作参考阅读。

例文分析 **广东×××网络科技有限公司服务营销问题及对策（摘要）**

学生姓名：××

指导教师：××

摘要

随着网络技术和企业电子商务习惯的发展，网络营销服务已经成为我国服务业的重要组成部分。网络营销的快速发展带来了许多商机，为中小网络营销服务商提供了更广阔的市场空间。但是由于买方市场趋于细分和多元化，消费需求行为趋于个性化和合理化，产品均质化趋势加强，同时中小网络营销服务商自身存在规模小、实力弱、产品单一、管理不规范等问题，因而很难与大型服务企业竞争，从而也导致了我国中小网络营销服务企业成长性弱、死亡率高，迫使中小网络营销服务商更加注重企业自身的服务营销。

本文以广东×××网络科技有限公司（简称×××网络科技）为研究对象，采用理论与实践相结合的方式，对微管家网络科技的服务营销进行了研究分析，对其存在的问题总结出相应的对策，更好地完善微管家网络科技的服务营销。同时，也有意通过本文的研究，为其他中小网络营销服务商，提供有价值和有借鉴意义的经验。

关键词：电子商务，服务营销（英文略）

1　绪论

1.1　研究背景

进入21世纪后，中国互联网应用市场一直保持着较高的发展速度，2015年12月，中国互联网信息中心统计数据显示，2014年中国网民已达6.49亿，手机网民5.57亿。2015年3月5日，第十二届全国人民代表大会提出制订“互联网+”行动计划。网上的巨大消费群体以及部分企业的商务习惯逐渐向网络化发展，网络营销已经成为企业获取竞争优势、实现企业持续发展的重要手段，部分中小企业纷纷涌入相对生僻的网络营销领域，而网络营销服务公司也在这种背景下应运而生。网络营销服务公司能很好地帮助中小企业突破在网络营销的应用上出现的各种困境，因此有足够的市场动力促使网络营销服务行业做大做强，市场前景广阔。基于上述情况，结合所学专业和实习情况，本人做了这样的选题。

1.2　研究意义

网络营销服务公司在中小企业的网络营销发展过程中担任着重要的角色，是推动中小企业网络营销发展，帮助企业升级转型的强劲动力。消费者日益成熟的购买行为以及市场经济的特点，促成了买方市场的形成，服务营销很好地弥补了网络营销服务公司在传统的营销理念指导下的不足。在服务营销思维下，网络营销服务商表现出更注重从客户的利益出发，通过提高客户满意度、获取客户忠诚以促使重复购买成为可能，赢得更多的市场机会。总体来看，网络营销服务公司贯彻的服务营销理念，符合企业长远的发展需要，也是未来要面对的核心问题。本文所研究的目的就是帮助广东×××网络科技有限公司突破制约服务营销发展的瓶颈，推动公司服务能力的进一步提升，为其经营者决策提供有价值、具有借鉴意义的帮助和经验。

1.3　国内外研究现状及发展趋势

1.3.1　国外研究现状

1960年，美国密歇根州立大学教授杰罗姆·麦卡锡（Jerome Macarthy）在《基础营销学》中提出了营销4P组合理论，把营销过程概括为产品（product）、价格（price）、渠道（place）、促销（promotion）。1981年，布姆斯（Booms）和毕纳（Bitner）在麦卡锡4P营销组合的基础上进行了深入研究，首次将服务营销概念融入市场营销过程中，增加了人员（people）、有形展示（physical evidence）和过程（process），这就是服务营销7P组合策略。

1985年，在所罗门等人撰写的《二元互动的角色理论总览：服务接触》中重点讲述了服务接触中的关键部分，他们认为服务提供者和服务获取者间的双向互动过程直接影响服务获取者对所消费的服务项目的整体满意度评价 [1]。这篇文章表明学者们对“服务营销”的研究又上升到了一个新的高度。

2009年，比尔（Bill）和戴维（David）在《没有服务才是最好的服务——如何构建低耗高效的优秀客户服务体系》中提出7条服务基本准则，解释了“没有服务才是最好的服务”的服务理念，包括准确获取服务需求、高效沟通、引导客户进行自助服务、服务积极热情、方便的沟通、高效的问题处理机制、根据客户反馈进行服务整改等［2］。

1.3.2 国内研究现状

高冰（2015）在《新形势下的服务营销研究》一文中论述了服务营销是传统营销理论的进一步延伸，也是企业在发展中的创新点和突破点，在当今同质产品越来越多的市场中，顾客更侧重的是企业能为其提供的服务［3］。

巫祖业（2015）在《互联网服务企业营销的手段变化探讨》中就互联网服务企业营销手段变化进行了探讨［4］。

杨洋（2015）在《服务营销中“顾客参与”研究之回望与前瞻》中提到，随着服务业的快速发展，国内学者对服务的研究越来越深入，“顾客参与”逐渐成为研究的焦点，探讨了“顾客参与”的概念界定及顾客参与对顾客满意的影响［5］。

1.3.3 发展趋势

目前，国内服务业迅猛发展，其产值占GDP的比重已升至50.5%。经济的持续增长，必然会使服务业在国民经济中的地位得到进一步提高，在未来，服务营销必将成为我国市场营销的主流思想。企业要想提高市场份额，就必须想办法在营销理念上寻求突破，将服务理念与企业实际市场营销活动相结合，从消费者的实际需求出发，为消费者提供有价值的服务，提高客户忠诚度，获取竞争优势。

1.4 本文研究内容及方法

1.4.1 研究方法

（1）文献分析法。

（2）定性与定量结合分析法。

（3）问卷调查法。

1.4.2 研究内容

第一章，绪论部分。第二章，介绍了支撑论文研究的相关理论基础。第三章，国内服务营销现状。第四章，分析×××网络科技有限公司在有形展示、个性化服务、顾客参与、服务后期这四个方面存在的问题。第五章，针对第四章提出的问题，结合本人所学知识给出相应的解决对策。第六章，结语。

2 相关理论基础

2.1 服务与网络营销服务商

著名营销学家科特勒认为：“服务是一方能够向另一方提供的以无形性和不导致任何所有权转移为基本特征的行动或表现。它的生产既可能与某种有形产品相关联，也可能与之毫无关系。”虽然学者对服务的定义有很多种，经过大量的讨论论证，总结出了服务的共性：无形性、不可分离性、差异性以及不可储存性。

网络营销服务商是为有发展网络营销需求的企业提供技术服务支持的机构的总称，通过结合企业实际情况进行行业分析，提供科学合理的网络营销方案，利用自身的网络资源与技术优势保证方案的有效实施，帮助企业打破传统的营销模式，为企业创造新的价值。同时网络营销服务商还肩负着方案实施后的服务跟踪，保证所实施方案确实有效。

2.2 服务营销

服务营销是指以满足客户需求为前提，通过采取一系列营销活动来提高商品和服务的价值，实现客户满意度最大化的行为总和。

服务营销7大因素的描述被归纳为产品、价格、渠道、促销、人员、有形展示和过程，这就是服务营销7P组合策略。同时服务营销还具有供求分散、营销方式单一、营销对象复杂多变、消费者需求弹性大、服务人员的技术要求高这五大特性。

2.3　波特竞争理论

哈佛大学商学院研究院著名教授迈克尔·波特（Michael Porter）所提出的竞争优势理论包含“五种力量”和“三类战略思想”，认为在与五种竞争力量的对抗中，蕴含着三类成功型战略思想，并在所著的《竞争战略》一书中将其阐述为总成本领先战略、差异化战略、专一化战略［6］。

2.4　服务质量差距模型

差距1：管理者认识差距，指管理者对期望质量的感觉不明显。

差距2：质量标准差距，指服务质量标准与管理者对质量期望的认识不一致。

差距3：服务传递差距，指服务产生和交易过程中员工的行为不符合质量标准。

差距4：服务沟通差距，指营销沟通行为做出的承诺与实际提供的服务不一致。

差距5：感知服务质量差距，指感知到或经历的服务与期望的服务不一致。

服务质量差距模型是1985年由美国营销学家帕拉休拉曼（Parasuraman）、赞瑟姆（Zeithamal）和贝利（Benny）提出的，简称5GAP模型，其核心思想在于客户差距，也就是客户期望和客户感知的服务之间的差距。5GAP模型的中心思想在于减少期望服务与感知服务间的差距，实现客户满意度最大化。

3　国内服务营销现状

3.1　我国中小网络营销服务商服务营销发展现状

21世纪初，网络营销服务仅仅作为服务业的一个小分支存在，在整个服务业中占据的比重很小，但随着网络技术在中国20年来的发展，这个行业的规模已不容小视，服务产品从早期单一的软硬件支持到如今的网络营销全程服务，从单一的IT行业到所有行业，网络营销的服务范围也越来越广，特别是近几年云计算和大数据在各行各业的应用，无不证明着网络营销服务商肩负着推动网络营销服务以及网络营销在各行业健康快速发展的使命。

在这种情况下，IBM、惠普等大型国外IT服务公司无不重新审视这一领域，逐渐加大投资力度。东软、浪潮、中企动力、中软、索象中国等国内服务商也占据一定的市场份额，这类大型服务商对服务营销的运用相对成熟，大多拥有符合企业自身的服务营销系统。由于技术要求相对较低（除云计算与大数据外），市场上中小型网络营销服务商的数量在近几年里不断增加，所占的份额高达62%，但相对大型服务商来说，这类企业服务营销理念并不那么强，即使是同类型的服务，不同服务商的服务水平也有很大的差别，服务水平参差不齐。

3.2　×××网络科技有限公司服务营销现状

×××成立于2010年，原名×××电子商务有限公司，是国内发展较早、服务网络广的信息化服务商，是一家为企业提供一站式电子商务解决方案的创业型网络营销服务公司，以打通商家线上线下渠道、塑造品牌新形象、实现企业全网营销为己任，被评为广东地区2014年极具价值电商服务机构。

2015年，×××电子商务有限公司经过四年多的发展，正式更名为广东×××网络科技有限公司，注册资本1 000万元。创立至今，×××网络科技在服务产品设计和服务流程改进上不断创新，开发出具备了自有知识产权的O2O服务系统，并已成功应用于不同行业，实现了方案的完美落地。到2015年末，×××网络科技有限公司在珠三角地区服务的企业达到数百家，并成为多家上市企业的战略合作伙伴。

经过四年来的发展，×××网络科技已经形成一套自己的服务系统。整套服务系统分为前端和后端两个部分，前端由市场部与售后服务部门组成，作为“客户直接接触点”存在，市场部通过多种渠道媒介对公司服务进行宣传和市场推广，在服务营销理念的指导下，负责客户的售前咨询、收集客户需求、价格谈判等，售后服务部门负责售后各项工作对接，因此前端工作到位程度直接决定了客户满意度能否最大化，也代表着公司的形象。后端作为服务营销技术支持部分而存在，它处于整套系统的后台，负责根据客户需求进行服务产品设计和开发工作。作为服务提供的支撑部分，×××网络科技有限公司在后端团队的建设上投入了大量的时间和财力，保证高素质的人员配备，对服务方案落地的质量至关重要，因此×××网络科技根据自身发展需求，与珠三角地区五所高校签订人才输送计划，为企业提供了优质的互联网人才，并对员工进行定期的团队培训。

3.3 ×××网络科技服务质量调研

2016年1月，本人在售后部门的帮助下，以2015年服务过的部分客户为对象，进行随机抽样，针对×××网络科技可能存在的若干问题，进行问卷设计，展开问卷调查以采集一手数据。本次问卷主要分为基本情况和客户对×××网络科技服务质量的实际感知情况两大部分。问卷共发放80份，成功收回74份并均为有效问卷，有效率为92.5%。

(1) 基本情况分析。

基本情况调查部分主要调查调查对象所属的行业、公司成立时长、网络营销对于公司发展的必要程度、选择服务商的标准四个问题。

最终收到的有效问卷，显示调查对象行业分布情况为建筑建材业4.05%（3个）、信息产业2.70%（2个）、制造业18.92%（14个）、批发零售业16.22%（12个）、住宿餐饮业33.78%（25个）、金融业5.41%（4个）、房地产业2.70%（2个）、文化体育和娱乐业10.81%（8个）、其他5.41%（4个）。在选择服务商的标准上，20.27%（15个）注重的是价格，21.62%（16个）注重的是技术，58.11%（43个）注重的是服务，可见服务在这个行业中的重要程度。

(2) ×××网络科技服务质量的实际感知。

调查结果显示，客户对于×××团队配备的实际感知水平高于预期的占44.60%，材料视觉吸引性13.52%，服务态度77.02%，销售、售后人员专业性18.91%，客户需求理解程度47.29%，个性化服务水平17.58%，问题处理效率31.09%，履约能力86.49%，顾客让渡价值水平35.14%。

(3) 分析总结。

从以上分析结果可知，×××网络科技在团队配备方面专业而健全、能秉承“顾客至上”的服务态度、准确地把握客户的需求，并有较高的履约能力。当然，×××网络科技在有形展示（视觉的吸引性）、与顾客沟通过程中，人员的专业水平还有待提高，个性化服务水平、问题处理的效率还有待提高，在提高顾客让渡价值上还要再下功夫。

4 ×××网络科技服务营销存在的问题

4.1 企业有形展示环节不到位

×××网络科技提供的网络营销服务是无形的，在接受企业的服务之前，客户对其感知主要来源于服务产品的有形展示。和绝大部分服务一样，有形展示对客户的第一感知起决定性作用。相关研究表明当有形展示给客户带来了不良认知后，一旦这种认知形成将很难通过后期措施补救，并且这种不良印象将一直影响客户对企业所提供的服务的判断。有形展示的内容包括一切有助于客户建立良好认知的实物，良好的有形展示可以帮助建立起良好的企业形象以及品牌价值，反之则会影响客户对企业产品、服务的判断，影响企业与客户之间的合作。

从有形展示的角度分析，×××网络科技恰恰疏忽了有形展示过程的管理，即没有特别打造公司企业识别系统，也没有注重×××网络科技的品牌建设。品牌建设还处于最底层的品牌知名阶段。×××网络科技作为一个网络营销服务商，理应具备网络营销服务血统，但至今仍没有亲自运营起来的知名度较高的网络平台，不能从根本上改变消费者只能从“广东×××网络科技有限公司”中的“网络科技”四个字眼了解到这是一家网络营销服务公司的品牌认知现状。

4.2　企业个性化服务水平不高

×××网络科技目前的两大支柱业务为网站建设及微信开发业务，两项业务占总收入的比值高达73.4%，平面设计业与商业拍摄各占18.3%和7.1%。作为支柱业务的这两个服务产品所对应的目标市场范围较为广泛，缺乏针对不同市场需求的服务产品。在如今的服务市场，同质服务泛滥，虽然目标市场较大，但由于技术水平较低，在没有行业壁垒的情况下，将会涌入大批竞争者，造成恶性的价格竞争，服务利润急剧下滑。×××网络科技服务产品数量较少，即使客户认可企业的服务，但由于企业所能提供的服务有限，也很难产生交叉购买，因此企业抗风险能力将明显低于服务产品较多的服务商。

技术性人才的缺失，让创新能力成为制约×××网络科技发展的一大难题。由于网络营销服务与行业结合得非常紧密，而行业应用又非常多样，不同行业的服务应用都具有一定的差异性。因此，服务越能与行业特点相结合，则服务将越容易被顾客所接受。×××网络科技所提供的服务，不能很好地满足客户的个性化需求，面对需要定制化开发或难度较大的项目，并不具备相关要素，从而失去了许多珍贵的市场机会。因此出现创新能力不足、无法及时满足客户需求的变化、仅仅依靠两种技术水平较低的服务产品来应对日益剧烈的市场竞争的情况。

4.3　企业服务营销客户参与度低

我国中小企业的网络营销仍处于起步阶段，大部分传统企业还没有真正将其投入到实际的营运之中，在网络营销的理解程度、服务开发设计过程的参与程度、应用水平等方面远远低于发达国家。并且这部分客户过于超前，认为只要投入成本购买了企业的服务，企业便应解决客户所有的问题，对它寄予非常高的期望，把网络营销服务商所提供的服务作为企业应对互联网时代的最后一道防线，而极少参与到整个开发过程之中。

由于没有积极地对客户进行引导，×××网络科技与客户沟通主要集中在售前沟通与项目验收两个环节之间，服务开发过程沟通较少，整个服务过程客户的参与程度极低。最后导致的局面是企业所提供的服务并不符合客户需求，又或者所提供的服务并没有达到客户过高的服务期望，并将出现这种服务结果的责任全部归结在企业身上。这在极大程度上降低了客户满意度，在尾款回收上将需要付出更高的时间成本，最后造成了双输的局面。

4.4　企业服务营销后期支持欠缺

售后服务支持作为服务企业市场营销的关键环节之一，对实现客户满意度最大化具有深远的意义。×××网络科技虽然已经建立了一套基本的售后服务体系，但也存在以下缺点：

(1) 当某个项目开发完成后，×××网络科技会指派专门的技术人员上门服务，与客户指定的负责人对接，并对相关人员进行培训。但遇到技术人员开发任务繁重、客户临时有事以及天气等不可抗力因素时，培训往往会被推迟。对于离公司较远的客户，更加大了公司的人力、时间成本。

(2) ×××网络科技向客户承诺7×24小时电话支持，5×8小时网络支持，但在售后技术服务上，客户依然会反映反馈速度慢、程序比较烦琐，经常一个电话要转接多次并存在互相推诿的问题，不能快速有效地处理客户投诉及服务使用过程中产生的问题，降低客户满意度，损害了企业象形。

(3) 没有定期对老客户进行回访。对×××方面，将项目交付给客户，并对其完成培训，就代表本次合作的结束；但对大型服务商而言，项目的交付与培训并不代表销售的结束，而是另一次销售的开始。同时也没有将服务产品与技术更新的信息第一时间传递给客户。×××网络科技也因此失去了较多的市场机会。

5 ×××网络科技服务营销问题的对策

5.1 增强品牌形象有形展示

由于服务产品的无形性，决定了×××网络科技的服务水平不容易被客户感知到，也不容易产生良好的品牌认知。所以必须发挥有形展示对无形服务的辅助作用，利用视听等感官刺激，将企业的营销信息传递给客户，使客户产生初步的印象以及信任感。例如，公司的整体氛围应该蕴含网络气息，画册、彩页等的设计要注重服务特性、优势的体现，最大限度地激发客户的购买欲望。

×××网络科技的员工，特别是直接与客户接触的销售人员，更应积极主动，从言谈举止之间，向客户传递企业的形象和服务理念。出于这种考虑，×××网络科技应在员工着装上下功夫，例如必须佩戴工作证、服装不要过于休闲等；定期对销售人员进行培训，提高销售人员的服务水平，以保证他们在面对客户的不同需求时，能以周到热心的态度、专业的服务水平，提供符合客户实际需求的服务方案，提升服务的价值，增加客户对企业的信任度，最终打动客户，促成交易。在信息爆炸的时代，客户获取信息的渠道越来越多，互联网渠道是当前背景下的主流方式，×××网络科技应将企业的网络平台进行改版上线，并通过网络推广手段，促进客户对服务产品的了解。一方面运营门户型自媒体平台(微博、微信公众平台)，通过网络营销手段，提高品牌知名度；另一方面利用自身的资源优势，通过58同城、百度等城市合作商推广自己的品牌，同时在改版后官方网站上提供服务的短期使用，即服务体验。

在客户产生第一印象后，×××网络科技应该继续采取相应的有形措施，帮助客户了解×××网络科技的服务产品，其中很重要的一项措施就是演示。这一环节在一定程度上决定了客户是否购买企业的服务。×××网络科技应向一线销售人员提供各项服务产品的后台测试账号，并定期对销售人员进行后台使用培训，让其在客户面前结合开发方案进行演示时更加得心应手，丰富、精彩的演示更容易打动客户，获取客户的信任。

5.2 提高个性化客户服务能力

×××网络科技目前的服务产品主要是网站建设、微信开发、平面设计、商业摄影。但自2015年第一季度开始，网站建设、微信开发两大服务开始走下坡路，网站建设的销售额从第一季度的179 200元一路下跌至第四季度的94 200元，微信开发服务的销售额也从第二季度的128 800元一路下跌至第四季度的98 000元。

×××网络科技下一步应集中手中资源，加大对技术型人才的吸收，发展云计算、软件开发业务，增加服务产品数量，为客户提供丰富的服务产品。规模化的发展有利于充分整合企业人力资源，发挥成本优势，在复杂多变的市场中，提高抗风险能力，形成以技术为核心企业的核心竞争力，获取竞争优势。同时使×××网络科技和客户之间的合作上升到一个比较高的层次，使服务产品的交叉销售成为可能，实现×××网络科技和客户的双赢局面。

核心竞争力部分，×××网络科技一定要加大力度培养，它是企业个性化服务的根本。因为随着电子商务习惯和网络营销理念日益被企业所接受、一站式网站建设系统以及腾讯政策的逐渐放开，一些个人团队、小型工作室开始注意到这块市场，并已经陆续进入市场、瓜分市场份额，行业壁垒被打破。这两大业务销售额已逐渐走下坡路，其利润率在不断下降。

在实际的市场运作中，不同的行业客户对网站建设、微信开发表现出了较大的需求差异，例如餐饮、日用品百货和服务业对会员系统、在线支付等模块的设计要求较高，而制造业、耐用品销售行业的开发需求则偏向于在线客服、售后服务跟踪模块。这就要求×××网络科技必须具备个性化服务的要素，能够根据客户个性化的需求进行定制开发，深度结合客户的行业特点，打造高性价比的网络营销解决方案，并与其技术团队及时沟通，实现最终的功能。否则客户最终会选择能满足他们个性化需求的服务商。因此，想要在竞争中处于领先的位置，就要不断地满足客户的个性化需求，并向用户提供满意的服务，准确细致的市场细分、需求分析，提高个性化服务能力是网络营销服务商获取竞争优势的必然选择。

目前，×××网络科技的主要业务核心处于网络营销服务价值链的下游，致力于企业网络营销服务的基础搭建，对于需求趋于成熟的客户而言，他们需要的已经不仅仅是拥有一个网络营销平台，他们考虑的是更深层次的平台推广与运用问题，以及平台能否为企业带来实际价值。×××网络科技须紧紧把握住客户的需求变化，深度挖掘网络营销服务整个价值链的价值，整合上下游资源，提供网络营销推广服务，将全网营销推广方案作为一项增值业务捆绑于平台搭建业务上，或通过促销手段赠予客户，力求服务价值的最大化，缩短服务差距模型中的“质量标准差距”和“感知服务质量差距”，提高客户满意度。

5.3　大力整合服务营销沟通

顾客满意度源于企业某种产品或服务的实际感知与客户期望的差距，它是一种心理状态。当客户对服务的期望值过高，而实际上感知的服务质量偏低时，客户心理上就会表现为不满意。反之，顾客对服务的期望值趋于合理，实际感知与期望之间相差不远，那么客户将表现为满意。×××网络科技应从第一次业务开始，便帮助培养合理的服务期望。让客户参与到服务产品的开发过程中来，直到服务项目结束，如利用头脑风暴、德尔菲法等共同制订方案。改变客户“所提供的服务应该解决公司所有营销问题，想以超低的成本获取超值的服务效果，并且在短时间内得到高额的收益，对它寄予过高的期望，把所提供的服务作为企业应对互联网时代的最后一道防线”的错误预期。网络营销，作为企业市场营销的一部分，只能作为一种辅助工具，它对企业整体市场营销的贡献是需要时间积累的，并随着时间的推移效果将会越来越显著，无法做到短期内便扭转企业亏损或业绩下滑的局面。帮助客户培养合理的服务预期，能有效地减少客户实际感知与服务预期的差距。

产品和服务必须始终以客户为中心。×××网络科技应建立以客户为中心的服务观念：一方面，服务提供商开发的产品应以满足客户的需求为前提；另一方面，需要根据客户的要求和建议，及时提供相应的服务，从而使客户的需求得到最大程度的满足。在实际的服务过程中，应把客户当作伙伴，并经常保持与客户的有效沟通，从而直接快速地了解客户的需求意图和需求变化；在服务的发生过程中，增加相互交流，使客户积极参与到服务产品的改进、设计或生产等过程中来。这样不仅使公司的服务更符合市场需求，也大大缩短了服务的开发周期，使企业服务的价值得到最大程度的提升。

5.4 强化市场营销服务后期支持

服务经过验收后交付给客户，并不代表着服务的结束，它是跟进与跟踪服务的开始。服务营销中的服务并不是静态的，而是一个动态过程，它贯穿于企业市场营销全过程，特别是动态的售后服务，做好这一环节往往能为企业带来相当高额的回报。当今的消费者不仅看重服务是否能满足其需求，更注重企业能否为其带来超值的附加服务，提高售后服务水平已成为网络营销服务商发展的一种趋势。×××网络科技应该从以下三个方面来完善自己的售后服务体系：

(1) 项目验收后的技术培训服务应更具灵活性，对不同地域的客户采用不同的服务方式，距离公司较近的客户，提供上门培训服务。

(2) 对于技术支持服务，×××网络科技可以建立科学的问题反馈系统，客户在系统中反馈问题后，负责该项目的开发人员将会第一时间收到反馈系统的通知，并及时有效地解决问题，给客户提供满意的处理结果，实现客户与关键人员的直接对接，既减少了客户与技术部门的中间沟通环节，又提升了问题的处理效率。

(3) 售后回访方面，现代服务营销中的服务应该是具备动态性的，企业与客户之间的服务不应只局限于单向性传递，更要认识到服务的双向性，企业根据客户需求提供让客户满意的服务，而需求得到满足的客户又会向企业提供有价值的信息服务。×××网络科技应向业内大型服务商学习，定期对服务过的客户进行回访，将技术升级后的服务产品第一时间传递给客户。

6 结论

随着网络技术的进一步发展，网络营销逐渐被众多企业所接受，为诸多中小网络营销服务商的发展带来了空前的市场机会。与业界巨头相比，中小网络营销服务商还存在服务水平整体偏低、高素质人才缺失、服务系统不完善这些劣势，一方面要面临市场新进入者的竞争威胁，另一方面还要抵挡来自行业巨头的冲击。但只要中小网络营销服务商避开劣势，充分发挥自身的优势，定能开拓出属于自身的市场。

因此，中小网络营销服务商要以客户为中心，首先要及时准确地掌握客户的需求变化，提供满足客户实际需求的服务；其次要加大高素质人才的培养力度，提高个性化服务水平以及个性化服务能力，加强整合服务营销沟通与售后环节；最后要通过出色的服务赢取客户的信任，提高客户满意度，增强市场竞争力。

参考文献

[1] 所罗门. 二元互动的角色理论总览：服务接触. 市场营销月刊，1985.

[2] 比尔·普赖斯，戴维·贾菲. 没有服务才是最好的服务——如何构建低耗高效的优秀客户服务体系. 北京：机械工业出版社，2009.

[3] 高冰. 新形势下的服务营销研究. 商场现代化，2015 (8).

[4] 巫祖业. 互联网服务企业营销的手段变化探讨. 经济技术协作信息，2015 (5).

[5] 杨洋. 服务营销中"顾客参与"研究之回望与前瞻. 佛山科学技术学院学报：社会科学版，2015 (3).

[6] 迈克尔·波特. 竞争战略. 北京：华夏出版社，2005.

[7] Tamar Weinberg. The New Community Rules：Marketing on the Social Web. US：O'Reilly Media Inc，2009（7）.

[8] 贝克·哈吉斯. 梦想生意：网络营销时代最佳创富工具. 北京：中国青年出版社，2010.

[9] 菲利普·科特勒，凯文·莱恩·凯勒. 营销管理. 上海：上海人民出版社，2006.

附录：问卷调查（略）。

点评：这是一篇比较完整的本科毕业生学士学位论文。该论文能够结合所学专业和实习实际选题并撰写，论文有一定的学术价值和应用价值。论文脉络清晰，结构严谨，有一定的理论、数据调研支撑，分析举证有力，语言流畅，达到本科毕业生论文写作水平。

第二节　财经学术论文的写作准备

一、财经学术论文写作的选题

选题是财经学术论文写作尤其是财经院校学位论文写作的第一个规定动作。没有好的选题，便没有好的、精辟的财经学术论文。财经学术论文的选题不仅是许多财经学术研究人员经常研究的课题，也是财经院校的博士后、博士、硕士、本科毕业生经常遇到的难题。选题过大，需要调研、占有的资料和文献、数据及相关的理论很多，一般很难把握，有些题目需要国家级的专业研究机构花费较长时间、专业研究人员配合才能完成。如《我国中小企业经济发展战略研究》一题，虽然写中小企业，但我国中小企业的数量很大，北方中小企业与南方中小企业战略发展现状不一样，沿海地区中小企业和西部地区中小企业的战略发展状况也不一样，长三角地区中小企业与珠三角地区中小企业的发展战略状况也不一样，如果要做这个题目，即使是专业机构，也要花上很多时间、人力和物力。如果写某一个区域内一个行业的中小企业或者一个城市的中小企业，这样的调研才有可能实现。与此相应，题目适中，写一个区域内一个行业的中小企业或一个城市的中小企业，往往能成为本科毕业论文比较好的选题。如《××区域物流企业运营发展存在的问题及对策》《××市上市公司运作流程研究》等，都会让本科毕业生结合所学专业理论与实习实际得到充分的选题收获。

财经学术论文选题要实现以下四点：第一，财经学术论文的选题要有现实的应用价值和科学价值，才能事半功倍；第二，财经学术论文的选题要具有开拓性，题目要创新，内容才够前沿，研究才有新意；第三，财经学术论文的选题要具有可行性，要和自己的能力及占有的资源相匹配，驾驭起来顺风顺水，才能相得益彰；第四，财经学术论文的选题要有推进性，至少能在那个领域或在前人研究的基础上向前迈出一大步。

二、财经学术论文写作材料的搜集

财经学术论文的写作，需要查询的材料或占有的材料必须货真价实，否则达不到财经学术论文的写作效果。具体要搜集以下材料：

1. 第一手资料

第一手资料包括与论文题目直接有关的文字材料和数据材料（包括图表、模型），譬如统计材料、典型案例、经验总结等，还包括自己在实践中取得的感性材料。财经学术论文若没有这些资料和数据支撑，所撰写的毕业论文就只能成为毫无实际价值的空谈。

2. 前人的研究成果

这是指国内外对有关该课题学术研究的最新动态、前人在这个研究领域发表的成果，从中获得有益的启发、借鉴的价值或拓宽思路。对于前人未解决的，或解决不圆满的问题，则可以在他人研究的基础上继续研究和探索。这方面的资料、数据、案例等需要广泛搜集。

3. 相关学科的材料

所占有的材料有利于拓宽研究的视野，使分析的方法更多样。譬如研究经济学的有关实证课题，就需要用上管理学、社会学、伦理学、人口学、数理统计等学科的知识，搜集资料时，顺便将相关的资料搜集到囊中，以便用时信手拈来。

4. 相关名家的有关论述，有关政策、法规文献、标准等

名家的论述极具权威性，党的有关方针、政策既体现了现实性的背景材料，又能体现所研究课题的可行性和必要性，研究的目的功在当前，利在深远。即要搜集和研究选题所涉及的社会、经济、政治等问题使所写财经学术论文更有深度。

5. 相关的数据库搜索

为使财经学术论文达到一定的水准，很多毕业生都要上国内外知名的网站查询一些数据和资料，这样既可检测自己所写的题目都有哪些专家在研究并撰写了哪些论文，还可以适时阅读这些宝贵的资料，获取更新的信息资料。

三、财经学术论文材料的取舍

财经学术论文材料的取舍，就是通过正确且严密的分析、高度概括和抽象的工作、严谨的思维过程，从具体的事物和现象中找出本质性和规律性的东西，将糟粕、过时或已经被验证是错误的东西剔除，留下我们需要的材料，也就是财经学术论文需要的“活的灵魂”，完成我们的材料取舍。财经院校的本科毕业生，在做毕业论文时，需要把握所搜集来的若干精细材料，精准使用往往会给你的学术论文增色不少，起到画龙点睛的作用。具体需要把握这样几个方面：

1. 精准把握前人所发表过的意见

通过各种方法收集到前人在你选题领域所发表过的意见，往往会拓宽写作者的视野和思路。前人研究过你的选题，研究到什么程度，还有哪些问题没有研究到，你的研究方向在哪里，这就需要你准确把握。你不可能将所有的数据、材料都罗列或堆砌在自己的论文中，因此需要认真研究，仔细整理，进行分类和鉴别，有选择性地取舍和使用。财经院校本科毕业生所写的论文，虽然没有必要像用于发表的财经学术论文那样严谨，但要像已经发表的财经学术论文那样规范。尊重客观事实，也要尊重前人的研究成果，引证当然要按要求。

2. 辨析出选题所需要的组合材料

作者所写学术论文的中心论点是什么，需要围绕这个中心论点组合材料。去粗取精，去伪存真，二手材料要有出处和来源，弄清原作者的政治态度、生活背景、写作意图，并加以客观的分析核对，以求最大的准确性，也要认真核对原文。每一组数据、案例的前因

后果等逻辑关系要符合客观规律和事实。网络上引证的材料，更需要严格把关。

3. 贴紧贴牢主题，对材料加以取舍

财经学术论文的主题是财经学术论文的核心，也是财经学术观点和研究成果的重要体现，财经学术观点的价值在很大程度上决定着研究成果的价值。一切有价值的财经学术观点都不是凭空杜撰出来的，而是研究者在充分占有材料的基础上，对材料进行认真分析和研究的结果，是贴紧主题、取舍材料的结果，是树立起学术观点、梳理材料、量身打造的结果。没有主题，材料的说服力就会降低，就凸显不出财经学术论文的财经价值。因此，财经院校本科毕业生毕业论文的写作，就要更重视主题的统领作用，贴紧主题取舍材料。

4. 把握不同观点和创新材料的选择

学术观点不同的文献甚至是对立的材料也需要搜集，这有利于作者进行佐证材料的深入的研究分析。俗语说，有比较才有鉴别。观点的比较、文献价值的比较，是辨别财经学术论文价值的重要依据。对立的学术观点不一定就是错误的，有些需要时间的验证，或者空间的考核，财经学术论文尤其如此。财经学术论文研究的问题往往是在财经生活中捕捉到一个问题，财经问题的变化发展，不仅有一定规律可循，而且支撑观点的材料，都是不断研究总结出来的。财经认识源于财经生活中的多个研究对象，研究者需要敏锐的眼光，才能捕捉到机会，才能获得认知。倘若没有创新的观点去认识财经问题，就不可能把握事物发展的全过程，就不可能把握认识财经规律的材料，就找不到发生这类问题的依据。因此，财经院校的本科毕业生，在毕业论文写作中，需要在把握不同学术观点的同时，注意创新材料的选择，否则，就失去解决现实财经问题的基石，创新研究财经问题也就无从谈起。

第三节　财经学术论文的写作

财经院校毕业生的毕业学位论文一般由题目、作者署名、摘要、关键词、正文、参考文献和附录等部分组成，其中个别部分（例如附录）可有可无。

一、题目

财经学术论文，尤其是财经院校本科毕业生的学位论文，都要有题目。题目字数一般在 20 字左右，题目大小应与所写的内容相符，尽量不设副标题。如《××市中小企业发展经营存在的问题及解决对策》《××区域招商引资经济发展状况的研究》等。论文题目都用直叙口气，不用惊叹号或问号，也不能将论文题目写成广告语或新闻报道用语。

二、作者署名

财经院校毕业生的毕业学位论文一般只署作者本人的名字。主要体现责任、成果归属以便于后人追踪研究。严格意义上的毕业论文作者是指对选题、论证、查阅文献、方案设计、建立方法、实验操作、整理资料、归纳总结、撰写成文等全过程负责的人，应该是能解答毕业学位论文的有关问题者。学位论文署名应征得本人同意。学术指导人根据实际情况既可以列为论文作者，也可以在致谢中指明。

三、摘要

财经院校本科毕业生的学位论文一般应有摘要，为了便于日后国际交流，还应有外文（多用英文）摘要。它是论文内容不加注释和评论的简短陈述，可以不阅读论文全文即能获得必要的信息。摘要应包含以下内容：

（1）从事这一研究的目的和重要性；

（2）研究的主要内容，指明完成了哪些工作；

（3）获得的基本结论和研究成果，突出论文的新见解；

（4）结论或结果的意义。

四、关键词

关键词是从毕业论文的题名、提要和正文中选取出来的，是对表述毕业论文的中心内容有实质意义的词汇。关键词是用作计算机系统标引论文内容特征的词语，便于信息系统汇集，以供读者检索。每篇论文一般选取 3～8 个词汇作为关键词，另起一行，排在“摘要”的左下方。

五、正文

正文是本科毕业论文的核心部分，占据整个论文的主要篇幅，是提出问题、分析问题和解决问题的过程，是作者理论水平和创造能力的集中体现，它决定着论文水平的高低和质量。论文的正文一般包括四大部分：绪论、基本理论和相关概念、研究对象、本论和结论。

1. 绪论

绪论是财经院校本科论文的开头部分。主要是讲清选题研究的背景，写作的理由、目的和意义，提出问题，概述内容，明确中心论点等。一般要求语言简洁扼要，开门见山，引人注目，也可以简要交代确定选题的过程和有关背景材料，目的是使读者更好地了解全文的要旨。一般主要由研究背景、研究目的或研究的意义、研究的方法、研究的基本内容架构组成。

2. 基本理论和相关概念

基本理论和相关概念是支撑财经院校本科毕业论文的基础和论据，是写作方向把握和具体论述、论证的指南，没有理论的支持和相关概念的诠释，论文就失去立意的骨架，就会成为无源之水。

3. 研究对象

研究对象也就是主体现状的描述。一是需要说明前人在这个领域研究到什么程度，解决了哪些问题，提出了哪些重要的观点，来龙去脉要搞清楚。二是要表明还有哪些问题没有研究到，或者只研究到这个阶段，为自己的研究做一个铺垫，一般需要举证三个以上学者的某些论述和观点。三是让读者一看就知道你是从这里开始接手研究，起到承上启下的作用，即使是创新，也是在继承前人的某项成果再向前推进的，不是凭空臆断。四是要说明行业或所研究企业的状况，可先介绍行业和企业的基本情况，让读者了解其研究的实证性和可信性。

4. 本论

本论是本科毕业论文的主体，是立意立骨的过程。要求以充分有力的材料阐述观点，脉络结构要清晰，逻辑要缜密，内容要扎实丰厚。提出几个问题，就要有几个对策。本论是表达作者的见解和研究成果的中心部分，要展开论题，对论点进行分析论证。毕业生在这一部分必须根据论题的性质正面论证，或反面批驳不同的看法，或解决别人未解决的问题，或引证论述新思想、新发现等。很多时候，经常采用数据、理论、模型、案例等佐证自己的观点。论证是极其重要的，它决定着本科毕业论文的成败。

写好财经学术论文，应该注意以下几点：

（1）论点必须明确新颖、深刻严肃；

（2）论点必须有材料的支撑；

（3）论证逻辑要严密；

（4）问题与对策应该对应严谨。

5. 结论

结论是一篇学位论文的收束部分，是对整个内容的概括和总结，通常包含提出论证结果和指明进一步研究的方向两项内容，但可有所侧重。结束语中也可对研究成果的意义及其可能产生的影响做出扼要的说明和估测，切莫画蛇添足。

六、参考文献

（一）参考文献的定义

参考文献是在学术研究过程中，对某一著作或论文的整体参考或借鉴。按照《信息与文献　参考文献著录规则》（GB/T 7714—2015）的定义，文后参考文献是指“为撰写或编辑论文和著作而引用的有关文献信息资源”。根据《中国学术期刊（光盘版）检索与评价数据规范（试行）》和《中国高等学校社会科学学报编排规范（修订版）》的要求，很多刊物对参考文献和注释作出区分，将注释规定为“对正文中某一内容作进一步解释或补充说明的文字”，列于文末并与参考文献分列或置于当页地脚。

（二）参考文献的作用

参考文献不仅是对他人贡献的一种尊重和认可，也可进一步引领读者获取其他感兴趣的文献中的信息；参考文献还会给编辑提供审稿人信息，并显示作者对本专业领域的熟悉认知程度。

（三）参考文献引用的要求

1. 选用参考文献要真实可靠

论文中所引用的参考文献要真实可靠，尽量运用直接的原始文献。只有这样论点才站得住，才有说服力。切忌断章取义或一知半解。

2. 选用文献要新颖

选择所研究领域的最新研究成果和彰显课题研究的价值。引用新经典学说，有时代感，引用恰到好处，新颖而不做作。

3. 选用参考文献要少而精

参考文献的数量应该和论文的信息量正相关。过多引用往往成为论文的累赘，最好奉行少而精的原则。

4. 选用参考文献要有档次

一篇高质量的论文，较低水平杂志的文献尽量少引用，而且不要作为论文的重要依据。选用的内容要有分量和档次，那样才能成为激活论文的助燃剂。

例文分析 **南宁××商家构建平台存在的问题和对策（摘要）**

学生姓名：×××

指导教师：×××

摘要

当今互联网迅速发展，传统的生产、流通、交换和消费不断受到现代的以互联网为基础的网络经济冲击。随着智能手机的广泛使用，通过移动互联网消费的人数越来越多，国内各种移动APP消费平台相继出现，传统的网络营销模式正在从原有的B2B、B2C、C2C平台模式逐渐转变为O2O平台模式。如何更好地满足消费者移动互联网消费的需求成为众多商家竞争的着力点，移动互联网消费行业竞争激烈，呈现出一种焦灼状态。

本人运用所学专业知识和多种科学方法，采用理论与实践相结合的方式，以南宁××商家构建平台为研究对象，探讨其存在的问题及解决对策，通过对其研究为该市××商家构建平台（简称××商家平台）提出具体可行的改进措施，从而提升××商家平台在南宁市场的占有率。同时，立足于营销理论，为更好地改善××商家平台在其他地方的推广，促进××商家平台的长足发展提供有价值和有借鉴意义的经验。

关键词：××××，商家平台，O2O研究

1 绪论

1.1 研究背景和意义

1.1.1 研究的背景

21世纪是互联网的时代，传统的生产、流通、交换和消费逐渐受到互联网经济冲击。十二届全国人大三次会议上，李克强总理在政府工作报告中首次提出“互联网＋”（“互联网＋”是指“互联网＋各个传统行业”，但这并不是简单的两者相加，而是利用信息通信技术以及互联网平台，让互联网与传统行业进行深度融合，创造新的发展生态）行动计划，推动移动互联网、云计算、大数据、物联网等与现代制造业结合，促进电子商务、工业互联网和互联网金融健康发展，引导互联网企业拓展国际市场。中国互联网络信息中心(CNNIC)发布的统计信息显示，截至2014年6月，我国手机网民规模达5.27亿，网民中使用手机上网的人群进一步提升，手机网民规模首次超越传统PC网民规模。移动互联网消费成为新的消费热点。

在网络营销大趋势下，消费者更多地使用手机等移动终端进行支付和消费，如何利用“互联网＋”使消费、支付、营销相结合必然成为一种趋势。传统的互联网营销手段已经不能满足众多商户的营销需求，在当前互联网经济迅速发展的今天，移动互联网营销逐渐成为主流，众多餐饮企业通过网络宣传使企业品牌深入人心，同时通过移动端宣传平台，节省了企业成本，为餐饮企业带来了众多的客流，餐饮企业根据实际情况开拓移动平台推广业务成为必然的选择。移动互联网营销适应了网络技术和通信技术的发展要求，通过利用大数据分析为企业带来更多的获利空间。移动互联网营销将成为未来企业营销的最佳选择，将成为主流的营销手段，在此背景下为××商家平台的发展提供了机会。基于上述情况，结合所学专业和实习实际，本人做了这样的选题。

1.1.2 研究的意义

互联网经济的兴起在带动经济发展的同时也给人们的日常生活带来了便利和实惠。移动互联网营销的成熟和普及将取代传统的营销模式成为主流。移动互联网营销是“互联网＋”

行动计划实现的必要手段和途径，是实现经济发展的重要引擎和驱动力。在互联网经济时代，移动端平台有助于企业在日益激烈的市场竞争中把握主动权，进一步提高企业的市场竞争力。移动互联网经济拥有巨大的开发空间，众多企业可以在其中得到意想不到的巨大利益。

移动端平台的发展逐渐趋于成熟，××平台是“互联网+”模式的体现形式之一，作为一种新的消费模式，其效果显著。但由于是新生模式，支付宝××平台的发展面临着各种机遇和挑战。同时，××平台模式容易被效仿，加剧××平台在市场的竞争程度。在这种情况下，提高××商家平台的营销水平，获得顾客的青睐有着生死攸关的巨大意义。因此，针对××商家平台的研究具有实际意义与必要性。本次毕业论文通过对南宁××商家构建平台中存在的问题进行分析，希望能够为当前××商家在南宁的建设提供借鉴，为其未来发展提供理性的参照。本次毕业论文研究的目的是为××商家平台在当前“互联网+”模式下的建设推广提供有益的探索和建议，为促进××商家平台的长足发展提供有价值和有借鉴意义的经验。

1.2　国内外研究现状及发展趋势

1.2.1　国内研究现状

随着网络的普及与移动终端的不断发展，人与网络的交互越来越便利，极大地推动了互联网营销平台的进一步发展，人们为获得更大的便利和优惠更多地使用了互联网等团购平台，进而促进网络团购平台不断发展。近几年，团购和移动支付在我国新一代年轻消费者中逐渐活跃起来，移动支付不断完善，团购平台如雨后春笋般出现。国内也开始了对移动支付和团购平台现象的研究。

彭俊杰（2011）认为当前我国团购网站运营发展状况主要表现为，首先，中国网络团购市场的发展正处于成长阶段。其次，国内团购网站的服务领域主要以服务业为主。最后，国内团购网站企业的规模相对较小［1］。

何乐飞认为O2O（Online To Offline）是将线下的商务机会与互联网结合，让互联网成为线下交易的前台［2］。

吴慧、王荣在《O2O商业模式下的网络团购》中认为，网络团购大致呈现4个特点：手机APP团购发展迅速；行业巨头挺进；餐饮为主，日用品次之；小额支付［3］。

1.2.2　国外研究现状

Kauffman等人（2010）建立的顾客团购行为模型，以顾客评论、感知风险、参团人数、信任度、参团意愿为变量，通过在线问卷进行调查，最后得出评论越积极，感知风险越低、信任度越强，参团意愿越强的结论［6］。

Murphy和Meeker（2011）提出了SoLoMo［SoLoMo由“Social”（社交的）、“Local”（本地的）、“Mobile”（移动的）三个单词的前两个字母组合而成，连起来说就是“社交本地移动”，即社交加本地化加移动］的概念，即社交、本地和移动相结合的产品将会成为下一个大趋势。而O2O的模式正是这个概念最好的体现。如果需要把线上和线下做到无缝结合，移动互联网就是最好的载体［7］。

Little（2013）认为，餐饮业引入O2O模式前景广阔，餐饮业本地化系数高，对于本地化系数高的产品和服务，本地线下商务有足够的市场空间供O2O拓展［8］。

1.2.3　发展趋势

现代信息时代背景下众多企业通过互联网宣传推广以实现营销的目标，而企业通过网络营销逐渐成为一种发展趋势，逐渐替代传统的市场营销模式。随着互联网的高速发展及手机、电脑的普及化，使用互联网的人数越来越多。网络逐渐成为人们生活和工作中不可或缺的服务工具，在这个基础上移动互联网营销便逐渐发挥其强大的市场作用。现代餐饮企业利用移动互联网第三方平台进行网络营销逐渐成为常态。在国家“互联网+”行动计划的推动下，企业可以通过互联网大数据分析及时掌握消费者信息，企业不断创新符合消费者需求的产品和服务。网络营销模式正在从原有的B2B、B2C、C2C平台模式发展到现在的O2O平台模式，逐渐表现出其强大的生命力。在未来通过O2O平台消费的人数也会越来越多，O2O将逐渐影响人们的日常生活和工作。

1.3 研究方法

论文主要通过文案调查法和实地调查法获取所需资料。通过对相关理论著作的阅读、实地访谈和总结前人研究成果，并结合本人在支付宝××城市服务商广西易优信息技术有限公司中实习得到的经验进行总结归纳，对南宁××商家构建平台中存在的问题进行研究。本文采用的研究方法有如下4种：

1.3.1 文献综述法

1.3.2 描述性研究法

1.3.3 实证研究法

1.3.4 定性定量分析法

1.4 研究对象和内容框架

1.4.1 研究对象

以南宁××商家构建平台作为研究对象，将现代营销理念引入南宁××商家平台。

1.4.2 研究内容框架

2 相关理论概述

2.1 4C理论

美国营销专家罗伯特·劳特朋教授在1990年提出与传统营销的4P相对应的4C理论。4C理论是以消费者需求为导向，包括四个要素：消费者、成本、便利和沟通。

2.2 差异化理论

“竞争战略之父”迈克尔·波特认为，“差异化战略”是将公司提供的产品或服务差异化，树立起一些全产业范围中具有独特性的东西。实现差异化战略可以有许多方式，如设计名牌形象，保持技术、性能特点、顾客服务、商业网络及其他方面的独特性。最理想的状况是公司在这几个方面都具有差异化的特点。

2.3 波特五力模型

波特五力模型是迈克尔·波特于20世纪80年代初提出的，它认为行业中存在着决定竞争规模和程度的五种力量，这五种力量综合起来影响着产业的吸引力以及现有企业的竞争战略决策。

2.4 顾客让渡价值理论

顾客让渡价值是指顾客总价值与顾客总成本之间的差额。顾客总价值是指顾客购买某一产品或服务所期望获得的一组利益，包括产品价值、服务价值、人员价值和形象价值等。

3 南宁××商家五力模型分析

3.1 商家议价能力

3.2 消费者议价能力

3.3 潜在进入者威胁

3.4 替代品威胁

3.5 同行竞争者

4　××商家构建平台现状

4.1　国内××平台现状

从全国来看，在短短的几个月发展时间里××交易笔数如下：峰值（峰值是指在所考虑的时间间隔内，变化的交易笔数的最大瞬间值）过十万的城市有杭州、南京；峰值过五万的城市有武汉、广州、上海、温州、福州；峰值过二万的城市有郑州、南昌、宁波、成都、长沙、绍兴、合肥、苏州、厦门、北京、金华、济南、南宁。

从城市分布上看，××发展趋势呈从杭州、南京逐渐向外递减的趋势，活跃的平台消费者也主要集中在沿海、省会等经济较发达的城市，业务分布不均。

4.2　南宁××商家平台建设现状

作为移动支付应用最多的APP，××商家平台为线下商家提供线上的宣传和推广，通过服务窗为企业、组织和个人提供直接接触用户的服务平台。入驻商户可以通过此平台对用户进行信息推送、交易场景打通和会员服务管理。同时，通过后台管理可以在折扣页面建立菜单、在线支付、办理会员卡、加入微网站、建立商城和团购、发布各类促销活动信息。当前××商家进入南宁市场初期，吸引了大量商家入驻。

虽然××商家平台入驻南宁市场时间还不长，但发展十分迅速。2015 年 6 月进驻以来，××商家开始全市区扩张，成为南宁市场发展最快的移动互联网平台；据统计，支付宝拥有 3 亿多的实名用户，××商家依托支付宝拥有庞大的消费者群体，在每个支付宝账户的背后，有着巨大的消费者的线上消费习惯，××商家通过提供优质的商品和服务实现客户的转换。××商家进入南宁采用服务商代理推广，现在已拥有 8 个完整的服务团队，团队业务覆盖全市区各个区域。××商家进驻南宁市场以来到 2015 年 10 月 25 日店铺入驻量已达到 5 000 家。虽然当前南宁××商家平台发展速度快，但是入驻商户质量不高，绝大多数为中小商户，交易的客单价较低。

4.3　××商家营销模式

与传统的团购平台相比，传统的互联网模式忽略了商户的意愿。传统互联网模式是以自我为中心的，控制流量，控制资源，割裂商户与用户的关系。而××平台通过用户使用支付宝买单将用户数据留存，同时顾客即成为商家的会员，顾客消费数据可以为商户所使用。商家可通过会员管理系统了解消费者的消费习惯和购买需求，继而根据不同消费者的不同需求，有针对性地推送符合消费者的消费券，进而实现顾客再顾，××模式是将顾客还给商户，实现了商家的自营销。尽管如此，平台自身仍存在不足，且由于服务商人员素质等方面原因导致当前平台运营尚存在一些问题。

5　××商家构建平台存在的问题

5.1　构建平台步履维艰

随着南宁市场的不断开发，以及南宁市场已有的团购平台之间的竞争日益激烈，各个商家接触更多的不同互联网平台，商家对众多互联网平台的认知不断提高。恶性竞争让很多商家变被动为主动，众多商家对原有的平台模式提出了更多的要求，提高了与平台合作的标准，客观上增加了销售人员推广业务的难度。××商家平台旨在帮助商家进行客户维护、帮助商家通过移动互联网吸引客流，进而提高商户的营业收入。但越来越多的团购平台竞相开拓南宁市场，部分平台甚至免费给商家做宣传推广，激烈的竞争让商家免费宣传的心态膨胀，逐渐破坏了整个行业市场。随着南宁市场的不断开发，平台门店的入驻数量呈现递减的趋势，商户的投诉数量逐渐增加，构建平台步履维艰。优惠、折扣、补贴活动是××平台前期推广促销的辅助政策，由于消费者大多为非理性的，对于折扣、优惠、补贴比较敏感。××商家平台单纯依靠为商家提供活动补贴的方式吸引商户入驻，进而吸引消费者利用平台消费的做法显然是行不通的。

5.2 顾客让渡价值不足

当前××商家平台服务内容过于同质化，用户界面服务功能在同类平台 APP 中都能得到，在某些方面还有不及之处，平台服务缺乏独特的竞争优势。而且由于 O2O 平台的数量众多，纷纷争抢市场份额，竞争十分激烈，××商家平台顾客总价值不足。××商家平台向商家传递的价值主张和维持客户关系的途径虽然形式多样，但很多方式都能够被简单地进行复制，无法长时间地吸引消费者。消费者在选择使用××商家平台时会考虑到自身的实际需求，与其他团购平台作比较，如所处的位置、特定的时间、价格等，做到顾客总成本最小的选择。在折扣、补贴力度方面，××平台采用“随机立减”（“随机立减”是指消费者在使用支付宝付款时随机地减免若干金额，系统设定最高一次可能减免的金额）的方式，承诺给予消费者优惠，但消费者实际得到的优惠与消费者的预期优惠存在较大的差距，事实上消费者从使用支付宝××平台消费中得到的利益较少。

5.3 简单的粗放型增长模式

××平台为追求商户的入驻规模，利用第三方城市服务商代理推广，同时通过“全民开店”（“全民开店”是支付宝 APP 于 9 月 28 日全面开放商店进驻活动，支付宝投入 10 个亿推出“全民开店”计划，在 2 个月内招募 100 万名“××客”，开满 100 万家店）地推模式，快速占领当地市场。××从 2015 年 6 月进入南宁一直想在南宁 O2O 市场打开局面，但事与愿违，和大品牌合作无力，转而与中小商户合作，希望从中小商户获得突破，进而实现与大品牌的合作，截至 2015 年年底南宁餐饮行业入驻率就接近 40%。平台一键签约功能为签约合作提供了便利，但商户需提供相关证件，在一定程度上商户信息安全得不到保证，简单的签约模式容易产生一定的安全隐患。简单的粗放增长模式使商家入驻数量迅速扩大，××增加招募城市服务商，××南宁本地生活服务部在人员安排方面与市场发展速度方面存在着一定的差距。在南宁市支付宝××本地生活服务部有十个左右工作人员，负责对接南宁市所有服务商的工作。业务员在推销支付宝××平台过程中，只注重开发商户获得的眼前收益，这使得平台后期的维护、管理和服务等一系列业务活动跟不上。虽然打开了市场，但支付宝××平台并没有从中获得收益，大多数商户成为名副其实的死店。

5.4 销售人员素质不高

南宁××商家服务公司在短时间内为谋求企业利益盲目开发，发展时间过短，使其在后期运营维护上显得十分乏力。服务公司销售团队人员素质偏低，经验和技能非常有限，缺乏专业的人员培训。同时××采用“全民开店”地推模式，使支付宝芝麻信用分在 550 分以上的用户都可以成为××平台地推“××客”（“××客”是支付宝芝麻信用分达到 550 分，说服自己身边的餐饮商店入驻××开店的用户）。虽然提升了××的地推效率，降低了成本，但社会上招募的“××客”业务素质参差不齐。随着推广难度的加大，大部分员工和“××客”在地推过程中对业务解释不清，对平台功能缺乏了解，导致业绩上不去。大多数业务员和“××客”对××平台的发展方向、服务宗旨和精神文化等企业文化缺乏根本的认识和理解，在地推过程中无法全面地向客户传达平台的发展理念。

6 ××商家平台存在问题的解决对策

6.1 创新为平台装上新引擎

××商家平台的初衷是以生态式推动餐饮 O2O，服务商家、建立生态的平台，用数据和产品将生意还给商人，最终实现让线下没有难做的生意，传承了阿里创业至今唯一不变的使命。南宁××平台在构建过程中，消费者主要通过××平台了解商家的具体产品概况，平台连接了商户利益和消费者利益，平台创新是××发展的重要支撑。××通过支付宝APP一级入口，拥有支付宝4亿的活跃用户作为平台流量保证。根据线下商户的不同形态，推出定制化的移动支付解决方案。根据餐厅和规模的差异，提供给商户扫码枪收银、商户APP收银和门店二维码收银等不同方案。创新平台服务和功能，提出"支付即会员""潜客雷达"等功能服务。"支付即会员"有助于商户将消费者沉积为商家会员，继而建立CRM系统（即客户关系管理系统，是一种以"客户关系一对一理论"为基础，旨在改善企业与客户之间关系的新型管理机制）。

通过潜客雷达找到潜在客户，利用支付宝大数据，根据商户门店的特征，计算出周围有哪些潜在客户，并通过消息推送将潜在客户吸引进店。例如：商家自主选择吸引门店周边客户，进行潜客数量的筛选；商家可以根据位置、顾客消费信息、门店实际情况自定义找到潜在客户。通过潜客雷达将商户周边客户需求与商户门店经营实际相结合，把有实际需求的顾客吸引到店消费。完善潜客雷达功能，满足平台商户的经营需求。

（1）聚客阶段通过顾客支付自动关注服务窗，利用服务窗商家链接到会员，可以给消费者发布活动信息、促销活动等，并通过CRM系统管理会员。聚客阶段商家可利用通用优惠券活跃会员，提高商户的收益。商家还可以通过商户后台对营销结果进行分析，了解活动的效果，实现商家对所发布的活动了如指掌。

（2）爱客阶段通过个性化的在线店铺装修和装饰，帮助商户提升客流转化。利用评价管理功能和消费者互动，维护客户关系；会员积累到一定阶段后商户通过支付数据将客户分层，对不同类型的消费者推送不同的分层优惠券，实现对客户的精准营销。同时利用"潜客雷达"帮助商家获取潜在顾客，发掘潜在客户。

（3）尊客阶段通过大数据会员分析深层挖掘会员数据，为商户提供全方位经营参考，利用标签优惠券帮助商户为顾客量身定制个性化营销方案，实现大数据营销。××和商家联合进行品牌推广，为商家提供××平台开展位置宣传和公关合作。同时提升服务品质，将服务变成一种品牌。

6.2 坚持顾客至上的永恒理念

改进××商家平台用户界面，提高商户门店的曝光率，完善商户在线门店插件，为消费者提供在线电话咨询、地图一键定位、排队、预定、点餐、游戏、WIFI探针和店铺停车信息功能。一方面，方便客户线上浏览，吸引消费者眼球，提高了平台的顾客总价值；另一方面，通过平台功能的优化为消费者节省了时间、精力和体力等非货币成本，提高了顾客满意度。为商户提供个性化营销服务，如提供让商家根据会员分层自主推送优惠券、自主设立折扣信息等，提高了商家的满意度。优化平台折扣、补贴的方式，实现了消费者预期优惠与实际优惠相符，实现了平台承诺与顾客利益同步。不断提高××商家平台的实用性，完善平台服务，以顾客至上的服务理念提高顾客的让渡价值，实现顾客满意，进而实现××商家平台的发展。

6.3 全面采取集约型发展模式

××在南宁采用服务商和"××客"轮番推广，迅速增加了南宁××商家入驻的数量，粗放型的增长模式为××完成了入驻商户的积累。由于商户入驻数量迅速增加，××在人员安排方面与市场发展的速度存在一定的差距。海底捞、外婆家以及西贝莜面村3家宣布放弃投资××商家平台说明"以率先突破中小商户，进而实现与大品牌合作"的发展策略已经行不通。采用只顾入驻数量的粗放型增长方式而忽略商户的后期维护，以至于前期入驻的商户因为看不到收益而纷纷放弃使用，因此，转变发展模式成为××当前构建平台的必然选择。在商户开发方面，集约型发展模式要求××改变对服务商政策，放弃“全民开店”的地推模式，督促服务商做好市场调查工作，将市场分层划分优质客户，在优化平台功能和服务的基础上，集中优质服务商对本地区的优质商户进行开发合作，提高平台的品牌影响力。集约型发展模式，要求××商家平台在兼顾对优质商户、大品牌商户的开发的同时，重视对现有市场的运营维护。

6.4 强化人员素质培训

支付宝××进驻南宁市场已经有一段时间，在前期的平台推广中拥有了一定的客户资源，在深入推广的过程中要优化服务商政策，各个服务商针对政策的调整细分工作岗位，落实每一个关键业务细节，保证平台运营的每一项具体业务都有专人负责。与服务商加强政策沟通，建立长效的服务商沟通机制，如建立平台与服务商晚会反馈会议制度等。服务商与××商家平台要保证业务对接及时到位，在明确职能分工的基础上完善人员管理体系，制定完善的人员培训考核制度。同时规范“全民开店”模式，对“××客”实行网上考核，择优录用，适时关闭“全民开店”。

7 结论

本文通过讨论南宁××商家平台中存在的问题，包括构建平台步履维艰、顾客让渡价值不足、简单的粗放型增长模式、销售人员素质不高四个方面，达到以下目的：

(1) 促进南宁××商家平台市场进一步发展，提高××商家在当地的影响力和美誉度；

(2) 提高竞争力和市场占有率，树立良好形象，促进南宁××商家市场长足发展；

(3) 在借鉴团购模式的基础上，运用所学专业理论知识，结合差异化理论和顾客让渡价值理论，丰富现有的××平台运营模式。

在问题分析的基础上，运用市场营销的理论知识，提出了以下四个解决方案：

(1) 创新为平台装上新引擎；

(2) 坚持顾客至上的永恒理念；

(3) 全面采取集约型发展模式；

(4) 强化人员素质培训。

尽管目前××商家在构建平台上存在问题和不足，但其仍具有发展的价值及必要性，通过不断的完善不仅可以提高市场占有率，还能给消费者带来安全、快捷、方便、可靠的产品和服务，丰富商家的宣传推广渠道。

参考文献

[1] 彭俊杰. 中国 Groupon 式团购网站的运营模式研究. 北京：中国地质大学，2011.

[2] 何乐飞. 基于 O2O 的团购网站商业模式研究. 浙江工业大学，2012.

[3] 吴慧，王荣. O2O 商业模式下的网络团购. 环球市场信息导报，2015，31：88-89.

[4] 虞洁颖. 支付宝网络支付的发展现状、问题及对策. 北方经贸，2015，11：169-171.

[5] 钱海利. 移动互联网 O2O 时代垂直、数据、安全. 计算机与网络，2015，02：10.

[6] Kauffman RJ，Lai H，Lin HC. Consumer adoption of group-buying auctions：an experimental study. *InformationTechnology and Management*，2010，11（4）：

191-211.

[7] Matt Murphy, Mary Meeker. Top 10 Mobile Internet Trends [EB/OL]. http://www.kleinerperkins.com/perspectives/top-10-mlbile-internet-trends.

[8] Mike Little. Why Local Commerce Will Be Larger Than E-Commerce for the Next Decade, An Analysis. http://techcrunch.com/2013/02/24/brick-and-mortar-wins: 2013-02-24.

点评：这是一篇“互联网＋”式的本科毕业生学位论文。论文摘要、关键词拿捏得比较准确。第一部分提出问题；第二部分分析问题；第三部分解决问题；最后是结论、参考文献。论文比较完整，有论点、论据、论证过程，脉络清晰，结构严谨，选题所写内容是结合本人实习实际和专业知识，达到本科毕业生学位论文水平。

本章小结

本章主要介绍财经学术论文的写作。

学术论文既是探讨问题进行学术研究的一种手段，又是描述学术研究成果进行学术交流的一种工具。学术论文是某一学术课题在实验性、理论性或观测性上具有新的科学研究成果或创新见解的知识和科学记录；或是某种已知原理应用于实际中取得新进展的科学总结，用以在学术会议上宣读、交流或讨论，或在学术刊物上发表，或作其他用途的书面文件。

在社会科学领域，人们通常把表达科研成果的论文称为学术论文。学术论文应提供新的科技信息，其内容应有所发现，有所发明，有所创造，有所前进，而不是重复、模仿、抄袭前人的工作。

财经学术论文是学术论文的一种，是用来研究财经领域中的问题，并描述财经活动中研究成果的文章。财经学术论文主要运用逻辑思维，通过说理辨析、推理论证，阐明客观财经活动的某些本质和规律。它是专门对社会财经活动、现象进行深入研究的基础上，以议论的方式提出作者见解、探讨经济规律，并将其研究成果用于指导经济工作实践的学术性文章。其特点是：理论性、科学性、创新性和实用性。本科生毕业学位论文是财经学术论文的一种，既是本章的重点，也是难点。

关键术语

论文	学位论文	摘要	参考文献
学术论文	财经学术论文	关键词	

习　　题

一、选择题

1. 财经学术论文的特点是（　　）、科学性、创新性和实用性。

A. 理论性　　B. 前瞻性　　C. 故事性　　D. 重复性

2. 在社会科学领域，人们通常把表达科研成果的论文称为（　　）。

A. 学位论文　　B. 科技论文　　C. 学术论文　　D. 财经论文

3. （　　）主要运用逻辑思维，通过说理辨析、推理论证，阐明客观财经活动的某些本质和规律。

A. 财经消息　B. 财经时评　C. 财经短评　D. 财经学术论文

4.（　）是本科生毕业学位论文的核心部分，占据整个论文的主要篇幅，是提出问题、分析问题和解决问题的过程。

A. 正文　B. 摘要　C. 绪论　D. 结论

5.（　）应提供新的科技信息，其内容应有所发现，有所发明，有所创造，有所前进，而不是重复、模仿、抄袭前人的工作。

A. 参考文献　B. 学术论文　C. 相关概念　D. 相关理论

二、简答题

1. 财经学术论文有哪些特点？
2. 财经学术论文写作时有哪几种常见的结构形式？
3. 简述财经学术论文写作如何搜集材料。
4. 写好本科生毕业学位论文，应该注意几点？
5. 参考文献引用的要求有哪些？
6. 财经学术论文选题有哪四个基本要素？

三、思考题

1. 学术论文的基本分类有哪些？
2. 财经学术论文材料的取舍应怎样把握？

四、写作题

请自拟题目写一篇 4 000 字的财经学术论文。

部分习题答案

一、答案：1. A；2. C；3. D；4. A；5. B。

参考文献

1. ［美］威廉·阿伦斯，等．广告学（英文版）．北京：中国人民大学出版社，2013.
2. ［美］Y．巴泽尔．产权的经济分析．上海：上海人民出版社，1997.
3. ［美］佩林．学术论文写作手册．北京：对外经济贸易大学出版社，2009.
4. ［美］E．威廉．华尔街日报是如何讲故事的．北京：华夏出版社，2006.
5. 陈建中，陈星野．实用经济文书．北京：中国经济出版社，2012.
6. 陈卫东．法律文书写作．北京：中国人民大学出版社，2009.
7. 陈新华，张振华．财经应用文写作．北京：化学工业出版社，2008.
8. 程贵荣．提高经济应用文写作能力的途径．文学教育，2014（1）.
9. 程玥．财经应用文．北京：中国人民大学出版社，2014.
10. 戴萍．商务应用文写作教程．北京：中国商务出版社，2007.
11. 丁进．财经写作学．合肥：合肥工业大学出版社，2008.
12. 杜兴梅．学术论文写作．北京：高等教育出版社，2006.
13. 范海峰，周茜．经济法概论．北京：清华大学出版社，2011.
14. 甘佩钦．财经应用文写作教程．北京：人民邮电出版社，2012.
15. 霍唤民．经济论文写作．北京：首都经济贸易大学出版社，2004.
16. 李薇．财经应用文．北京：高等教育出版社，2012.
17. 刘常宝．经济应用文写作．北京：机械工业出版社，2009.
18. 楼土明．筹资实务．大连：东北财经大学出版社，2010.
19. 马宏俊．法律文书制作．北京：北京大学出版社，2008.
20. 闵庚尧．完全写作指南．北京：中国财政经济出版社，2011.
21. 乔志敏．资产评估学教程．5 版．北京：中国人民大学出版社，2015.
22. 秦荣生，卢春泉．审计学．北京：中国人民大学出版社，2011.
23. 苏益．投资项目评估．北京：清华大学出版社，2014.

24. 孙和平. 财经应用文写作. 成都：西南财经大学出版社，2008.
25. 孙新波. 项目管理. 北京：机械工业出版社，2013.
26. 王国全. 新商业广告学：广告人·原理·技能. 广州：中山大学出版社，2007.
27. 吴晓求. 证券投资学. 北京：中国人民大学出版社，2014.
28. 吴新联. 税务稽查案例分析. 北京：中国税务出版社，2009.
29. 徐艳兰. 经济应用文写作. 北京：经济科学出版社，2009.
30. 俞纪东. 经济写作. 上海：上海财经大学出版社，2006.
31. 张鸣. 证券投资学. 大连：东北财经大学出版社，2012.
32. 张薛亮. 浅探如何写好发电企业经济活动分析报告. 经济师，2014（1）.
33. 张玉利. 创业管理. 北京：机械工业出版社，2016.
34. 中国资产评估协会. 资产评估. 北京：中国财政经济出版社，2016.
35. 周惠珍. 投资项目评估. 大连：东北财经大学出版社，2013.
36. 周鸣浩. 资产评估方法初探. 品牌月刊，2015（3）.
37. 周其仁. 分税制十年. 经济研究，2000（11）.
38. 朱健仪. 企业经济活动分析. 3版. 广州：中山大学出版社，2005.

图书在版编目（CIP）数据

新编财经应用文写作/钟新主编．—北京：中国人民大学出版社，2019.1
通用经济系列教材
ISBN 978-7-300-26231-4

Ⅰ.①新… Ⅱ.①钟… Ⅲ.①经济-应用文-写作-高等学校-教材 Ⅳ.①H152.3

中国版本图书馆 CIP 数据核字（2018）第 209012 号

通用经济系列教材
新编财经应用文写作
主　编　钟　新
副主编　何月霓　朱胜军　孙荼萍
Xinbian Caijing Yingyongwen Xiezuo

出版发行	中国人民大学出版社		
社　　址	北京中关村大街 31 号	**邮政编码**	100080
电　　话	010－62511242（总编室）		010－62511770（质管部）
	010－82501766（邮购部）		010－62514148（门市部）
	010－62515195（发行公司）		010－62515275（盗版举报）
网　　址	http：//www.crup.com.cn		
	http：//www.ttrnet.com（人大教研网）		
经　　销	新华书店		
印　　刷	中煤（北京）印务有限公司		
规　　格	185 mm×260 mm　16 开本	**版　　次**	2019 年 1 月第 1 版
印　　张	24.75	**印　　次**	2019 年 1 月第 1 次印刷
字　　数	616 000	**定　　价**	52.00 元